Ingrid Friedl, Regine Maier-Aichen
Leben in Stieffamilien

Weitergegeben an Frauen-
Therapie-Zentrum München
Juni 2002   Uli Seibert

Für Uli zur intensiven
Lektüre!   Regine
                    13/3/92

Edition Soziale Arbeit

Herausgegeben von Hans-Uwe Otto und
Hans Thiersch

Ingrid Friedl, Regine Maier-Aichen

Leben in Stieffamilien

Familiendynamik und Alltagsbewältigung
in neuen Familienkonstellationen

Juventa Verlag Weinheim und München 1991

Die vorliegende Arbeit ist unter dem Titel „Zur Familiendynamik und Alltagsorganisation in Stieffamilien. Eine Explorativstudie zu Elternschaft und Kindschaft in neu zusammengesetzten Familien" von der Fakultät für Sozial- und Verhaltenswissenschaften der Universität Tübingen 1990 als Dissertation angenommen werden.

Die Autorinnen
Ingrid Friedl, Jg. 1956, Dr. rer. soc., Dipl. Päd., hat an der Universität Tübingen Erziehungswissenschaft studiert und arbeitet als Sozialpädagogin in einer Tagesgruppe.

Regine Maier-Aichen, Jg. 1942, Dr. rer. soc., Dipl. Päd., hat an der Universität Tübingen Erziehungswissenschaft studiert und ist Familientherapeutin.

CIP-Titelaufnahme der Deutschen Bibliothek

Friedl, Ingrid:
Leben in Stieffamilien : Familiendynamik und
Alltagsbewältigung in neuen Familienkonstellationen / Ingrid
Friedl ; Regine Maier-Aichen. — Weinheim ; München :
Juventa Verlag 1991
(Edition soziale Arbeit)
Zugl.: Tübingen, Univ., Diss., 1990 u.d.T.: Friedl, Ingrid u. Maier-
Aichen, Regine: Zur Familiendynamik und Alltagsorganisation in
Stieffamilien
ISBN 3-7799-0829-8
NE: Maier-Aichen, Regine:

Gedruckt mit Unterstützung der Deutschen Forschungsgemeinschaft

© 1991 Juventa Verlag Weinheim und München
Umschlaggestaltung: Atelier Warminski, 6470 Büdingen 8
Umschlagabbildung: Oskar Schlemmer, Plan mit Figuren 1919
Printed in Germany

ISBN 3-7799-0829-8

Inhalt

Einleitung

Der Entschluß, in einer Familie zu leben, bedeutet heute, sich auf ein Wagnis einzulassen. So viele Wünsche, Hoffnungen und Ansprüche subjektiv mit Familienleben verknüpft sind, so vielen Brüchen, Überforderungen und Diskrepanzen unterliegt dieses Zusammenleben auch.

In den letzten Jahrzehnten weisen die Statistiken auf steigende Scheidungsziffern, abnehmende Heiratsneigung und die Entstehung neuer familialer Lebensformen hin. Diskussionen um die Auflösung von Familie und um alternative Lebensformen thematisieren kaum, daß viele Menschen, deren erste Ehe gescheitert ist, erneut heiraten und wieder in einer Familie leben wollen. Hat zu diesem Zeitpunkt mindestens einer der neuen Partner bereits Kinder, entsteht durch die Wiederverheiratung eine Stieffamilie.

Hohe Wiederheiratsquoten lassen darauf schließen, daß Leben in einer Stieffamilie eine sich ausbreitende Familienform ist. Viele Kinder und Jugendliche werden – bis sie eventuell selber eine Familie gründen – nicht mehr in nur einer Familie aufwachsen, sondern möglicherweise in zwei oder gar drei Familien.

Welche Erfahrungen Kinder und Eltern in diesen sich wandelnden Familienkonstellationen machen, wurde bisher kaum erforscht, denn trotz eines breiten wissenschaftlichen Interesses an Familie wurde der Stieffamilie nur wenig Aufmerksamkeit gewidmet. Bisherige Forschungsarbeiten beziehen sich meistens auf Einzelaspekte und Problemlagen dieser Familienform und vernachlässigen die Komplexität der Beziehungsdynamik und Struktur, und in vielen Arbeiten wurde die Stieffamilie vorwiegend unter dem Aspekt der Devianz, also der Abweichung von der Kernfamilie, betrachtet.

In der Öffentlichkeit ist das Bild der Stieffamilie negativ besetzt – man denke z.B. nur an die Gleichsetzung von Stiefkind und Vernachlässigung – und Stieffamilien kämpfen mit ihrer mangelnden gesellschaftlichen Anerkennung, ihre besondere Familienkonstellation wird weitgehend ignoriert. Vor allem unterscheiden sie sich von Kernfamilien in ihrer Entstehungsgeschichte und Struktur. Stieffamilien entstehen heutzutage meist nach einer Scheidung; der nicht sorgeberechtigte leibliche Elternteil der Kinder lebt außerhalb der Familiengemeinschaft und ein anderer Erwachsener kommt als Stiefelternteil zur Familie hinzu. Es entsteht also ein Nebeneinander von biologischer und sozialer Elternschaft, d.h. ein Nebeneinander von schon bestehenden Eltern-Kind-Beziehungen und neuentstehender Stiefelternteil-Stiefkind-Beziehung. Aus der Vielfalt der Beziehungen und der Komplexität der Alltagsorganisation ergeben sich für Stieffamilien spezifische Anforderungen, Belastungen und Risiken, die in dieser Form für Kernfamilien nicht auftreten.

Stieffamilien können sehr unterschiedlich zusammengesetzt sein, je nachdem, ob ein Partner oder beide vorher verheiratet waren, ob die Ehe durch Scheidung oder Verwitwung gelöst wurde, ob einer oder beide Partner Kinder mit in die neue Ehe bringen und ob diese dauernd oder nur zeitweise in der Stieffamilie leben.

Ziel unserer Studie war, die komplexen Prozesse beim Aufbau der neuen Familienbeziehungen und den Umgang mit der Mehrelternschaft, vor allem auch die Lösungsmöglichkeiten, die diese Familien finden, zu analysieren. Da bisher gelingende Formen der Reorganisation in Stieffamilien kaum wissenschaftlich untersucht wurden, war es unser Anliegen, größere Einsicht in positive Entwicklungen von Stieffamilien zu gewinnen. Geleitet von diesem Interesse haben wir versucht, für unsere Studie funktionale, d.h. erfolgreiche Stieffamilien anzusprechen. Daher haben wir uns an Familien gewandt, die bis zum Zeitpunkt der Untersuchung noch keine professionelle Hilfe in Anspruch genommen und versucht hatten, bei eventuell auftretenden Problemen eigene Lösungen und Wege zu finden.

Mit den ausgewählten zehn Stieffamilien haben wir explorative Interviews durchgeführt. Im Mittelpunkt unserer Interviews stand die subjektive Wahrnehmung der einzelnen Familienmitglieder in bezug auf ihre Familiengeschichte, ihre Familienbeziehungen und ihren Familienalltag. Thematisiert wurden dabei die spezifischen Anforderungen, Belastungen und Chancen, die sich aus der Mehrelternschaft in diesen Familien ergeben.

Unser inhaltliches Interesse galt der Entwicklungsgeschichte der Stieffamilie, der Gestaltung der Stiefelternrolle und den bestehenden Konzepten von Elternschaft, den Bewältigungsstrategien der Kinder sowie den Mustern, die der Familienreorganisation zugrundeliegen.

In unserer Studie sind wir demgemäß folgenden Dimensionen nachgegangen:

— dem Zeitaspekt, wie er sich vor allem in der familienzyklischen Betrachtung manifestiert, mit den Brüchen, Wiederholungen und spezifischen Aufgaben, die sich für Stieffamilien ergeben;
— dem Aufbau des Beziehungssystems, nämlich der für Stieffamilien zu leistenden Neukalibrierung bestehender und neu entstehender Familienbeziehungen, und den unterschiedlichen Erlebniswelten der einzelnen Familienmitglieder;
— der Organisation des Alltags, der in Stieffamilien besonders aufwendig ist und Alltagspragmatik und Handlungsfähigkeit voraussetzt; Alltäglichkeit, die sich ausdrückt in Verläßlichkeit, Vertrautheit, Si-

cherheit und Zugehörigkeit, muß in Stieffamilien erneut konstruiert und hergestellt werden;
— den Deutungsmustern in den familialen Rollen und Positionen, die in Stieffamilien neu auszuhandeln sind; Identität und Selbstverstandnıs werden ın der Auseinandersetzung mit Erwartungen, Zuschreibungen und Anforderungen unter den Familienmitgliedern entwickelt. In Verständigungsprozessen müssen die Bilder und Wünsche der Familienmitglieder miteinander vermittelt oder koordiniert werden;
— der Reorganisation der Familie, d.h. wie die Stieffamilie ihr Bewußtsein als Stieffamilie entwickelt und demgemäß ihre jeweilige Familienwelt aufbaut und wie sie sich nach außen darstellt und abgrenzt.

Bei der Auswertung und Interpretation der Familiendarstellungen war uns wichtig, der Vielfalt, den Differenzierungen und Eigenarten der untersuchten Stieffamilien gerecht zu werden und nicht der Verführung zu unterliegen, schnell Einordnungen vorzunehmen und dadurch Widersprüche und Widerspenstigkeiten einzuebnen, zuzudecken oder zu harmonisieren.

Terminologische Vorklärung

Unseren Untersuchungsgegenstand begrifflich zu fassen, ist schwierig und erfordert oft umständliche Formulierungen.

Die von uns befragten Familien sind entstanden nach der Wiederverheiratung zweier Partner, von denen zumindest einer ein oder mehrere Kinder aus einer früheren Verbindung in die neue Familie mitbringt und diese Eheschließung für mindestens einen der neuen Partner eine zweite Ehe ist.

Wir werden im folgenden für die neue Familie Bezeichnungen wie „neu zusammengesetzte Familie" oder „zweite Familie", — unabhängig davon, ob beide oder nur einer der neuen Partner schon in einer ersten Familie gelebt hat — und vor allem „Stieffamilie" benutzen, einen sehr umstrittenen Begriff also, der durch das Präfix „Stief" unleugbar mit negativen Assoziationen besetzt und mit gesellschaftlich bestimmten Vorurteilen belastet ist. Man denke nur an den Mythos von der „bösen Stiefmutter" oder an die allegorische Verwendung des Stiefbegriffes, auf die SIMON (1964) hinweist:

„Wenn man Vernachlässigung andeuten will, sagt man Stiefkind und jedermann weiß, was damit gemeint ist." (S. 17)

Das Präfix „Stief" als Bezeichnung für Verwandtschaftsbeziehungen bedeutete ursprünglich „beraubt" und in einem weiteren Sinne „der Eltern oder Kinder berauben" (vgl. KLUGE 1975, S. 748). Früher galten die Stief-Bezeichnungen nur für Kinder, die einen Elternteil durch den

Tod verloren hatten; der Stiefelternteil war also überwiegend Ersatz für den gestorbenen leiblichen Elternteil. Dagegen werden heute Stieffamilien überwiegend nach einer Scheidung gebildet und es entsteht ein Familiensystem mit mehreren Elternfiguren, in dem biologische Elternschaft und Stiefelternschaft nebeneinander bestehen.

In Anbetracht der negativ gefärbten Bedeutung des Präfix „Stief" sind die mit ihm zusammengesetzten Begriffe – im Sinne der Theorie GOFFMANNs (1967) von sozialer Stigmatisierung und selffullfilling prophecy – kaum neutrale Bezeichnungen, die unbelastete und unvoreingenommene Interpretationen und Deutungen nahe legen. Demzufolge heißt der Einsatz von „Stief"-Bezeichnungen im allgemeinen Sprachgebrauch möglicherweise, negative Bedeutungen zu setzen, gar festzuschreiben, da sprachliche Formulierung als konkrete Repräsentation eines Tatbestandes zu verstehen ist und als solche Realitäten schafft.

Zur Negativbesetzung des Präfix „Stief" kommt die grundsätzliche sprachliche Armut, die in diesem Themenbereich herrscht, hinzu: Es existieren kaum Begriffe, die die Realität der Beziehungen und die Lebenslagen in diesen Familien adäquat abbilden. So wird z.B. von den früheren Partnern als Ex-Mann / Ex-Frau gesprochen, also eine Begrifflichkeit verwendet, die auf die Vergangenheit verweist und nicht die in der Gegenwart fortdauernden Beziehungen dieser Personen als Freunde oder Elternteile der Kinder aus erster Ehe erfaßt.

Trotz dieser Argumente und Schwierigkeiten haben wir uns entschieden, in der vorliegenden Arbeit die zweite Familie als „Stieffamilie" – ein Begriff, der in Duden und Lexika kaum auftaucht – zu bezeichnen, wohl wissend, daß in den so benannten Familien nicht alle Beziehungen Stief-Beziehungen sind, denn für einen Elternteil in der Stieffamilie sind die Kinder die leiblichen Kinder. Wir setzen vorwiegend die Bezeichnung „Stieffamilie" ein, da sie eindeutig diese besondere Familienform beschreibt und trotz vieler Diskussionen um die Terminologie und deren Implikationen noch keine einheitliche klare Begrifflichkeit gefunden wurde. Wir schließen uns damit dem Sprachgebrauch von einigen Stieffamilien-Selbsthilfegruppen an, die die Stief-Begriffe offensiv einsetzen, um sie im öffentlichen Bewußtsein zu vertreten und die Stieffamilie aus ihrer Besonderung zu heben, was zu ihrer Entstigmatisierung beitragen kann.

Unsere Untersuchung befaßt sich nun mit den neuentstandenen Familien und den darin aufwachsenden Kindern, die schon einen Teil ihres Lebens in einer Erstfamilie – auch Kern- oder Normalfamilie genannt – verbracht haben. Wir gebrauchen für die in einer Stief-Beziehung lebenden Familienmitglieder Begriffe wie Stiefelternteil und Stiefkind, da diese in der wissenschaftlichen Literatur verwendet werden (vgl. auch KRÄHENBÜHL u.a. 1986, S. 8). Den früheren Ehepartner nennen wir — aus der Sicht des Kindes — den außerhalb lebenden oder abwesenden Elternteil, den anderen leiblichen Elternteil analog dazu den innerhalb der Familie lebenden. Das neue Paar in der Stieffamilie bezeichnen wir in seiner Beziehung zum Kind aus erster Ehe als Stief-/Eltern, um damit deutlich zu machen, daß ein Partner Elternteil und ein Partner Stiefelternteil ist; dementsprechend nennen wir diese Kinder Stief-/Kinder. Die konventionelle Schreibweise wählen wir, wenn wir das Stiefkind ausdrücklich in bezug zu seinem Stiefelternteil betrachten. Die Komplexität einer Stieffamilie erfordert weitere begriffliche Festlegungen: so sprechen wir beim Kind, das in dieser neuen Partnerschaft geboren wird, vom gemeinsamen Kind; bei den leiblichen Kindern eines Partners, die bei dessen ehemaligem Ehegatten wohnen und in die von uns befragte Familie nur zu Besuch kommen, von Besuchskindern. Diesem Gedanken folgend haben diese Besuchskinder eine Teilzeit-, oder Besuchsstiefmutter, wenn wir von dem Normalfall ausgehen, nämlich daß der leibliche Vater nicht sorgeberechtigt ist.

Trotz der verwendeten weitfassenden Begrifflichkeit sind oft noch Differenzierungen und Präzisierungen nötig, die die Texte über Stieffamilien schwerfällig und nicht leicht lesbar machen.

I. Theoretischer und methodischer Rahmen der Untersuchung

1. Lebenswelt der Familie

Im historischen Prozeß der gesellschaftlichen Arbeitsteilung hat sich die Familie als Ort der Privatheit und Reproduktion entwickelt und wurde zunehmend von den beruflichen und politischen Bereichen der Öffentlichkeit ausgegrenzt.

Im Zuge dieser Entwicklung wurde das Leben in Familie mit Vorstellungen von Selbstbestimmung, persönlicher Freiheit und Geborgenheit verbunden. Die Familie gilt heute für viele Menschen als der Ort, an dem sie ihre Bedürfnisse nach Lebenssinn und emotionaler Sicherheit befriedigen und an dem sie autonom das eigene Leben gestalten können; der Alltag soll möglichst harmonisch, ruhig und konfliktlos ablaufen, soll für die Belastungen aus anderen Lebensbereichen entschädigen. Für viele Menschen macht die Familie schlechthin den Sinn ihrer Existenz aus und wird daher mit immens hohen Erwartungen besetzt.

Dieser hohen Bedeutungszumessung stehen auf der anderen Seite die gestiegenen Scheidungsquoten gegenüber. Ein solch widersprüchliches Bild läßt sich zum Teil durch die These erklären, daß „die Instabilität der Ehe gerade wegen ihrer hohen subjektiven Bedeutung für den einzelnen zugenommen und dadurch die Belastbarkeit für unharmonische Partnerbeziehungen abgenommen hätte." (NAVE-HERZ 1988, S. 85)
In diesem Zusammenhang spricht NAVE-HERZ von einer „Abnahme des Verpflichtungs- und Verbindlichkeitscharakters von Ehe und Familie", die in einem De-Institutionalisierungsprozeß von Ehe und Familie begründet liegt, im Wertewandel der modernen Gesellschaft mit ihren Individualisierungs- und Intimisierungstendenzen und mit ihrer Pluralisierung in den Lebensentwürfen. Trotz der wachsenden Wahlmöglichkeiten in der Ausgestaltung des eigenen Lebens stellt die Familie für einen Großteil der Menschen einen festen und wesentlichen Bestandteil ihres Lebensplans und ihrer Lebensorientierung dar. OSTNER/ PIEPER (1980) beschreiben das so:

„(. . .), die meisten Menschen in unserer Gesellschaft (verbinden) immer noch das Private, vor allem in der Form der Familie (. . .) mit der Möglichkeit persönlicher Freiheit, mit eigenem Leben und Eigenleben, faßbar und sichtbar in den eigenen Kindern, dem eigenen Mann, der eigenen Frau, eigenen Wohnung, dem eigenen Haus. Familie verheißt eine eigene Lebensgestaltung ohne fremde Einmischung von außen, verspricht die Möglichkeit eigener selbstbestimmter, sinnlicher Erfahrung in konkreten Tätigkeiten und zwischenmenschlichen Beziehungen." (S. 97)

Je entfremdeter und unpersönlicher das Arbeitsleben und die Teilhabe in der Öffentlichkeit, desto mehr Erwartungen und Wünsche werden an das Familienleben gerichtet: Hier sucht man Anerkennung, das Gefühl der eigenen Wichtigkeit und die Erfüllung von Glücksansprüchen; ebenso soll die Wiederherstellung der psychischen und physischen Arbeitskraft gewährleistet sein.

In der familiären Interaktion entwickeln Eltern und Kinder wechselseitige Vorstellungen, Zuschreibungen und Anforderungen, müssen sie eine Balance finden zwischen Individualität und Gebundensein, zwischen Nähe und Distanz, zwischen persönlichem Freiraum und Gemeinsamkeit. Der einzelne sucht im alltäglichen Familienleben seine Identität zu gewinnen, das eigene Selbstverständnis in der Beziehung zu den anderen Familienmitgliedern zu klären und mit deren Erwartungen abzustimmen. In diesem Prozeß gehen die unterschiedlichen Bilder von Familie ein, die Erwartungen an sich selbst und an die anderen, ein Prozeß also, in dem sich das Beziehungsgefüge der Familie konstelliert, in dem in komplexer und interdependenter Weise Positionen und Bedürfnisse der Familienmitglieder definiert und ausgehandelt werden: Im Rahmen der familiären Entwicklungsgeschichte kristallisieren sich also Vorstellungen von Elternschaft, Vater-Sein, Mutter-Sein und Familienleben heraus; Kinder entwickeln Vorstellungen von ihrem Platz in der Familie, auch davon, was sie für ihre Eltern bedeuten und was diese für sie sein sollten.

Familie ist eine Alltagswelt, in der Bedürfnisse nach Alltäglichkeit ihre Befriedigung finden können. Für THIERSCH (1978) ist Alltäglichkeit ein umfassender Begriff:

„Alltäglichkeit ist die Welt, die mir vertraut ist, auf die ich mich verlasse, in der ich mich nicht immer neu rechtfertigen muß, in der ich zu Hause bin. In den Selbstverständlichkeiten meines komplexen, überschaubaren und pragmatischen Alltags sind mein Lebenssinn und damit meine Identität begründet." (S. 14)

Wenn wir hier also Alltäglichkeit auf den Lebensraum Familie beziehen — davon ausgehend, daß Alltäglichkeit vor allem dort gesucht und gelebt wird —, so ist die Familie gerade der Ort, der Vertrautheit und Verläßlichkeit bietet, der über die selbstverständliche Zugehörigkeit Lebenssinn und Identität vermittelt, in dem durch Kontinuität und Dauer Perspektive und Geschichte begründet sind.

Familie ist jedoch nicht nur ein Ort der Zugehörigkeit und Autonomie, in dem die Familienmitglieder ihre Identität entwickeln, sondern auch ein Ort der Fremdbestimmung und Abhängigkeit.

OSTNER/PIEPER (1980) beschreiben die Familie als ein – für Frauen und Männer unterschiedlich erfahrenes – dialektisches Spannungsfeld zwischen Unabhängigkeit, Eigenleben, Freiheit und Selbstbestimmung auf der einen Seite, und Abhängigkeit, Einmischung von außen auf der anderen Seite; Leben in Familie ist also nicht frei und eigenwillig gestaltbar, sondern unterliegt mannigfaltigen „Zwängen". Die grundsätzliche Anforderungsstruktur von Familienleben, wie sie sich den einzelnen Familienmitgliedern stellt, legen die Autorinnen in ihrem Konzept von Familie dar.

1.1 „Problemstruktur Familie"

OSTNER/PIEPER sehen die Familie als einen „Arbeitsbereich besonderer Art", in dem die Familie den Sinn und Zweck ihres Zusammenlebens und ihre Gemeinsamkeiten „erarbeiten" muß. Jede Familie muß für sich aushandeln, was sie zusammenhält und welchen Sinn sie ihrem Zusammenleben gibt. Diese Anforderung zu kontinuierlicher Sinn-Produktion ist für die Autorinnen eine wesentliche Dimension ihres Konzepts der familialen Arbeit, das davon ausgeht, daß die Familie grundsätzlich offen ist für jegliche Sinnbestimmung. Aus der „prinzipiellen Offenheit der Familie für jede (private) Bestimmung" ergibt sich ein Grundproblem von Familie, nämlich die Notwendigkeit, sich über „gemeinten Sinn und Bedeutungen" zu verständigen und eine „gemeinsame Sache" herzustellen:

„Wer heute in einer Familie leben will, kann (. . .) nicht umhin, solche Probleme irgendwie zu lösen. (. . .) Das bedeutet harte Arbeit, vor der oft die Flucht ergriffen wird, weil sie einer Sisyphos-Arbeit gleich, Frustration, Enttäuschung oder Ausweglosigkeit bringen und mit ihren ‚komplizierten Vermittlungsprozessen zur Leidensquelle' (vgl. BAIER 1978, S. 86) werden kann. Was Freiheit bedeuten sollte, die prinzipielle Offenheit von Privatheit, verkehrt sich so in eine Last." (OSTNER/PIEPER 1980, S. 128)

Während in früheren Gemeinschaftsformen wie „Hof" oder „Haushalt", auch in der vorindustriellen Familie, die Existenzsicherung als „gemeinsame Sache" die Mitglieder integrierte, fehlt der heutigen Familie solch eine beständige und unveränderliche Grundlage. Die gemeinsame sinnstiftende Sache und inhaltliche Begründungen, wie z.B. Kinderwunsch, Kinder-Aufziehen, Hausbauen, politischer Kampf, Abgrenzung und Schutz vor der „feindlichen Umwelt" u.ä., sind beliebig veränderlich und austauschbar. Sie verändern sich im Laufe einer Familienbiographie und zudem für jedes Familienmitglied; sie können sich irgendwann als nicht mehr „tragfähig" erweisen, die „gemeinsame

Sache" kann wieder verlorengehen, z.B. wenn Kinder, derentwegen einst geheiratet wurde, das Elternhaus verlassen oder der Bau eines Hauses abgeschlossen ist, und neue Begründungen, um die Familie zusammenzuhalten, müssen gesucht werden; die „gemeinsame Sache" muß also immer wieder neu ausgehandelt werden.

Die Gründe, warum man in Familie lebt, sind von Familie zu Familie, sogar von Familienmitglied zu Familienmitglied verschieden und verändern sich über die Lebensspanne einer Familie hinweg. Für die familialen Aushandlungsprozesse bedarf es Fähigkeiten wie Empathie, Geduld, Enttäuschungsfestigkeit und Flexibilität. Wie wichtig diese Prozesse im Verlaufe der Familienentwicklung sind, konkretisieren BUCHHOLZ & STRAUS (1982) am Beispiel der anstehenden Veränderungen in der Ablösungsphase der Kinder:

„Die Notwendigkeit eines solchen Aushandlungsprozesses ist beispielsweise dann gegeben, wenn die Kinder aus dem Hause sind, und das gemeinsame Zusammenleben der Ehepartner einer neuen Grundlage bedarf. Eine solche Sinnänderung erfordert u.a. die Fähigkeit, „Gewohntes" aufgeben zu können bzw. zu tolerieren, daß der andere sich nicht so schnell ändert wie man wünscht, oder auch, daß er sich schneller ändert als man erwartet hat. Sie ermöglicht aber auch, die innerfamiliären Machtstrukturen neu auszuhandeln u.s.w." (S. 65)

Die Verständigungsprozesse sind nicht immer ganz einfach, denn Männer und Frauen meinen oft nicht dasselbe, „wenn sie von Liebe, Kinderwunsch und Hausbau sprechen". Aus der unterschiedlichen lebensgeschichtlichen Erfahrung heraus setzen sie unterschiedliche Bedeutungen und Sinngehalte, die z.B. geschlechtsspezifisch und milieuspezifisch beeinflußt sind, und tragen unterschiedliche Bedürfnisse und Wünsche in die Familie hinein.

Was die einzelnen Familienmitglieder von der Familie erwarten, ist weitgehend abhängig von ihrer „unterschiedlichen Betroffenheit" durch Beruf und/oder Familie:

„Denn Mann, Frau und Kinder sind auf unterschiedliche Weise und in ganz unterschiedlichem Ausmaß eingebunden in Familie bzw. in ganz unterschiedlichem Ausmaß und mit unterschiedlichen Intentionen (oder noch gar nicht) ‚Grenzgänger' zwischen beiden Arbeitsbereichen Beruf und Familie. Dies bringt dann auch die unterschiedlichen Interessen in und an Familie hervor." (OSTNER/PIEPER 1980, S. 134)

Solche strukturellen Bedingungen — nämlich unterschiedliche Erfahrungen in und Zugang zu verschiedenen Lebensbereichen gesellschaftlicher Wirklichkeit — erschweren die Übereinstimmung in den familiären Erwartungen von Männern, Frauen und Kindern:

„Die verschiedenen Bedürfnisse hinsichtlich der relativ kurzen gemeinsamen Zeit in der Familie — als Produkte ihrer verschiedenen ‚Alltage' in unterschiedlichen Lebensbereichen — machen die Familie zum Spielball zwischen diesen anderen gesellschaftlichen Zonen und überfordern sie zugleich in ihrer Fähigkeit, alle diese Erwartungen zu integrieren." (WAHL u.a. 1980, S. 108)

1.2 Wiederverheiratung

Bei einer Scheidung machen Frauen und Männer die Erfahrung, daß Familie scheitern kann, daß Anstrengungen um Gemeinsamkeit und gemeinsame Perspektive möglicherweise nicht ausgereicht haben und der Familienzusammenhalt nicht auf Dauer herzustellen war. Da Frauen — wesentlich stärker als Männer — „Beziehungs- und Familienarbeit" primär als ihr zuständiges Kompetenz- und Arbeitsgebiet ansehen, interpretieren sie ein Scheitern viel eher als persönlichen Mißerfolg und haben das Gefühl, daß ihr Bemühen unzureichend war. Die Auflösung einer Partnerschaft und Familie heißt jedoch nicht, daß damit die individuelle Wertschätzung von Leben in Familie abnimmt, die familiale Lebensform ist für viele Menschen weiterhin ein anzustrebendes und wünschenswertes Ziel. Das Bild von Familie als Lebensort, in dem die Bedürfnisse nach Geborgenheit und Verständnis, nach Nähe, Gegenseitigkeit, Emotionalität und Selbstbestimmung befriedigt werden, bleibt oft nach der Trennung bestehen und führt dazu, daß ein großer Teil der Geschiedenen mit einem neuen festen Partner eine zweite Familie gründet, die häufig an den gleichen überhöhten Glückserwartungen und idealisierten Vorstellungen gemessen wird.

Bei einer erneuten Familiengründung wird oft von beiden Partnern mit viel Selbstreflexion und Engagement versucht, „alte Fehler" zu vermeiden; Zusammengehörigkeit, Gemeinsamkeit und Intimität erhalten einen hohen Stellenwert. Man kann davon ausgehen, daß besonders in zweiten Familien das Entwickeln einer „gemeinsamen Sache" ein wesentliches Anliegen ist, da der „zweite Anlauf" — schon wegen der Beziehungskontinuität für die Kinder — auf keinen Fall erneut scheitern darf. Vielleicht nehmen Frauen und Männer nach dem Scheitern einer ersten Ehe in einer zweiten Familie verstärkte Anstrengungen auf sich, um ihr Gelingen zu fördern, vielleicht gibt es sogar eine Art Neuaufteilung in den Zuständigkeiten, d.h. daß auch Männer sich vermehrt für „Beziehungs- und Familienarbeit" verantwortlich fühlen und Aufgaben im Gefühlsbereich übernehmen. Der bewußte Entschluß, ein zweites Mal eine Familie zu gründen, mag auch Männer dazu bewegen, sich stärker in ihrer Familie zu engagieren. Dennoch bleiben Frauen weiterhin primär zuständig für die alltägliche Versorgung der Familienmitglieder, vor allem der Kinder.

In der bestehenden Pluralität von Familienformen stellt die neuzusammengesetzte Familie einen großen Anteil — statistisch gesehen heiraten ca. 70% der Geschiedenen erneut und ein weiterer Teil lebt in einer festen nichtehelichen Lebensgemeinschaft. Die Stieffamilie hat jedoch

17

im Gegensatz zur Einelternfamilie in der Öffentlichkeit kaum Beachtung gefunden, vielleicht weil sie nach außen wie eine „vollständige" Familie wirkt und sich oft auch wie eine solche darstellt.

Stieffamilien unterliegen den gleichen gesellschaftlichen Veränderungsprozessen wie Kernfamilien, sind aber auch mit ganz eigenen Aufgaben, Anforderungen und Beziehungsgefügen konfrontiert. Anders als die Kernfamilie − die eine biologische Zusammengehörigkeit aufweist, also die von RENE KÖNIG so bezeichnete biologisch-soziale Doppelnatur besitzt − muß die Stieffamilie vor allem mit der Besonderheit der sozialen Elternschaft eines Elternteils umgehen. Sie steht damit − zumindest teilweise − außerhalb des Normalitätsmusters von Familie, welches durch seine „unterstellte Natürlichkeit" einen hohen Stellenwert genießt:

„Seine unterstellte Natürlichkeit beruht auf einer sich als äußerst fest erweisenden Legitimationsbasis: Da die Natur selbst ihre Vorgaben bietet, bleibt der Prozeß gesellschaftlicher Institutionalisierung weitgehend verdeckt. Das von der Natur geschaffene wird interpretativ ausgeweitet in Richtung auf die Natürlichkeit der Institution. Mit der Überhöhung zur schlechthin natürlichen Familie gewinnt die biologisch fundierte Familie ihr normatives Potential." (HOFFMANN-RIEM 1985, S. 11)

Dieses normative Potential, das von der Kernfamilie ausgeht, enthält diskriminierende Elemente für andere Familienformen wie z.B. Adoptiv-, Pflege- und Stieffamilien, die sich an diesem Leitbild orientieren und auch reiben, einem Leitbild, das durch seine Definition als naturgegeben und normal zum Wunschbild einer per se guten und harmonischen Familie wird.

2. Die Stieffamilie im historischen Rückblick

Historisch betrachtet sind Stiefbeziehungen kein neues Phänomen. Auch wenn in der öffentlichen Meinung die Vorstellung herrscht − gestützt durch Meldungen über zunehmende Scheidungen und Wiederverheiratungen −, daß es sich dabei um eine Erscheinung der modernen Gesellschaft und Anzeichen einer gegenwärtigen „Krise der Familie" handelt, so zeigt ein Blick auf das Familienleben früherer Jahrhunderte, daß familiale Sonderformen, deren Problematik heute scheinbar neu entdeckt wird, keine historisch einmaligen Phänomene sind. Die Vorstellung also, daß Kinder ihre Kindheit und Jugend selbstverständlich in ihrer Ursprungsfamilie verbringen, entspricht eher dem Denken unserer Zeit.

Bedingt durch hohe Sterberaten, besonders die Wochenbettsterblichkeit, und ökonomische Notwendigkeiten waren Wiederverheiratung und die Entstehung von Stieffamilien in früheren Jahrhunderten eine weit verbreitete Erscheinung. Daten aus dieser Zeit zeigen, daß der frühzeitige Tod eines Partners ebenso oft wie heutige Ehescheidungen die Familie destabilisierte.

Anschaulich wird im folgenden extremen Beispiel eines bayrischen Bauern, wie selbstverständlich wiedergeheiratet wurde, wie gefährdet das Leben von Frauen war durch das Kindergebären, wie wenig die Frau als Individuum mit eigenen Gefühlen beachtet wurde und wie wenig überhaupt Emotionalität und Zuneigung Grundlage einer ehelichen Beziehung waren:

„Zu dieser Zeit kam von Niederbayern eine zweite Schwester meines Stiefvaters zu uns. Es waren daheim noch mehrere; denn der Vater meines Stiefvaters hatte vierzehn Frauen gehabt, mit denen er neununddreißig Kinder zeugte. Als er mit dreiundzwanzig Jahren das erstemal heiratete, kurz nachdem sein Vater, der reichste Bauer vom ganzen Rottal, unter Hinterlassung von mehr denn einer Million Gulden gestorben war, brachte ihm die Frau noch über hunderttausend Gulden Heiratsgut mit, und als nach einem Jahr ihr das Wochenbett zum Todbett ward, erbte er noch ihr ganzes übriges Besitztum; denn sie war eine Waise. Kurz danach nahm er die zweite Frau, eine Magd, mit der er sechs Jahre lebte und vier Kinder hatte. Als sie an der Wassersucht gestorben war, heiratete er noch im selben Jahr eine Kellnerin, die er aber nach wenigen Monaten davonjagte, als er eines Tages den Oberknecht bei ihr im Ehebett fand. Die vierte Frau, die Tochter eines reichen Gutsbesitzers, holte er sich aus dem bayerischen Wald, verlor sie aber schon nach zwei Jahren, nachdem sie ihm ein Kind geboren hatte. Die Leute erzählten, er habe sie durch sein wüstes, ausschweifendes Leben zugrunde gerichtet. Bald nach ihrem Tode nahm er mit dreiunddreißig Jahren die fünfte Frau, die ihm vier Kinder mit in die Ehe brachte, von denen böse Zungen behaupteten, daß sie von ihm gewesen; denn diese Frau hatte er zuvor als Oberdirn auf seinem Hof gehabt. Während einer fünfjährigen Ehe gebar sie ihm zweimal Zwillinge und einen Buben, an dem sie starb. Man sagte aber auch, sie sei aus Kummer krank geworden; denn um diese Zeit hatte er begonnen, offen ein wüstes Leben zu führen. Als Viehhändler trieb er oft zwanzig bis dreißig Stück Rinder oder auch Pferde zu Markte und hielt danach mit andern Genossen große Zechgelage. Hierbei wurde gewürfelt, und da er sehr hoch spielte, verlor er oft seine ganze Barschaft samt dem Erlös und mußte nicht selten noch Boten heimschicken um Geld.

Inzwischen war die Frau, von der er sich hatte scheiden lassen, an der Schwindsucht gestorben, so daß er nun, als er mit neununddreißig Jahren das sechstemal heiratete, wieder kirchlich getraut wurde; doch noch ehe ein Jahr um war, starb die Frau im Kindbett. Nun holte er sich ein Weib aus Österreich, eine junge, sehr schöne Linzerin. Von ihr berichtet man, daß er einmal, als er den ganzen Erlös für das verkaufte Vieh und all sein bares Geld verloren hatte, sie auf einen Wurf setzte und an einen reichen Gutsbesitzer um tausend Mark für eine Nacht verspielte. Während dieser Nacht soll sich die Frau gar sehr gewehrt und den Gutsherrn so schwer an der Scham verletzt haben, daß er bald darauf sterben mußte. Mit dieser Frau lebte er acht Jahre sehr unglücklich, und nachdem sie ihm zehn Kinder geboren hatte, starb sie an dem letzten. Kurz darauf heiratete er mit fünfzig Jahren zum achtenmal und hatte während einer sechs-

jährigen Ehe sechs Kinder. Auch diese Frau hatte keine guten Tage bei ihm; denn ihr eingebrachtes Vermögen war gleich dem der anderen Frauen bald verspielt, und nun mißhandelte er sie oder verfolgte sie im Rausch mit seinen Zärtlichkeiten, was das gleiche; denn er war herkulisch gebaut und massig wie seine Stiere. Auch hatte er noch zu ihren Lebzeiten eine heimliche Liebschaft mit einer anderen, die nach ihrem Tode seine neunte Frau wurde, aber schon nach vierjähriger Ehe mit sechsundzwanzig Jahren an ihrem vierten Kinde starb. Obwohl nun im Orte heimlich die Rede ging, daß er seine Frauen auch im Kindbett besuche, davon ihnen das Blut gehend worden wär und daran sie gestorben seien, willigte doch eine Näherin aus der Pfarre in des Vierundsechzigjährigen Heiratsantrag; denn sie hatte schon zwei erwachsene Kinder von ihm. Doch auch ihr wurde das gleiche Schicksal, und sie starb nach zwei Jahren zugleich mit dem Kinde im Wochenbett. Mit siebenundsechzig Jahren heiratete er zum elftenmal, und als die Frau schon nach zwei Monaten gestorben war, ging er mit neunundsechzig Jahren die zwölfte Ehe ein. Mit dieser Frau lebte er vier Jahre und nahm nach ihrem Tode mit vierundsiebzig Jahren die dreizehnte. Diese letzten Ehen waren alle unglücklich; denn daheim prügelte er die Frauen, und in den Wirtshäusern verspielte er alles, was er besaß. Beim Tode der dreizehnten Frau hatte er nichts mehr, und als er jetzt mit neunundsiebzig Jahren in das Armenhaus kam, fand er da eine Armenhäuslerin, die seine vierzehnte Frau wurde. Mit ihr lebte er noch sieben Monate und starb danach als Bettler; sie hat ihn dann noch kurze Zeit überlebt."
(Lena Christ 1881-1920, zitiert nach WEBER-KELLERMANN 1988, S. 81)

Im England des 16. Jahrhunderts waren 25-30% aller Ehen Wiederverheiratungen (vgl. DUPAQUIER et al. 1981, S. 7), LASLETT (1974) spricht davon, daß im 17. Jahrhundert etwa ein Viertel der Ehen keine Erstehen waren und nach STONE (1978) war im England des 17. Jahrhunderts die Anzahl der Wiederverheiratungen nach Tod eines Ehegatten so hoch wie heute die Zahl der Wiederverheiratungen nach einer Scheidung. Ähnlich war zu Beginn des 18. Jahrhunderts die Situation in Frankreich − zumindest in der Région Parisienne waren 30% der Heiraten keine Erstehen (vgl. BAULANT 1972, S. 959).

Für Deutschland haben sich KNODEL/LYNCH (1985) in einer Analyse von Ortssippenbüchern um umfassendes Datenmaterial für das 18. und 19. Jahrhundert bemüht. Ihre Auswertung der Daten zeigt, daß die Eheauflösung durch Tod die Regel war, Trennung, Scheidung und Annulierung stellten dagegen nur seltene Ausnahmen dar; Wiederverheiratung trat also fast ausschließlich nach Verwitwung ein. Scheidung war zwar in jenen Zeiten grundsätzlich möglich, aber nur aus gravierenden Gründen wie Kinderlosigkeit oder Verschulden eines Partners, sei es durch Ehebruch, böswilliges Verlassen, lebensgefährliche Tätlichkeiten u.a. (vgl. ALLGEMEINES LANDRECHT FÜR DIE PREUSSISCHEN STAATEN von 1794).

Die Autoren zeigen auf, daß die Wiederheiratsquote von 33% im frühen 18. Jahrhundert auf 19% gegen Ende des 19. Jahrhunderts sank. Als Hauptgründe dafür nehmen sie an: höhere Lebenserwartung; weitreichender sozialer Wandel; Veränderungen auf dem Heiratsmarkt, nämlich daß ein höherer Prozentsatz der Bevölkerung eine Ehe einging und daher einer/m Witwe/r kein adäquater Heiratspartner zur Verfügung stand für eine erneute Heirat; nicht zuletzt mag die aufkommende Vorstellung von Ehe als Gefährtenschaft und die wachsende Emotionalisierung der Gattenbeziehung bei jüngeren Menschen zu einer Zurückhaltung geführt haben, einen wesentlich älteren Partner — wie ihn der/die Verwitwete meist repräsentierte — zu ehelichen.

Anhand obiger Daten wird deutlich, daß Wiederverheiratung in früheren Jahrhunderten etwas durchaus gewöhnliches war. Durch die hohe Sterblichkeitsrate war die Dauer vieler Ehen relativ begrenzt; die durchschnittliche Ehedauer im 18. und 19. Jahrhundert betrug — so KNODEL/LYNCH (1985) — ca. 23 Jahre. Zum Vergleich: 1975/76 dauerten Ehen im Durchschnitt 34 Jahre (vgl. HUBBARD 1983), ein kurioses Faktum also — wie STONE (1978) es bezeichnet —, daß trotz der hohen Scheidungsrate ab der Mitte des 20. Jahrhunderts die Ehen heute im Vergleich stabiler sind und länger dauern als in früheren Jahrhunderten.

Nach dem Tod eines Ehegatten wurde gewöhnlich sehr schnell wiedergeheiratet, oft nach einigen Monaten oder sogar schon nach einigen Wochen. Dies galt jedoch vorwiegend für Männer, denn die Situation der Witwer unterschied sich grundlegend von der Situation der Witwen, was sich auch auf die Wiederheiratswahrscheinlichkeit und -chancen auswirkte. Innerhalb von 10 Jahren nach Verlust des Ehepartners waren mehr als doppelt so viele Witwer als Witwen wiederverheiratet. In diesem Zeitraum gingen 45% der Männer eine neue Ehe ein, jedoch nur 20% der Frauen; für beide galt, daß die Hälfte von ihnen bereits nach einem Jahr wiederverheiratet war, die Norm von einem Trauerjahr also nicht eingehalten wurde (vgl. KNODEL/LYNCH 1985). Andere Quellen weisen darauf hin, daß Frauen in der Regel viel länger verwitwet blieben als Männer — nämlich im Durchschnitt 2 Jahre und mehr — die letzteren hingegen zum hohen Prozentsatz nach 6 Monaten wiederverheiratet waren (vgl. SEGALEN in DUPAQUIER u.a. 1981, S. 68).

Die niedrigeren Wiederheiratschancen der Frauen erklärt SEGALEN vor allem damit, daß diese ab dem Alter von 40 Jahren nicht mehr gebärfähig waren und daher einem Mann keine Kinder mehr bieten konnten; in der Zeugung von Nachkommen lag in jener Zeit der primäre Zweck der Ehe. Dazu kommt, daß die Kirche damals Wiederheirat von Witwen in hohem Maße mißbilligte, denn Frauen waren nicht nur zu Lebzeiten ihres Mannes sein „bewegliches Eigentum", sondern sogar noch nach dessen Tod (vgl. SOGNER/DUPAQUIER in DUPAQUIER u.a. 1981, S. 7).

Für verwitwete Männer ergab sich eine meist schnelle Wiederheirat aus der Notwendigkeit, eine Frau im Haushalt zu haben, besonders dann, wenn kleine Kinder da waren, denn er brauchte – so faßt STONE (1978) lapidar zusammen: „... a nurse, housekeeper, cook, washerwoman and sexual partner."[1] (S. 56) Der Wiederheiratsdruck wird vor allem in Verbindung gebracht mit der strengen Arbeitsteilung zwischen den Geschlechtern; besonders für Männer schien es kaum vorstellbar, Frauenarbeit zu übernehmen (vgl. SOGNER / DUPAQUIER in DUPAQUIER u.a. 1981).

In den Bevölkerungsgruppen der selbständigen Bauern und Handwerker läßt sich geradezu von einem „Heiratszwang" sprechen. ROSENBAUM (1982) schreibt, daß die beiden zentralen Positionen der Hausfrau und des Hausherrn besetzt sein mußten und es in der Regel auch waren. Für die Bauern war das Wirtschaften mit Gesinde teurer als mit Mann oder Frau. In einem bäuerlichen Familienbetrieb hatte die Weitergabe des Gutes an den zweiten Mann – so MITTERAUER/SIEDER (1977) – mehrfache Vorteile:

„Man ersparte sich die Belastung des Hofes durch ein Ausgedinge für die Witwe und deren unmündige Kinder; ferner wurde die Personenzahl der Hausgemeinschaft konstant gehalten, was sich sowohl für die Ernährungsbasis der Familie als auch für die Kontinuität der Arbeitsorganisation günstig auswirkte." (S. 71)

Auch für die Handwerker bestand ein faktischer Zwang zur Wiederheirat, sollte der Betrieb aufrechterhalten werden und die Sozialisation des gewerblichen Nachwuchses gewährleistet sein: „In den Zunftordnungen war die Heirat teils bindend vorgeschrieben, teils als selbstverständlich unterstellt." (ROSENBAUM 1982, S. 146)

Je größer die Armut, um so dringender war eine rasche Wiederheirat für die Verwitweten. Der Verlust eines Ehegatten war äußerst bedrohlich für das materielle Gleichgewicht eines Haushalts. So erhielt ein neuer Ehepartner – indem er seine unbezahlte Arbeit beisteuerte – die Kontinuität des Haushalts und seiner Mitglieder. Allerdings kann man die Selbstverständlichkeit einer erneuten Eheschließung nicht allein auf ökonomische Zwänge zurückführen. In der damaligen dörflichen Gesellschaft bot der Status des Unverheiratetseins für Bauern und Handwerker keine ökonomische, vor allem aber auch keine soziale Perspektive; der Wunsch nach einem gebilligten Sexualleben und nach Kindern als Erben und Arbeitskräften machte die Heirat selbstverständlich und erstrebenswert (vgl. ebenda). RUTSCHKY (1983) weist ebenfalls auf die Notwendigkeit einer Wiederheirat hin:

„(...) wer nun einmal geheiratet, einen Haushalt eingerichtet, Kinder zu versorgen hat, (...) muß nach dem Tod des Ehepartners immer wieder heiraten (...)."

---

1   „... ein Kindermädchen, eine Haushälterin, eine Köchin, eine Waschfrau und eine Sexualpartnerin."

Wegen der hohen Müttersterblichkeit ist es keine Seltenheit, daß Männer dreimal heiraten müssen; zwei Ehen sind für Frauen sicher ebenso häufig."
(S. 118)

Frauen kamen mitunter mit der Situation des Verwitwetseins besser zurecht als Männer und wollten deshalb gar nicht unbedingt eine zweite
Verbindung eingehen. Zwar waren Rollen und Aufgaben den Geschlechtern bindend vorgeschrieben; es war jedoch für eine Frau in be-
grenzter Weise möglich und akzeptabel, Männeraufgaben zu übernehmen und so alleine zurechtzukommen:

„Les veuves au contraire semblent pouvoir mieux supporter leur condition:
soit une femme jeune dont le mari vient de mourir. Sa situation diffère de celle
du veuf dans la mesure où il n'existe pas ce tabou réciproque qui pèserait sur un
domaine d'acitivé spécifiquement masculin. Si la femme peut le faire, la com-
munauté l'accepte." (SEGALEN in DUPAQUIER u.a. 1981, S. 69)[2]"

Die meisten der Witwen, die ohne wieder zu heiraten mit ihren Kindern lebten, waren allerdings arm und mußten ihren Lebensunterhalt
mit eigener Arbeit verdienen. In ländlichen Gebieten lebten sie meist
als Gesinde oder mithelfende Angehörige in einer größeren Hausgemeinschaft und wurden dort als „Inwohner" registriert. Ihre Kinder
wurden schon früh zur Mitarbeit herangezogen oder in fremde Dienste
geschickt.

In den Städten taten sich alleinstehende Mütter und ihre Kinder zu
Haushaltsgemeinschaften zusammen oder lebten in „untermietähnli-
chen Verhältnissen, − manche auch nur als ‚Bettgeher' − in fremden
Haushalten." Um ihren Lebensunterhalt zu sichern, arbeiteten die
Frauen „als Dienstboten oder waren im Tagelohn als Wäscherin, Spin-
nerin oder Näherin beschäftigt." (Vgl. NAPP-PETERS 1985, S. 10)

2.1 Probleme nach der Wiederverheiratung − damals

Die große Zahl der Wiederverheiratungen läßt vermuten, daß vielerlei
Probleme auftraten, die aus der Stieffamilienproblematik resultierten:
Große Altersabstände zwischen den Ehepartnern, aber auch zwischen
den Kindern, bisweilen geringe Altersdifferenzen zwischen Stiefelternteil und Stiefkindern, Rivalitäten unter den Halbgeschwistern, erbrecht-
liche Schwierigkeiten.

---

2 Die Witwen hingegen scheinen ihre Lage besser ertragen zu können: z.B.
eine junge Frau, deren Ehemann jüngst gestorben ist. Ihre Situation unterscheidet sich von der eines Witwers in dem Maße, in dem kein entsprechen-
des Tabu besteht für spezifisch männliche Tätigkeiten. Wenn die Frau sie
machen kann, akzeptiert es die Gemeinschaft."

Durch Wiederverheiratung – oft sogar mehrfache – war die Anzahl der Kinder in einer Familie meist sehr groß. So berichtet RETIF DE LA BRETONNE im ausgehenden 18. Jahrhundert, daß sein Vater acht Kinder mit seiner ersten Frau hatte, nach deren Tod eine Witwe mit einem Kind heiratete und mit dieser nochmals neun Kinder zeugte. Die Existenz von vielen Kindern aus verschiedenen Ehen implizierte jedoch nicht notwendigerweise, daß alle am heimischen Herd lebten. Es war durchaus üblich, daß Kinder, die Ursache häuslicher Streitigkeiten waren oder zu wirtschaftlicher Not beitrugen, in Dienstverhältnisse oder gar zum Betteln geschickt wurden (vgl. BAULANT 1972). Durch die Instabilität der Familie, Wiederheirat, Verwaisung und Wegschicken von Kindern, oder auch Aufnahme von verwaisten Kindern aus der Verwandtschaft, entstanden die verschiedensten Zusammensetzungen in Familien und oft große Familienverbände.

Die Komplexität und der große Streubereich in den Familienstrukturen und den Generationsbeziehungen wird auch vorstellbar, wenn man sich vergegenwärtigt, daß z.B. ein älterer Witwer in zweiter oder auch dritter Ehe eine wesentlich jüngere Frau heiratete, die oft nicht älter als seine Kinder aus vorhergehender/n Ehe/n war; – oder auch, daß eine Witwe einen jungen Mann, z.B. ihren Gesellen, heiratete. Die wiederheiratenden Partner gehörten also nicht selten altersmäßig einer jeweils anderen Generation an, wobei der jüngere Partner in die Generationsebene des älteren gehoben wurde. Besonders durch das Institut der Einheirat in Handwerksbetriebe oder Bauernhöfe wurden extreme Altersdifferenzen begünstigt. ROSENBAUM (1982) schildert einen Fall aus Königsberg mit besonders ungewöhnlicher Altersstreuung:

„Dort heiratete ein Zirkelschmiedegeselle, um Meister zu werden, 1701 eine 74-jährige Witwe, die immerhin noch sieben Jahre bei ihm aushielt; 1710 folgte als zweite Frau dann eine 16-jährige Ratsschmiedemeisterstochter! Die eine Ehefrau war 1627, die andere 1694 geboren! Die Altersdifferenz zwischen den beiden Ehefrauen betrug 67 Jahre." (S. 151)

Wesentlich öfter kam der umgekehrte Fall vor, daß nämlich ein junges Mädchen zwischen 16 und 18 Jahren einen 30 bis 40 Jahre älteren Mann mit erwachsenen Kindern heiratete und damit Stiefmutter wurde für Kinder, die im gleichen Alter waren wie sie selbst. Die Altersdifferenz zwischen den Partnern führte – wenn weitere Kinder geboren wurden – auch zu einer starken Altersstreuung im Kindersystem.

Die Altersunterschiede waren ein relativ gängiges Phänomen und wurden nicht tabuisiert, wenn auch z.B. die jungen Leute eines Dorfes Witwer und Witwen, durch die sie ihre eigenen Heiratschancen eingeschränkt glaubten, dennoch genau und eifersüchtig beobachteten und gegen Wiederheiratsabsichten demonstrativ protestierten. Der Jugend stand ein althergebrachtes Repertoire für Protestaktionen zur Verfügung, wie GILLIS (1980) beschreibt:

„Abschreckende Fratzen, Katzenmusik, lästerliche Lieder und Nachäffung —
und damit traktierten sie ihre Feinde. Rasch bei der Hand mit Blechpfannen
und Hörnern unter dem Fenster eines Wüstlings, und schnell dabei, sich der
Katzenmusik (Charivari) anläßlich der Wiederverheiratung eines älteren Mannes mit einer jungen Braut anzuschließen, waren die Brüderschaften (...) in ihrem eigenen Interesse Wächter der Moral und des sozialen Gleichgewichts im
Dorfalltag. Bei einem typischen ländlichen Charivari konnte es einem frisch
wiederverheirateten Witwer passieren, daß ihn die Schar lärmend aufweckte,
ein Bildnis seiner toten Frau vor seinem Fenster aufpflanzte und ein Bild von
ihm, verkehrtherum auf einen Esel gesetzt, durch die Straßen zog, damit seine
Nachbarn es sehen sollten. Durch einen Tribut (...) konnte er seine jugendlichen Quälgeister dann zwar beruhigen, aber zu diesem Zeitpunkt hatte die
Stimme des Dorfgewissens ohnehin schon alles ausposaunt." (S. 43)

Aus der Sicht des wiederheiratenden Paares hatte der Altersunterschied
oft erhebliche Vorteile, einerseits hatte der ältere Partner meistens bereits einen Hausstand, Besitz und vielerlei Erfahrungen, der jüngere war
eine frische Arbeitskraft und eine Unterstützung bei den vielfältigen, oft
anstrengenden Aufgaben. Für beide Teile hatte so eine Ehe einen Nutzen, wie manche Kommentare etwas spöttisch andeuten:

„The boy acquired a home, and the old decrepit woman acquired help."

oder:

„Young support makes an old house stand longer." (SOGNER/DUPAQUIER
in DUPAQUIER u.a. 1981, S. 10)[3]

Aus der Sicht der Kinder aus erster Ehe brachte eine Wiederheirat — vor
allem eine asymmetrische Folgeehe — erhebliche Nachteile, und das
besonders hinsichtlich der Erbverteilung. Bei einer Wiederverheiratung
kam es durch weitere Kinder immer zu einer erhöhten Anzahl von Erb-
ansprüchen. Es konnte vorkommen, daß der älteste Sohn ein erstes
Kind hatte, während sein Vater mit seiner zweiten oder dritten Frau
eben sein letztes bekam, so daß Onkel bzw. Tanten und Neffen bzw.
Nichten sich vom Alter her nur geringfügig unterschieden. Die Folge
waren konkurrierende Ansprüche und notwendigerweise auch Spannungen, zum Beispiel „wenn dem ältesten Sohn, der bei der Übernahme der Stammherrnposition zum Teil noch die Abfindungen für seine
Geschwister zu zahlen hatte, zugemutet wurde, vor seinen eigenen Kindern eine große Zahl von Stiefgeschwistern, die in gleichem Alter wie
seine Kinder waren, auszustatten. Zudem wurde er mit der Versorgung
einer wahrscheinlich noch relativ jungen Witwe belastet." (REIF in
MITTERAUER/SIEDER 1982, S. 136).

Heiratete eine verwitwete Mutter wieder, so ging ihr von ihrem Mann
ererbter Besitz in die Verfügungsgewalt des neuen Mannes über und

---

3 „Der Mann erwirbt ein Heim und die alte gebrechliche Frau bekommt Hilfe."
„Durch junge Unterstützung steht ein altes Haus länger."

war so für die Kinder – zumindest bis zum Tod des Stiefvaters – nicht erreichbar. Grundsätzlich hatte in früheren Zeiten der Mann – und so auch der Stiefvater – die uneingeschränkte Autorität und Verfügungsgewalt über Frau und Kinder (vgl. auch Mc KEE/O'BRIEN 1982); in manchen Gegenden ging es soweit, daß dem Stiefvater daher explizit das Sorgerecht über die Stiefkinder übertragen wurde (vgl. BAULANT 1972). Diese Einschränkung, die auf Frauen bei Wiederheirat erneut zukam, mag auch ein Grund für deren größere Zurückhaltung gegenüber einer weiteren Ehe gewesen sein.

Die Sorge um die materielle Absicherung der Kinder aus erster Ehe war ein allgemeines Thema, das nicht nur die Bauern bewegte; auch in den anderen Bevölkerungsgruppen gab es Regelungen für die Versorgung und das Erbe von Stief-/Kindern. So läßt sich z.B. – wie SANDHOP (1982) berichtet – anhand des Eutiner Stadtbuches nachweisen, daß verwitwete Eltern verpflichtet waren, vor einer erneuten Eheschließung die materielle Hinterlassenschaft des verstorbenen Elternteils zu sichern und vertraglich mit dem Stiefelternteil festzulegen, wie die Versorgung und Erziehung der Kinder geregelt wird. Handwerksgesellen, die eine Handwerkerwitwe heirateten, mußten in der Regel die Erziehung und Ausbildung der Kinder ihrer neuen Frau sicherstellen.

Grundsätzlich trug das ältere deutsche Recht der familienrechtlichen Besonderheit der Stieffamilie durch die sogenannte „Einkindschaft" Rechnung, ein Rechtsinstitut, das schon im 13. Jahrhundert nachweisbar ist und erst mit der Einführung des BGB um 1900 abgeschafft wurde (vgl. FRANK 1978). Die „Einkindschaft" ist eine völlige Gleichstellung der Stief-/Kinder mit den leiblichen Kindern aus der folgenden Ehe und sollte – wie schon der Name sagt – *eine* Kindschaft begründen. Zweck der Einkindschaft war vor allem die vermögensrechtliche Gleichstellung der Kinder, bezog sich aber auch auf persönliche Bereiche, z.B. die elterliche Gewalt, Züchtigungsrecht, Einwilligung zur Eheschließung. Die Einkindschaft wurde bei Trennung oder Scheidung der Eheleute beendet, blieb jedoch bestehen, wenn der leibliche Elternteil starb. Es handelte sich dabei also um eine Art Adoption zwischen Stiefkind und Stiefelternteil, die jedoch keine weiteren Rechtsbeziehungen zu den Verwandten des Stiefelternteils begründete.

ROSENBAUM (1982) erzählt anschaulich, wieviel Konkurrenz bezüglich des Erbes und der Nahrungsversorgung unter Stief- und Halbgeschwistern entstehen konnte und sie vermutet, daß Zuneigung und Solidarität unter den Kindern eher selten waren. Die Kinder lernten sehr früh, „daß jeder neue Esser nicht nur ihren Anteil bei Tisch schmälerte, sondern auch ihre Zukunftsaussichten." (S. 101) Einerseits mußten die Kinder bei der täglichen Arbeit kooperieren, andererseits herrschte ein ständiges Mißtrauen, übervorteilt oder benachteiligt zu werden.

GAUNT/LÖFGREN (1981) weisen darauf hin, daß in extremen Fällen die Kinder aus erster Ehe gezwungen wurden, das Haus zu verlassen, um Raum und Zugang zu den Ressourcen (Nahrung, Besitz etc.) für die Kinder aus zweiter Ehe zu schaffen:

„Much of the animosity against remarriages between partners of very different ages was caused not by a violation of sexual mores, but must be seen against the background of the material problems faced by the children."[4] (S. 53)

Was sich tatsächlich hinter den vielfältigen Familienstrukturen und den materiellen Regelungen nach Wiederverheiratung verbarg, ist bisher wenig erforscht worden. Historische Untersuchungen gehen kaum ein auf die sich daraus ergebenden Folgen für die zwischenmenschlichen Beziehungen in der Familie, die Emotionalität und die Intimität, nicht nur unter den Ehepartnern, sondern auch unter den gemeinsam aufwachsenden Kindern aus verschiedenen Ehen sowie zwischen den Stiefvätern oder Stiefmüttern und der nachfolgenden Generation.

3. Zur Situation von Stieffamilien — heute

Die Forschung zum Thema Wiederheirat und Stieffamilie hat in der Bundesrepublik Deutschland erst vor wenigen Jahren begonnen. In den Vereinigten Staaten von Amerika wurde diesem Thema bereits in den letzten Jahrzehnten vermehrt wissenschaftliche Aufmerksamkeit gewidmet. Es gibt dort eine Vielzahl von Forschungsarbeiten zu den Problemen von Stieffamilien aus dem therapeutischen Bereich sowie einige repräsentative Studien. Dennoch wird in den USA noch ein großer Forschungsbedarf konstatiert. Gründe für die Vernachlässigung dieses Themas mögen — wie FTHENAKIS (1987) ausführt — in der kulturell tradierten Einstellung liegen, die Stieffamilie wie eine „normale" Kernfamilie zu betrachten, eine Einstellung, die gestützt wird durch die bislang im familienrechtlichen Bereich vorherrschende Auffassung, daß Scheidung das Ende von familiären Beziehungen impliziere und durch Wiederheirat eine neue vollständige Familie entstehe. Frühere Ansätze zur Untersuchung des Geschehens in Stieffamilien (HAFFTER 1948, KÜHN 1929, NEUMANN 1933, WITTELS 1927) wurden lange Zeit nicht weitergeführt oder vertieft. Erst 1986 wurde eine empirische Studie zu Stieffamilien von KRÄHENBÜHL u.a. vorgelegt, die im Zusammenhang mit ihrer familientherapeutischen Arbeit entstanden ist. Ansonsten sind inzwischen auch Übersetzungen einzelner

---

4 „Viel von dem Widerwillen gegen Wiederverheiratung zwischen Partnern unterschiedlichen Alters beruhte nicht auf der Verletzung von sexuellen Sitten, sondern muß auf dem Hintergrund der für die Kinder entstehenden materiellen Probleme gesehen werden."

amerikanischer Studien und Literaturanalysen zu dieser Thematik veröffentlicht worden (z.B. BOHANNAN & ERICKSON 1978, FRIEDL 1988, HEEKERENS 1985, 1988, FTHENAKIS 1985, SANDHOP 1982, PERKINS & KAHAN 1982, VISHER & VISHER 1987).

Zweifellos haben die bisherigen Forschungen zum grundlegenden Verständnis von Stieffamilien beigetragen. Es fehlen jedoch differenzierte entwicklungsbezogene Arbeiten und Langzeitstudien, die sich mit den Auswirkungen von Stief-/Elternschaft auf die Kinder, mit dem Prozeß der Rollenübernahme durch den Stiefelternteil und der Entwicklung von Stieffamilienbeziehungen, besonders der Stief- und Halbgeschwisterbeziehungen, beschäftigen. Wenig Augenmerk wurde bislang auf das Alltagsgeschehen und die spezifischen Aufgaben von neuzusammengesetzten Familien gerichtet.

Es fehlen außerdem Daten und Statistiken sowie empirische repräsentative Studien, die über den Einfluß unterschiedlicher Variablen auf das Funktionieren von Stieffamilien Aufschluß geben könnten.

3.1 Zur demographischen Entwicklung von Scheidung und Wiederheirat

Demographische Prognosen gehen davon aus, daß die Anzahl von Stieffamilien in den nächsten Jahren immer mehr zunehmen wird. Vor allem relevant für die prognostizierte Zunahme von Stieffamilien sind die wachsenden Scheidungsziffern.

Nach Daten des Statistischen Bundesamts (1987) erfolgten 1960 14% aller Ehelösungen durch Scheidung, während es 1983 bereits 28% und 1985 schon 30% waren. Die Zahl der Scheidungen hat also — unterbrochen durch die Eherechtsreform (1977/78) mit ihrem Übergang vom Verschuldens- zum Zerrüttungsprinzip, die kurzfristig einen starken Rückgang der Scheidungszahlen auslöste — kontinuierlich zugenommen. Hält diese Entwicklung an, so ist damit zu rechnen, daß in den nächsten Jahren nahezu ein Drittel aller Ehen durch Scheidung beendet wird. In über der Hälfte der Scheidungsfälle sind noch minderjährige Kinder von der Ehescheidung ihrer Eltern betroffen. 1980 waren es ca. 79 000 Kinder und 1985 rund 97 000 Kinder (STATISTISCHES BUNDESAMT 1987). Der Bevölkerungswissenschaftler SCHWARZ (1984) geht davon aus, daß bei der derzeitigen Scheidungshäufigkeit hierzulande jedes zehnte Kind die elterliche Scheidung erleben wird. Für die Vereinigten Staaten von Amerika gibt es schon wesentlich dramatischere Schätzungen, die vermuten, daß 40-50% aller in den siebziger Jahren geborenen Kinder ihre Kindheit nicht in der Familie beenden werden, in der sie sie begonnen haben.

Trotz vieler statistischen Erhebungen gibt es keine genauen Zahlen über die in der Bundesrepublik lebenden Stieffamilien. Erst durch die Verrechnung verschiedener Familien- und Haushaltsstatistiken und aus repräsentativen Erhebungen kann man auf angenäherte Zahlen zur Verbreitung von Stieffamilien schließen.

Etwa 70% der Geschiedenen heiraten wieder – und zwar Männer und Frauen in fast gleichem Maße (vgl. HEEKERENS 1988). Die Zahl der Stieffamilien mit minderjährigen Stiefkindern betrug 1981 etwa 660 000; in diesen Stieffamilien leben ca. 8% der gesamten Kinder unter 18 Jahren, das heißt es gibt ungefähr eine Million Stiefkinder. Ein weiterer Teil von Kindern lebt in einer stieffamilienähnlichen Situation, nämlich mit ihrem sorgeberechtigten Elternteil, die oder der als Alleinerziehende/r in nicht-ehelicher Lebensgemeinschaft mit einem Partner zusammenlebt, – Schätzungen für 1982 sprechen von 515 000 Paaren (BUNDESMINISTERIUM FÜR JUGEND, FAMILIE UND GESUNDHEIT 1985). Insgesamt dürften mindestens 10% aller Familien mit Kindern Stieffamilien – in diesem erweiterten Sinne – sein (DJI 1988).

Man könnte annehmen, daß nach den Erfahrungen und eventuellen Lernprozessen aus einer ersten Ehe zweite Partnerschaften stabiler sind, unter anderem auch, weil sie mit reiferen Erwartungen und mehr Realitätsbewußtsein eingegangen werden. Wissenschaftliche Erhebungen belegen aber eine etwas höhere Scheidungsrate für Folgeehen. Das Risiko also, daß eine nachfolgende Ehe wiederum geschieden wird, ist größer als bei Erstehen. Nach Angaben aus den USA nähert sich die Scheidungsrate der 60%-Grenze (GLICK 1984), für die Bundesrepublik Deutschland gibt es unseres Wissens dazu keine statistischen Angaben.

In einer Studie zu den Gründen des Scheiterns nach Wiederverheiratung kommen WHITE/BOOTH (1985) zu dem Schluß, daß die Anwesenheit von Stief-/Kindern die Scheidungsneigung erhöht, d.h. daß in zweiten Partnerschaften Probleme mit Kindern den Ausschlag zu einer Scheidung geben können, selbst wenn die eheliche Beziehung als gut beurteilt wird – eigentlich ein erstaunliches Phänomen, wenn man bedenkt, daß in Erstehen oft das Gegenteil der Fall ist, nämlich daß Kinder für die Ehepartner der Grund sein können, selbst eine problematische Partnerschaft aufrechtzuerhalten. Anlaß zur erneuten Scheidung ist also – so WHITE/BOOTH – eher ein angespanntes Familienklima, insbesondere das Verhältnis zu den Kindern aus erster Ehe, und nicht so sehr eine gestörte Ehebeziehung.

3.2 Struktur und Besonderheiten von Stieffamilien

Vergleicht man die Stieffamilie mit der Kernfamilie, so zeigt sich, daß der Stieffamilie spezifische Strukturmerkmale eigen sind. Wesentlich unterscheidet sich die Stieffamilie von der Kernfamilie in folgenden Punkten:

- Ein leiblicher Elternteil der Kinder lebt außerhalb der Stieffamilie.
- Mitglieder der Stieffamilie haben oft den Verlust einer wichtigen Bezugsperson erlitten.
- Neben der schon bestehenden Eltern-Kind-Beziehung muß der Stiefelternteil eine eigenständige Beziehung zu seinem Stiefkind aufbauen und seinen Platz in der bereits bestehenden Familie finden.
- Die Kinder gehören zu mehr als einer Familiengemeinschaft, nämlich zu ihrer Herkunftsfamilie, zu ihrer jetzigen Stieffamiliengemeinschaft und zur eventuell neu gegründeten Familie ihres außerhalb lebenden Elternteils.
- Der Stiefelternteil hat keine elterlichen Rechte gegenüber seinen Stiefkindern, obwohl er von außen betrachtet dem Eltern-Subsystem anzugehören scheint. (vgl. VISHER/VISHER 1979)

Die Besonderheiten von Stieffamilien sind nur zu verstehen auf dem Hintergrund der vorangegangenen Familiengeschichte der neuen Partner, also der Erfahrungen in der ersten Ehe, der Trennungs- und Nachscheidungsphase und der Einelternschaft.

Die Scheidung — als kritisches, nicht normatives Lebensereignis — ist ein prozeßhaftes Geschehen, das von allen Familienmitgliedern neue Handlungsweisen, Haltungen und Lösungsmuster erfordert. Scheidung schafft eine zeitlich begrenzte Krise im Leben einer Familie, verändert die Familienstruktur, gewohnte Regeln und die Formen des Zusammenlebens.

Nach der Scheidung bleiben die Kinder in der Regel bei einem Elternteil, während der andere Elternteil die Hausgemeinschaft verläßt und neue Regeln und Gewohnheiten für den Umgang mit diesem gefunden werden müssen. Erneute Veränderungen ergeben sich, wenn der sorgeberechtigte Elternteil eine dauerhafte Partnerschaft eingeht und mit dem neuen Partner ein gemeinsames Leben plant. Mit dem Eintritt des neuen Partners in das Teilfamiliensystem gehen komplexe Umstrukturierungsprozesse einher (vgl. GOLDMEIER 1980, SAGER et al. 1983, SCHULMAN 1981, VISHER & VISHER 1979). Es bilden sich neue Subsysteme — wie z.B. das Partnersystem, eventuell ein verändertes Geschwistersystem, ein Stiefelternteil-Stiefkindsystem —, bestehende Beziehungen verändern sich und neue werden aufgebaut.

Die spezifischen Strukturmerkmale von Stieffamilien schlagen sich nieder in beziehungsdynamischen Besonderheiten, mit denen diese Familien konfrontiert sind und die sie handhaben müssen. Dabei fehlen ihnen jedoch — wie CHERLIN (1978) betont — soziale Normen für ein habitualisiertes Familienleben mit festumschriebenen Rollen und Aufgaben. Oft orientieren sich Stieffamilien in ihren Vorstellungen von Familienleben an einem idealisierten Bild der Normalfamilie. Der Wunsch, wie eine „normale Familie" zu sein, setzt die Familie unter Druck und kann sie daran hindern, „eine entwicklungsfähige, komplexe Lebensgemeinschaft aufzubauen" (KRÄHENBÜHL u.a. 1986, S. 90). Stieffamilien müssen für viele Funktionen und Problembereiche, in denen sie sich nicht an vorgegebenen Handlungsmustern orientieren können, individuelle Lösungen erarbeiten, was zu einer Vielzahl von Konflikten führen kann.

In den meisten Untersuchungen von Stieffamilien sind die Übernahme der Stiefelternrolle und die Gestaltung der Stiefelternteil-Stiefkind-Beziehung zentrale Themen.

In der einschlägigen Fachliteratur (z.b. BOHANNAN 1975, BURGOYNE/CLARK 1981, 1982, FAST/CAIN 1966, FURSTENBERG/SPANIER 1984, KRÄHENBÜHL u.a. 1986, MESSINGER/WALKER 1981, SAGER et al. 1983, VISHER & VISHER 1978, 1979) werden Schwierigkeiten aufgezeigt, die den Integrationsprozeß des Stiefelternteils beeinflussen:

— Stiefelternteile haben Schwierigkeiten, ein stabiles Muster dafür zu entwickeln, wie sie für ihre Stiefkinder fühlen, wie sie über sie denken und wie sie sich ihnen gegenüber verhalten sollen. Sie wissen nicht, ob sie als Elternteil oder Nicht-Elternteil handeln sollen.
— Stiefelternteile und Stiefkinder sind häufig nicht bereit und nicht in der Lage, schnell eine enge Beziehung zueinander aufzunehmen.
— Kindern fällt es oft schwer zu akzeptieren, daß ihr leiblicher Elternteil eine sexuelle Beziehung mit einem neuen Partner aufgenommen hat.
— Stief-/Eltern müssen sich mit den Erfahrungen der früheren Familie und den Einflüssen, die diese noch ausübt, auseinandersetzen. Der frühere Partner bleibt durch Verbindungen mit den Kindern präsent und dies kann die Integration der Stieffamilie erschweren.

FAST/CAIN (1966) heben in ihrer Untersuchung hervor, daß gute oder schlechte Rollenerfüllung nicht allein vom guten Willen und der Fähigkeit des Stiefelternteils abhängt, sondern wesentlich davon beeinflußt wird, ob Stiefkind und Ehepartner diese Rollenübernahme akzeptieren.

Grundsätzlich bedeutet der Eintritt eines neuen Partners, daß die Rollenverteilung, die die Einelternfamilie gefunden hat, wieder bedroht wird. Der Integrationsprozeß eines Stiefelternteils erfordert viel Toleranz und Zeit, es bedarf der Offenheit und Freiheit, Rollen auszuprobieren und wieder aufzugeben, bis alle Mitglieder ein adäquates Rollenverhalten gefunden haben.

Eine der zentralen Besonderheiten in Stieffamilien ist das Nebeneinander von verschiedenen Formen der Elternschaft — nämlich faktische und biologische Elternschaft —, die beide in der Stieffamilie präsent sind durch den leiblichen Elternteil und den Stiefelternteil. Der andere leibliche Elternteil der Kinder lebt außerhalb der Stieffamilie, eventuell mit neuem Partner, der dann Besuchsstiefelternteil für die Kinder ist.

Innerhalb dieser Mehrelternschaft, also einer Dreier- oder Viererkonstellation – wenn wir von einer einfachen Stieffamilienform ausgehen –, müssen Zuständigkeiten, Erziehungsverantwortung und -konzepte sowie Elternrollen ausgehandelt werden. Oft ist es schwierig zu definieren, welche Rolle der nichtsorgeberechtigte Elternteil in dem Familiensystem ausfüllt. Für diesen außerhalb lebenden Elternteil – meist ist dies der Vater – ist es nicht einfach, sich auf die jeweilige Situation einzustellen. Er muß eine Form finden, wie er die Beziehung zu seinem Kind und sein Eltern-Sein in der Besuchssituation gestalten will, ob er zum „Freizeitvater" („Sugar daddy") werden will oder weiterhin die Elternverantwortung mitträgt (vgl. GREIF 1979). Die Rollenunsicherheit des nichtsorgeberechtigten Elternteils kann dazu führen, daß er sich mehr und mehr aus der Beziehung zu seinen Kindern zurückzieht.

FURSTENBERG/SPANIER (1984) weisen darauf hin, daß die Kooperation zwischen den leiblichen Eltern und dem Stiefelternteil und die Form von Stief-/Elternschaft bestimmt sind von den jeweiligen sozialen Situationen, den beteiligten Persönlichkeiten und ihren Konzepten von Elternschaft. Für die Autoren kann die Gestaltung der Stiefelternrolle nicht nur auf der Ebene des Rollenverhaltens thematisiert werden, sondern die zugrundeliegenden Vorstellungen von Elternschaft müssen berücksichtigt werden. Welche Aufgaben und Funktionen ein neu hinzukommender Stiefelternteil in der Stieffamilie übernehmen kann, hängt sowohl von seinen eigenen Vorstellungen zu sozialer und biologischer Elternschaft ab als auch von denen der beiden leiblichen Eltern.

Es gibt Stiefeltern, die in bezug auf ihre Stiefkinder nur eine periphere Rolle einnehmen wollen, weil sie davon überzeugt sind, daß der biologische Elternteil die Hauptverantwortung übernehmen sollte; andere meinen, volle elterliche Rechte und Ansprüche zu haben, wenn sie dem Stiefkind mehr materielle und emotionale Zuwendung angedeihen lassen als es der außerhalb lebende leibliche Elternteil tut. Für sie ist also letztendlich die soziale Elternschaft entscheidend.

Der Reorganisationsprozeß von Stieffamilien ist oft in einem hohen Maß mit Anstrengung verbunden und erfordert von allen Familienmitgliedern viel Empathie und Aushandlungsbereitschaft.[5]

---

5 Aus den Besonderheiten und der Komplexität von Stieffamilien kann eine Vielzahl von Problemen erwachsen. Eine ausführliche Darstellung der Forschungsergebnisse zu Eigenart und Problemen der Stieffamilie findet sich bei FRIEDL, I.: Stieffamilien. Ein Literaturbericht zu Eigenart, Problemen und Beratungsansätzen. Weinheim/München 1988.

4. Durchführung der Studie

In der Auseinandersetzung mit der gegenwärtigen Situation der Familie, die gekennzeichnet ist von Diskontinuität, Bedeutungswandel, Brüchen und Neuanfängen, und mit den vorhandenen Studien zu Stieffamilien, die sich überwiegend auf Problembereiche solcher Familien konzentrieren, haben sich Interesse und Fragestellung für unsere Untersuchung entwickelt und präzisiert. Gegenstand unserer Studie sollten — im Gegensatz zur Mehrheit der bisherigen Arbeiten aus dem klinisch-therapeutischen Bereich, die ihren Ausgangspunkt in den Störungen von Stieffamilien haben — „unauffällige" Stieffamilien sein, die bis zum Zeitpunkt der Untersuchung keine beraterische oder therapeutische Hilfe in Anspruch genommen, sondern ihren Alltag mit den darin auftauchenden Problemen und Konflikten als selbst zu bewältigenden begriffen haben. Unsere Absicht war, Stieffamilien zu untersuchen, die ihr Familienleben und ihre Familienreorganisation als positiv und relativ gelungen empfinden, um anhand dieser Beispiele Bedingungen, Prozesse und Formen des Gelingens beim Aufbau einer neuen Familie aufspüren zu können.

4.1 Fragestellung und Methodenwahl

Ausgehend von den besonderen Merkmalen von Stieffamilien, die sich aus ihrer Familiengeschichte und -konstellation ergeben, wollten wir die Verschränkung von Gegenwart und Vergangenheit, das Nebeneinander von alten bestehenden und neu hinzugekommenen Beziehungen und das Erleben von Erwachsenen und Kindern in dieser Situation betrachten. Interessiert haben uns also die internen Prozesse der Beziehungsherstellung und Beziehungsgestaltung, die Lösungsmuster für spezifische Probleme sowie die Einschätzung der Familiensituation und -beziehungen. Konkretisiert hat sich dieses Interesse im Interview in Fragen nach

— der früheren Familiensituation,
— den Auswirkungen der Scheidung auf Eltern und Kinder,
— dem Aufbau der neuen Partnerbeziehung und der Entwicklung der Stiefelternteil-Stiefkind-Beziehung,
— der Übernahme von Elternfunktionen und Erziehungsfunktionen durch den Stiefelternteil sowie Deutungsmustern zu seiner Rolle,
— der Rolle und Funktion des außerhalb lebenden Elternteils für die Kinder und die Familie,
— dem familialen Selbstverständnis,
— den Chancen und Problemen in der neuen Familiensituation,
— und der Alltagsorganisation.

Familienleben und Familienbeziehungen sind an sich schon – und in Stieffamilien besonders – komplex und vielfältig und die sich stellenden Aufgaben verändern sich im Verlaufe der Familiengeschichte.

Als Familienforscher steht man vor dem Problem, wie man sich dem Privatbereich Familie nähert, wie man mit einem nur ausschnitthaften Zugang zu den Familien doch einen möglichst breiten Ausschnitt aus ihrem Alltagsgeschehen erfassen kann und Zugang zur Gestaltung und Intensität ihrer Beziehungen, zu offenen und verdeckten Konflikten, zu Befriedigungen und Frustrationen, zu Freuden und Routinen des Alltagslebens findet.

In unserer Untersuchung wollten wir die Stieffamilien in ihren eigenen Entwürfen von Familienleben verstehen und nachzeichnen und dabei Raum lassen für den Ausdruck von vielfältigen Lebensmöglichkeiten und Lebensformen, die diese Familien wählen können. Dafür fanden wir das narrative Interview aus der qualitativen Sozialforschung in besonderem Maße geeignet, weil mit diesem Instrument subjektive Deutungsmuster und -zuschreibungen, z.B. für soziale Elternschaft, und die subjektive Konstruktion der Familiengeschichte und der familialen Wirklichkeit hervorgebracht werden können. Da das narrative Interview den Befragten die Gelegenheit zur autonomen Darstellung ihrer Erfahrungen einräumt, kann die eigene Relevanzsetzung von familienbiographischen Erlebnissen aus der Sicht des Erzählenden deutlich werden.

Mit der Gestaltung des Interviews als Alltagssituation entfalten sich im Erzählfluß Zugzwänge des Erzählens, die von SCHÜTZE (1977) zum „Detaillierungszwang" und „Gestaltschließungszwang" differenziert werden; sie sind ein Instrument zur Informationsgewinnung, „das die Rekonstruktion vergangener Ereignisketten und ihre Deutung aus der Sicht der Handelnden in einem Höchstmaß hervorbringt" (HOFF-MANN-RIEM 1985, S. 17).

Bei dieser Forschungsmethode, bei der der Forscher auf die Überprüfung des Erzählten verzichtet, also das Recht des Erzählers auf seine subjektive Wahrheit und Selbstdarstellung respektiert und akzeptiert, muß sich der Interviewer vergegenwärtigen, daß die ihm erzählte Lebensgeschichte eine retrospektive Sicht, eine aus der Erinnerung rekonstruierte Wirklichkeit ist. Insofern ist die Erzählung ein für den Zuhörer produzierter Text, bei dem der Erzähler das Bedürfnis hat, sein Handeln in einen konsequenten Zusammenhang zu setzen und Ereignisse zur Deckung zu bringen, auch dann, wenn die Realität von Diskontinuität gekennzeichnet war. Gerade hinsichtlich von Brüchen und Krisen, von subjektiven Niederlagen und Fehlhaltungen kommt es zu Uminterpretationen, das heißt die Lebensgeschichte wird von den Interviewten zum Teil abgerundet, geglättet oder schwierige Situationen werden ausgelassen. In der retrospektiven Darstellung des Erlebten liegen

Grenzen, die der Methode der Befragung überhaupt innewohnen und die der Forscher respektieren muß.

Gemäß unserem Verständnis von Familie – nämlich daß sie ein Gefüge ist aus den unterschiedlichen Interessen, Sichtweisen, Bedürfnislagen und Aufgabenbereichen der einzelnen Betroffenen, also der Frauen, Männer und Kinder – war es für uns unabdingbar, die einzelnen Familienmitglieder getrennt voneinander zu befragen, auch um geschlechtsspezifische und generationsspezifische Perspektiven zu erfassen. Konkret hat das so ausgesehen, daß wir Einzelinterviews geführt haben jeweils mit dem Stiefelternteil, dem in der Familie lebenden leiblichen Elternteil und dessen Kind/Kindern aus erster Ehe. Familie ist aber auch ein System, eine Ganzheit, die die Familienmitglieder in wechselseitigen Bezügen und Interaktionen miteinander herstellen und in der sie sich als „gemeinschaftliches Wir" erfahren. Aus diesem Grunde haben wir mit der Gesamtfamilie ein Familiengespräch geführt, um die Einzelperspektiven durch eine Gesamtsicht zu ergänzen und um einen Eindruck des familialen Interaktions- und Kommunikationsgeschehens zu erhalten.

Um die Selbstbestimmung der Teilnehmer/innen wenig zu beeinträchtigen, überließen wir die Wahl des Ortes und des Zeitpunktes für die Interviews den Familienmitgliedern selbst. Als Ort für die Befragung wählten alle teilnehmenden Stieffamilien ihre eigene Wohnung. Die Durchführung der Interviews im Lebensfeld der teilnehmenden Stieffamilien hatte für uns den Vorteil, daß durch „teilnehmende Beobachtung", sozusagen als „Nebenprodukt", ein Eindruck über die Wohnsituation, den Lebensstil und z.T. auch über Alltagsstrategien gewonnen werden konnte.

In den *Einzelinterviews* lag der Schwerpunkt der Gespräche eher auf den biographischen und familienbiographischen Ereignissen, dem individuellen Erleben dieser Situationen und den persönlichen Bewältigungsstrategien.

Im Gegensatz zu den freien Erzählungen der Erwachsenen mußten die Gespräche mit den Kindern – vor allem mit den 8-10jährigen – mehr strukturiert und eher konkrete Fragen formuliert werden, die an ihren Alltagserfahrungen anknüpften. Bei den Kindern unter 10 Jahren konnten selten längere erzählende Sequenzen über ihre bisherige Familiengeschichte hervorgelockt werden; jedoch gaben auch diese Kinder auf konkrete Fragen bereitwillig Antworten.

Die älteren Kinder dagegen waren für eine narrative Vorgehensweise durchaus offen, erzählten lebhaft und fanden es interessant, nach ihren Erfahrungen und Einschätzungen gefragt zu werden. Bis auf ein Geschwisterpaar zogen es Geschwister in den Familien vor, gemeinsam befragt zu werden, da sie eine solche Interviewsituation leichter fanden als Einzelgespräche. Diesem Wunsch haben wir auch entsprochen.

In den *Familiengesprächen* konnten wir, weil sie den Einzelgesprächen folgten, auf das Erheben von familienbiographischen Ereignissen, die oft mit schmerzhaften Erinnerungen verbunden sind, verzichten; im Mittelpunkt standen die Interaktionsformen der Familienmitglieder, ihre Konzepte von Gemeinsamkeit und Alltagsorganisation, ihre gegenseitigen Erwartungen und Einschätzungen sowie ihre Verständigungsprozesse.

Mit der Erhebung der Sichtweisen der Frauen, Männer und Kinder sowie der Familie als Ganzem wollten wir uns ein möglichst vielfältiges und umfassendes Bild der befragten Stieffamilien machen. Die Einzelbefragung der Familienmitglieder hatte den Vorteil, daß durch eine solche Mehrpersonenperspektive eine gewisse Steigerung der Validität der subjektiven Einzelaussagen hinsichtlich wichtiger familiärer Ereignisse und Probleme gewährleistet war.

4.2 Das Untersuchungssample

Als Auswahlverfahren zur Rekrutierung der Stieffamilien wählten wir den Weg, mit uns befreundete Personen nach ihnen bekannten Stieffamilien zu fragen; wir haben also Stieffamilien ausgewählt, die – wie HOFFMANN-RIEM (1985) beschreibt – in die Kategorie „Bekannte von Bekannten" gehören oder wiederum Bekannte waren von den bereits angesprochenen Stieffamilien. Wichtig war uns, daß wir – trotz dieses Auswahlmodus' im privaten Bereich – keine der zu untersuchenden Stieffamilien vor dem Interview persönlich kannten. Dieser Zugang zu den Interviewpartnern bot sich an, da eine offizielle Vorgehensweise etwa über Familienberatungsstellen oder Jugendämter wegen des Projektdesigns, das problematische Stieffamilien ausschließen wollte, nicht möglich war. Für unsere Pilotstudie sollte das Sample nicht zu groß sein, mußte aber genügend Familien umfassen, um nicht nur Einzelfälle zu analysieren, sondern um eventuell Strukturmuster oder Typologien herauskristallisieren und Vergleiche anstellen zu können. Daher haben wir uns entschieden, 10 Stieffamilien zu untersuchen, und zwar Stieffamilien, die folgenden Kriterien entsprachen:

– sie sollten nach Scheidung und nicht nach Verwitwung, zumindest eines Partners, entstanden sein
– die Partner sollten verheiratet sein und nicht in einer „nichtehelichen Lebensgemeinschaft" oder als Einelternfamilie mit assoziiertem Partner leben
– das Paar sollte ein gemeinsames Kind haben
– von zumindest einem Partner sollten die leiblichen Kinder aus erster Ehe mit in der Stieffamilie leben und nicht nur als Besuchskinder hin und wieder in die Stieffamilie kommen

– mindestens ein Stief-/Kind sollte bereits 8 Jahre oder älter sein, damit mit ihm ein Interview möglich war.

Durch Kriterien wie Wiederverheiratung und gemeinsames Kind der neuen Partner erreichten wir Stieffamilien, die eine starke Familienorientierung haben, für die Leben in Familie ein zentrales Anliegen ist und dem sie einen hohen Wert beimessen; wir haben es also in unserer Untersuchungsgruppe vorwiegend mit Stieffamilien zu tun, die viel Energie, Gedanken und Zeit für das Wohlergehen ihrer Familie aufwenden.

Bedingt durch die Auswahl der befragten Stieffamilien aus dem erweiterten Bekanntenkreis der Untersucherinnen ist das Sample hinsichtlich des Bildungsstands und der Schichtzugehörigkeit relativ homogen. Die Familien stammen fast alle aus dem gehobenen, eher progressiven neuen Mittelstand. Die meisten haben eine akademische Ausbildung, ihre Elternschaft wird von ihnen sehr bewußt erlebt und das Familienleben ist ein häufiger Gegenstand der Reflexion. Die Familienmitglieder haben demzufolge ein gutes Ausdrucks- und Sprachvermögen, was für die Interviewsituation durchaus Vorteile hatte.

In unserer Untersuchungsgruppe finden sich keine Familien mit gravierenden ökonomischen, sozialen oder psychischen Problemen, wie z.B. Armut, Wohnungslosigkeit Arbeitslosigkeit oder mit Gewaltproblemen. Für die Lösung der auftretenden Schwierigkeiten verfügen die untersuchten Stieffamilien in der Regel über genügend persönliche und materielle Ressourcen und über ein Wissen von institutionellen Hilfsangeboten.

4.3 Praxis der Auswertung

Unser methodisches Vorgehen implizierte, daß der Verlauf der Auswertung nicht klar strukturiert war und sich eine Kategorienbildung und Herauskristallisierung relevanter Dimensionen erst in der Auseinandersetzung mit dem Material ergab. Grundlage der Bearbeitung und Interpretation bildeten die vollständig transkribierten Interviews und Beobachtungsnotizen. Die Aufbereitung der Interviewtexte war vorwiegend geleitet von einer Querbetrachtung, das heißt von einer vergleichenden fallübergreifenden Analyse von thematischen Gemeinsamkeiten in den untersuchten Stieffamilien; es ging also nicht darum, im Sinne einer Einzelfallstudie eine einzelne Familiengeschichte so detailliert und tiefgehend wie möglich zu interpretieren. Die eher vergleichende und strukturierende Betrachtungsweise der 10 befragten Stieffamilien schloß nicht aus, daß wir die Fülle des von jeder einzelnen Familie erhobenen Materials dazu nützten, zu bestimmten Themen detaillierter und intensiver auf die Familiengeschichte einer Familie einzugehen.

Das inhaltsanalytische Auswertungsverfahren vollzog sich in mehreren Schritten. Die ersten Lesegänge waren bestimmt von der Suche nach ordnenden und systematisierenden Kategorien. Das vergleichende Lesen quer durch die Texte der Familien führte einerseits – um geschlechts- und generationsspezifische Unterschiede zu berücksichtigen – zunehmend zu einer Auswertung des Gesamtmaterials nach Männer-, Frauen-und Kinderperspektive, andererseits zu einer segmentierenden Zuordnung einzelner Interviewteile zu unterschiedlichen Themenbereichen. Ein letzter strukturierender und ordnender Schritt war, nach Mustern, Bewältigungsstrategien und Typen zu schauen, und zwar auf der Basis der von den Befragten in den Interviews selbst vorgenommenen Typisierungen, um so zu einer Typenbildung als „Konstruktion zweiten Grades" im Sinne von Alfred Schütz zu gelangen. Damit wird die Besonderheit des Einzelfalls mit den zunächst subjektiven Deutungen in übergreifende Charakteristika weiterer Fälle integriert.

Bezogen auf unser Erkenntnisinteresse und unsere konkreten Fragestellungen haben wir folgende Auswertungskategorien an das Interviewmaterial angelegt:

– Allgemeine Lebenssituation der Familie
– Rekonstruktion der Familiengeschichte unter den Aspekten der chronologischen Entwicklung und der familienzyklischen Konstellationen
– die strukturellen Beziehungsebenen und ihre Auswirkungen auf das Interaktionsgeschehen
– Alltagsorganisation mit den Schwerpunkten der geschlechtsspezifischen Arbeits- und Rollenteilung und der Verteilung von Erziehungsaufgaben und -verantwortung
– Selbstverständnis der einzelnen Familienmitglieder und ihre Deutungsmuster von Stiefelternschaft
– Übereinstimmung und Differenz in den Deutungsmustern/Bedeutungszuschreibungen
– Typische Muster im Umgang mit Stiefelternschaft
– Subjektiv empfundene Probleme der Befragten und die Art des Umgangs mit diesen Problemen
– Bewältigungsstrategien beim Aufbau einer neuen eigenen Familienwelt

Um den Nachvollzug unserer Interpretationen zu erleichtern und um die Transparenz zu erhöhen, haben wir – wenn möglich – die Darstellung der Befragten zitiert und so unsere Aussagen exemplarisch zu belegen versucht.

5. Vorstellung der untersuchten Stieffamilien

Da Stieffamilien strukturell unterschiedlich zusammengesetzt sein können, wird in der Fachliteratur in der Regel zwischen der Stiefvaterfamilie, der Stiefmutterfamilie, der komplexen Stieffamilie – d.h. der Stieffamilie, in die beide Ehepartner ein Kind/Kinder aus einer vorhergehenden Ehe mitbringen – und der Stieffamilie mit gemeinsamem Kind unterschieden (vgl. KRÄHENBÜHL u.a., 1986, S. 25f.). Da die von uns untersuchten Familien bis auf eine Ausnahme zur Gruppe der Stieffamilien mit gemeinsamem Kind gehören, wollen wir unser Sample in Stiefmutterfamilien, Stiefvaterfamilien und komplexe Stieffamilien – jeweils mit gemeinsamem Kind – untergliedern. In unserer Untersuchungsgruppe gibt es sieben Stiefvaterfamilien, zwei Stiefmutterfamilien und eine komplexe Stieffamilie.

Im folgenden möchten wir die zehn untersuchten Stieffamilien vorstellen, um dem Leser zu ermöglichen, sich ein Bild von den einzelnen Familien zu machen.[6]

Die Familie Bader

Das Ehepaar Bader lebt mit den drei Kindern aus erster Ehe der Frau Bader – die Tochter ist heute 21 Jahre alt, die beiden Söhne 20 und 22 Jahre – und einer gemeinsamen Tochter (12 Jahre) in einem eigenen Haus in einer Kleinstadt.

Die heutige Frau Bader (42 Jahre) blieb nach 7jähriger Ehe allein mit ihren drei Kindern – damals 4, 5 und 6 Jahre alt – zurück. Einige Monate später lernte sie den 9 Jahre älteren Herrn Bader kennen, der zu der Zeit noch verheiratet war. Um mit seiner Freundin und ihren Kindern leben zu können, trennte er sich von seiner ersten Frau. Sobald die Scheidung vollzogen war, heirateten die neuen Partner. Drei Jahre später wurde die gemeinsame Tochter geboren.

Seit die Kinder aus erster Ehe erwachsen sind, arbeitet Frau Bader wie ihr Ehemann im kaufmännischen Bereich. Die Familie hat ein gutes Auskommen.

Die Freizeit verbringen die Familienmitglieder gerne zusammen im Rahmen der Familie oder mit gemeinsamen sportlichen Aktivitäten.

---

6 Eine Tabelle zu den sozialen Merkmalen der untersuchten Stieffamilien findet sich im Anhang.

Die Familie Dietz

Die Familie Dietz wohnt in einem geräumigen eigenen Haus in einer Neubausiedlung am Rande eines Dorfes. Zur Familie gehören die 41jährige Frau Dietz und ihre drei Söhne aus erster Ehe – 11, 17 und 18 Jahre alt –, der 53jährige Herr Dietz und die gemeinsame Tochter von 5 Jahren.

Die heutige Frau Dietz war nach 9jähriger Ehe von ihrem Mann verlassen worden und blieb mit den drei Söhnen – damals 1, $7^1/_2$ und $8^1/_2$ Jahre alt – zurück. Ein halbes Jahr später lernte sie Herrn Dietz kennen, der sich bald darauf scheiden ließ, um mit Frau Dietz und ihren Kindern zusammen leben zu können. Kurz vor der Geburt einer gemeinsamen Tochter – etwa fünf Jahre später – heiratete das Paar.

Die Familie lebt in großzügigen Verhältnissen dank der erfolgreichen Ingenieurstätigkeit des Herrn Dietz. Seine Frau unterstützt ihn stundenweise in seinem eigenen Büro, wenn ihr die Arbeit für die große Familie Zeit dazu läßt.

Der Familie bleibt wenig Zeit füreinander und alle Familienmitglieder wünschen sich mehr Zeit für gemeinsame Unternehmungen.

Die Familie Nagel-Ortner

Die Familie Nagel-Ortner bewohnt in einem stadtnahen Dorf ein kleines Haus, in dem jedes Familienmitglied ein eigenes Zimmer hat. Zur Familie gehören Frau Nagel-Ortner (35 J.) mit ihren beiden 8 und 9 Jahre alten Töchtern aus erster Ehe, Herr Ortner und der gemeinsame 3 Monate alte Sohn. Die $8^1/_2$jährige Tochter aus erster Ehe des Herrn Ortners kommt nur in Ferienzeiten zu Besuch.

Die damalige Frau Nagel hatte sich nach 5jähriger Ehe von ihrem ersten Ehemann getrennt und dann mit ihren beiden kleinen Töchtern dreieinhalb Jahre zusammengelebt, meist in Wohngemeinschaften. Als sie Herrn Ortner kennenlernte, stand dieser kurz vor seiner Trennung – nach 4jähriger Ehe. Die Partner zogen wenig später zusammen und die Planung eines gemeinsamen Kindes war dann drei Jahre später Anlaß zur Eheschließung.

Seit der Geburt des Sohnes verzichtet Frau Nagel-Ortner auf ihre Berufstätigkeit als Lektorin, um sich der Familie, vor allem dem Neugeborenen, ausschließlich widmen zu können. Herr Ortner, als Wissenschaftler tätig, liebt seinen Beruf und übernimmt bereitwillig die finanzielle Versorgung der Familie, wenngleich auch der außerhalb lebende Vater der Töchter durch Unterhaltszahlungen einen Beitrag leistet.

Die gemeinsam verbrachte Freizeit ist von kindorientierten Unternehmungen bestimmt.

Familie Matrai

Herr und Frau Matrai, beide geschieden, leben mit dem 10jährigen Sohn aus Frau Matrais erster Ehe und einem gemeinsamen 8 Monate alten Sohn in einem großzügigen Haus im Zentrum eines Dorfes unweit einer mittelgroßen Stadt. Die $12^1/_2$jährige Tochter des Ehemannes wohnt bei ihrer Mutter in Norddeutschland und kommt nur hin und wieder an Wochenenden und in den Ferien zu Besuch.

Die beiden Partner — sie ist heute 33 Jahre und ihr Mann 41 Jahre alt — lernten sich vor sechs Jahren kennen und nach einiger Zeit entschlossen sie sich, im Hause des Herrn Matrai zusammenzuleben. Die Planung des gemeinsamen Kindes war Anlaß zur späteren Heirat.

Beide Partner sind halbtags berufstätig — sie als engagierte Juristin, die gerne ihren Beruf ausübt, und er als Arzt, der den aufreibenden Klinikalltag als Belastung empfindet. Sie versorgen gemeinsam den Haushalt und die beiden Kinder, wenngleich ein größerer Teil der Arbeit und Versorgung bei Frau Matrai liegt, denn ihr Mann widmet sich neben dem Beruf sehr intensiv seinen musikalischen Aktivitäten.

Beide Partner haben vielfältige Eigeninteressen und es verbleibt nur wenig Zeit für Unternehmungen mit der ganzen Familie.

Familie Rebmann-Pohl

Die Familie Rebmann-Pohl bewohnt am Rande einer mittelgroßen Stadt eine moderne Neubauwohnung, die jedem Familienmitglied ausreichend Raum bietet. Zur Familie gehören die 35jährige Frau Pohl und ihr 8jähriger Sohn aus erster Ehe, der 33jährige Herr Rebmann-Pohl und ein gemeinsamer Sohn von 6 Monaten. Die beiden Kinder aus der ersten Ehe des Ehemannes (10 und 6 Jahre alt) leben wieder bei ihrer Mutter, nachdem sie fast ein Jahr lang im Haushalt Rebmann-Pohl gewohnt hatten, kommen aber häufig zu Besuch.

Nach einer 2jährigen Ehe hatte sich Frau Pohl von ihrem ersten Mann getrennt und dann fünf Jahre allein mit ihrem Sohn gelebt, bevor sie Herrn Rebmann kennenlernte. Dieser hatte damals gerade seine Frau verlassen und lebte mit seinen beiden Kindern allein. Die beiden Partner zogen sehr schnell mit den drei Kindern in eine gemeinsame Wohnung. Kurz vor der Geburt des gemeinsamen Kindes — ein Jahr später — heirateten sie.

Beide Partner — sie als Lehrerin, er als Psychologe — sind teilzeit berufstätig, um Haushalt und Kinderbetreuung partnerschaftlich aufteilen zu können.

Der bewußte Verzicht auf zeitintensivere Berufstätigkeit führt zu einer Einschränkung in ihrem Lebensstandard, die die Partner gerne in Kauf nehmen zugunsten einer bewußten Zeit- und Lebensgestaltung.

Familie Schäfer-Traber

Die sechsköpfige Familie Schäfer-Traber – mit Frau Trabers 13jähriger Tochter aus erster Ehe und den drei Söhnen (6 J., 6 J., 2 Mon.) aus der jetzigen Partnerschaft – lebt an der Peripherie einer Großstadt in bescheidenen, aber ausreichenden Wohnverhältnissen; sie hat ein kleines Häuschen gemietet, in dem auch noch die Schwiegermutter der Ehefrau wohnt.

Noch sehr jung hatte Frau Traber mit ihrer damals 1jährigen Tochter ihren ersten Mann nach kurzer Ehe verlassen. Nach mehreren Jahren des Alleinlebens traf die nunmehr 23Jährige ihren zu der Zeit noch ledigen neuen Partner. Zwei Jahre später kam ein Zwillingspaar auf die Welt, für dessen Versorgung sich besonders der Vater verantwortlich erklärte. In jener Zeit begann die Mutter eine Ausbildung zur Altenpflegerin. Das Paar heiratete, als die Zwillinge $2^1/_2$ Jahre und die Tochter aus erster Ehe 9 Jahre alt waren. Knapp vier Jahre später wurde noch ein weiterer Sohn geboren.

Die Familie lebt heute von Herrn Schäfer-Trabers Teilzeittätigkeit als Programmierer und öffentlichen Zuschüssen. Beide Partner, heute 31 und 35 Jahre alt, grenzen bewußt ihre berufliche Arbeitszeit – und daher notwendigerweise auch ihren Konsum – ein, um sich intensiv den Kindern und ihren politischen Aktivitäten widmen zu können.

Die Familie Uhlmann-Weiss

Die Familie Uhlmann-Weiss – dazu gehören Frau Weiss, 35 Jahre alt, und ihr $11^1/_2$jähriger Sohn sowie ihr zweiter Ehemann, 27 Jahre, und die beiden gemeinsamen Töchter ($3^1/_2$ Jahre und $1^1/_2$ Jahre) – bewohnt eine relativ geräumige Altbauwohnung im Stadtzentrum.

Nach ihrer kurzen ersten Ehe hatte Frau Weiss sechs Jahre zusammen mit ihrem Sohn in Wohngemeinschaften gelebt, bevor sie den wesentlich jüngeren, noch unverheirateten Herrn Uhlmann traf. Schon bald wurde Frau Weiss schwanger und das Paar heiratete. Zwei Jahre nach der Geburt der ersten Tochter wurde noch eine weitere Tochter geboren.

Die Familie lebt von Herrn Uhlmann-Weiss' Vollzeiterwerbstätigkeit als Mechaniker, in allerdings eher bescheidenem Rahmen; die Mutter widmet sich ausschließlich den Kindern. Beide Partner bedauern, daß der Ehemann so wenig zu Hause sein kann. Ein Plan für die Zukunft ist eine Berufsausbildung für Frau Weiss, so daß auch sie später eine Erwerbstätigkeit ausüben und dann die Familienarbeit auf beide Partner verteilt werden kann.

Alle Familienmitglieder wünschen sich mehr Zeit für gemeinsame Unternehmungen.

Familie Eigner-Faller

Die Familie Eigner-Faller – die 30jährige Frau Eigner-Faller mit ihrer $4^1/_2$ Jahre alten Tochter, Herr Faller, 39 Jahre, mit seiner 12jährigen Tochter, beides Kinder aus der jeweils ersten Ehe der jetzigen Partner, und der gemeinsame Sohn von 4 Monaten – lebt in dörflicher Umgebung in einer bescheidenen Neubauwohnung, die kaum ausreichend Raum für alle Familienmitglieder bietet.

Beide Partner lernten sich kennen, kurz nachdem ihre erste Ehe gescheitert war. Wenige Monate später beschlossen sie, in der Wohnung des Herrn Faller zusammenzuleben; kurz darauf fand die Heirat statt, ca. ein Jahr später kam der Sohn auf die Welt.

Frau Eigner-Faller beendete noch vor der Geburt des Sohnes ihr Studium als Sonderpädagogin und nahm den Kindern zu Liebe zunächst keine Berufstätigkeit auf. Sie muß in weitem Maße – in zu weitem Maße, wie beide Partner meinen – bei der Pflege der Kinder und des Haushalts auf die Unterstützung ihres Mannes verzichten, da dieser stark von seiner beruflichen Arbeit als Lehrer in Anspruch genommen ist und die finanzielle Versorgung der Familie trägt. Beide Ehepartner sind sehr familienorientiert und versuchen, möglichst viel Freizeit gemeinsam und mit den Kindern zu verbringen.

Familie Jordan-Kirsch

Die Ehepartner wohnen mit Herrn Kirschs 12jährigem Sohn aus erster Ehe und der $3^1/_2$jährigen gemeinsamen Tochter in einem kleinen gemieteten Reihenhaus im Vorort einer Kleinstadt; nach mehrjähriger Wohngemeinschaftserfahrung haben sie nun erstmalig ein Haus für sich und relativ viel Platz zu ihrer Verfügung.

Herr Kirsch lebte nach der Trennung von seiner ersten Frau fast zwei Jahre zusammen mit seinem 2jährigen Sohn, bevor er seine spätere – bis dahin noch unverheiratete – zweite Frau kennenlernte. Die noch sehr junge Frau – sie war damals 18 Jahre alt – bemühte sich sehr um den Sohn ihres Freundes. Eine Schwangerschaft – vier Jahre später – war der Anlaß zur Heirat.

Herr Kirsch, heute 35 Jahre alt, arbeitet 30 Std. pro Woche als Schreiner in einem Jugendprojekt, Frau Jordan-Kirsch, jetzt 26jährig, ist teilzeitbeschäftigt als Krankengymnastin. Die verbleibende Zeit widmen die Partner ihren Kindern, den Instandsetzungen des Hauses, und – wenn möglich – Nebenerwerbstätigkeiten, weil das Geld oft knapp ist, besonders seit die Familie das neue Haus bezogen hat.

Die Familie Greiner-Haag

Das Ehepaar lebt mit den drei Töchtern aus erster Ehe des Herrn Haag — sie sind 12, 15 und 16 Jahre alt — in einem großzügigen Eigenheim am Rande einer mittelgroßen Stadt. Im selben Haus ist auch die gutgehende Kanzlei des Herrn Haag untergebracht.

Der heute 44jährige Herr Haag hatte seine heute 25 Jahre alte Frau vor fünf Jahren — bald nach dem Tode seiner ersten Frau — kennengelernt und sie wenige Monate später gebeten, zu ihm zu ziehen, damit sie sich um seine drei Kinder kümmern konnte. Etwa drei Jahre später heirateten die Partner.

Als erfolgreicher und vielbeschäftigter Anwalt bietet Herr Haag seiner Familie einen relativ hohen Lebensstandard — findet aber kaum Zeit für Kinder und Haushalt. Seine Frau konnte in den ersten Jahren des Zusammenlebens ihr Psychologiestudium abschließen und geht inzwischen einer stundenweisen Tätigkeit nach. Der Alltag in der Familie Greiner-Haag ist belastet von Konflikten und Auseinandersetzungen zwischen den Familienmitgliedern und es gibt wenige entspannte gemeinsame Unternehmungen.

II. Familienbiographie, Beziehungsstruktur und Alltagsorganisation in den untersuchten Stieffamilien

Für die alltägliche Lebensbewältigung von Familien sind einerseits die wechselseitigen Beziehungen, gegenseitige Unterstützung und Einflußnahme der Familienmitglieder untereinander von besonderer Bedeutung, andererseits sind für sie die konkrete Lebensorganisation, die Ressourcen und die Entwicklungsgeschichte der jeweiligen Familie bestimmend. Familiale Beziehungen sind charakterisiert durch einen Wechsel von Phasen der Kontinuität und Phasen der Veränderung oder des Umbruchs, die allein schon durch die altersmäßige Entwicklung von Erwachsenen und Kindern notwendig werden. Veränderungen ergeben sich auch – und das ist bei der Betrachtung von Stieffamilien ein besonders wichtiger Aspekt – in der Zusammensetzung der Familienmitglieder, denn die Familie ist in der Regel keine auf Dauer klar und eindeutig zu umgrenzende Gemeinschaft. Gerade im Prozeß der Stieffamilienbildung gibt es Grenzerweiterungen, die durch das Weggehen und Hinzukommen von Familienmitgliedern durch Scheidung und Wiederverheiratung entstehen. Stieffamilien bilden eine familiäre Lebensgemeinschaft, die in einer Phase des Wandels für sich eine neue Struktur suchen und neue Formen der Alltagsorganisation entwickeln muß.

Im folgenden Teil unserer Arbeit wollen wir die untersuchten Stieffamilien zunächst unter den Dimensionen der Zeit, der strukturellen Beziehungsvielfalt und den sich daraus ergebenden Implikationen für das Alltagsleben betrachten, um einen ersten Zugang zu den dynamischen und produktiven Aspekten der Stieffamilien in ihrer Auseinandersetzung mit den komplexen Anforderungen und Entwicklungsaufgaben zu schaffen.

Wir werden uns zuerst mit dem theoretischen Konzept des Familienzyklus und seinen Erweiterungen beschäftigen, um auf dem Hintergrund dieser für Kernfamilien entwickelten Konstrukte die Besonderheiten der Stieffamilie zu diskutieren.

1. Zur Biographie von Familien

1.1 Lebensplanung und Familie als Normalvorstellung

Die Eheschließung gilt in der allgemeinen Vorstellung immer noch als Ereignis, welches die „Normalbiographie" strukturiert, das als endgültiger Schritt in das Erwachsenenleben (Statuspassage) betrachtet wird und ein gemeinsames Leben, eine gemeinsame Familiengeschichte, im Normalfall mit Kindern, konstituiert.

Bei Anne GOETTING (1982) heißt es dazu:

„Marriage is the normal life-style, and society tends to organize social life on the basis of couples and families." (S. 21)[7]

Zwar haben sich seit den sechziger Jahren andere Lebensformen wie „Ehe ohne Trauschein", Wohngemeinschaften, „Single-Dasein" u.a. mehr und mehr verbreitet und Ehe und Familie als Lebensentwurf verlieren an Verbindlichkeit je mehr sich andere Wahlmöglichkeiten eröffnen (vgl. BECK 1986); trotzdem kann man von dieser Entwicklung nicht gradlinig auf eine wachsende Bindungslosigkeit schließen. Das Ideal der Jugendlichen ist auch heute noch eine stabile Partnerschaft, in der Treue selbstverständlich ist, wenn auch möglicherweise ohne offizielle Legitimation und rechtliche Absicherung (vgl. ALLERBECK & HOAG 1984).

Die Wege der Familiengründung sind jedoch in den letzten Jahrzehnten sehr viel weniger normativ geworden, weniger von sozialen Regeln vorbestimmt und Familienarrangements können in weitem Maße den eigenen Wünschen und Bedürfnissen angeglichen werden (vgl. FURSTENBERG & SPANIER 1984, S. 50f.). So ist eine Eheschließung nicht mehr Voraussetzung für das Zusammenleben eines Paares, nicht einmal für das Kinderkriegen; Kinder kommen oft vor oder erst Jahre nach der Heirat zur Welt. Dies korrespondiert mit einem generellen kulturellen Bedeutungswandel der Ehe; Heirat gilt nicht mehr als der notwendige Ritus, um ins Erwachsenenleben einzutreten und um akzeptabel zu sein. Viele junge Menschen leben vor einer Ehe allein oder in einer Wohngemeinschaft, sie kennen also Haushaltsführung, die Selbstgestaltung ihres Lebens und können antizipieren, was auf sie zukommt, wenn die Ehe scheitert und sie dann wieder alleine leben.

Durch die Möglichkeit der selbständigen Lebensführung vor einer Heirat und die zunehmende gesellschaftliche Anerkennung anderer Le-

---

7 „Ehe ist der normale Lebensentwurf und die Gesellschaft neigt dazu, das soziale Leben auf der Grundlage von Paaren und Familien zu organisieren."

bensformen ist die Bestimmung und Bedeutung von Ehe eher subjektiv und offen geworden.

Dennoch stellen auch die Autoren GRAVENHORST u.a. (1984) in ihrer Studie „Lebensort: Familie", die zum 6. Jugendbericht gehört, fest, daß Familie immer noch als *die* „Normalerwartung" für den größten Teil der Jugendlichen gilt:

„Familie gehört für fast alle Angehörigen der gegenwärtigen Generation von Jugendlichen zum festen Bestandteil ihrer eigenen biographischen Entwürfe – nicht mehr unbedingt in der bislang juristisch kodifizierten Form, nicht mehr als die Sozialform naher Gemeinschaft, die vollständig die Erwachsenenzeit bestimmt, aber doch als eine Form sozialer Existenz, die mit Elternschaft notwendig einhergeht. Elternschaft ist nach der Repräsentativbefragung der Shell-Jugendstudie 81 für 93 Prozent aller 15- bis 24-Jährigen des Jahres 1981 ausdrücklich eine feste Station ihres Lebens (. . .)." (S. 11)

Trotz der vielfältigen alternativen Lebensformen zeigen die immer noch hohe Zahl der Ersteheschließungen und die große Zahl der Wiederverheiratungen nach Scheidung und Verwitwung – also die nochmalige bewußte Wahl der Lebensform Ehe und Familie –, daß das Leben in Familie einen festen und wesentlichen Bestandteil des Lebensentwurfs und der Lebensorientierung für einen großen Teil der Bevölkerung darstellt.

1.2 Das theoretische Konzept des familialen Lebenszyklus und seine Grenzen[8]

Die zeitliche Dimension, also der Aspekt der Entwicklung und Veränderung des Familiensystems, ist – neben der räumlichen Dimension – ein zentrales Moment von Familie. Um familiäre Entwicklungen und Phasen eines Familienlebens im Sinne einer Normalbiographie zu beschreiben, werden wir das Konzept des familialen Lebenszyklus verwenden, das die Lebensspanne einer Familie aus der entwicklungspsychologischen Perspektive betrachtet. Darauf gestützt, wollen wir die Abweichungen, Brüche und Wiederholungen beschreiben, die – immer unter dieser Betrachtungsweise – im Zeitbogen einer Stieffamilie entstehen können.

---

8 Der Begriff Lebenszyklus ist nicht unumstritten. Besonders KOHLI (1978) weist darauf hin, daß es sich bei diesem Ansatz um eine Stufenkonzeption des Lebens und nicht um eine kreisförmige Bewegung handelt, bei der man am Ende wieder am Ausgangspunkt ankommt, und schlägt den eher neutralen Begriff Lebenslauf vor. Wir benutzen dennoch den Begriff Lebenszyklus, da er als Terminus technicus in der Fachliteratur häufig gebraucht wird.

Als Vorbild für die Entwicklung eines Familienzyklus-Konzepts dienten vorwiegend die für das Individuum konzipierten Entwicklungs- und Reifungsverläufe, die von Entwicklungspsychologen wie BÜHLER, ERIKSON, OERTER, PIAGET u.a. aufgestellt wurden, vor allem aber auch das Phasenmodell von HAVIGHURST.

Unter Familienzyklus verstehen CARTER & Mc GOLDRICK (1980) die strukturierte normative Aufeinanderfolge von Ereignissen und Entwicklungsschritten, die notwendigerweise während eines Familienlebens durchlaufen werden. Jeder Zyklusphase werden bei diesem Konzept entsprechende erforderliche Entwicklungsaufgaben zugeordnet.

Die Übergänge von einer Phase zur anderen werden hauptsächlich durch das Neuhinzukommen oder Ausscheiden von Familienmitgliedern gekennzeichnet, d.h. durch Veränderungen der formalen familiären Struktur oder Zusammensetzung infolge von Geburten, Heranwachsen oder Ablösung der Kinder, von Todesfällen, Heirat o.ä.

Das Konzept des familialen Lebenszyklus bringt zum Ausdruck, daß die Familie als eine besondere soziale Gruppe im Verlaufe ihrer Biographie typische Lebensphasen mit den ihnen eigenen Konstellationen, normativen Erwartungen, Aufgaben und Problemen durchläuft.

Der Übergang von einer Phase zur nächsten ist immer eine Zeit der Veränderung und Verunsicherung, aber auch eine Chance zu Wachstum und Entfaltung für die einzelnen Familienmitglieder.

In jeder neuen Phase muß die Familie sich an kontextuelle und individuelle Veränderungen anpassen, d.h. neue Lösungen und neue Verhaltensweisen entwickeln und ausprobieren, um die spezifischen Aufgaben und Schritte leisten zu können. Besonders einschneidende Veränderungen erfordern der Übergang von der Zweierbeziehung des Paares zur Elternschaft (vgl. auch GLOGER-TIPPELT 1985) und der spätere Schritt zurück zum Leben zu zweit, wenn die Kinder aus dem Hause gehen.

Familienforscher gehen davon aus, daß jede neue Phase der Entwicklung in der Familie eine „natürliche" Krise hervorruft, die die Familie mit neuen Aufgaben konfrontiert und Lösungsstrategien erfordert, um die Kontinuität in der Familienentwicklung zu wahren (vgl. z.B. DUSS-von-WERDT & WELTER-ENDERLIN, 1980). Für diese natürlichen Ereignisse im Familienleben stehen kulturelle und institutionalisierte Rollen- und Lösungsmuster zur Verfügung, mit denen die Familie kreativ ihre Anpassungsformen und ihre Lebensorganisation gestalten kann.

Man kann wohl davon ausgehen, daß Leitbilder und Vorstellungen über den normalen Ablauf eines Familienlebens neben ihrer strukturierenden auch eine normative Kraft haben und — ähnlich wie es für die weibliche Normalbiographie erforscht wurde (vgl. LEVY 1977, DIE-ZINGER u.a., 1983) – als „antizipatorische Dimensionen" funktionieren, die die Variationsmöglichkeiten in der Lebensgestaltung kanalisieren und daher in gewisser Weise auch einschränken.

Der familiale Lebenszyklus ist – wie KOHLI (1985) betont – historischen und gesellschaftlichen Veränderungen unterworfen. Für die vormoderne Familie kann man seiner Meinung nach kaum von einem Familienzyklus sprechen, da die Ereignisse, die einen Familienzyklus konstituieren, wesentlich weniger an bestimmte Altersmarken gebunden waren und in einem breiteren Streubereich lagen. Für die damalige Zeit ist es also nicht sinnvoll, von einem Familienzyklus zu sprechen,

„(. . .), denn die Betrachtung unter dem Gesichtspunkt der typischen Abfolge einer begrenzten Zahl von klar unterscheidbaren Zykluskonfigurationen von Familienmitgliedern setzt eine starke chronologische Standardisierung der familienrelevanten Ereignisse im Lebenslauf voraus. Da diese Voraussetzung in der vormodernen Familie nicht gegeben war, wies sie eine große Spannweite von Verwandtschafts- und Alterskonfigurationen und einen raschen Wechsel zwischen ihnen, d.h. eine hohe Fluktuation der Familienmitglieder auf." (S. 6)

Die Entwicklung der modernen Familie ging einher mit einer zunehmenden Standardisierung des Familienzyklus, im Sinne moderner Konzepte von „normativen Lebensereignissen" und „Normalbiographie". KOHLI argumentiert allerdings, daß seit den 70er Jahren sich im familialen Verhalten wiederum eine Destandardisierung andeutet, die er festmacht an Entwicklungen wie Abnehmen von Heiratsneigung und Geburtenraten, steigende Scheidungsziffern, Ansteigen des Heiratsalters und des Alters der Frauen bei der Geburt ihrer Kinder, Wahl alternativer Lebensformen, in denen dieser Prozeß der Familienbildung nur teilweise oder gar nicht vollzogen wird; damit wächst der Anteil von Haushaltskonstellationen und Verlaufsformen, die nicht mehr dem normativen Muster eines Familienzyklus entsprechen, auf das die historische Entwicklung bis vor kurzem zulief. (vgl. ebenda, S. 22)

Familienexterne Verhaltensbedingungen für die familiäre Entwicklung werden im Konzept des Familienzyklus weitgehend ausgeblendet. PETTINGER (1985) nennt in diesem Zusammenhang gesellschaftliche und historische Ereignisse wie Krieg, wirtschaftliche Notzeiten, Naturkatastrophen und technologische Entwicklungen. Gerade aber solche externen Ereignisse prägen den Umgang der Generationen miteinander, beeinflussen also den Inhalt und die Entwicklung von Familienbiographien. Sie bestimmen, wie THIERSCH (1986) ausführt, die Lebensmuster der einzelnen Generation, prägen das Handeln und schlagen sich in Traditionen, Projektionen, Befürchtungen, Hoffnungen und Erwartungen, die eine Generation an die andere richtet, nieder:

„Generation meint (. . .), daß Menschen bestimmt sind durch gemeinsam prägende – historisch sozial bedingte – Erlebnisse und ihre Verarbeitungs-, Reaktions- und Interpretationsmuster. Das weitere Feld einer Familie sind heute z.B. die Großeltern, die bestimmt sind durch die Nazi-Zeit, die Anstrengungen und Zweideutigkeiten, in ihr zu überleben, die unausgetragenen Schuldgefühle und den Aufschwung des Wirtschaftswunders, z.B. die Eltern, die geprägt wurden in der Politisierung, die mit dem Ende des Wirtschaftswunders und seiner Destruktion einherging (z.B. durch den Vietnamkrieg) und − schließlich − Kinder, deren Lebensperspektive bestimmt ist durch die Selbstverständlichkeit von Sicherheit und sozialer Versorgung auf der einen Seite und den grundsätzlichen Zweifeln in die Überlebensmöglichkeiten einer Gesellschaft auf der anderen, die weder Arbeit, noch eine gesunde Umwelt, noch Frieden oder Überleben für die Menschheit garantieren kann." (S. 59f.)

Es gibt weitere Elemente, die die familialen Lebenslaufrhythmen überlagern, Elemente, die in starkem Maße von außen in die Familie eingreifen. Diese sind im besonderen von Institutionen diktierte Eingriffe wie z.B. Besuch des Kindergartens, Anfang und Ende der Schulbildung, Anfang und Ende der Berufsausbildung und dann der Berufslaufbahn, sozialpolitische Festsetzung des Rentenalters u.a. Dies gilt nicht nur für die Lebensphasen, sondern auch für den täglichen Zeitrhythmus und Zeithaushalt, der bestimmt wird von Familien-, Bildungs- und Berufsexistenz.

Diese Überlagerung wird besonders an der Normalbiographie von Frauen deutlich, deren Lebenslauf weit stärker von Familienereignissen berührt wird als der von Männern. Für sie ergibt sich eine besondere Konfliktlage durch die fast unvereinbaren Anforderungen, die aus ihrer Doppelexistenz erwachsen, nämlich aus der Verankerung im Familienrhythmus und im Bildungs- und Berufsrhythmus.

Die Außensteuerung und -standardisierung der Normalbiographie sowie des Lebenslaufs wird mitgeleistet und mitbeeinflußt von Massenmedien und Massenkonsum.

Dank der institutionellen Prägung des Lebenslaufs werden durch Regelungen der Systeme Bildung, Beruf, soziale Sicherung etc. Eingriffe in das menschliche Leben vollzogen, die als solche kaum wahrgenommen werden und dennoch so umfassend wirken, daß BECK (1986, S. 211ff.) von einem „standardisierten Kollektivdasein" − und dies besonders in Hinsicht auf die allgegenwärtige Standardisierung des Fernsehens − spricht. Daß die Fremdsteuerung des Lebenslaufes kaum wahrgenommen wird, dafür spricht die weitverbreitete Tendenz, Probleme und Entscheidungen als individuell anzugehende zu betrachten.

1.2.1 Erweiterungen zum Konzept des familialen Lebenszyklus

Im Konzept des familialen Lebenszyklus haben wir von „natürlichen" Krisen, die den Lebensrhythmus gestalten, gesprochen. Neben den „natürlichen" Veränderungen gibt es außergewöhnliche, also außerplanmäßige Ereignisse, die nicht Teil der „antizipierten" normalen Familienbiographie sind und daher den „Normal"-Familienzyklus stören. Dazu gehören z.B. frühzeitiger Tod eines Elternteils oder Kindes, Arbeitslosigkeit, Krankheit, aber auch Scheidung, Wiederheirat und Bildung einer Stieffamilie, Familienveränderungen also, die Thema unserer Untersuchung sind.

Kritik am klassischen Phasenmodell des Familienzyklus, das Ereignisse wie Scheidung, Verwitwung und Wiederverheiratung bisher nicht berücksichtigt, hat Charlotte HÖHN (1982) aus demographischer Sicht in ihren Überlegungen zu einer Konzepterweiterung des Familienzyklus formuliert. Es ist zwar vorstellbar, daß mit zunehmenden Scheidungs- und Wiederverheiratungsquoten diese Ereignisse immer mehr Teil eines erweiterten Familienzyklus werden und nicht mehr als besondere Schicksalschläge gesehen und erlebt werden, aber derzeit sind solche Veränderungen für die Familien noch außergewöhnlich, und erfordern individuell zu entwickelnde Lösungs- und Bewältigungsstrategien für die aus Trennung und Wiederverheiratung entstehende Komplexität in den Familienbeziehungen. Fast ironisch meint SCHLEIFFER (1986) in seiner Untersuchung zur Bedeutung von Elternverlusten, daß es vorstellbar ist,

„(. . .), daß Trennungen und Scheidungen weniger bedeutungsvolle Ereignisse darstellen, allerdings nur unter der Voraussetzung, daß reziprok hierzu auch der Beziehungsaufnahme eine geringere Bedeutung für das Leben der Partner beigemessen wird. Das würde allerdings eine Veränderung der normativen Konzepte intimer Beziehungen zur Voraussetzung haben." (S. 26)

Walter SCHWERTL (1987, 1988) macht den Versuch, das familiale Zykluskonzept zu erweitern und mit einer „systemischen Theorie der Krise" zu verbinden; er schlägt vor, „den Gedanken des Lebenszykluskonzeptes befreit von phasentypischen Rollenerwartungen, Kausalverknüpfungen und Verdinglichungen, die zum Fehler der nichtgerechtfertigten Konkretheit führen, wieder aufzunehmen." Er stellt drei Kategorien auf, denen er Ereignisse zuordnet, und zwar Ereignisse, bei deren Auftritt es in familiären Systemen häufig zu Krisen kommt (1988, S. 8f.):

1. Personelle Vergrößerungen oder Verkleinerungen der Familie

Personelle Vergrößerungen wie z.B.
— Geburt eines Kindes
— Aufnahme eines Familienmitgliedes, z.B. eines Großelternteils
— Aufnahme des Partners eines Kindes
— Neubeginn einer Partnerschaft nach erfolgter Scheidung

Personelle Verkleinerungen wie z.B.
— Tod eines Familienmitgliedes
— Individuierung, d.h. Auszug eines Kindes aus dem Elternhaus
— Scheidung der Eltern

51

2. Veränderungen eines Familienmitgliedes — eines Teiles der Familie oder aller Familienmitglieder

Biologische Veränderungen wie z.B.
— Veränderungen durch Reifungsprozesse, z.B. Pubertät
— Körperliche Erkrankungen
— Alterungsprozesse und sich daraus ergebende biopsychische Konsequenzen

Psychologische Veränderungen wie z.B.
— Entstehen von psychischer Auffälligkeit
— Verschwinden von bisherigen Organisationsparametern (z.b. Suchtverhalten)

Soziale Veränderungen wie z.B.
— Plötzliche Arbeitslosigkeit
— Auftreten von devianten Verhaltensweisen
— Radikale Veränderung wirtschaftlicher Verhältnisse
— Beendigung des Berufslebens

3. Veränderung des sozialen Milieus der Familie
— Wohnungswechsel, verbunden mit Ortswechsel
— Sozialer Auf- oder Abstieg der Familie
— Radikale politische Veränderungen innerhalb des die Familie umgebenden Gemeinwesens (vgl. ebenda, S. 9f.)

SCHWERTL's Vorschläge zu einer Revision des familialen Lebenszyklus umfassen Ereignisse wie Familienvergrößerung oder -verkleinerung, die in den Biographien von Stieffamilien besonders relevant sind, und integrieren soziale Veränderungen wie z.B. Wohnungs- und Milieuwechsel, drastische materielle Schwankungen, berufliche Umorientierung, Veränderungen also, die in Nachscheidungs- und Stieffamilien mit größerer Wahrscheinlichkeit auftreten.

Ähnlich wie bei SCHWERTL, der krisenhafte Lebensereignisse einzelnen Kategorien zuordnet, stellt die „Life-Event-Forschung" (FILIPP 1981) kritische bedeutsame Lebensereignisse in den Mittelpunkt und untersucht ihre Auswirkungen auf die Lebensgeschichte der Individuen.

Je nach dem vermuteten Effekt dieser Lebensereignisse vereint dieser Ansatz die klinisch-psychologische Forschung, die eher den belastenden, streßreichen Auswirkungen der Ereignisse wie Krankheit und psychischen Störungen nachgeht (vgl. z.B. LAZARUS 1981), und die entwicklungspsychologische Richtung. In letzterer ist eine dynamische Komponente enthalten, in dem sie die Abfolge von bedeutsamen Ereignissen — normativen, wie sie ins Lebenszykluskonzept eingehen, und nicht-normativen — über die Lebensspanne eines Individuums hinweg ins Blickfeld rückt und diese als notwendige Voraussetzung für Entwicklung und Wachstum betrachtet, zumeist als Bewältigungsprozeß (coping) unter dem Aspekt der Neuanpassung des Verhaltens und des Übergangs in neue soziale Rollen (vgl. FILIPP 1981):

„(. . .) der Konfrontation mit kritischen Lebensereignissen (wird) nicht a priori eine pathogene Wirkung zugeschrieben, sondern (. . .) sie (stellen) vielmehr notwendige Voraussetzungen für entwicklungsmäßigen Wandel, insbesondere innerhalb des Erwachsenenalters, dar und (können) somit potentiell zu persönlichem ‚Wachstum' (beitragen)." (S. 8)

Die Life-Event-Forschung und auch SCHWERTL's Konzept betonen eher ins Familienleben eingreifende Ereignisse und Entwicklungen und berücksichtigen weniger die Phasenabläufe mit den dazugehörenden Entwicklungsaufgaben und Anforderungen. Sie versuchen, die Einbettung und Bedeutung von kritischen und bedeutsamen Ereignissen im individuellen Lebenslauf eines Familienmitgliedes zu erfassen und eine Verbindung zur konkreten Lebenslage einer Familie herzustellen. Mit dem Phasenkonzept des Familienzyklus werden dagegen in erster Linie strukturelle und normative Veränderungen, also Rollen- und Aufgabenwandel infolge von Zu-und Abgängen, erfaßt.

Die Betrachtung der familienzyklischen Aspekte kann eine Beschreibungskategorie sein für die zeitlichen Abfolgen, die vielfältigen Brüche und die Komplexität der zusammenlaufenden Lebens- und Familienzyklen in einer Stieffamilie.

Wir legen Wert auf eine Verknüpfung beider dargestellten Konzepte, da in rekonstituierten Familien neben einschneidenden Ereignissen und Veränderungen auch die Phasenverschiebungen, ihre Überlagerungen und Wiederholungen eine große Rolle spielen.

1.3 Auswirkungen von Trennung und Wiederverheiratung auf den Familienzyklus

Durch eine Scheidung wird der Normal-Familienzyklus gebrochen; die Familienstruktur und die Lebensorganisation wird fundamental verändert: die Partner bilden zwei Haushalte, die Paarbeziehung wird aufgehoben und es werden neue Formen für die Elternschaft entwickelt.

Für die Situation der doppelten Einelternschaft bedarf es neuer Bewältigungsstrategien, um mit Trennung, Verlust und den damit verbundenen Gefühlen fertig zu werden und um Organisationsmuster für die neue Lebensform zu finden.

Kommt ein neuer Partner hinzu — eventuell ist auch dieser geschieden und bringt Kinder mit oder hat diese bei seinem Ex-Partner zurückgelassen —, entsteht neben dem alten Familienzyklus, der auch in der Phase der doppelten Elternschaft fortdauert, ein neuer Stieffamilienzyklus (vgl. SAGER et al. 1983).

Je nachdem, an welchem Punkt ihres Lebens- und Familienzyklus Kinder wie Erwachsene mit so einschneidenden Ereignissen wie Scheidung und Wiederverheiratung konfrontiert werden, haben diese Ereignisse ganz unterschiedliche Bedeutung.

Bei ihrem Zusammentreffen können sich die neuen Partner in gleichen oder auch unterschiedlichen Phasen ihrer Familienentwicklung befinden. Das Passungsgefüge, das aus den jeweils individuellen Lebenszyklen und/oder den Teilfamilienzyklen der neu zusammenkommenden Partner entsteht, unterscheidet sich von dem in einer Kernfamilie.

Im Verlaufe der Stieffamilienreorganisation können phasische Wiederholungen oder ganz neue Entwicklungsaufgaben entstehen; beides erfordert ein hohes Maß an Kreativität und Offenheit, aber auch an Anpassung und Toleranz und allen Familienmitgliedern wird Bereitschaft zum Aushandeln von Lebens- und Rollenmustern abverlangt.

Aus dem Nebeneinander und der Gleichzeitigkeit von verschiedenen Anforderungen aus den verschiedenen Zyklen entsteht für das einzelne Familienmitglied und für die ganze Familie eine hohe Komplexität und Vielfalt an Verhaltens- und Rollenanforderungen, für die keine institutionalisierten Lösungsmuster zur Verfügung stehen. Für die unterschiedlichen und neuartigen Beziehungsformen in Stieffamilien – z.B. Ex-Partner mit jetzigem Partner – gibt es keine Modelle oder Vorbilder in den herkömmlichen Leitbildern und Vorstellungen von Familienleben.

Unter Einbeziehung der amerikanischen Literatur hat FTHENAKIS (1986) für Stieffamilien folgende Entwicklungsaufgaben formuliert:

„1) Festigung der neuen Partnerschaft: eine feste Partnerschaft stellt einen der wesentlichsten Faktoren für das Funktionieren der Stieffamilie dar (KLEINMANN, ROSENBERG & WHITESIDE, 1979; PROSEN & FARMER, 1982; SAGER, BROWN, CROHN et al., 1983);

2) konstruktive Gestaltung der Beziehungen der Kinder zum außerhalb des Haushalts der Eltern lebenden Elternteil: der zweite wesentliche Faktor für die Stabilisierung des Gesamtsystems der Stieffamilie (GARFIELD, 1980; GREIF, 1982; MESSINGER & WALKER, 1981; VISHER & VISHER, 1982b);

3) Verhinderung von rigiden Dreieckskonstellationen, die gerade in der komplexen Struktur der Stieffamilie mit den unterschiedlichen Grenzziehungen der Subsysteme besonders häufig zu Problemen führen (z.B. die neuen Partner gegenüber dem zweiten Elternteil; Kind und zweiter Elternteil gegenüber dem neuen Partner usw.) (CARTER & McGOLDRICK, 1980);

4) Neu-Definition elterlicher Rollen von Stiefeltern gegenüber den Kindern;

5) Integration schließlich auch der umgebenden Systeme des sozialen Netzes (GARFIELD, 1980; SAGER, BROWN, CROHN et al., 1983)." (S. 56)

Ein ähnliches Konzept für die Entwicklungsstadien einer neuen Partnerschaft und Gründung einer Stieffamilie hat Anne GOETTING (1982) in „Die sechs Stationen einer Wiederverheiratung" entwickelt; darin spricht sie die emotionalen, psychischen, gesellschaftlichen, wirtschaftlichen, rechtlichen und auf Elternschaft bezogenen Elemente der Stieffamilienrekonstitution an, die in ihrer Gesamtheit den Entwicklungsprozeß ausmachen und ermöglichen. Bisher gibt es jedoch keine empirischen Langzeit- und Querschnittstudien, die die Phasen des Stieffamilienzyklus und die darin liegenden Entwicklungsaufgaben untersucht und dokumentiert haben.

In ihrem Buch über den familiären Lebenszyklus stellen CARTER & McGOLDRICK (1980, vgl. S. 274) fest: Je größer die Diskrepanz in der familiären Zykluserfahrung zwischen den beiden neuen Partnern oder Teilfamilien, desto stärker sind die Anpassungsschwierigkeiten und desto länger dauert es, bis die neue Familie zusammenwächst. Die Partner müssen lernen, in mehreren verschiedenen Zyklus-Stufen gleichzeitig zu leben und zu funktionieren. Bisweilen durchlaufen sie die Phasen nicht in ihrer gewöhnlichen natürlichen Reihenfolge, z.B. wenn eine junge ledige Frau einen Vater mit heranwachsenden Kindern heiratet und dadurch ohne ein allmähliches Hineinwachsen in ihre Rolle mit der Aufgabe konfrontiert ist, in einer seit langem etablierten Familie zu leben und mit jugendlichen Kindern umzugehen anstatt die meist unbeschwerte kinderlose Anfangszeit einer ersten jungen Ehe zu genießen.

Treffen die neuen Partner in der gleichen Zyklusphase zusammen, haben sie den Vorteil, gleiche „Vorerfahrungen" und die gleichen Zyklusaufgaben mit in die neue Familie zu bringen.

In beiden Fällen jedoch haben die Eheleute in Stieffamilien das Problem, daß sie in der Regel keine ausgedehnte Paarphase haben, keine sorglose Phase der Verliebtheit, in der sie sich ausschließlich einander zuwenden können. Schon in der Zeit des Kennenlernens sind die Kinder beteiligt, machen ihre Ansprüche geltend und die Erwachsenen müssen sie in ihre Beziehung miteinbeziehen. Das führt dazu, daß die Entwicklung von Paarbindung und Familienbindung gleichzeitig – und nicht wie in Kernfamilien zeitlich aufeinanderfolgend – „unter einen Hut gebracht werden" muß, oder – wie das auch manchmal geschieht – dem einen oder dem anderen Priorität eingeräumt wird.

In unserer Untersuchung beschreibt das eine wiederverheiratete Mutter sehr deutlich.

„Man beginnt eine neue Beziehung – das ist etwas Schönes – aber die muß man auch noch gestalten. Es ist schwierig; jedes Kind bringt auf Grund der Trennung Probleme mit sich, mit denen man umgehen muß; und im Grunde genommen hat man auch noch selbst Probleme, ist mit sich selbst beschäftigt. Das will man alles unter einen Hut bringen, das finde ich bis heute noch schwierig. Ich hatte ja weder Zeit, so wie andere Menschen, die sich kennenlernen, eine Verliebtheitsphase auszuleben, das geht bei uns ganz wenig, da gibt es halt nur Momente, die man sich irgendwie erhascht. Man hat immer auch alles andere mit dabei, die Vergangenheit muß man irgendwie mitziehen."

Für die weitere Entwicklung der Stieffamilie ist es vielen von uns befragten Partnern wichtig, daß jeder dem anderen die vorangegangene Familiengeschichte vermittelt und so die Vergangenheit der anderen Familienmitglieder „nachgeholt" wird. Besonders notwendig ist ihnen dabei das Nachvollziehen des Werdens und Aufwachsens der Kinder in der ersten Familie und während der Einelternphase. Dieses „Nachholen" der Vorgeschichte drückt eine Stiefmutter in einer komplexen Stieffamilie so aus:

„Mit Streit umzugehen, ist auch schwierig, weil, man denkt dann an die Vergangenheit. Streit führt auch zur Angst, daß es wieder zu einer Trennung kommt. Außerdem traut man sich nicht immer, direkt den Konflikt mit dem Kind (Stiefkind, d. Verf.) auszutragen, weil man die Geschichte des Kindes nicht so genau kennt, und dann verlagern sich die Konflikte auf die Paarebene, müssen dort besprochen werden. Ich muß dann den Fritz (neuer Eheparter, d.Verf.) fragen, ob die Frauke (Stieftochter, d.Verf.) schon immer so reagiert hat, ob sie das so vorgelebt bekommen hat oder wie er und seine frühere Frau damit umgegangen sind . . . Ich muß ihn fragen, wie er es sich erklärt, daß die Frauke so und so ist. Es ist schon ziemlich schwierig, wenn man die Geschichte nicht gemeinsam erlebt hat. Bei der Edda (eigene leibliche Tochter aus erster Ehe, d.Verf.), da weiß ich halt, daß sie so und so reagiert und da kann ich damit umgehen, aber bei der Frauke, da weiß ich es nicht."

1.4 Familienzykluskonstellationen in den Untersuchungsfamilien

Um mögliche Entwicklungen, Überlagerungen und Brüche in den Familienzyklen bei der Bildung einer Stieffamilie zu veranschaulichen, wollen wir zunächst beispielhaft die Entwicklungsgeschichte einer von uns befragten Stiefvaterfamilie darstellen. Wir haben uns für die Familie Dietz entschieden, weil in dieser Stieffamilie beide Partner eine ausgedehnte Erstfamilienerfahrung hatten, sie auf eine lange Stieffamiliengeschichte zurückblickten und in ihrer Familienzykluskonstellation wichtige Aspekte deutlich werden.[9]

---

9 In der Darstellung der Familiengeschichten haben wir uns in den gesamten Auswertungskapiteln für folgende Zeitenregelung entschieden: Die Vorgeschichte beider Ehepartner bis zum Zeitpunkt ihres Kennenlernes ist in der Vergangenheit beschrieben und der dann folgende gemeinsame Lebensweg ist im Präsens dargestellt.

1.4.1 Entwicklungsgeschichte und Familienzyklus der Familie Dietz[10]

Familie Dietz ist eine Stiefvaterfamilie mit drei Söhnen im Alter von 11, 17 und 18 Jahren aus erster Ehe der heutigen Frau Dietz und einer gemeinsamen Tochter im Alter von 5 Jahren.

Vorgeschichte

Erste Ehe der Frau Dietz:
Frau Dietz heiratete mit 23 Jahren einen Arzt, mit dem sie im Laufe ihrer 9jährigen Ehe drei Kinder bekam.

Während einer Ehekrise wurde Frau Dietz ungewollt schwanger. Schon während der Schwangerschaft teilte ihr Ehemann ihr mit, daß er sich von ihr wegen einer anderen Frau trennen möchte.

Kurz nach der Geburt des jüngsten Sohnes verließ Herr Cohn seine Frau und Kinder und zog in eine andere Stadt. Damit entzog er seiner Frau die Unterstützung und Hilfe zu einem Zeitpunkt, zu dem sie diese besonders gebraucht hätte.

Doppelte Einelternphase:
Die Trennungszeit verlief sehr konfliktreich und war für Frau Dietz von heftigen Emotionen begleitet wie Wut, Trauer und Enttäuschung sowie Versagens- und Schuldgefühle gegenüber den Kindern.

Ihr erster Ehemann heiratete kurz darauf wieder und kümmerte sich im ersten Jahr noch regelmäßig (1 x im Monat) um die zwei ältesten Kinder. Frau Dietz untersagte ihm den Umgang mit dem jüngsten Kind, das ja den Vater nie kennengelernt hatte.

Erste Ehe des Herrn Dietz:
Herr Dietz, ein Ingenieur im Alter von 53 Jahren, hatte in erster Ehe eine geschiedene Frau mit drei kleinen Kindern geheiratet. Den jüngsten Sohn aus dieser Ehe hatte Herr Dietz adoptiert. Anlaß zur Scheidung nach fast zwanzigjähriger Ehe ist das Kennenlernen seiner zukünftigen Frau, mit der er zusammenleben will.

Der Kontakt zwischen Herrn Dietz und seiner ersten Familie wird von beiden Seiten nach der Scheidung nicht aufrechterhalten. Zu diesem Zeitpunkt kommt erleichternd hinzu, daß sich seine erste Familie in einer Entwicklungsphase befindet, in der Kinder in der Regel das Haus verlassen und weitgehend selbständig werden. Für ihn bedeutet dies, daß er die vorher übernommene Elternrolle und Elternschaft nicht weiter fortzuführen braucht. Allerdings bestehen zum Adoptivsohn, den er

---

10 Zum Zeitpunkt des Interviews lebt die Familie Dietz seit 10 Jahren zusammen.

in Ausnahmesituationen auch finanziell unterstützt, weiterhin geringfügige Kontakte.

Phase der neuen Partnerschaft und Stieffamilienbildung

Noch während der Trennungszeit von ihrem ersten Mann lernt Frau Dietz ihren jetzigen Mann kennen. Nach anfänglichem Mißtrauen und starker Zurückhaltung gegenüber einer neuen Partnerschaft kann sie vorsichtig die Entwicklung einer neuen Liebesbeziehung zulassen.

Am Anfang der Partnerschaft leben Frau Dietz und ihre Kinder in der alten ehelichen Wohnung. Die Kinder werden sofort in die Entwicklung der Beziehung miteinbezogen, sie gehören für Herrn Dietz „selbstverständlich" dazu.

Herr Dietz entwickelt ein freundschaftliches Verhältnis zu den Kindern und übernimmt langsam Erziehungs- und andere Vaterfunktionen, was sich für Frau Dietz entlastend und für die Kinder als Bereicherung auswirkt. Den Kindern − so Frau Dietz − hat eine männliche Person sehr gefehlt.

Ein halbes Jahr später, nach der Scheidung des Herrn Dietz, zieht er zu ihr und ihren Kindern in die Wohnung. Der Kontakt zum leiblichen Vater hat sich inzwischen mehr und mehr zurückentwickelt, die finanziellen Verpflichtungen werden jedoch weiter erfüllt.

Nach fünf Jahren des Zusammenlebens bekommt das Paar ein gemeinsames Kind, was den Anlaß zur Eheschließung gibt. Aufgrund der Familienvergrößerung bezieht die Familie Dietz ein eigenes Haus.

Überlagerung von familiären Lebenszyklen in der Fam. Dietz

Bei Frau Dietz entstehen durch die Stieffamilienbildung nebeneinander zwei Familienzyklen: der Zyklus der ersten Familie geht in veränderter Form weiter, da die Kinder für die Fortsetzung der wenn auch konflikthaften Elternschaft sorgen. Parallel dazu entwickelt sich ein Zyklus der Stieffamilie. Diese Veränderungen bringen neue Aufgaben mit sich:

Da die Paar- und Familienbeziehungen zur gleichen Zeit entstehen und sich entwickeln, gilt es, die Festigung der Paar- und Familienbindung zu koordinieren; damit geht die Neuordnung der Mutter-Kind-Beziehung einher, da die Mutter sich nicht mehr ausschließlich ihren Kindern widmen kann, sondern ihre Aufmerksamkeit und Zuwendung auf die Kinder und den neuen Partner verteilt. Zugleich ist die Mutter nicht mehr allein zuständig für die Kinder, das heißt auch, daß sie einen neuen Erwachsenen und dessen Beziehung zu ihren Kindern neben sich zulassen und zugleich zwischen diesen und ihrem neuen Partner vermitteln muß. Der Kontakt zum abwesenden Vater der Kinder bedarf einer Regelung, die auf die Bedürfnisse aller Betroffenen eingeht.

Bei Herrn Dietz kommt es durch die Stieffamilienbildung zu Wiederholungen von Phasen im Familienzyklus. Er hat in seiner ersten Familie die verschiedenen Stationen der Kindererziehung durchlaufen und die Familie verlassen, als die Kinder erwachsen waren. In seiner neuen Familie kehrt er an die Anfänge des Familienzyklus mit kleinen und heranwachsenden Kindern zurück. Für ihn heißt das, daß er nach der Ablösung seiner Kinder aus erster Ehe nochmals die aktive Vaterrolle übernehmen, sich auf die Erziehung von Kindern einlassen und diesen Raum gewähren muß. Es gilt außerdem, berufliche Anstrengungen zu unternehmen, um eine so große Familie zu unterhalten, wenngleich auch der leibliche Vater Unterhaltszahlungen leistet. Und sicher kostet es Herrn Dietz auch viel Energie, in fortgeschrittenem Alter ein zweites Mal eine Stieffamilie aufzubauen und zu festigen.

Die Geburt des gemeinsamen Kindes bedeutet für die Eheleute eine Rückkehr zur Kleinkindphase und den dazugehörigen Anforderungen und daher eine Verlängerung der Kinderphase insgesamt.

Auch für die heranwachsenden Söhne, für die es zunächst bei der Familienneugründung keine Veränderung in der Geschwisterkonstellation gibt, bedeutet das neue Halbgeschwisterkind eine unerwartete Erweiterung des Geschwistersystems und damit eine Umstellung und Anpassung an die neue Situation: möglicherweise werden die heranwachsenden Söhne zur Beaufsichtigung und Betreuung des Kleinkindes herangezogen; der Jüngste verliert seine Nesthäkchen-Position.

Bei Frau Dietz wird durch die Geburt des gemeinsamen Kindes eine erneute Berufstätigkeit, die Frauen häufig anstreben, wenn ihre Kinder heranwachsen, hinausgeschoben. Herr Dietz hat nun eine Tochter im selben Alter wie die Tochter seines Sohnes aus erster Ehe, d.h. er ist zu einem Zeitpunkt noch einmal Vater geworden, zu dem er sich als Großvater zurückziehen könnte und an dem in der Regel die Reproduktionsphase abgeschlossen ist.

1.4.2 Vergleichende Betrachtung der untersuchten Stieffamilien unter familienzyklischen Aspekten

Anhand des obigen Beispiels wollten wir mögliche Verschiebungen, Unterbrechungen, Verlängerungen und Wiederholungen in den Familienzyklen, die in Stieffamilien entstehen können, aufzeigen, und damit die Abweichungen eines Stieffamilienzyklus von einem „normalen" Kernfamilienzyklus mit einer oft kurzen Kinderphase und langer Empty-Nest-Phase deutlich machen.

In der folgenden Auswertung wollen wir Diskrepanzen und Übereinstimmungen in den Zyklusverläufen der neu zusammengekommenen Partner aufzeigen, die Bedeutung und Dauer der einzelnen Familienzyklen (Erst-, Teil- und Stieffamilie) bei Wiederverheiratung beschreiben und eine vergleichende Gegenüberstellung der Familienkonstellationen in den untersuchten Stieffamilien mit ihren je spezifischen Anpassungsschwierigkeiten versuchen. Außerdem sollen die vielfältigen Formen der Berührung und des Zugangs zu Elternschaft bzw. Stiefelternschaft, die aus den unterschiedlichen Vorerfahrungen der Partner resultieren, erfaßt werden. Jenseits dieser vergleichenden Betrachtung der familienzyklischen Aspekte wollen und können wir in diesem Kapitel nur Fragen aufwerfen und Vermutungen aufstellen, z.b. über die Zusammenhänge zwischen Zeitpunkt des Zusammentreffens der Partner und Art der Stieffamilienreorganisation, ohne im Rahmen dieser Untersuchung die Möglichkeit zu haben, Schlüsse zu ziehen, endgültige Aussagen zu machen oder Gesetzmäßigkeiten abzuleiten.

Erste Ehe

In unserer Untersuchungsgruppe waren von 20 beteiligten Ehepartnern 16 vor der jetzigen Ehe schon einmal verheiratet; die beiden Frauen in den Stiefmutterfamilien und 2 Männer aus den 8 Stiefvaterfamilien haben keine „Ehevorerfahrung".

Der ersten Ehe wird unterschiedliche Bedeutung beigemessen:
4 Frauen beschreiben ihre erste Partnerschaft als relativ belanglos, emotionslos und von kurzer Dauer. Ihre früheren Männer scheinen keinen Einfluß mehr auf ihr jetziges Leben zu haben.

Die anderen 4 Frauen sprechen intensiv und ausführlich über ihre damaligen Partnerschaften, die einen größeren Zeitraum in ihrem Leben eingenommen haben. Meist ist die Darstellung mit Vorwürfen und negativen Bildern verbunden. Wir führen dies in unserer Untersuchung einerseits auf ungelöste Bindungen und unbewältigte Trennung zurück, andererseits auf die Präsenz des Ex-Partners in der zweiten Familie durch die Kontakte mit den Kindern, also auf eine Ursache, die in der organisatorischen und strukturellen Bedingtheit einer Stieffamilie liegt.

Die Männer — sei es als Stiefvater oder sei es als leiblicher Vater in der Stiefmutterfamilie oder der komplexen Stieffamilie — haben im Durchschnitt längere Erstehen hinter sich. Trotzdem schildern sie alle ihre ersten Verbindungen als relativ bedeutungslos und sie erwähnen die ersten Partnerinnen in den Interviewgesprächen nur kurz.

Aus der Sicht der Kinder sieht das natürlich ganz anders aus: auch wenn ihr außerhalb lebender leiblicher Elternteil für ihren in der Stieffamilie lebenden Elternteil keine Bedeutung mehr als Partner hat, so ist er für die Kinder – trotz der räumlichen Trennung – als Vater oder Mutter von großer Wichtigkeit, damit bleibt er/sie auch für den anwesenden Elternteil als Elternfigur seiner Kinder präsent. So werden denn auch in den Interviews die außerhalb lebenden ersten Partner vor allem in ihrer Rolle als abwesender Elternteil, mit der sie weit in den heutigen Familienalltag hineinreichen, thematisiert.

Die Kontakte zu den außerhalb lebenden Elternteilen erfahren in den einzelnen Familien unterschiedliche Bewertung und werden von den Kindern meist anders eingeschätzt als von ihren Eltern. Nach unserer Befragung läßt sich vermuten, daß eine kurze bedeutungslose Erstpartnerschaft den späteren Kontakt zum ersten Partner und außerhalb lebenden Elternteil erleichtert und einen eher freundschaftlichen Umgang erlaubt.

Eineltemschaft

Es läßt sich auch ein Zusammenhang annehmen zwischen der Einschätzung und Dauer der ersten Partnerschaft und der Dauer und Bedeutung der Einelternphase. Alle 5 Frauen, die ihre Erstehe als bedeutungslos beschrieben – wenn auch eine davon von 5jähriger Dauer war – haben eine längere Phase (3 1/2 – 6 J.) der Eineltemschaft mit wechselnden Partnerschaften hinter sich. Die anderen 3 Mütter, die längere Erstehen (3 – 9 J.) erlebt hatten und diese als für sie wichtig einschätzten, gingen fast unmittelbar nach der endgültigen Trennung eine neue feste Beziehung ein. Die von uns befragten Frauen suchten also entweder gleich wieder eine neue Verbindung oder sie lebten 3 1/2 bis 6 Jahre allein mit ihrem Kind, wollten sich also offensichtlich nicht so schnell wieder festlegen oder lehnten nach dem Scheitern der ersten Ehe zunächst die Ehe als Lebensform ab. Trotz relativ langer Zeiten des Alleinerziehens gewinnen wir auch bei den letztgenannten Frauen den Eindruck, daß kein dauerhaftes familiales Selbstverständnis als Teilfamilie entwickelt wurde, die Eineltemschaft also nicht als erstrebenswerte und längerfristig lebbare Existenzform angesehen, sondern eher als Durchgangsphase erlebt wurde.

Die acht befragten Männer, die bereits eine Scheidung hinter sich hatten, gingen fast ausnahmslos – nur ein Vater lebt mit seinem Sohn zwei Jahre allein – unmittelbar von der einen in die andere Beziehung, ohne sich in einer Phase des Alleinlebens zu stabilisieren; zwei Männer ließen sich sogar für ihre zweite Frau scheiden; eine solche Konstellation wird in der amerikanischen Literatur als „love-match" bezeichnet.

Gemäß unserem Sample geben Kinder offenbar oft den Ausschlag dafür, eine längere Zeit als Teilfamilie zu leben, vielleicht auch, um den Kindern nicht so schnell einen neuen Partner zuzumuten. Für Männer entfällt meist dieser Grund, da sie selten sorgeberechtigt und daher selten Oberhaupt einer Einelternfamilie sind. Grundsätzlich scheinen Männer, und gerade auch die alleinerziehenden Väter, schneller als Frauen wieder nach einer neuen Partnerschaft zu streben (vgl. NAPP-PETERS 1985).

Wiederverheiratung

Bei der Gründung einer Stieffamilie bilden die neuzusammentreffenden Partner oder Teilfamilien unterschiedliche Lebens- und Familienzykluskonstellationen.

Die Auswertung unseres, wenngleich nicht-repräsentativen Samples ergibt eine nur begrenzte Übereinstimmung mit den Ergebnissen von CARTER & McGOLDRICK (1980), die feststellen, daß die Anpassungsschwierigkeiten in der neuen Familie um so stärker sind, je größer die Zyklusdiskrepanz ist.

Bei drei Familien finden wir sehr geringe Unterschiede in der Familienerfahrung, d.h. die Partner treffen in der gleichen Phase ihres Lebens- und Familienzyklus zusammen. Jeder Partner war schon einmal verheiratet und hat ein oder mehrere Kinder in ähnlicher Altersstufe. Wir haben den Eindruck, daß gerade diese Familien ihre Situation sehr stark reflektieren und problematisieren und Unsicherheit zeigen in Bezug auf ihren Familienstatus. Ausgehend von dem Bild der nun wieder „vollständigen Familie" tendieren sie dazu, sich als Normalfamilie zu präsentieren und haben Schwierigkeiten, die Besonderheiten des Stieffamilie-Seins zu akzeptieren.

Zu diesem eher zögerlichen und konfliktorientierten Verhalten in der Stieffamilienreorganisation neigt auch die von uns befragte komplexe Stieffamilie, in die beide Partner aus erster Ehe ein Kind und daher ähnliche Familienzykluserfahrungen mitbringen.

In vier Familien kommen die Partner in unterschiedlichen Zyklusphasen zusammen. Konkret heißt das, daß zwei der neuen Ehemänner noch nicht verheiratet waren und nun mit einer Mutter und deren Kind, die bereits eine längere Teilfamilien-Geschichte hatten, zusammenleben. Ein anderer Ehepartner hatte in erster Ehe noch keine Kinder und übernimmt in der neuen Familie Stiefvaterfunktionen für die drei schulpflichtigen Kinder seiner zweiten Frau; ein weiterer Stiefvater (siehe Beispiel) wiederholt in seiner zweiten Familie mit den drei Kindern (1-8 J.) seiner zweiten Partnerin die Phase des Kinder-Aufziehens, nachdem seine Kinder aus erster Ehe sich bereits aus dem Elternhaus gelöst hatten.

In diesen Stieffamilien mit großen Zyklus-Diskrepanzen zwischen den neuen Ehepartnern stellen wir die eindeutigsten Lösungen für die Rolle und Funktion des Stiefelternteils und eine klare Haltung hinsichtlich des Familienstatus fest: Entweder sehen sie sich als „normale" Familie an und damit übernimmt der zweite Ehemann die Vaterfunktion für die Kinder seiner Frau, oder sie verstehen sich als eine „außergewöhnliche" Familie, sozusagen mit Sonderstatus, und der neue Partner – hier handelt es sich um die zwei Männer, die noch keine Erfahrung mit Ehe und Kindern hatten – sieht sich eher als Freund seines Stiefkindes. Der „spätere Einstieg" in eine bereits gewachsene Familie aus Mutter und Kind scheint diesen Männern kaum Probleme zu bereiten.

Das sieht anders aus in den beiden Stiefmutterfamilien, in denen die Partner in unterschiedlichen Lebenszyklusphasen zusammenkommen. In diesen Familien gehen die Frauen ihre erste Ehe mit einem Mann ein, der in die Stieffamilie ein oder mehrere Kinder aus erster Ehe mitbringt. Diese beiden Frauen, die ohne Familienerfahrung zu einer Teilfamilie mit männlichem Oberhaupt dazukommen, haben massive Schwierigkeiten in der Definition und Übernahme ihrer Rolle und mit den eigenen und fremden Erwartungen an ihre Stiefmutterfunktion; die davon ausgehenden Probleme belasten die Familie so sehr, daß sie sich immer wieder am Rande des Scheiterns befindet, wenn auch der Wunsch, es dennoch zu schaffen und den Kindern ein zweites Mal den Verlust der mütterlichen Bezugsperson zu ersparen, die Bereitschaft fördert, große Anstrengungen für den Zusammenhalt der Familie zu unternehmen.

Stiefmütter sind aus Gründen der besonderen Situation von Frauen und Müttern in unserer Gesellschaft größeren Problemen ausgesetzt als Stiefväter, aber es scheint besonders schwierig zu sein, wenn die Frauen noch nicht verheiratet waren und ihre erste Familienerfahrung mit einem Vater und dessen Kind/ern machen, sie sozusagen „auf den fahrenden Zug aufspringen" und ein beträchtliches Stück Familiengeschichte und -erfahrung nachholen müssen.

Wir möchten die Ergebnisse von CARTER & McGOLDRICK (1980) dahingehend differenzieren, daß unterschiedliche Lebenszykluserfahrungen der neuen Partner offenbar nur bedingt zu großen Anpassungsschwierigkeiten führen, nämlich dann besonders, wenn eine bis dahin ledige Frau einen oft wesentlich älteren Mann mit Kind/ern heiratet; diese Konstellation – übrigens die historisch häufigste Form: ein reifer Mann heiratet in zweiter Ehe eine junge Frau – scheint die ohnehin schwierige Situation von Stiefmüttern noch zu erschweren.

Unsere hinsichtlich des Alters relativ homogene Untersuchungsgruppe läßt keine Aussagen darüber zu, ob Partner, die erst in späterem Lebensalter zusammentreffen, wesentlich andere Erfahrungen machen als solche, die bei der zweiten Heirat noch relativ jung sind. Die von uns befragten Eheleute befinden sich zum Zeitpunkt der Stieffamiliengründung im reproduktionsfähigen Alter, und daher in der Phase des Kinder-Kriegens und Kinder-Aufziehens.

Wir haben beobachtet, daß die von uns interviewten Paare sehr schnell nach dem Sich-Kennenlernen zusammenziehen und dann – bis auf eine Ausnahme – erst heiraten, wenn ein gemeinsames Kind geplant, die Schwangerschaft eingetreten oder das Kind bereits geboren ist. Offensichtlich gibt ein gemeinsames Kind in der Regel den endgültigen Anstoß zur Eheschließung.

Bei diesem freudig aufgenommenen gemeinsamen Kind erleben die neuen Partner das erste Mal den Übergang zur Elternschaft gemeinsam, was bei den anderen Kindern, die immer nur leibliche Kinder eines Elternteils sind, nicht möglich war und von manchen Paaren schmerzhaft vermißt wird. Ein Stief-/Vater sagt das so:

„Ich finde es schade, daß ich die Eva (neue Partnerin, d.Verf.) nicht früher kennengelernt habe, daß nicht alle unsere Kinder gemeinsame Kinder sind und wir das gemeinsam erleben konnten."

Mit dem gemeinsamen Kind, das oft in großem Altersabstand zu dem/den Halbgeschwister/n geboren wird, kommen auf beide Partner die verschiedenen Zyklusaufgaben des Kinder-Aufziehens zu, bisweilen auch die Rückkehr zur Baby- und Kleinkindphase, wenn die anderen Kinder bei der Geburt des gemeinsamen Kindes bereits herangewachsen sind. Ein gemeinsames Kind – oder gemeinsame Kinder –, bedeutet grundsätzlich eine Verlängerung der Phase der Kindererziehung und -versorgung, ähnlich wie das durch die Geburt eines „Nachzüglers" in Kernfamilien geschieht.

Vor allem für Frauen heißt das, daß sie weiterhin oder wieder auf Berufstätigkeit, zumindest teilweise, verzichten, oft zu einem Zeitpunkt, an dem die Rückkehr ins Berufsleben oder kontinuierliches Engagement in der beruflichen Laufbahn ansteht oder geplant ist. Möglicherweise bedeutet dieser Aufschub für manche Frauen, daß der Wiedereinstieg in die Berufswelt überhaupt scheitert.

Zum Zeitpunkt des Interviews bleiben 7 der von uns befragten Frauen wegen der Kinder zu Hause oder üben höchstens stundenweise eine erwerbsmäßige Tätigkeit aus; das geschieht vor allem wegen der noch kleinen gemeinsamen Kinder. Drei Mütter geben ganz konkret wegen der Geburt des gemeinsamen Kindes ihre Berufstätigkeit auf und eine Frau geht seither nur noch einer Teilzeitarbeit nach.

Wichtig für die Betrachtung der Stieffamilien nach dem Zykluskonzept ist also – die obengenannten Aspekte zusammenfassend – die Ausgangslage der beiden neuen Partner bei Gründung der Stieffamilie und bei Übernahme von Stiefelternschaft.

Die Rollengestaltung des Stiefelternteils wird beeinflußt von seinen Vorerfahrungen, also davon, welche Erfahrungen mit Elternschaft der zur Teilfamilie hinzukommende Partner bereits gemacht hat, d.h. ob er/sie als Vater oder Mutter die neue Beziehung eingeht oder ob er/sie vor der Stieffamiliengründung noch nicht mit Kindern zusammengelebt hat und in der neuen Partnerschaft ad hoc mit Stiefkindern konfrontiert wird.

In unserer Untersuchungsgruppe ergibt sich bezüglich der Elternschaftserfahrungen folgendes Bild:

— 6 Stiefelternteile erfahren Elternschaft erstmalig als Stiefelternschaft.
— Gleich zu Beginn der zweiten Ehe besteht bei 8 Stiefelternteilen eine doppelte Elternschaft, nämlich die leibliche (zu den Kindern aus erster Ehe) und die Stiefelternschaft, wobei die leiblichen Kinder meist außerhalb der Stieffamilie leben.
 Nur in einer Familie leben beide Partner zugleich mit einem leiblichen Kind und einem Stief-/Kind in der Stieffamilie.
— Durch die Geburt eines gemeinsamen Kindes im Verlaufe der zweiten Ehe entsteht ebenfalls eine doppelte Elternschaft, wenn der bis dahin kinderlose Stiefelternteil — in unserem Sample sind es 5 — auch leiblicher Elternteil wird.
— Komplex werden die Familienverhältnisse, wenn durch das gemeinsame Kind sozusagen eine „dreifache Elternschaft" entsteht, die Partner also zwischen „meinen, deinen und unseren Kindern" unterscheiden müssen; das ist, wenn man die außerhalb lebenden Kinder berücksichtigt, bei 5 Ehepaaren der Fall.

Welche komplizierten Konstellationen auftreten, wenn die Partner bereits mehrfach verheiratet waren und Kinder aus den verschiedenen Ehen haben, wollen wir hier nicht weiter erörtern, da bisher dies eher noch die seltenen Ausnahmen sind.[11]

2. Strukturelle Beziehungsvielfalt in Stieffamilien

In diesem Kapitel möchten wir darstellen, was wir in Stieffamilien an erweiterter und spezifischer Beziehungsvernetzung und sich daraus ergebenden Schwierigkeiten, Herausforderungen und Bereicherungen gefunden haben. Vielfältige Beziehungsebenen, also komplexe struktu-

---

11 Eine zeichnerische Darstellung der Familienbiographien und eine Tabelle zur zeitlichen Entwicklung aller von uns untersuchten Stieffamilien veranschaulichen — sozusagen auf einen Blick — das Zusammenkommen von Erstfamilien-, Teilfamilien- und Zweitfamilienzyklen und die dadurch entstehenden Zyklusveränderungen (siehe Anhang).

relle und emotionale Dimensionen unterscheiden diese Familien von Kernfamilien.

Das soziale System „Familie" entwickelt sich normalerweise in der Abfolge von bestimmten Phasen. In der Anfangsphase einer Kernfamilie sind nur die Partner als Paar aufeinander bezogen, haben Zeit, sich nach und nach aufeinander einzustellen, zusammenzuwachsen und sich eventuell auf Elternschaft vorzubereiten. Werte, Lebensorganisation, Gewohnheiten und Grenzen, Umgangsformen und Beziehungen werden miteinander ausgehandelt und entwickeln sich im Laufe der Zeit im gemeinsamen Alltag. Mit der Geburt eines Kindes wird das Beziehungsnetz erweitert und es entsteht neben der Paarebene eine Eltern-Kind-Ebene. Die Eltern erleben ihr Kind von klein auf und begleiten es durch die verschiedenen Entwicklungsphasen gemeinsam, wenn auch Frau und Mann in der Regel in unterschiedlicher Intensität und zeitlichem Ausmaße beteiligt sind. Ebenso erlebt das Kind die Eltern von Anbeginn als selbstverständliche und verläßliche Bezugspersonen, von denen es zunächst Lebensformen und Lebensorientierung übernimmt. In einer solchen Normalfamilie entsteht ein triadisches Beziehungssystem, und zwar auf den Ebenen Vater − Mutter, Vater − Kind, Mutter − Kind[12]. Diese Ebenen sind von einander abhängig und jedes Familienmitglied muß „drei Balanceakte" vollziehen, wie MOLLENHAUER u.a (1975) an der Situation des Kindes veranschaulicht:

„Da das Kind sowohl mit dem Vater wie mit der Mutter eine dauerhafte Beziehung unterhalten muß − es kann die Situation nicht verlassen − und da sowohl Vater wie Mutter gleichzeitig Bestandteile dieser dauerhaften Situation sind, die Eigentümlichkeiten der Interaktion zwischen Vater und Mutter für das Kind also ein Problem darstellen, mit dem es ,fertig werden muß', muß es seine Identität dadurch bestimmen, daß es sich zum Vater, zur Mutter und zur Struktur der Vater-Mutter-Interaktion in Beziehung setzt." (S. 97)

Für Stieffamilien verläuft der Prozeß der Familiengründung ganz anders; es gibt keine allmähliche gemeinsame Entwicklung. Wenn die neuen Partner sich kennenlernen, lebt zumindest einer von ihnen mit Kind oder Kindern und hat in seiner Familiengeschichte eine belastende Zeit der Trennung und des Alleinerziehens erfahren. Der dazukommende Partner hat es nicht nur mit einem unabhängigen Erwachsenen zu tun, sondern von Anfang an mit einer bereits existierenden und gewachsenen Teilfamilie. Als Stiefelternteil, der noch keine Erfahrung mit eigenen Kindern hat, trifft er unvorbereitet auf neue Aufgaben wie Erziehung, Leben und Umgang mit Kindern, deren Entwicklung er nicht miterlebt und mitgeformt hat. Aber auch ein Stiefelternteil, der bereits eigene Kinder hat, spürt häufig Schwierigkeiten mit den eingespielten Eigenarten und Gewohnheiten seiner Stiefkinder. Mit einem

---

12 Bei zwei oder mehr Kindern in einer Familie erweitert sich selbstverständlich das Beziehungsgefüge.

gar noch dazukommenden gemeinsamen Kind wächst der „Dschungel" elterlicher Beziehungen mit den jeweils damit verbundenen unterschiedlichen Regelungen, Gefühlswelten und Konfliktmöglichkeiten.

In der Kennenlernphase entstehen in der Regel zwischen allen Beteiligten sofort vielfältige Beziehungen auf verschiedenen Ebenen, da die Kinder gleich mit einbezogen werden und meist der abwesende leibliche Elternteil als Ex-Ehepartner und als wichtige Bezugsperson der Kinder eine Rolle spielt.

Aus der Sicht eines Kindes in einem solchen erweiterten familialen Beziehungssystem heißt das – MOLLENHAUER u.a. folgend –, daß es nun fünf „Balanceakte" vollbringen muß. Es muß sich nämlich – wenn wir von einer Stiefvaterfamilie ausgehen – in Beziehung setzen zu seinem leiblichen Vater, zu seiner leiblichen Mutter, zu seinem Stiefvater, zu der Struktur der Vater-Mutter-Interaktion und auch zur Struktur der Mutter-Stiefvater-Interaktion. Die Erweiterung des Interaktionsnetzes ist nicht nur eine Addition von Beziehungen, sondern sie impliziert auch eine Vielzahl von emotionalen Integrations- und Anpassungsprozessen, die koordiniert und ausbalanciert werden müssen.

2.1 Die Beziehungsebenen und verschiedenen Erlebniswelten

Komplexität und Vielfalt der Beziehungen in Stieffamilien entstehen also auf dem Hintergrund der ersten Familie mit ihren bereits bestehenden überschaubaren Beziehungen, nämlich Mann-Frau-, Eltern-Kind- und eventuell Geschwisterbeziehungen; dazu kommt der Umgang mit zwei Großelternpaaren.

In einer einfachen Stieffamilie kommt es zu folgenden Beziehungsebenen:

– die neuen Partner zueinander (auf Paar- und Elternebene)
– Stiefelternteil zu Stiefkind(ern)
– Sorgeberechtigter Elternteil zu eigenem Kind(ern)
– Kind(er) zu abwesendem leiblichen Elternteil und eventuell zu dessen neuem Partner/Familie
– die Ex-Ehepartner zueinander
– Stiefelternteil zu abwesendem leiblichen Elternteil
– neues Elternpaar zu gemeinsamem Kind
– Geschwister/Stiefgeschwister/Halbgeschwister zueinander
– Stieffamilienmitglieder zur erweiterten Familie (Großeltern und Verwandte)

In komplexen Stieffamilien kommt hinzu – da jeder der neuen Partner Kinder mitbringt –, daß Kinder aus verschiedenen Teilfamilien zusammentreffen und so ein Stiefgeschwister-Subsystem bilden, was zu Veränderungen in den bisherigen Geschwisterpositionen führen kann. Außerdem ist die Familie mit Kontakten zu zwei abwesenden leiblichen Elternteilen konfrontiert. Kommt ein gemeinsames Kind hinzu, entsteht zur Stiefgeschwister-noch die Halbgeschwisterebene. Beide Geschwisterebenen können auch entstehen, wenn der außerhalb lebende leibliche Elternteil eine neue Familie gründet oder seinerseits einen Partner mit Kind(ern) heiratet.

Komplex werden ebenfalls die Beziehungen zu den nächsten Verwandten wie Großeltern – ein Stief-/Kind hat zumindest drei Großelternpaare, im Extremfall kann es in einer komplexen Stieffamilie bis zu 6 Großelternpaare geben –, die positiv, aber durchaus auch hemmend in die Neuorganisation der Stieffamilie eingreifen können.

Erfahrungen und Vorstellungen darüber, wie Beziehungen entstehen und gelebt werden, sammeln die Familienmitglieder in der Ursprungsfamilie und der Erstfamilie. Sie bilden den Hintergrund, die Folie für die Erwartungen an Qualität und Gestaltung der neuen Beziehungen. Das verführt dazu, bekannte Muster auf noch unbekannte neuartige Formen von Beziehungen zu übertragen.

Eltern wünschen sich oft für die neue Familie, daß speziell der Stiefelternteil und das Stiefkind ad-hoc eine intensive liebevolle Eltern-Kind-Beziehung zueinander aufnehmen. Nur selten entsteht aber sofort ein enges emotionales Verhältnis zwischen Stiefelternteil und Stiefkind. Manche Stief-/Eltern reagieren auf solche unerfüllten Erwartungen und Wünsche mit Enttäuschungen und Verletzungen; diese sind umso größer je stärker die Beteiligten gewohnten Normen und Mustern von Eltern-Kind-Beziehungen verhaftet sind und diese als Maßstab anlegen. Im Alltag führt diese Situation zu Spannungen und Konflikten, die das Stieffamilienleben belasten. Solche Enttäuschungen und Schwierigkeiten können bewältigt werden, wenn die Andersartigkeit der Stiefelternteil-Stiefkind-Beziehung gesehen und zugelassen wird (vgl. KRÄHENBÜHL u.a. 1986). In manchen Stieffamilien treten solche Konflikte kaum auf, da entweder Erwartungen reflektiert und relativiert werden oder von vornherein nicht derartige Ansprüche an die Beziehung gestellt werden.

Für Stieffamilien gilt generell, daß sie mit unterschiedlichen, manchmal widersprüchlichen Gefühlswelten umgehen müssen. Zum Beispiel entsteht eine innere Gefühlsdiskrepanz für ein Kind, das seinen Stiefvater ablehnt, aber zugleich weiß, daß seine Mutter glücklich ist mit ihrem neuen Partner. Das Kind ist hin und her gerissen zwischen den eigenen Bedürfnissen und dem Verständnis für die Wünsche der Mutter. In ähnliche Gefühlskonflikte gerät z.B eine Stiefmutter, die ihren neuen Partner liebt, aber dessen Kind nur schwer akzeptieren kann, oder eine Mutter, die eine neue Partnerschaft leben möchte, aber zugleich ihrem Kind gegenüber Schuldgefühle hat, weil sie diesem zumutet, nun die

Aufmerksamkeit und Zuwendung seiner Mutter mit dem „neuen" Mann zu teilen und seine aus der Einelternphase gewohnte Position aufzugeben.

Im allgemeinen können Eltern sich danach richten, wie andere Eltern vorgehen, d.h. sie haben eventuell Modelle für ihr eigenes Verhalten (vgl. NEWSON & NEWSON 1976); für Stiefeltern gibt es aber in der Regel keine Vorbilder. Ein Mann in der Position des neuen Ehepartners einer Frau mit Kind kann nicht gleichzeitig selbstverständlich die Vaterrolle übernehmen, da diese aus der Sicht des Kindes bereits besetzt ist. Das Kind z.B., das seinen Stiefvater aus der Familie vertreiben möchte, lehnt diesen nicht unbedingt als Person ab, sondern drückt damit vielleicht seine Loyalität zum leiblichen abwesenden Vater und seine Eifersucht in bezug auf seine Mutter aus; diese wiederum mag mit Schuldgefühlen reagieren, weil sie spürt, daß das Kind ihre neue Partnerschaft als „Verrat" an seinem leiblichen Vater sieht.

In Stieffamilien kann also die vertraute Einheit von Position und Funktion, von Rolle und Person nicht ungebrochen übernommen werden.

Die Kluft zwischen den vertrauten Bildern von familialen Rollen und Funktionen und dem, was tatsächlich in Stieffamilien erlebt wird, führt dazu, daß immer wieder Anstrengungen unternommen werden müssen, um neue Bilder und Formen auszuhandeln und Toleranz dafür zu entwickeln, daß erwartete und erhoffte Gefühlsebenen und -intensitäten nicht herstellbar sind. Die Vielfalt der Beziehungen und Gefühlsebenen soll am Beispiel einer Stieffamilienentstehung veranschaulicht werden.

2.2 Beziehungsvielfalt in der Familie Rebmann-Pohl[13]

Im folgenden wollen wir aufzeigen, wie die Familie Rebmann-Pohl ihr Stieffamilienleben organisiert und wie die Familienmitglieder mit den besonderen Beziehungen und den Anforderungen von Elternschaft und Kindschaft in ihrer Stieffamilie – hier in einer zunächst komplexen Stieffamilie, die dann zur Stiefvaterfamilie wird – umgehen.

Vorgeschichte

Herr Rebmann (31 J.) lebte mit seinen Kindern (7 und 8 J.) getrennt von seiner Frau; auf einem Fest trifft er Frau Pohl (33 J.), die mit ihrem Sohn Philipp (7 J.) auch seit einigen Jahren von ihrem Mann getrennt lebte. Die beiden verlieben sich ineinander. Wenn sie sich treffen, brin-

---

13 Zum Zeitpunkt des Interviews lebt die Familie Rebmann-Pohl seit 2 Jahren zusammen.

69

gen beide ihre Kinder mit. Um Zeit und Ruhe füreinander zu haben, wollen sie gerne, daß die Kinder sich miteinander beschäftigen und vertragen. Frau Pohl wünscht sich, daß Herr Rebmann und ihr Sohn sich näherkommen und Herr Rebmann seinerseits wünscht sich, daß Frau Pohl und seine Kinder eine gute Beziehung zueinander aufnehmen.

Beide früheren Ehepartner verfolgen kritisch die Entwicklung dieser Beziehung und machen erweiterte Ansprüche auf ihre Kinder geltend, da sie Angst haben, ein neuer Partner könnte ihre Elternposition einnehmen. Das Aushandeln der Besuchsregelungen führt zu Berührungspunkten und Konflikten zwischen den Ex-Ehepartnern und zwischen Stiefelternteil und abwesendem Elternteil.

Nach einer relativ kurzen Kennenlernphase beschließen die beiden Partner, mit ihren Kindern in einer neuen geräumigen Wohnung zusammenzuziehen und so die beiden Teilfamilien zu verbinden. Ein Jahr später, kurz vor der Geburt des gemeinsamen Kindes und unmittelbar nach der wegen der Schwangerschaft nachdrücklich betriebenen Scheidung beider Partner, heiraten Frau Pohl und Herr Rebmann und wählen den Namen der Ehefrau – sie hatte nach der Trennung wieder ihren Mädchennamen angenommen – zum Familiennamen.

Namensvielfalt

In der Familie Rebmann-Pohl wird die enorme Komplexität der verschiedenen Beziehungssysteme und die ständige Gegenwart der Vergangenheit deutlich an der Vielfalt der vorhandenen Namen:

Das neue Paar trägt den Namen Pohl, den Mädchennamen der Frau, dem der Ehemann seinen Geburtsnamen Rebmann voranstellt. Frau Pohls Sohn Philipp hat den Namen seines leiblichen Vaters – Quant – beibehalten. Die Kinder des Ehemannes heißen Rebmann wie ihr Vater. Das gemeinsame Kind trägt den neuen Familiennamen Pohl. Philipp, der mit seinem Namen aus der Familie herausfällt, macht es besonders zu schaffen, daß er nicht so heißt wie seine Mutter. Daher löst er in manchen Situationen das Problem auf seine Weise, indem er die beiden Namen zusammenfügt und sich Philipp Quant-Pohl nennt.

Die Beziehung zwischen Stiefvater und Stiefsohn

In der Anfangsphase des Zusammenlebens ist Philipp begeistert, daß er zwei „Papas" hat und freut sich, daß der neue Partner seiner Mutter zwei Kinder mitbringt, die für ihn Spielkameraden sind. Das Verhältnis zum Stiefvater bleibt jedoch nicht ungetrübt, denn bald merkt er, daß „der Ralf (Stiefvater, d.Verf.) oft etwas will, was ich nicht will", und daß zum Teil neue Anforderungen an ihn gestellt werden; vor allem ist er eifersüchtig auf den Mann, der ihm ein Stück weit seine Mutter „wegnimmt". Herr Rebmann-Pohl seinerseits spürt schnell seine Grenzen an Geduld und Toleranz gegenüber seinem Stiefsohn, der ihn mit seinen ihm eigenen Verhaltensweisen und kindlichen Widersprüchlichkeiten „auf die Palme bringt". Er sieht, daß er mit seinen eigenen Kindern in ähnlichen Situationen wesentlich gelassener umgehen kann, da er mit ihren Eigenarten vertraut ist und eine lange gemeinsame Geschichte mit ihnen hat.

Frau Pohl spürt bei ihrem Mann die Unterschiede im Umgang mit ihrem Sohn Philipp und seinen eigenen Kindern Rita und Roland. Als erste Reaktion greift sie vermittelnd in entstehende Auseinandersetzungen ein, was Herr Rebmann-Pohl als Beschützen und Partei-Ergreifen für ihr eigenes Kind erlebt. Ihr Verhalten macht ihm besonders zu schaffen, wenn er darin Zweifel an seiner Erziehungskompetenz und Zurückweisung seiner Person sieht. In der Tat sind Umgang und Beziehung zwischen Stiefvater und Stiefsohn das Hauptkonfliktthema des Paares. In den Gesprächen, die solche Konflikte klären sollen, versucht Frau Pohl durch Erzählungen die Vorgeschichte und Erfahrungen, die Gewohnheiten und Eigenarten ihres Sohnes ihrem Mann nahe zu bringen und verstehbar zu machen, wohl in der Hoffnung, daß er zukünftig nachsichtiger und verständnisvoller auf ihren Sohn reagieren kann. Die Unstimmigkeiten zwischen ihrem Sohn und ihrem neuen Partner setzen Frau Pohl besonders zu, da sie sich als Mutter dieses Kindes mitkritisiert und – in Identifikation mit ihm – zurückgewiesen fühlt. Das mag vor allem damit zusammenhängen, daß Mutter und Sohn in den Jahren nach der Trennung eine sehr intensive Bindung zueinander entwickelt hatten.

In Konfliktsituationen wünscht Philipp seinen Stiefvater „zum Teufel", macht deutlich, daß er ihn als Vater und Autorität nicht anerkennt – „du bist ja nicht mein Papa" – und äußert dann den Wunsch, zu seinem leiblichen Vater zu ziehen.

Als einen Weg aus diesem Dilemma beschließen Frau und Herr Rebmann-Pohl, daß der Stiefvater in die Erziehung und Disziplinierung seines Stiefsohnes nicht eingreifen soll; sie merken aber, daß dieses „Programm" im familiären Alltag nicht realisierbar ist und nicht ihren Vorstellungen von Partnerschaft, d.h. auch gemeinsamer Elternschaft, entspricht. So versuchen sie, den alten, wenn auch schwierigen Weg weiter zu gehen. Herr Rebmann-Pohl ist bemüht, sich auf Auseinandersetzungen mit seinem Stiefkind einzulassen und dessen Ablehnung und zeitweilige Zurückweisung auszuhalten.

Umgang mit dem außerhalb lebenden leiblichen Vater

Philipps leiblicher Vater reagiert mit Eifersucht auf das Auftauchen einer neuen Vaterfigur, zumal er die Gefühlsambivalenz des Kindes gegenüber dem Stiefvater nicht miterlebt und nur wahrnimmt, daß sein Sohn diesen Mann mit „Papa" anspricht, was er unterbinden möchte. Im Zuge dieser Entwicklung droht er einerseits mit Kürzung des Unterhalts und andererseits beginnt er, sich mehr um seinen Sohn zu kümmern. Frau Pohl schildert die Situation im Interview:

„Beim Philipp war das so, als der gemerkt hat, daß wir zusammen sind, der Ralf (Stiefvater, d.Verf.) und ich, da hat er ganz schnell angefangen, Papa zu sagen, von sich aus. Und dann hat das der Klaus (leiblicher Vater, d.Verf.) mitgekriegt und hat ihn sich offensichtlich vorgeknöpft; der hat sehr daran zu knabbern gehabt, daß sich der Philipp noch einen anderen Papa sucht, und war eifersüchtig, daß es kracht. Auf einmal hat er gemerkt, daß er einen Sohn hat, um den er sich kümmern muß, während das vorher so war, daß ich immer den Wunsch hatte, daß er sich mehr um ihn kümmern soll; vorher war der Philipp nur Samstagmittags da, aber nicht so lange, dann hat er genug davon gehabt."

Philipp ist das wachsende Interesse seines Vaters recht, denn er geht sehr gerne zu ihm. Besonders in der Zeit, in der sich die neue Familie konstituiert und ein Kind zur Welt kommt, wendet er sich vermehrt seinem Vater zu und besucht ihn jedes Wochenende und einmal während der Woche, nachdem in der Teilfamilienphase Kontakte zum Vater zwar regelmäßig, aber weniger häufig und kürzer waren.

In der Wohnung des Vaters trifft Philipp auch dessen Freundin, die mit dem Vater inzwischen zusammenlebt. Philipp hat zu ihr allerdings eine eher distanzierte Beziehung.

Da die ehemaligen Ehepartner gemeinsam das Sorgerecht für ihren Sohn Philipp haben, kommen sie von Zeit zu Zeit als Eltern zusammen, um über ihren Sohn zu reden und stellen bei diesen Gelegenheiten fest, daß er die „doppelte" Familiensituation dazu benutzt, Vater und Mutter, aber auch Vater und Stiefvater gegeneinander auszuspielen, d.h. daß er den einen oder anderen über Absprachen oder Mitteilungen im unklaren läßt oder sie gar falsch vermittelt, um Vorteile für sich zu erwerben.

Der Kontakt zwischen den Ex-Ehepartnern hat sich im Laufe der Jahre normalisiert und ist freundschaftlich geworden, wenngleich der Ex-Ehemann anfangs Eifersucht zeigt, als seine ehemalige Frau wieder in einer festen Beziehung lebt; das verstärkt sich, als die Geburt eines Kindes deutlich macht, daß die alte Partnerschaft endgültig zu Ende ist und eine neue Familie entsteht. Zwischen dem leiblichen Vater und dem Stiefvater gibt es nur flüchtige und unkomplizierte Begegnungen, z.B. wenn der Sohn abgeholt oder zurückgebracht wird.

Die Beziehung zwischen Mutter und Sohn

Frau Pohl und ihr Sohn hatten in den fünf Jahren des Alleinlebens eine enge und liebevolle Beziehung zueinander entwickelt und Philipp erlebt das Hinzukommen von drei neuen Familienmitgliedern, die seine Mutter in Anspruch nehmen, zum Teil zwar als Bereicherung, aber ebenso auch als Bedrohung und Verlust. Er empfindet es als Verlust an Aufmerksamkeit und Nähe, daß seine Mutter sich intensiv ihrem neuen Partner zuwendet und versucht, auf dessen Kinder Rita und Roland einzugehen.

Philipp ist eifersüchtig auf den neuen Mann, dem seine Mutter sich zuwendet. Frau Pohl bemüht sich daher, bei ihrem Sohn Verständnis zu wecken, indem sie ihm ihre Beziehungswünsche und ihren neuen Partner mit seinen Eigenarten näherbringt. Zugleich möchte sie Philipp entschädigen durch besondere Unternehmungen mit ihm allein. Allerdings muß sie, als in der neuen Partnerschaft ein Kind geboren wird, ihre Zeit und Zuwendung noch mehr aufteilen, was dazu führt, daß die Unternehmungen zu zweit seltener werden.

Doch trotz dieser Belastungen und Einschränkungen schildern Mutter und Sohn ihre Beziehung als eng und liebevoll und sie wird von beiden ernst und wichtig genommen.

Der Vater und seine Kinder

Herr Rebmann-Pohl und seine beiden Kinder aus erster Ehe waren immer sehr eng aufeinander bezogen, da er sie wegen der Krankheit seiner Frau weitgehend versorgt hatte. Nach der Trennung bleiben die Kinder zunächst bei ihm und leben ein Jahr lang in der neugegründeten Stieffamilie, was für Herrn Rebmann-Pohl eine gute Lösung ist, die er gerne auf Dauer beibehalten hätte.

Nach einjährigem Zusammenleben verlassen die beiden Kinder — auf Grund der Bemühungen der Mutter — den Stieffamilienhaushalt und kommen nur noch besuchsweise. Der Vater glaubt, daß seine Kinder — entgegen ihren Äußerungen vor dem Familienrichter, „doch ein bißchen lieber" zur Mutter zu wollen — in ihrer aktuellen Lebenssituation nicht glücklich sind, das zeigt sich auch an häufigen und spontanen Besuchen in der Familie Rebmann-Pohl. Herr Rebmann-Pohl hat daraufhin seinerseits das Sorgerecht für seine Kinder beantragt, was bei seiner neuen Frau ambivalente Gefühle hervorruft: einerseits möchte sie ihren Mann unterstützen, andererseits fürchtet sie, besonders nach der Geburt des gemeinsamen Kindes, mit einer so großen Familie überlastet zu sein.

Aus dieser bisher ungelösten Situation erwachsen Unsicherheiten hinsichtlich der endgültigen Zusammensetzung und Organisation der Familie.

Der Vater fühlt sich vor allem mit dem Problem belastet — und den sich daraus ergebenden Schuldgefühlen —, daß er nun nicht mehr mit seinen eigenen Kindern zusammenlebt, sondern sich der Erziehung und Versorgung des Stiefsohnes widmet; das führt zu weiteren Spannungen in der Stieffamilie.

Im Interview spricht Herr Rebmann-Pohl auffällig wenig über seine eigenen Kinder; das mag damit zusammenhängen, daß er die Trauer über den Verlust des gemeinsamen Alltags mit den Kindern nicht überwunden hat. Hinzu kommt sicher, daß das aktuelle Familiengeschehen ihn sehr in Anspruch nimmt.

Die Stiefgeschwister

Die Kinder seines Stiefvaters sind für Philipp willkommene Spielkameraden, die er als Stiefgeschwister akzeptiert und mit denen er sogar Zimmer und Spielsachen teilt. Rita und Roland „integrieren" ihren Stiefbruder auf die gleiche Weise und sind – da sie zu zweit sind – in manchen Situationen im Vorteil. Als die beiden nach einem Jahr zu ihrer Mutter zurückgehen, ist Philipp zwar anfangs traurig, findet es aber letztendlich besser, wenn sie nur zu Besuch kommen und er so seine Mutter wieder mehr für sich hat.

Die Beziehung zwischen Stiefmutter und Stiefkindern

Aus der Sicht des Herrn Rebmann-Pohl ist die Beziehung seiner neuen Frau zu seinen Kindern weniger spannungsreich als seine eigene zu seinem Stiefsohn. Frau Pohl kümmert sich intensiv um ihre Stiefkinder, besonders auch, weil die beiden durch eine schwierige Trennung und die psychische Erkrankung ihrer Mutter belastet sind. Es gibt allerdings anfangs auch zwischen Stiefmutter und Stieftochter Eifersuchtsszenen und Unverträglichkeiten, auf die Frau Pohl jedoch gelassener und geduldiger reagieren kann, weil sie sich in Rita's Gedankenwelt und Empfindungen einfühlen kann und will. Im Laufe der Zeit, besonders nachdem die Kinder nicht mehr im gemeinsamen Haushalt leben, verändert sich das Verhältnis zwischen Frau Pohl und ihrer Stieftochter, beide verstehen sich gut und haben „eine warme Beziehung zueinander." Zu ihrem Stiefsohn hat sie von Anfang an mehr Distanz, sie findet, daß er „nicht auf ihrer Wellenlänge liegt" und hat Schwierigkeiten, ihn „so" zu akzeptieren. Um mit ihm umgehen zu können, muß sie sich – so Frau Pohl – immer sagen: „Nun laß' den Kerle, der ist einfach anders."

Im Interview bekommen wir den Eindruck, daß Frau Pohl keine sehr enge Beziehung zu den Kindern ihres Mannes aufgenommen hat; sie scheint eher erleichtert, daß sie – nach deren Auszug – nicht mehr mit der Aufgabe konfrontiert ist, die Integration einer so großen und komplexen Familie mittragen zu müssen.

Umgang mit der außerhalb lebenden leiblichen Mutter

Im ersten Jahr nach der Trennung sehen Rita und Roland ihre Mutter nur selten und unregelmäßig, da diese durch mehrfache langdauernde Krankenhausaufenthalte aufgrund einer psychischen Krankheit kaum erreichbar und nicht in der Lage ist, für ihre Kinder zu sorgen. In dieser Zeit leben die Kinder bei ihrem Vater und dessen neuer Partnerin.

Die beiden Ex-Ehepartner können schwer miteinander umgehen, besonders da die Ehefrau heftig emotional reagiert auf die neue Partnerschaft ihres Mannes, die dieser schon kurz nach der Trennung aufnimmt. Ursprünglich hatten sie geplant, das gemeinsame Sorgerecht zu beantragen und fair und sachlich die Kindererziehung und -versorgung zu handhaben. Wegen der neuen Situation und Beziehungskonstellation will Frau Rebmann sich nicht mehr auf eine gemeinsame Regelung einlassen, sondern besteht nach ihrer Entlassung aus dem Krankenhaus auf einer gerichtlichen Sorgerechtsregelung, in der ihr das alleinige Sorgerecht vorläufig übertragen wird. Nach der Rechtsentscheidung ziehen die beiden Kinder zu ihrer Mutter, die seit einiger Zeit wieder mit einem neuen Partner zusammenlebt, der aber wenig Interesse an den Kindern zeigt und sich wenig um sie kümmert.

Zwischen der leiblichen Mutter und der Stiefmutter besteht eine eher ablehnende und distanzierte Beziehung, und für Frau Pohl sind die wenigen Kontakte am Telefon unerfreulich.

Das gemeinsame Kind

Für die Eheleute Rebmann-Pohl ist ihr gemeinsames Kind vor allem ein Symbol der Liebe, zu dem sie beide eine gleich gute emotionale Beziehung haben:

„Wir sind beide richtig verliebt in das Baby, sowohl er als auch ich. Und das ist bei den anderen Kindern nicht so. Ich habe am Anfang den Wunsch gehabt, daß der Ralf (Ehemann, d. Verf.) mit dem Philipp genau so warm wird wie mit seinen Kindern und ich umgekehrt auch. Und dann haben wir begreifen müssen, daß man das nicht erzwingen kann, daß es einfach so ist, daß die Beziehungen unterschiedlich sind. Also, man kann Liebe nicht herbei diskutieren und nicht erzwingen, man muß es einfach akzeptieren."

So stellt Frau Pohl sehr deutlich und eindrücklich dar, wie sie in ihrer Familie mit den unterschiedlich gewichteten emotionalen Beziehungen leben müssen. Das gemeinsame Kind wird als Bindeglied der Familie und als von allen gleich geliebt erlebt. Die Kinder aus den ersten Ehen freuen sich über den Halbbruder, wenngleich es auch ab und zu naturgemäß zu Eifersuchtsreaktionen kommt. In der Geschwisterreihe rücken die Kinder aus erster Ehe an die Stelle der „Schon-Großen und Vernünftigen" und müssen einem „Nesthäkchen" Platz machen.

Für die früheren Partner des Elternpaares besiegelt die Geburt dieses Kindes die Endgültigkeit der Trennung und Stabilität der neuen Beziehung, zumal beide Ex-Paare erst während der Schwangerschaft geschieden wurden.

Die Beziehung der Ehepartner

Beide Partner in unserer Beispielfamilie haben an ihren neuen Partner nicht die Erwartung, vor allem Elternrolle und finanzielle Unterstützung zu übernehmen, sondern wünschen sich eher einen Liebespartner und Lebensgefährten. Die Paarbeziehung ist daher für sie sehr wichtig und zentral und ermöglicht ihnen, ihre komplexe Stieffamiliensituation mit all ihren Anforderungen, Erwartungen, Wünschen und Bedürfnissen kreativ und geduldig zu meistern. Aufgrund ihrer ausgeglichenen und erfüllten Paarbeziehung ist es für die Erwachsenen leichter zu ertragen, daß sie unterschiedliche Gefühle und unterschiedlich intensive Beziehungen zu den jeweiligen Kindern haben.

Die Lebensorganisation der Familie Rebmann-Pohl

Im Gegensatz zu vielen berichteten Erfahrungen von Frauen in Stieffamilien, die in der Regel die Hauptlast der Alltagsorganisation für Familie und Kinder übernehmen und damit belasteter sind als Stiefväter, die sich dem dauernden Umgang mit ihren Stiefkindern durch Berufstätigkeit entziehen können, ist für Frau Pohl die Situation wesentlich anders.

Ihr neuer Partner ist nicht voll berufstätig und daher kann das Paar gemeinsam die Versorgung und Erziehung der Kinder übernehmen. Für Frau Pohl, die auch einer Teilzeitarbeit nachgeht, ist diese Form der Lebensorganisation sehr wichtig; sie kann sich nicht vorstellen, als Nur-Hausfrau allein für alle Kindern zuständig und verantwortlich zu sein, während ihr Mann außerhalb des Hauses seinem Beruf nachgeht.

Beiden Eheleuten ist die partnerschaftliche Gestaltung ihres Familienlebens ein zentrales Anliegen; diesem zuliebe verzichten sie bewußt auf materiellen Wohlstand und geben sich mit einem bescheidenen Lebensstandard zufrieden. Besonders Frau Pohl wollte nach ihren – wenn auch kurzen – Erfahrungen in einer Ehe mit traditioneller Rollenaufteilung in einer neuen Verbindung ihre progressiven Vorstellungen von Aufgabenverteilung in einer Partnerbeziehung verwirklichen.

In dem von ihnen gelebten Partner- und Familienmodell sind Versorgungslasten für Haushalt und Kinder nicht von vornherein für Frau und Mann aufgeteilt, sondern werden unter den Eheleuten ausgehandelt. Familie Rebmann-Pohl gehört zu den „Aushandlungsfamilien" (vgl. dazu Kap. VI), die ihre Lebensorganisation als Stieffamilie individuell gestalten und in Diskussionen ihre Lösungsmuster für Lebensstil und Umgangsformen erarbeiten. Sie empfinden sich als eine unkonventionelle Familie und sehen in ihrer besonderen Familienform durchaus auch Vorteile:

„Wir betrachten uns nicht als normale Familie. Bei normalen Familien gibt es viel mehr Konflikte als bei uns. Bei uns bringt schon jeder eine Menge Erfahrung mit rein. Das finde ich positiv, auch wenn's manchmal anstrengend ist."

Weitere Verwandtschaft und Umwelt

Durch die neue Familiengründung hat sich das Verwandtschaftssystem der Familie Rebmann-Pohl erweitert. Für Philipp kommt ein Großelternpaar hinzu, nämlich die Eltern seines Stiefvaters. Zu den Großeltern pflegt die Familie unterschiedlich gute Kontakte. Als besonders gut werden die Beziehung zu Frau Pohls Eltern und die zu Herrn Rebmann-Pohls Stiefvater beschrieben, zu dem Herr Rebmann-Pohl schon in seiner späten Kindheit ein sehr enges Verhältnis entwickelt hatte.

Nachdem die Mutter des außerhalb lebenden leiblichen Vaters, also Philipps Großmutter väterlicherseits, die Auflösung der ersten Ehe und die spätere neue Verbindung der Frau Pohl massiv abgelehnt hatte, zeigt sie inzwischen Interesse an der Entwicklung der neuen Familie und hält besonders zu Philipp regelmäßigen Kontakt.

Für Philipp gibt es keine „neuerworbenen" Tanten und Onkel, da sein Stiefvater zu seinen Geschwistern keine Beziehung mehr hat.[14]

Der Freundeskreis der Eheleute hat auf die erneute Familiengründung unterschiedlich reagiert:

Manche Freunde sind weggeblieben, da sie sich auf die Seite des früheren Partners „geschlagen" haben. Einige alte Freunde stehen der neuen Partnerschaft positiv gegenüber, neue gemeinsame Freunde sind hinzugekommen.

Im Gegensatz zu manchen anderen Stieffamilien erlebt die Familie Rebmann-Pohl nach ihrer Neukonstituierung keine Anfeindungen oder abschätzigen Reaktionen aus der Umwelt, sondern ihre Entwicklung wird eher wohlwollend aufgenommen.

Anhand dieser ausführlichen Darstellung des Zusammenfindens und Zusammenlebens der Teilfamilien Pohl und Rebmann wollten wir vor

---

14 Die Abbildung 2 im Anhang stellt das familiäre Beziehungsnetz der Familie Rebmann-Pohl dar und zwar reduziert auf die nächsten Verwandtschaftsbeziehungen des Stief-/Kindes Philipp. Ausgeblendet bleiben in dieser Darstellung alle weiteren sozialen Beziehungen des Kindes wie Freunde, Klassenkameraden, Lehrer, Jugendgruppen, Freunde der Eltern und Verwandte wie Onkel, Tanten, Nichten, Neffen etc.

allem die den Stieffamilien eigene komplexe Beziehungsvernetzung und Gefühlsdiversität beschreiben.

Allein die Komplexität, die sich aus der Vielzahl der miteinander kooperierenden Personen ergibt, bietet ein breites Feld für Konflikte. Es ist offensichtlich, welche Spannungspotentiale entstehen können, wenn z.B. verschiedene Erwartungen, unausgesprochene Wünsche, Ablehnungen, Verletzungen aus vergangenen Beziehungen und tabuisierte Gefühle aufeinandertreffen. Schwierig ist in Stieffamilien der Umgang mit unterschiedlich gewichteten emotionalen Beziehungen zu den verschiedenen Kindern, da es den herrschenden Familienvorstellungen widerspricht, den Kindern in einer Familie in unterschiedlichem Maße Zuneigung entgegenzubringen. Kommen dazu noch verschiedene Lebensstile, gegensätzliche Familienbilder und Erfahrungen aus der Erstfamilie, ist es verständlich, daß die Neuorganisation einer Stieffamilie mit großen Anstrengungen verbunden ist. Erleichternd für eine Stieffamilie ist es, wenn sie die Vielfalt ihrer Beziehungen anerkennt und deren kreatives und bereicherndes Potential wahrnehmen kann.

3. Die Gestaltung der alltäglichen Lebensorganisation

Der Alltag in einer Familie ist bestimmt von vielfältigen, oft widersprüchlichen Anforderungen und Aktivitäten, die koordiniert und erledigt werden müssen. Diese umfassen gängige familiäre Verpflichtungen wie Erwerbstätigkeit, Wohnen, Haushalten, Kindererziehung, Freizeitgestaltung usw. als auch die Befriedigung von Wünschen nach Nähe und Intimität.

In die Gestaltung des alltäglichen Familienlebens fließen die unterschiedlichen spezifischen Interessen und Bedürfnisse der einzelnen Familienmitglieder ein. Für die Organisation und das Funktionieren des Miteinanderlebens gibt es unterschiedliche Zuständigkeiten und Verfügbarkeiten – von Frauen, Männern und Kindern –, wobei heutzutage immer noch die Frauen am meisten verantwortlich und beansprucht sind in Haushalt und Familie.

Neben dem Familienalltag gibt es für einzelne Familienmitglieder – zumindest für die berufstätigen Männer und die Kinder in Schule und Kindergarten – andere Erfahrungswelten, die von anderen „außer-familialen" Zeitrhythmen und Regeln bestimmt sind und in denen Kontakte mit Kollegen oder Gleichaltrigen stattfinden:

„In diesen verschiedenen Alltagswelten werden Erfahrungen gemacht, Bedürfnisse befriedigt, offengelassen oder geweckt, werden – je nachdem – Langeweile oder Hektik, Überforderung oder Unterhaltung, Bestätigung oder

Mißachtung empfunden. Alle diese Erlebnisse und Gefühle der Mütter, Väter und Kinder prägen auch ihre Erwartungen an die Familienmitglieder, wenn sie zusammentreffen." (WAHL u.a. 1980, S. 100)

Der Familienalltag als Zusammensein von Müttern, Vätern und Kindern findet also vorwiegend am Abend und am Wochenende statt und ist ansonsten in die unterschiedlichen Erfahrungs- und Tätigkeitsbereiche und alltäglichen Verrichtungen der einzelnen verwoben. In der gemeinsamen Zeit stoßen dann oft ganz unterschiedliche Wünsche an das Familienleben aufeinander. Die Kinder erwarten nach ihrem Schulalltag vielleicht Zuwendung und Unterhaltung, der Mann wünscht sich nach seinem Arbeitstag Ruhe und Entspannung, während die Frau nach ihrem Hausarbeitstag, an dem sie häufig relativ isoliert ist, eventuell sich nach Austausch, ernsten Gesprächen und Information sehnt:

„So prallen die gegenseitigen Erwartungen der Familienmitglieder in der Freizeit aufeinander und weil sie sich kaum vertragen, werden sie alle enttäuscht." (WAHL u.a. 1980, S. 107)

Das familieninterne Geschehen wird als Bereich privater, persönlicher Gestaltung und Entfaltung erlebt, in dem individuellen Lebensauffassungen und Wünschen Ausdruck verliehen wird, der von eigenem Lebensstil und -gefühl geprägt ist und in dem möglichst wenig Fremdsteuerung und Einmischung von außen erwartet wird. In dieser Vorstellung von eigenbestimmtem Lebensraum in der Familie schlägt sich eine Familienideologie nieder, die der Wirklichkeit nicht entspricht.

In den alltäglichen familiären Aktivitäten, Gewohnheiten – ja sogar unscheinbaren und belanglosen Anforderungen konkretisiert sich vieles an Familienbildern und -zielen, an Gemeinsamkeit und Getrenntheit, an familiären Ressourcen, Konflikten und beziehungsdynamischen Vorgängen. Ein großer Teil familialen Handelns basiert auf Routinen, Routinewissen, Typisierungen und Deutungsmustern, die den Familienmitgliedern die Bewältigung von alltäglichen Lebensaufgaben und -problemen erleichtern. Routine und Repitition, in ihrer Gewißheit und Vertrautheit, tragen zur Entlastung und Orientierung bei und sind – wenn auch bisweilen als frustrierend und eintönig empfunden – unerläßlich zur Herstellung von Alltäglichkeit.

Die Ordnung und Stabilität alltäglicher Ereignisse und ihre Voraussagbarkeit beruhen auf wechselseitiger Abstimmung und Synchronisation und auf der selbstverständlichen Gewißheit, daß die so gemeinsam unterstellte Verständigungsbasis nicht aufgekündigt wird. Aus diesen Hintergrunderwartungen erwachsen konkrete Handlungsvollzüge, die alltägliche Familiensituationen und Abläufe strukturieren und daher den vertrauten Charakter von Familienleben, in dem sich Gefühle von Zugehörigkeit, Verläßlichkeit und Sicherheit entfalten können, ausmachen.

Durch einen gemeinsamen Tagesablauf und durch ein gemeinsames Routinewissen wird eine Selbstverständlichkeit und ein Einverständnis in der Familie begründet, aufgrund derer alltägliches Handeln nicht ständig legitimiert werden muß, sondern weitgehend fraglos abläuft. Das fraglos und verläßlich An- und Hingenommene jedoch muß immer wieder an neue Situationen, Entwicklungen und Unvorhergesehenes angepaßt werden:

„Diese Selbstverständlichkeit aber wird immer wieder aufgebrochen durch Aufgaben und Situationen, die sich in den eingespielten und beherrschten Verstehens- und Handlungsmustern nicht bewältigen lassen, durch besondere Anforderungen, durch Krisen. Routinen und Typisierungen im Alltag sind Verläßlichkeiten auf Zeit; sie müssen, im Durchgang durch besondere Anforderungen, immer auch wieder neu konstituiert werden. Alltagshandeln – von hier aus gesehen – meint immer auch die Findigkeit zur Reflexion der Situation neuen Aufgaben gegenüber, zur Anpassung an neue Konstellationen." (BÖHNISCH/THIERSCH 1988, S. 9)

Unterbrochene Routinen und Regelungen auf Zeit gehören per definitionem zur Entwicklungsgeschichte einer Stieffamilie. Eine solche neuentstehende Familie muß ganz besonders eine Alltäglichkeit konstituieren, um die Handlungsfähigkeit ihrer Mitglieder zu gewährleisten. Nun ist die Handlungsfähigkeit im Alltag – so THIERSCH – in sich widersprüchlich, da sie einerseits von Routinen und Pragmatik – dem täglichen Erledigungsdruck gehorchend – geprägt und somit entlastend in der Sicherstellung des reibungslosen alltäglichen Ablaufs ist, andererseits grenzen gerade Gewohntes und Routinen neue Handlungsspielräume und -alternativen ein, erschweren den Umgang mit Unvorhergesehenem und lassen Alternativen zum Eingespielten als bedrohlich erscheinen:

„Dieses Gegeneinander von Entlastung und Verengung verschärft sich gegenüber Entwicklungen und unvorhergesehenen Ereignissen; der Alltagsdruck zu Pragmatismus und Routinen verführt dazu, Widersprüche nur einzuebnen, nur zuzudecken, verführt zur verflachenden Harmonisierung." (BÖHNISCH/THIERSCH 1988, S. 11f.)

Die Mitglieder einer Stieffamilie müssen – neben der alltäglichen Existenzsicherung und Regelung elementarer Lebensorientierungen – die Neudefinition und Neuorientierung ihres Zusammenlebens und ihrer Zusammengehörigkeit leisten. In diesem ganz dichten Nebeneinander von Eingespieltem und Neuzubewältigendem liegt die Gefahr, Ungewohntes zu verdrängen und möglichst schnell eine Normalität herzustellen, zumindest eine Normalität zu präsentieren.

3.1 Die Vielfältigkeit des Alltags in Stieffamilien

Eine Stieffamilie hat wie jede Familie eine Vielfalt von Alltagsaufgaben und Aktivitäten zu bewältigen. Dazu gehören die Regelung des alltäglichen Ablaufs und außergewöhnlicher Ereignisse, die Aufteilung von

Zeit und Raum, die Vermittlung von Sicherheit und Geborgenheit, die Herstellung von Gemeinsamkeit, der Austausch von Gedanken, Gefühlen und Zuwendung, der Umgang mit Konflikten und gegensätzlichen Erwartungen, die Teilhabe an Kultur und Öffentlichkeit, Kontakte mit Freunden und Verwandten sowie die instrumentellen Aufgaben der Haushaltsführung, Pflege, Versorgung und Erziehung der Kinder und Bereitstellung finanzieller Ressourcen. Für neuzusammengesetzte Familien ist es eine zentrale Aufgabe, eine Familienidentität und ein Familienbild, das Gefühl von Vertrautheit und Zusammengehörigkeit zu schaffen, um nicht nur eine Haushaltsgemeinschaft, ein Zusammenwohnen von Einzelnen entstehen zu lassen. Eine eigene Familienwelt (HESS/HANDEL 1975) – oder, wie SCHULZE (1987) sagt, eine Familienkultur – entwickelt sich vor allem im Alltag und drückt sich aus in „Wertvorstellungen, Deutungsweisen, Rituale(n), Umgangsformen, Entscheidungsleitlinien und -verfahren und Gepflogenheiten" (S. 30). Im Rahmen ihrer Alltagsgestaltung müssen diese Familien die Bedürfnisse und Positionen ihrer Mitglieder neu definieren und aufeinander abstimmen, Vermittlungsarbeit zwischen Altem und Gegenwärtigem leisten, Neuregulierung und -verteilung von Elternaufgaben sowie eine Rollenteilung zwischen Frau und Mann vornehmen und den Umgang mit dem erweiterten Familiensystem regeln, das heißt bestimmen, wie weit die ehemaligen Partner einbezogen werden, wie die Besuche oder Ferien der Stief-/Kinder bei ihren außerhalb lebenden leiblichen Elternteilen organisiert und wie eventuell außerhalb lebende leibliche Kinder in der Stieffamilie aufgenommen werden, sowie die jeweiligen finanziellen Zuständigkeiten klären und planen.

Anschaulicher wird die Vielfalt der alltäglichen Ereignisse, Verrichtungen und Pflichten, wenn wir in folgendem beispielhaft die Alltagsorganisation einer Stieffamilie betrachten. Dazu haben wir aus unserem Sample die Familie Eigner-Faller, eine komplexe Stieffamilie, gewählt, weil in dieser Familie die Besonderheiten im Alltag einer Stieffamilie besonders deutlich werden.

3.1.1 Der Alltag im Leben der Familie Eigner-Faller

Die Familie Eigner-Faller lebt seit zwei Jahren als Stieffamilie zusammen. Beide Partner haben ein Kind aus erster Ehe in ihre jetzige Familie mitgebracht. Herr Faller, 39 Jahre alt, ist als Lehrer an einem Bildungsinstitut tätig, Frau Eigner-Faller ist Sonderpädagogin, aber wegen der Kinder zur Zeit als Hausfrau tätig; ihre Tochter Edda aus erster Ehe ist 4 Jahre alt und besucht alle zwei Wochen übers Wochenende ihren Vater Erwin Ebert, der am gleichen Ort wohnt. Herrn Fallers Tochter Frauke aus erster Ehe ist 12 Jahre alt; sie besucht ihre Mutter, die in Norddeutschland lebt, nur sporadisch in den Ferien. Beide Ehepartner haben gemeinsam einen 4 Monate alten Sohn Fabian.

An Werktagen steht Herr Faller mit seiner Tochter Frauke um 6.30 Uhr auf, richtet das Frühstück und schaut danach, daß Frauke rechtzeitig den Schulbus erreicht. Dann weckt er seine Frau, die es morgens genießt, noch länger liegenzubleiben, zumal sie nachts vom Baby oft gestört wird. Wenn ihr Mann gegen 8.00 Uhr das Haus verlassen hat, versorgt Frau Eigner-Faller ihren kleinen Sohn Fabian und kümmert sich darum, daß ihre Tochter Edda aufsteht, sich wäscht und anzieht. Gegen 9.00 Uhr wird Edda von Nachbarn abgeholt, deren Kind die gleiche Kindertagesstätte besucht wie Edda. Am Vormittag kann Frau Eigner-Faller einkaufen, den Haushalt versorgen, mit Fabian spazierenfahren und das Mittagessen vorbereiten.

Wenn Frauke aus der Schule kommt, trifft in der Regel auch Herr Faller ein, um mit Frau und Tochter eine Kleinigkeit zu essen. In seiner Mittagspause fühlt sich der Vater auch für seinen kleinen Sohn zuständig.

Nach dem Essen, wenn Herr Faller wieder ins Institut gefahren ist, wird das Baby zum Schlafen gelegt und Frauke in ihr Zimmer geschickt, um die Schularbeiten zu erledigen. Das ist die Zeit, in der Frau Eigner-Faller sich zurückzieht und ungestört ihren eigenen Interessen nachgehen möchte. Oft genug wird sie allerdings dabei unterbrochen, weil Frauke Hilfe bei ihren Hausaufgaben braucht. Da Frauke Schulschwierigkeiten hat, akzeptiert sie die Störungen durch ihre Stieftochter und unterstützt sie beim Lernen. Häufig spielt sie dann noch — „ganz gezielt" — am Nachmittag, bevor die eigene Tochter nach Hause kommt, mit ihr, leitet sie zum Basteln und anderen kreativen Tätigkeiten an, zum Teil, um das Kind nach den schmerzlichen Trennungserlebnissen zu entschädigen oder auch, weil sie manchmal befürchtet, daß sie als Stiefmutter ihr Stiefkind zu kurz kommen lassen könnte. Sie sieht es als ihre Aufgabe an, weitgehend Mutterfunktionen für Frauke zu übernehmen. Da sie jedoch spürt, daß sie zu ihrer Stieftochter ein eher distanziertes emotionales Verhältnis hat, bemüht sie sich besonders um einen Ausgleich und versucht, sich ihr bewußt zuzuwenden.

Zweimal in der Woche geht Frauke nach Erledigung ihrer Hausaufgaben für ca. zwei Stunden in eine Jugendgruppe. Die Stief-/Eltern unterstützen Fraukes außerhäuslichen Aktivitäten, sie möchten sogar, daß Frauke sich mehr nach außen orientiert, selbständiger wird und noch mehr Unternehmungen mit Gleichaltrigen plant; Frauke hat dann die Empfindung, daß sie weggeschickt werden soll oder sie befürchtet, zu Hause etwas zu versäumen und ausgeschlossen zu werden. Zumindest sieht ihre Stiefmutter es so:

„Die Frauke hat Angst, alleine wegzugehen; und wenn wir etwas sagen, dann meint sie, daß wir sie wegschicken, sie nicht mit dabei haben wollen. Manchmal schleicht sie so richtig hinter einem her und ich habe das Gefühl, daß sie denkt, man könnte sie ausschließen, es könnte etwas passieren."

Gegen 17.00 Uhr – nach seiner Arbeit – holt Herr Faller seine Stieftochter Edda vom Kindergarten ab und geht eventuell mit ihr noch einkaufen. Zuhause bereitet er, meistens mit seiner Frau gemeinsam, das
Abendessen vor, die Hauptmahlzeit der Familie. Sie ist ein zentrales
Ereignis im Tagesablauf, weil alle Familienmitglieder sich dann ver-
sammeln, ihre Erlebnisse erzählen und Pläne schmieden.

Der späte Nachmittag und frühe Abend ist die turbulenteste und an-
strengendste Zeit des Tages für die Stief-/Eltern, besonders für Frau
Eigner-Faller, weil die ganze Familie zusammen ist, die Kinder herum-
toben oder miteinander streiten. Meist versucht Edda – da sie den ganzen Tag nicht zu Hause ist –, möglichst viel Aufmerksamkeit und Zuwendung von ihrer Mutter auf sich zu ziehen; Frauke reagiert darauf
mit Eifersucht oder Beleidigtsein und möchte – im Gegenzug – ihren
Vater für sich in Beschlag legen. Dann ist es oft so, daß jeder Elternteil
mit seinem eigenen leiblichen Kind beschäftigt ist und – bei Auseinandersetzungen – jeder sein eigenes Kind in Schutz nimmt oder verteidigt.

Manchmal bleibt der Familie nach dem Essen noch Zeit, ein gemeinsames Spiel zu machen, was besonders die beiden Stief-/ Töchter genießen. Das Baby bestimmt durch seinen eigenen Rhythmus den Tagesablauf der Familie, besonders den der Mutter, mit und alle beteiligen sich
an seiner Versorgung; die beiden Mädchen spielen und schmusen gern
mit ihrem Halbbruder, wenngleich sie sich auch manchmal darüber beklagen, daß sich alles nur um den Fabian dreht. Um 21.00 Uhr sollen die
Kinder spätestens ins Bett gehen, oft zieht sich die Zeit des Ins-Bett-Ge-
hens und -bringens jedoch in die Länge; dabei ist meist jeder Elternteil
bis zu einer halben Stunde bei seinem Kind mit Vorlesen, Reden und
„Knuddeln" beschäftigt. Die Mutter empfindet das abendliche Ritual
als besonders aufreibend:

„Das ist der stressigste Teil vom Tag, bis man die ganzen Kinder dann im Bett
hat, und manchmal wird es recht spät. Das finde ich nervig, wenn ich nicht mal
abends meine Ruhe habe. Wir sind dann schon ziemlich k.o. abends, aber irgendwie geht's."

Erst danach haben die Partner füreinander Zeit. Wegen des Kleinkindes
gehen sie abends kaum aus dem Hause, was beide bedauern, da sie vor
der Geburt des gemeinsamen Kindes kulturell und sozial sehr aktiv waren. Sie verzichten bewußt darauf, abwechselnd – also jeder für sich alleine – etwas zu unternehmen, da es ihnen sehr wichtig ist, die wenige
verbleibende Zeit gemeinsam zu verbringen.

In den späten gemeinsamen Abendstunden besprechen die Partner die
Tagesereignisse; meistens drehen sich die Gespräche um die Kinder.
Oft geraten sie dabei – besonders wenn es Schwierigkeiten mit den
Stief-/Kindern gibt – in intensive, stundenlange Diskussionen: Sie su-
chen in der vorherigen Familiengeschichte Erklärungen für heutiges
Verhalten der Kinder, reden über ihre oft durchaus gegensätzlichen

Auffassungen von Erziehung, versuchen, dem Partner ihre bisherigen Haltungen und Einstellungen, die sich in der ersten Ehe bereits entwikkelt und verfestigt haben, verständlich zu machen, unterschiedliche Ansichten aufeinander abzustimmen und gemeinsame Vorgehensweisen abzusprechen.

So sieht der gewöhnliche Tagesablauf in der Stieffamilie Eigner-Faller aus und unterscheidet sich damit kaum vom Alltag einer Kernfamilie mit mehreren Kindern. Was ist nun eigentlich im Alltagsgeschehen einer Stieffamilie anders als in dem einer „normalen" Familie?

Anhand obenstehenden Beispiels wollen wir im folgenden einige Unterschiede — die sozusagen unter der Oberfläche des normalen Tagesablaufs liegen — verdeutlichen und stieffamilienspezifische Eigenheiten hervorheben.

Ein wesentlicher Punkt für Stieffamilien ist, daß eingespielte Routinen, Gewohnheiten und Regelungen aus der ersten Familie zur Disposition und neuen Anforderungen und Familienkonstellationen gegenüber stehen. Es bedarf z.B. einer Neuregulierung des sozialen Verhaltens, der Kontroll- und Disziplinierungsmechanismen.

In der Familie Eigner-Faller heißt das, daß sich zwei Alleinerziehende mit jeweils einem Kind zu einer zunächst vier-, dann fünfköpfigen Familie zusammenfinden müssen. Das bedeutet ganz konkret, daß plötzlich ein großer Haushalt zu führen und zu versorgen ist, daß jeder Elternteil ein Stiefkind bekommt, daß Frau Eigner-Faller also — bisher an ein Kindergartenkind gewöhnt —, nun mit einer 12jährigen Gymnasiastin lernen und sie miterziehen muß, daß Herr Faller neuerdings mittags nach Hause kommt, um seine Frau zu entlasten, daß er jetzt eine kleine Stieftochter hat, die er abends pünktlich aus der Kindertagesstätte abholen muß, daß die Familie neue Regeln und Regelmäßigkeiten für Mahlzeiten, Familienaktivitäten und -gewohnheiten, für Erlaubtes und Unerlaubtes aufstellen muß. Für Frauke hat sich in der neuen Familie vieles verändert, wie sie anschaulich erzählt:

„Früher mußte ich immer zu Hause bleiben bis um 3.00 Uhr, da mußte ich Hausaufgaben machen und die ganze Zeit lernen, da hatte ich fast gar keine Freizeit und so. Also jetzt finde ich, darf ich schon ganz viel. Früher mußte ich auch immer alles essen, was auf den Tisch kam, — Spinat mußte ich mal runterwürgen — sonst durfte ich nicht rausgehen. Und ich habe mich ganz arg gefreut, als ich festgestellt habe, daß die Eva (Stiefmutter, d.Verf.) viel mehr mit Kindern macht als meine andere Mutter. Überhaupt machen wir jetzt immer ganz viel zusammen."

In der jetzigen Familie erlebt Frauke neue Regelungen und andere Formen der Grenzsetzung, die ihr einen weiteren und offeneren Handlungsspielraum als in ihrer früheren Familie gewähren; sie fühlt sich weniger strengen Disziplinierungen unterworfen und empfindet das Familienklima als lebhafter, weniger einengend und mehr an den Bedürfnissen der Kinder orientiert, denn es wird viel gespielt, gebastelt und gemeinsam unternommen. Die Veränderungen im Umgang mit Kindern und in dem Erziehungsstil gehen hauptsächlich auf die partnerschaftlichen und demokratischen Erziehungsvorstellungen und die Initiative von Frau Eigner-Faller zurück, die einen großen Teil des Tages mit den Kindern zusammen ist und daher auch für den Familienstil und die Regulierung des sozialen Verhaltens bestimmend ist. Herr Faller beschreibt, daß er das veränderte Familienklima als positiv erlebt und sich selbst im Umgang mit den Kindern auch schon gewandelt hat:

„Das Familienleben ist bei uns heute ganz anders. Ich erlebe das auch an mir ganz stark, daß ich mich, seit ich mit Eva zusammen bin, sehr stark geändert habe. Wie ich mich früher gegenüber der Frauke verhalten habe, das ist mir heute ganz fremd."

Im Gegensatz zu Frauke ist Edda in der neuen Familie mit stärkeren Grenzsetzungen und Eingrenzungen konfrontiert — besonders von seiten ihres Stiefvaters, der als der Strengere feste Regeln und Autorität aufrechterhält und nach einem anstrengenden Arbeitstag sein Bedürfnis nach Ruhe durchzusetzen versucht, um eigenen Interessen nachzugehen:

„Es gibt Punkte im Zusammenleben, da muß es einfach Grenzen geben, und sei es nur schlicht aus dem Grund, daß die Erwachsenen eigene Interessen haben. Ja, und die Eva (Ehefrau, d.Verf.) ist eher der Auffassung, daß man Kindern mehr Verständnis entgegenbringen muß und sich nicht so dickschädelig anstellen darf wie ich das tue. Da gibt es so Reibungspunkte, vor allem, was die Edda (Stieftochter, d.Verf.) angeht. Ich bin ab und zu der Autoritäre, der sagt, jetzt stinkt's mir, jetzt ist Schluß, jetzt wird das und das gemacht. So bin ich halt und das weiß die Edda inzwischen."

Beide Kinder waren in ihrer ersten Familie Einzelkinder und müssen sich in der neuen Familie damit arrangieren, daß sie nun mit mehreren Kindern in einem Haushalt zusammenleben.

Frauke sieht es auf der einen Seite als Vorteil an, daß sie nicht mehr das einzige Kind in der Familie ist, sondern eine Stiefschwester zum Spielen hat, andererseits muß sie aber — als jetzt Älteste — auch Pflichten übernehmen, sich um Edda und Fabian kümmern und mit ihnen teilen. Edda macht ähnliche Erfahrungen, mit dem Unterschied, daß sie plötzlich eine wesentlich ältere Stiefschwester hat, der sie sich — als Kleine — manchmal unterordnen muß und der sie unterlegen ist. Das Herstellen von Gemeinsamkeit und die Integration aller Familienmitglieder ist für Stieffamilien ein wesentliches Anliegen. In der Familie Eigner-Faller ist spürbar, wie sie gemeinsame Freizeitaktivitäten und das Zusammensein bewußt planen und organisieren, um ihre Zusammengehörigkeit zu erleben und um ihren inneren Zusammenhalt zu festigen; manchmal verlieren die Unternehmungen dadurch an Spontaneität und Unmittelbarkeit. Die gemeinsamen Aktivitäten werden vor allem auf die Wochenenden gelegt, an denen alle Familienmitglieder zu Hause sein können, – also keines der Kinder bei seinem außerhalb lebenden Elternteil weilt.

Die Wohnungsfrage ist ein weiterer oft heikler Punkt in der Organisation der neuen Familie: Wer zieht zu wem? Welche Wohnung bietet genügend Raum für die neue Familie? Wer gibt seine Kontakte und vertraute Umgebung auf? Suchen sich die Partner zusammen eine neue Wohnung, die für keinen mit Erinnerungen behaftet ist?

Oft wird diese Frage pragmatisch und den finanziellen Möglichkeiten entsprechend gelöst.

Die Familie Eigner-Faller lebt z.B., trotz Vorbehalten, aus finanzieller Notwendigkeit in der Wohnung, in welcher Herr Faller mit seiner ersten Frau und der Tochter schon viele Jahre gelebt hatte. Seine neue, inzwischen fünfköpfige, Familie muß sich auf relativ engem Raum arrangieren und Frauke muß ihr Zimmer mit der Stiefschwester teilen; besonders Frau Eigner-Faller ärgert sich oft über das Leben in den Räumen – und zum Teil noch den Möbeln – ihrer „Vorgängerin", so daß die Familie beschlossen hat, diese Wohnung – da sie sich im Moment keine andere leisten kann – vollständig zu renovieren und umzugestalten.

Im Alltag einer Stieffamilie gibt es Dimensionen, die für sie spezifisch und alltäglich sind, im Familienalltag einer Kernfamilie aber nicht vorkommen. Dazu gehört vor allem der Umgang mit den außerhalb lebenden Elternteilen.

In der Familie Eigner-Faller gibt es – da beide Partner geschieden sind – zwei außerhalb lebende Elternteile, mit denen Absprachen getroffen, Besuche und Ferien organisiert und koordiniert werden müssen. So verbringt Edda jedes zweite Wochenende – von Samstagnachmittag bis Sonntagnachmittag – bei ihrem Vater. In der Regel holt sie dieser bei Eigner-Fallers an der Wohnungstür ab, ohne sich dort aufzuhalten. Um zu vermeiden, daß sich das Kind vom Vater abgeschoben und nur auf der Schwelle abgegeben fühlt, haben die Ex-Partner vereinbart, daß die Mutter ihre Tochter sonntags dann beim Vater abholt. Edda's Vater findet diese Besuchsregelung zu kurz und unbefriedigend und hat beim Familiengericht einen Antrag auf Verlängerung der Besuchszeit am Wochenende gestellt.

Die Familie Eigner-Faller muß sich damit auseinandersetzen und einen Anwalt einschalten, um ihre Interessen zu vertreten. Die Stief-/Eltern finden, daß eine $2^{1}/_{2}$tägige Abwesenheit für ein so kleines Kind zu lang ist und daß die Gemeinsamkeit ihrer neuen Familie dadurch zu sehr unterbrochen und gestört wird. In diesem Zusammenhang werden sie auch von Mitarbeitern des Jugendamtes aufgesucht, die Stellung beziehen müssen zum Wunsch des Vaters auf Erweiterung des Besuchsrechts. Frau Eigner-Faller meint, daß diese die Belange und Bedürfnisse ihrer jetzigen Familie zu wenig berücksichtigen und die Stieffamilie „zu wenig gestärkt", sondern den alten Familienbanden ein zu hoher Stellenwert beigemessen würde.

Frauke besucht ihre Mutter — seit diese weggezogen ist — einmal im Jahr in den Ferien. Manchmal leidet sie darunter, daß die anderen Familienmitglieder dann ohne sie in den Urlaub fahren und sie ein so wichtiges und schönes Familienereignis versäumt. Es kann auch vorkommen, daß Fraukes Mutter — wenn sie gerade in Süddeutschland weilt — ohne vorherige Absprache in der Familie Eigner-Faller anruft mit der Erwartung, das Wochenende mit ihrer Tochter verbringen zu können. Diese unangemeldeten und außerplanmäßigen Eingriffe in ihr Familienleben verärgern die Eigner-Fallers, da sie das Gefühl haben, daß Fraukes Mutter keine Rücksicht auf ihre Familienplanungen nimmt und meint, frei über ihre Tochter verfügen zu können.

Insgesamt empfinden diese Stief-/Eltern das „Kommen und Gehen" ihrer Kinder — besonders die so häufigen Abwesenheiten der kleinen Tochter — als störend und haben das Gefühl, daß es nach deren Rückkehr immer wieder erneuter Integrations- und Anpassungsprozesse bedarf, bis sich ihr Familienalltag wieder eingespielt hat.

Finanzen und finanzielle Zuständigkeiten sind ein weiteres wichtiges Thema in Stieffamilien, weil auch nach einer Wiederheirat gewisse finanzielle Verpflichtungen für die früheren Ehepartner bzw. Kinder andauern.

Bei den Eigner-Fallers sieht es so aus, daß die beiden außerhalb lebenden Elternteile jeweils für ihr Kind den Unterhalt bezahlen müssen. Eddas Vater zahlt gemäß seinem Einkommen regelmäßig eine relativ niedrige Summe für seine Tochter. Zwischen Fraukes Vater und Mutter dagegen gibt es schon lange einen Konflikt um die ausbleibenden Unterhaltszahlungen, da die Mutter sich beharrlich auf ihre eigenen finanziellen Schwierigkeiten beruft.

Seit nach der Wiederverheiratung der Ehegattenunterhalt für Frau Eigner-Faller weggefallen ist, wirtschaftet die Familie aus einer Kasse, in die auch die Unterhaltszahlung für Edda eingeht.

Die Familie Eigner-Faller als komplexe Stieffamilie hat eine Form gefunden, ihren vielfältigen und turbulenten Alltag zu gestalten, Neuhinzukommendes und Unvorhergesehenes zu bewältigen. Die Reorganisation der Familie verlangt von allen Familienmitgliedern viel Anstrengung und Engagement; ein großer Teil der Organisation und Konsolidierung der neuen Familie geht im Moment noch zu Lasten der Frau Eigner-Faller, die bisher auf eigene Berufstätigkeit verzichtet, aber sehr wünscht, ihren Beruf wieder aufzunehmen, um nicht „von der Familie völlig aufgefressen zu werden".

3.2 Dimensionen des Alltagslebens in den Untersuchungs-familien

Bei Eigner-Fallers treten einige Dimensionen im Alltag – wie z.B. Verständigung über Erziehungsformen, Veränderung des Familienstils und Koordination der Besuchsregelungen für zwei Kinder – prägnanter hervor als in den anderen von uns untersuchten Stieffamilien, vielleicht, weil es sich um eine komplexe Stieffamilie handelt, die aus zwei gleich großen und gleich gewichtigen Teilfamilien zusammengewachsen ist und daher eine gegenseitige Integrationsleistung vollbringen muß, mit vielfältigen Koordinations- und Aushandlungsprozessen. Wenn nur ein Erwachsener – wie es bei den anderen befragten Familien der Fall ist – in einen bestehenden Teilfamilienverband kommt, mag dieser sich eher den bestehenden Gewohnheiten und Vorstellungen von Familie anpassen oder etwas außerhalb des Familienverbunds bleiben. Im alltäglichen Tagesablauf unterscheidet sich die hier vorgestellte Familie wenig von den meisten der von uns untersuchten Stieffamilien, deren lebhafter Alltag vom Leben mit kleinen Kindern bestimmt ist. Da in diesen Familien so viele Aufgaben ad hoc anfallen, besonders in bezug auf die Kinder, müssen sie ihren Alltag sehr bewußt und wohlüberlegt planen und organisieren, Pflichten zuteilen, Routinen und Selbstverständlichkeiten neu entwickeln, anders als in Kernfamilien, die prozeßhaft in ihre Gepflogenheiten und Zuständigkeiten allmählich „reinwachsen", gemäß ihrer schrittweisen Vergrößerung.

Nicht in allen Stieffamilien wird der Alltag so bewußt und mit soviel Übereinstimmung geplant. In der Familie Rebmann-Pohl wird z.B. versucht, ohne eine klare Aufgabenteilung und -zuweisung auszukommen und auf einen stark strukturierten Tagesablauf zu verzichten, bei ihnen stehen also die Alltagsgeschäfte immer neu zur Disposition, wie Frau Pohl erzählt:

„Bei uns gibt es keine sture Aufteilung: Putzen, Kochen oder so, das macht gerade jeder so, wie es kommt. Einen klassischen Alltag gibt es bei uns nicht."

Bei Schäfer-Trabers ist die Alltagsstrukturierung und Aufgabenzuteilung immer wieder ein Streitpunkt, an dem sich die unterschiedlichen Ansichten reiben. Frau Traber wünscht sich „eine Arbeitsaufteilung, wo klar ist, wann wer da ist, wer für was zuständig ist, wann es Ruheräume und Rückzug für wen gibt". Ihr Mann ist eher der Ansicht, daß man auf eine klare Regelung verzichten und sich situativ verständigen kann. Die 13jährige Tochter möchte am liebsten gar keine Arbeitsaufteilung.

Bestimmt wird die Alltagsorganisation in weitem Maße von den Arbeitszeiten und dem Umfang der Berufstätigkeit beider Partner. Je nach Ausmaß der beruflichen Verpflichtungen – ob beide Partner voll- oder teilzeitberufstätig sind oder nur einer – kann die Aufgabenverteilung zwischen Mann und Frau unterschiedlich gestaltet werden. Wenn die

Ehefrau nicht oder nur stundenweise und der Ehemann vollzeitberufstätig ist, dann liegt die primäre Zuständigkeit für Haushalt, Kindererziehung und -versorgung bei ihr, wenngleich die Männer sich durchaus mitverantwortlich fühlen, aber wegen ihrer berufsbedingten Abwesenheit nur abends und am Wochenende sich an den Familienpflichten und -aktivitäten beteiligen. Von unseren Untersuchungsfamilien sind ungefähr die Hälfte in dieser Weise – also eher traditionell – organisiert; dennoch gehören die Ehemänner nicht in die Kategorie der „Paschas", sondern helfen bereitwillig in ihrer freien Zeit im Haushalt mit, vor allem widmen sie sich dann den Stief-/Kindern und kümmern sich um deren Erziehung, Entwicklung und alltäglichen Belange.

Die andere Hälfte der Untersuchungsfamilien geht ihren Familienalltag partnerschaftlich an und lehnt eine traditionelle Rollen- und Aufgabenteilung ab, beide Partner fühlen sich gleichberechtigt und gleichmäßig zuständig für Haus und Kinder. In diesen Familien sind meist beide Ehepartner teilzeitbeschäftigt, so daß beiden ausreichend Zeit bleibt, häusliche Verpflichtungen zu übernehmen. Arbeiten beide halbtags, so erfordert dies ein großes Maß an Absprachen, besonders wenn noch kleine Kinder zu versorgen sind.

Allen befragten Stieffamilien – ob der Tagesablauf mehr strukturiert oder eher offen gehandhabt wird –, ist es wichtig, einen Zeitpunkt am Tag zu haben, an dem die ganze Familie zusammentrifft; das ist in der Regel die Hauptmahlzeit, die bei den einen am Mittag, bei den anderen am Abend eingenommen wird. Anläßlich des Essens haben die Familienmitglieder die Gelegenheit, miteinander zu reden, Gedanken und Informationen auszutauschen, Erlebnisse zu erzählen, Probleme zu besprechen und sich zu beraten; so ist die gemeinsame Mahlzeit eine wichtige Grundlage des Familienlebens und ihres Interaktionsgeschehens und von daher besonders für Stieffamilien ein zentraler Aspekt ihrer Gemeinsamkeit, um Zusammengehörigkeit und Vertrautheit zu entwickeln und zu erleben. Einige der befragten Stieffamilien haben das Essen, oft schon das gemeinsame Zubereiten, fast ritualisiert, indem sie bestimmte Formen festgelegt haben und Wert darauf legen, daß die Mahlzeiten in Ruhe und angenehmer Atmosphäre stattfinden können.

Neben dem Essen gibt es andere Bereiche, in denen Gemeinsamkeit erlebt wird und die die Familienidentität mitbestimmen. Das können sportliche, künstlerische oder musische Aktivitäten und Fähigkeiten sein. So sind z.B. in der Familie Bader inzwischen alle Familienmitglieder begeisterte Segler geworden, die viele Wochenenden und Ferien gemeinsam damit verbringen, ihr Boot instand zu halten und Segeln zu gehen. In dieser Familie ist das Hobby des Stiefvaters zum Familiensport geworden. In einer anderen Familie ist die Musik und das gemeinsame Musizieren ein zentrales Thema: jedes Familienmitglied spielt ein Instrument, abends wird häufig Musik gehört oder selbst musiziert und die ganze Familie besucht gerne Konzerte.

Teil der Familienkultur ist auch die Gestaltung von Festen und Feiertagen in der Familie. Für Stieffamilien können solche Anlässe problematisch sein, da sie nicht nur ein erfreuliches gemeinsames Ereignis und eine Gelegenheit sind, mit der erweiterten Familie zusammenzukommen, sondern manchmal auch Momente, in denen sich die vergangene Familiengeschichte mit ihrer „Geteiltheit" vergegenwärtigt.

Gerade an Festen und Feiertagen, die eine hohe Bedeutung für die Familie haben – wie Weihnachten, Konfirmation, Kommunion, oft auch Geburtstage –, stellt sich immer wieder die Frage: wer wird eingeladen, wer gehört zum Familienkreis dazu, werden Feste gemäß der Familientradition in der früheren Familie gefeiert und „zelebriert" oder neue Rituale entwickelt?

Besonders bei traditionellen Feiertagen können Gefühle der Trauer und des Verlustes aufkommen, weil Erinnerungen an die aufgelöste Familie wach werden; solche Reaktionen zeigen vor allem die Kinder. Für die Kinder – anders als für die Erwachsenen – gehören oft ihre *beiden* leiblichen Eltern zur engeren Familie dazu und sie möchten größere Feste am liebsten mit allen zusammen feiern, keinen der Eltern ausschließen und sich nicht entscheiden müssen, bei wem sie die Feiertage verbringen. In einigen der befragten Stieffamilien wird der Ex-Ehepartner auf Wunsch des Kindes, das seinen leiblichen Vater mit dabei haben möchte, zu den großen Familienfeiertagen eingeladen; in der Regel ist das nur möglich, so lange die Beziehung zwischen den früheren Ehepartnern freundschaftlich ist und so lange der ehemalige Partner noch keine neue eigene Familie hat. Andere Stieffamilien feiern Feste im Rahmen der neuen Familie und die Stief-/Kinder „pendeln zwischen den Haushalten" ihrer beiden Elternteile; zu Weihnachten oder Ostern z.B. verbringen sie einen der Feiertage mit ihrem außerhalb lebenden leiblichen Elternteil, Geburtstage werden mit diesem an einem anderen Tag „nachgeholt".

Nicht immer verläuft die Planung unproblematisch und einmütig. So hat sich z.B. in der Familie Schäfer-Traber die 13jährige Tina erstmalig dazu entschlossen, die Weihnachtstage bei ihrem außerhalb lebenden Vater zu verbringen. Frau Traber reagiert enttäuscht, weil die Familie ohne Tina für sie nicht mehr vollzählig ist und daher ihre Vorstellung von Zusammengehörigkeit und Gemeinsamkeit, die sie besonders an den hohen Festtagen erfüllt sehen möchte, beeinträchtigt ist. Tina sieht das eher unter dem Aspekt der Gerechtigkeit; sie möchte, nachdem sie bisher all die Jahre Weihnachten bei ihrer Mutter verbracht hat, ihrem Vater auch einmal die Möglichkeit geben, das Fest mit seiner Tochter zu genießen, und bittet die Mutter um Verständnis für ihre Entscheidung:

„Guck' mal, Mama, wenn jetzt deine Eltern geschieden wären, dann hättest du dir das auch überlegt; oder hättest du deinen Vater immer allein gelassen? Dann wärest du über Weihnachten auch 'mal zu deinem Vater gegangen, oder?"

In der Organisation der Familienfeste werden die Grenzen der Familie offenbar, Grenzen, die wir für Stieffamilien unter dem Aspekt der Zugehörigkeit und Durchlässigkeit betrachten, nämlich wer zur Familie dazu gehört und wie offen sie ist für die Mitglieder der früheren Familien. Die Grenzsetzung wird in den von uns untersuchten Stieffamilien ganz unterschiedlich gehandhabt: es gibt Familien mit sehr offenen Grenzen, in denen der außerhalb lebende Elternteil – auch unangemeldet – zu Besuch kommen oder sein Kind – auch außerplanmäßig – abholen kann und dann manchmal sogar die Halbgeschwister seines Kindes mitnimmt, oder die ganze neugegründete Familie diesen besucht.

Und es gibt Familien mit relativ geschlossenen Grenzen, in denen schon Briefe oder Telefonate des Ex-Ehepartners als störend empfunden und die Besuche des Kindes beim außerhalb lebenden Elternteil nur ungern gesehen werden. Zwischen den beiden dargestellten Extrempositionen präsentieren die von uns untersuchten Familien ein breites Spektrum an Regelungen; Kinder und Erwachsene stimmen oft nicht miteinander überein, wie die Grenzen in der Familie zu sehen sind und wer zur engen Familie zu zählen ist. Für Kinder gehört in der Regel ihr außerhalb lebender Elternteil zu ihrer Familie dazu, während die Erwachsenen den Kreis eher enger ziehen und nur diejenigen zur Familie zählen, mit denen sie im Alltag zusammenleben.[15]

Die Vorstellungen von Offenheit und Geschlossenheit der Familie kommen auch zum Ausdruck in der Handhabung des Umgangsrechts, also in der Regelung der Besuche zwischen außerhalb lebendem Elternteil und seinem Kind. Das Zustandekommen der Besuchsregelungen für die Kinder aus ersten Ehen, die verschiedenen Variationen in den einzelnen Stieffamilien, die Veränderungen der Besuchsregelung im Laufe der Familiengeschichte sowie die Unterhaltsleistungen haben wir in Tabelle 3 (im Anhang) zusammengefaßt.

Alle von uns befragten neuzusammengesetzten Familien wirtschaften aus einer gemeinsamen Kasse, in die Unterhaltszahlungen des außerhalb lebenden Elternteils einfließen. So wird von den Stiefelternteilen die finanzielle Zuständigkeit für ihr Stiefkind mitgetragen. Diese Handhabung ist in allen Familien gleich, unabhängig davon, ob der Unterhalt gering oder hoch ist, ob gar kein Unterhalt bezahlt wird oder ob die

---

15 FURSTENBERG (1987) fand, daß 31% der Kinder es unterlassen, den Stiefelternteil als Mitglied ihrer Familie zu erwähnen. Bei den von uns befragten Kindern ist es bis auf die Kinder in einer Stiefmutterfamilie selbstverständlich, daß der Stiefelternteil mit zur Familie gehört.

Stiefväter an eigene außerhalb lebende Kinder Unterhaltsverpflichtungen haben.

Fast alle der befragten Stieffamilien haben eine Form der Alltagsgestaltung und -bewältigung gefunden, die ihnen erlaubt, ohne gravierende Schwierigkeiten die tägliche Routine anzugehen. Dies gilt zumindest für die Stiefvaterfamilien. In den beiden Stiefmutterfamilien aus unserem Sample ist der Alltag dramatischer und zeigt ganz andere Konfliktpotentiale, die wir in Zusammenhang bringen mit der Stiefmutterrolle und den darin kulturell und sozial verankerten Zuschreibungen und Paradoxien. Wir wollen auf die spezifische Situation und die beträchtlichen Probleme im Alltag, wie wir sie in den von uns befragten Stiefmutterfamilien vorgefunden haben, gesondert in einem späteren Kapitel eingehen (vgl. Kap. IV.4.3) und sie nicht an dieser Stelle im Rahmen der Alltagsorganisation abhandeln, weil sich ihre organisatorischen Probleme nicht losgelöst von den Deutungsmustern der Stiefmutterrolle und der Problematik des Stiefmutterseins betrachten lassen.

Die vorhergehende Darstellung der Alltagsgestaltung ist keine erschöpfende Beschreibung des Alltagsgeschehens in den untersuchten Stieffamilien. Wir haben uns hier eher an den formalen und konkreten Aspekten orientiert, weitere Dimensionen des Familienalltags, und zwar wesentliche wie die Beziehungsdefinitionen, die emotionale Beziehungsqualität und -dynamik und die Übernahme von Erziehungsverantwortung, werden wir im folgenden — getrennt für Männer, Frauen und Kinder — aufnehmen.

III. Die Familienwelt der Männer und Väter

Die Situation der Männer und Väter in der Familie und ihre Beteiligung am Familienleben werden bestimmt von ihrem beruflichen Engagement, ihrem Konzept von Elternschaft und Familie und ihren persönlichen Wünschen und Ressourcen.

Bevor wir auf die Väter und Stiefväter in den untersuchten Stieffamilien eingehen, möchten wir kurz die historische Entwicklung der Vaterrolle skizzieren, um auf dem Hintergrund der geschichtlich verfestigten Leitbilder die besonderen Ausformungen von Stief-/Vaterschaft zu beschreiben. Dem wird eine Zusammenfassung der Forschungsergebnisse zu Stiefvätern folgen.

1. Zum Wandel der Vaterrolle

Innerhalb der letzten 200 Jahre hat sich das Bild des Vaters erheblich gewandelt. Noch im 17. Jahrhundert hatte er die Vorrechte und Vollmachten einer absoluten Autorität, die er im Rahmen der Familie ausübte. Schon in vorchristlicher Zeit äußerte sich die Machtstellung des Vaters in dem uneingeschränkten Recht, als Familienoberhaupt die Seinen zu richten und zu strafen.

Durch das Christentum wurden die Autorität und Vormachtstellung des Mannes begrenzt und der Frau mehr Rechte eingeräumt (z.B. durch das Polygamieverbot), was die väterliche Gewalt bis ins Mittelalter abschwächte.

Mit dem Einfluß des politischen Absolutismus drang dann die väterliche Autorität bis zum 18. Jahrhundert erneut vor (vgl. BADINTER 1981, S. 16). Erst im 19. Jahrhundert mit dem wachsenden Interesse des Staates am Wohlergehen der Kinder wurde die väterliche Gewalt einer größeren Kontrolle unterworfen, erzieherische Funktionen wurden weitgehend aus der Familie hinausverlagert und fanden mehr und mehr in institutionalisierten Formen statt, wie z.B. in der Schule seit Einführung der allgemeinen Schulpflicht. „Damit erlitt die Familie einen

Schwund ihrer Erziehungs-, Ausbildungs- und Sozialisationsfunktionen" (WEBER-KELLERMANN 1974, S. 107), einen Funktionsverlust, der insbesondere die Väter traf.

BADINTER (1981) stellt im Zuge dieser Entwicklung die Frage, „welche Rolle dem Vater noch bleibt, nachdem die Mutter und der Staat, – beide auf ihre Weise – die väterlichen Funktionen weitgehend an sich gerissen haben" (S. 235). Eine Antwort sieht sie darin, „daß seine Qualität, sein Prestige und seine Güte mehr als an jeder anderen Leistung an seiner Fähigkeit gemessen werden, die Familie zu unterhalten" (ebenda). Das Bild des Vaters als Ernährer, der für seine Familie sorgt, galt bis in die jüngste Zeit.

Diese Funktionszuweisung drückt sich in der funktionalistischen Rollentheorie aus, in der den Vätern vorwiegend „instrumentelle Funktionen" zugeschrieben werden, was heißt, als Ernährer die finanzielle Versorgung der Familie sicherzustellen, Belange und Bedürfnisse der Familie nach außen zu vertreten, aber auch umgekehrt die gesellschaftlichen Forderungen in die Familie einzubringen. Dazu gehört u.a. die Wahrung der Disziplin und die objektive Verfolgung von Verstößen gegen geltende Regelungen und Abmachungen. Die Mütter haben dagegen vor allem die „expressiven Funktionen" inne, nämlich die inneren Angelegenheiten der Familie zu regeln, die Erziehung der Kinder zu übernehmen und ausgleichend zu wirken, wenn Spannungen zwischen Vater und Kindern auftreten, so daß die emotionale Einheit der Familie und das Gefühl der Zusammengehörigkeit aufrecht erhalten bleiben (vgl. PARSONS 1942, 1949).

Diese Aufgaben- und Rollenteilung war in den 40er und 50er Jahren sicher Realität vieler Familien und entsprach dem offiziellen Familienleitbild, wenngleich die funktionalistische Rollentheorie für die heutigen Verhältnisse erheblich an empirischem und theoretischem Gehalt eingebüßt hat.

BADINTER (1981) karikiert diesen „seiner Väterlichkeit beraubten" Mann, der vorwiegend „instrumentelle Funktionen" hat, folgendermaßen:

„Die Kinder und das Haus sind für ihn nur mittelbar ein Gegenstand der Sorge. Sobald er (der Vater, d.Verf.) abgeliefert hat, was diese kleine Fabrik in Gang hält, darf er beruhigt seine Pantoffeln anziehen und warten, daß man ihm die Suppe serviert. Dieser Vater hat jahrzehntelang zufrieden gelebt, sicher, seinen Auftrag erfüllt zu haben ... Und warum sollte er auch nicht zufrieden sein, verlangte man doch von ihm nichts weiter, als ein guter Arbeiter zu sein, der jeden Abend brav nach Hause kommt? Wenn es hoch kam, war man ihm dankbar dafür, daß er am Abend das widerspenstige Kind zurechtstauchte oder den fleißigen Schüler belobigte." (S. 235)

Die familialen Realitäten haben sich gewandelt; gelegentlich wird gar von einer „sanften Revolution" in der Familie gesprochen (vgl. McKEE

& O'BRIEN 1982). Ausdruck dieser sanften Revolution ist nicht nur die, wenn auch vor Rückfällen nicht gefeite, zunehmende Gleichberechtigung der Erwachsenen, sondern auch eine wachsende Offenheit für die Bedürfnisse des Kindes. Mit der Infragestellung der traditionellen Geschlechterrollen beginnt man, „ganz allgemein Vaterschaft und Mutterschaft in neuer Weise zu sehen und dies nicht nur im Hinblick auf ihren wechselseitig ersetzbaren Anteil, sondern auch hinsichtlich ihres jeweils genuinen Beitrags zur Entwicklung des Kindes" (FTHE-NAKIS 1985, Bd. 1, S. 18). Bislang als typisch weiblich bezeichnete Aufgaben wie Kinderpflege und -versorgung, Aufgaben im Haushalt und der Erziehung werden nun auch zunehmend von Vätern mitübernommen, zumindest werden sie mit der Aufforderung, einen Teil dieser Aufgaben zu übernehmen, häufiger konfrontiert. Männer sehen – so THIERSCH (1986) – durch eine verstärkte Hinwendung zum Kind die Möglichkeit

„(. . .) aus ihren traditionellen Rollen in Öffentlichkeit und Arbeitswelt herauszukommen; Frauen drängen aus der Elternschaft heraus oder fragen nach Wegen, Elternschaft in einer neuen Weise bewältigen zu können. Männer dagegen sehen in der Elternschaft eine neue, ihren Lebenshorizont erweiternde Chance, eine neue Form von Lebenssinn." (S. 64)

Eine Erweiterung des Funktionsbereiches von Vätern und die Veränderungen der Geschlechtsrollenstereotype und damit auch des Männerbildes bewirken, daß Männer zunehmend „expressive Funktionen", also Fürsorglichkeit, Zärtlichkeit und emotionale Zuwendung zu Frauen und besonders zu Kindern in ihr Rollenbild integrieren. Diese Entwicklung vollzieht sich nur allmählich, diskontinuierlich, in den verschiedenen sozialen Gruppen und Milieus in unterschiedlichem Maße und ohne daß auf Anhieb die traditionelle Identität durch eine neue abgelöst worden wäre. Traditionelles und Neues stehen – oft unvermittelt – sich widerstreitend und blockierend nebeneinander.

So gibt es also keine klare Ablösung des einen durch das andere Vaterbild, vielmehr eine langsame Verschiebung vom eher autoritären zum liebevolleren, zärtlicheren und für die Kinder zuständigen Vater, wenngleich den Männern immer noch in der Regel die Rolle zufällt, die Hauptlast der finanziellen Versorgung der Familie zu übernehmen.

Dieser Wandel im Vaterleitbild bedeutet nicht, daß es nicht noch viele Männer gibt, die ihre Vaterrolle vorwiegend über die instrumentellen Funktionen definieren und auf der traditionellen Unterscheidung von Vater- und Mutterrolle beharren, das heißt also, daß in unserer heutigen Gesellschaft vielfältige Formen der Vaterschaft nebeneinander bestehen.

Vom Wandel in der Vaterrolle ist die Ausfüllung der Stiefvaterrolle entscheidend mitbetroffen. Konnte ein Stiefvater früher in der traditionellen Vaterrolle sich vorwiegend auf die Funktion des „Ernährers" der Familie beschränken, was nicht unbedingt mit der Aufforderung verbunden war, eine enge Beziehung zu den Kindern seiner neuen Frau aufzunehmen, so orientiert sich ein Stiefvater in der gegenwärtigen Situation eher an dem expressiven Vaterbild, was eben auch heißt, daß er sich emotional auf die Kinder seiner Partnerin einläßt.

Die historische Umwertung der Vaterrolle und die erweiterte Bedeutung des Vaters für die Kinder — und die der Kinder für den Vater — schlagen sich im konkreten Familienleben nieder und haben verschiedene Auswirkungen auf das Miteinanderleben in einer Stieffamilie:

Die Väter ziehen sich nach einer Scheidung nicht selbstverständlich aus der Familie zurück. Ein außerhalb lebender leiblicher Vater versteht sich kaum noch als „Nur-Zahlvater", er ist sich seiner Bedeutung für das Kind bewußt und möchte seine Bindung und Beziehung zum Kind nicht aufgeben. Dies hat unmittelbar Auswirkungen auf den „neuen" Mann in einer Stieffamilie. Er kann die Funktionen als „Ersatzvater" nicht problemlos erfüllen, sozusagen den leiblichen Vater spielend ablösen und dessen Rolle übernehmen; dazu ist dieser oft zu sehr präsent. Dennoch ist der Stiefvater zugleich mit den gewandelten, d.h. erweiterten Erwartungen und Vorstellungen von Vaterschaft konfrontiert: und das in der Regel von seiten seiner Frau, bisweilen von seiten der Kinder und immer auch mit seinen eigenen.

2. Die Stiefväter in der Fachliteratur

Im deutschsprachigen Raum existieren, soweit uns bekannt ist, keine empirischen Untersuchungen und nur wenige theoretische Abhandlungen zu der Situation von Stiefvätern (z.B. FTHENAKIS 1985, Bd. 2; GIESECKE 1987). Dies mag damit zusammenhängen, daß der Vaterrolle erst in den letzten Jahren von der Wissenschaft mehr Aufmerksamkeit gewidmet wird (vgl. FTHENAKIS 1985 Bd. 1 u. 2; LAMB 1981; McKEE & O'BRIEN 1982).

Im anglo-amerikanischen Bereich dagegen liegen verschiedene Forschungsarbeiten vor zu historischen, demographischen, strukturellen, sozialen und familiendynamischen Aspekten von Stiefvaterschaft. In ihren Ergebnissen kommen die Studien zum Teil zu widersprüchlichen Aussagen. Die meisten Autoren stimmen jedoch in einem Punkt überein: Stiefväter arrangieren sich leichter als Stiefmütter mit ihrer Rolle (BOHANNAN/ERICKSON 1978; BURGOYNE/CLARK 1982, FAST/CAIN 1966, PERKINS/ KAHAN 1979, u.a.).

BOHANNAN/ERICKSON (1978) haben eine vergleichende Väter-/ Stiefväteruntersuchung durchgeführt, in welcher sie nach dem Verhalten von Vätern und Stiefvätern fragten. Sie verwendeten dafür vier Kategorien, nämlich: instrumental, expressiv, autokratisch und patriarchalisch. Gemäß der Studie ist die Verteilung der Stiefväter auf diese vier Kategorien nicht anders als die der Väter. Ihr Verhalten korreliert mit der Entwicklung der Kinder, wobei Kinder von „expressiven" Vätern und Stiefvätern seelisch am gesündesten sind. Insgesamt kommen die Autoren zu dem interessanten Ergebnis, daß Stiefkinder genauso glücklich sind und ihr Verhältnis zu ihrem Stiefvater mit denselben positiven und negativen Merkmalen beschreiben wie leibliche Kinder das zu ihrem Vater.

Auffallend war, daß die Stiefväter selbst sich häufig schlechter einschätzen als leibliche Väter, d.h. eher Selbstzweifel hegen und meinen, ihren Vaterpflichten nur unzureichend nachzukommen, also ihrer Rolle selbstkritischer gegenüberstehen.

Die Autoren beschreiben vier Möglichkeiten, wie sich die Position eines Stiefvaters in der Familie entwickeln kann:

— Der Stiefvater übernimmt das Ruder.
— Er wird von der Mutter-Kind-Gruppe assimiliert.
— Sowohl der Stiefvater als auch die Mutter-Kind-Gruppe ändern Verhaltensgewohnheiten und entwickeln eine neue Ebene des Miteinanders.
— Der Stiefvater wird von der Mutter-Kind-Gruppe nicht akzeptiert und schließlich aus der ‚Gemeinschaft' wieder ausgestoßen. (vgl. S. 54)

Die Position, die dem Stiefvater in der Stieffamilie zuteil wird, kann also zwischen den Extremen des „Retters" der Familie und des „Bösewichts" liegen, wobei diese beiden Extreme eine positive Integration erschweren, während die zweite und dritte der genannten Positionen der Familie am meisten Entwicklungsspielraum gewähren.

BURGOYNE/CLARK (1982) haben in ihrer Stiefväteruntersuchung in England festgestellt, daß Stiefväter, um ungeklärte Rollenerwartungen für ihr Verhalten in der Familie zu umgehen, in erster Linie die Rolle eines „instrumentellen" Vaters übernehmen. Dies mag auch dadurch bedingt sein, daß gemäß der traditionellen geschlechtsspezifischen Arbeitsteilung von ihnen vorrangig die wirtschaftliche Versorgung erwartet wird. Dementsprechend fühlen sich diese Stiefväter durch fortdauernde Unterhaltszahlungen der außerhalb lebenden leiblichen Väter gekränkt, da dadurch ihr Selbstverständnis als Ernährer der Familie in Frage gestellt wird.

Noch in den 60er Jahren galt die Vater-Kind-Beziehung als relativ peripher; SIMON (1964) stellte daher als Hauptproblem der Stiefväter fest, daß ihre Rolle bedeutet, keine Rolle in der Familie inne zu haben.

HAFFTER (1948) sah dagegen in der eher randständigen Position eines Vaters die Möglichkeit, daß ein Stiefvater relativ konfliktfrei zur Einelternfamilie hinzukommen kann und die enge Verbundenheit zwischen Mutter und Kind nicht beeinträchtigt:

„Dieser Kern der Stiefvaterfamilie bleibt meist unangetastet und bestimmend für die Fortführung des Familienlebens. Der Vater tritt in mehr oder weniger enger Bindung hinzu, ohne den schon bestehenden Zusammenhalt zu sprengen, die eventuell auftretenden Spannungen zwischen Stiefkind und Stiefvater bleiben vergleichsweise an der Peripherie." (S. 96)

In neueren wissenschaftlichen Arbeiten wird der Rolle des Stiefvaters jedoch wesentlich mehr Bedeutung beigemessen und die Stiefvater-Stiefkindbeziehung sowie seine Teilhabe an den Eltern- und Erziehungsfunktionen thematisiert. Dabei zeigt sich, daß den Stiefvätern durch die Übernahme von Elternaufgaben und Erziehungsverantwortung häufig Schwierigkeiten erwachsen.

MOWATT (1972), MESSINGER (1976) und auch GILES-SIMS (1984) weisen darauf hin, daß die Erwartungen an den Stiefvater oft nicht übereinstimmen mit den ihm zugestandenen Aufgaben und Funktionen. Einerseits erwarten die leiblichen Mütter von ihrem Partner, daß er sich in die Familie integriert, die Funktionen und Rollen des Vaters übernimmt und eine emotionale Beziehung zu den Kindern aufbaut; andererseits verhalten sie sich widersprüchlich, wenn der Stiefvater versucht, seiner Rolle gerecht zu werden:

„While the wives insisted that they wanted the husbands to discipline the children, in instance after instance, when he took on this role, the mother disagreed and flew to the protection of her children . . ."[16] (MOWATT 1972, S. 329)

Die Frauen fühlen sich nicht nur persönlich durch die Kritik des Mannes an den Kindern angegriffen, sondern sind oft nicht bereit, die Autorität über ‚ihre' Kinder mit dem neuen Partner zu teilen. Indirekt fördern sie durch ihre Reaktionen Ambivalenzen und Rollenunsicherheiten des Stiefvaters. Als Folge dieser Haltung erhält der Stiefvater leicht eine Außenseiterposition und ist irritiert, wenn er bei dem Versuch, seine Rolle zu übernehmen, ständig kritisiert und abgewertet wird (vgl. ebenda). Die Kinder lernen, diese Situation zu ihrem Vorteil auszunützen und den Stiefvater als Autoritätsperson abzulehnen.

In der Fachliteratur werden immer wieder Empfehlungen ausgesprochen, wie ein Stiefvater seine Rolle ausfüllen sollte.

---

16 „Einerseits bestanden die Ehefrauen auf ihrem Wunsch, daß die Ehemänner Disziplinierungsmaßnahmen den Kindern gegenüber wahrnehmen sollten, andererseits widersprachen sie ihnen jedes Mal, wenn die Männer diese Rolle übernahmen, und nahmen ihre Kinder in Schutz."

VISHER & VISHER (1979) schlagen vor, daß er zunächst eine freundschaftliche Beziehung zu seinen Stiefkindern aufbauen soll, bevor er versucht, Vaterfunktionen zu übernehmen. Für eine Integration des Stiefvaters in die Familie halten sie es jedoch für unerläßlich, daß eine graduelle Verschiebung der Erziehungs- und Disziplinierungsfunktionen von der leiblichen Mutter auf den Stiefvater stattfindet (vgl. VISHER & VISHER 1979, S. 94). KRÄHENBÜHL u.a. (1986) und auch GIESECKE (1987) betonen, daß die Hauptverantwortung in Erziehungsfragen auch nach einer Wiederverheiratung bei der leiblichen Mutter bleiben und der Stiefvater eine unterstützende und beratende Funktion übernehmen sollte.

Wie die Stiefväter unserer Untersuchungsfamilien ihre Rolle gestalten, wie sie Erziehungsverantwortung und Vaterfunktionen übernehmen, wird im folgenden Kapitel Thema sein.

3. Väter und Stiefväter in unserer Untersuchung

In unseren Untersuchungsfamilien sind von den zehn interviewten Männern sieben Stiefväter und drei sorgeberechtigte Väter, zwei von diesen haben eine ledige, kinderlose Frau geheiratet und ein Mann eine Frau mit Kind. Letzterer ist also sorgeberechtigter Vater und Stiefvater zugleich. In dem nun folgenden Auswertungsteil zur Stiefvaterschaft beziehen wir uns auf diese acht Stiefväter, die sorgeberechtigten Väter werden an anderer Stelle (vgl. Kap. IV. 4) beschrieben. Unter den acht Stiefvätern haben vier bei der Stieffamiliengründung keine Erfahrungen mit eigenen leiblichen Kindern, die anderen vier haben bereits Kinder aus erster Ehe, die aber in drei der Fälle bei ihrer sorgeberechtigten Mutter leben.

Bei den Männern haben wir eher den aufgeschlossenen, „progressivmodernen" Vatertyp angetroffen, der sehr bewußt seine Rolle als Stiefvater und Vater angeht, eine Beziehung zu seinen Kindern und Stiefkindern aufbauen und aufrechterhalten will und immer wieder seine Situation in der Familie reflektiert.

Für einen Stiefvater — mehr noch als für einen leiblichen Vater — können aus dem Versuch, seine Rolle expressiv zu gestalten, mehr Verunsicherungen und Probleme erwachsen als aus der Beschränkung auf die Übernahme von finanzieller Verantwortung als Ernährer der Familie, denn Emotionalität, Nähe und Gefühle für das Kind sind nicht einfach machbar oder herstellbar wie es die Versorgung der Familie mit materiellen Gütern ist.

Ein Stiefvater muß seine Rolle in einer Gruppe finden, die in der Erstfamilie oder in der Nachscheidungsfamilie bereits Rollen und Aufgaben untereinander verteilt und gelebt hat und in der der abwesende leibliche Vater für die Kinder noch eine wichtige emotionale Bedeutung hat. Dabei gibt es für den Stiefvater unterschiedliche Möglichkeiten, mit den Erwartungen der anderen Familienmitglieder und den eigenen Vorstellungen umzugehen.

In der Auswertung unserer Interviewtexte haben wir uns eher an dem „expressiven Vaterbild" orientiert, den Diskurs der Stiefväter selbst aufnehmend, die ihre Situation und die Problematisierung ihrer Rolle in Beziehung zu diesem Vaterbild setzen.

Wir haben in unserer Studie die Väter/Stiefväter z.B. nach ihrem Selbstverständnis, nach ihren Funktionen und ihrer Teilhabe an Erziehungsaufgaben, nach ihren Beziehungen und ihrem Umgang mit den Stiefkindern, nach den an sie gerichteten Erwartungen, nach den auftauchenden Problemen und ihren Situationseinschätzungen gefragt.

Um bei der Auswertung nicht zu sehr am Einzelfall haften zu bleiben, haben wir versucht, gemeinsame und unterschiedliche Haltungen, Lösungsansätze und Deutungsmuster zur Stiefelternschaft zu identifizieren, das heißt, wir haben danach geschaut, wie die Stiefväter mit ihrer Stiefvaterschaft umgehen, wie sie ihre Rolle erfahren und gestalten und wo mögliche Diskrepanzen zu ihren Vorstellungen liegen. Dabei haben sich uns drei Typen herauskristallisiert, die wir als der „bessere Vater", der „ambivalente Stiefvater" und der „Freund-Stiefvater" charakterisiert haben. Damit haben wir eine inhaltliche Einteilung vorgenommen und die acht Stiefväter danach eingeordnet, wie sie ihre Rolle definieren und tatsächlich ausfüllen.

4. Die Gestaltung der Stiefvaterrolle

4.1 Der „bessere Vater"

Zwei der von uns untersuchten Stiefväter möchten wir als die „besseren Väter" charakterisieren, weil diese sich in ihrer Stieffamilie − im Verhältnis zum leiblichen Vater ihrer Stiefkinder − als „bessere Väter" fühlen, sich als geeigneter und verantwortungsbewußter darstellen und auch von den anderen Familienmitgliedern so gesehen werden.

4.1.1 Ausgangssituation zu Beginn der zweiten Partnerschaft

Diese beiden Männer sind am Anfang ihrer Partnerschaft mit einer sehr ähnlichen Situation konfrontiert: als sie ihre jetzigen Frauen kennenlernen, leben beide Frauen erst kurze Zeit mit mehreren Kindern allein, nachdem die Ehemänner sie relativ unerwartet verlassen hatten. In solch einer schwierigen Lage fühlen sich die Frauen hilflos und überfordert und wünschen sich Unterstützung für sich und ihre Kinder, die alle ein hohes Maß an Zuwendung und Versorgung brauchen, da sie noch im Vorschul- oder frühen Grundschulalter sind. Die situative Hilflosigkeit mag die Männer angesprochen und in ihnen Fantasien geweckt haben, hier gebraucht zu werden und helfen zu können, eine Haltung, die BOHANNAN/ERICKSON (1978) als die Position des „Retters" beschrieben haben. Etwas von dieser Idee des „Retters" schwingt in der Aussage von Frau Dietz – einer der beiden Mütter – mit, wenn sie ihren zweiten Mann als „den großen Heiligen und Gebenden" bezeichnet.

Tatsächlich ist es für die betroffenen Frauen in ihrer damaligen Überlastungs- und Krisensituation eine große Erleichterung, so schnell einen Mann kennenzulernen, der auf sie und besonders auf die Kinder offen zugeht und bereitwillig seine Hilfe anbietet. Die Frauen signalisieren wohl von Anfang an deutlich ihrem neuen Partner, daß sie sich von ihm Unterstützung bei der Kindererziehung und Versorgung erwarten und eine männliche Bezugsperson für ihre Kinder möchten.

Zumindest ist dieser letztgenannte Wunsch ein Bedürfnis, das sie – möglicherweise von ihren eigenen Vorstellungen gesteuert – bei ihren Kindern sensibel registrieren:

„Ich meine, was ihnen gefehlt hat, war eine männliche Person, die haben also alles was männlich war, fast aufgefressen." (Frau Dietz über ihre Kinder)

Die Kinder scheinen die Auffassung ihrer Mutter zu unterstützen, denn sie betonen im Interview, daß sie die Initiative ergriffen haben, um den späteren Stiefvater ins Haus zu holen:

„Eigentlich haben wir den Dietz (den Stiefvater, d. Verf.) zuerst kennengelernt und ins Haus gebracht."

In dieser Familie sind sich die Mutter und die Kinder darin einig, daß sie einen neuen Mann in ihre Familie aufnehmen wollen.

Die Wünsche der Mütter und Kinder treffen durchaus auf vorhandene, korrespondierende Bedürfnisse bei den hier beschriebenen Männern: Beide sehen in Kindern einen wichtigen Bestandteil ihres Lebens und können sich ein Leben ohne Kinder schwer vorstellen.

Herr Bader, einer der sogenannten „besseren Väter", erweckt den Eindruck, daß für ihn die Kinder seiner neuen Partnerin ein wesentlicher Grund sind, die eigene Scheidung zu betreiben, um ein Familienleben mit Kindern aufbauen zu können:

„Ich war schon einmal verheiratet und ich hatte eigentlich mir immer eine Familie mit Kindern gewünscht. Ich habe Kinder sehr gerne, aber meine erste Frau hat sich mit allen Mitteln gegen Kinder verwahrt. (. . .) Da war es naheliegend, daß man sich irgendwann trennt (. . .)

Bei meiner jetzigen Frau, da wußte ich von Anfang an, daß sie Kinder hat; sie hat da kein Geheimnis daraus gemacht. Wir haben eine zeitlang dann zusammengelebt und ich fand das Leben mit Kindern so, wie ich mir das vorgestellt habe (...), mit der plötzlichen Rolle des Vaters fand ich mich also sehr zufrieden."

Für beide Stiefväter gehören die Kinder von Anfang an selbstverständlich dazu, ad-hoc bauen sie ein Familienleben mit mehreren kleinen Kindern auf, in dem die Kinderversorgung, Erziehung und Beschäftigung mit den Kindern gemäß ihrem noch geringen Alter einen großen Raum einnehmen; die Entwicklung der Partnerbeziehung wird darin integriert.

Beide Stiefväter weisen ausdrücklich darauf hin, daß sie mit den Kindern nie Schwierigkeiten gehabt haben, es keinerlei Probleme gab, die Vaterrolle zu übernehmen und sich als Familie zusammengehörig zu fühlen. Rational erklären sie sich das problemlose Gelingen der „Familienzusammenführung" mit ihrer bewußten Entscheidung dazu:

„Ich hab' es gewußt, was auf mich zukommt, und es mir vorher gründlich überlegt, ob ich mich darauf einlasse."

4.1.2 Umgang mit dem außerhalb lebenden leiblichen Vater

Wenn diese Stiefväter die Gründung ihrer neuen Familie und die Beziehungen zu den Stiefkindern als harmonisch und konfliktfrei beschreiben, so ist das sicher auch im Zusammenhang damit zu sehen, daß die Anfänge der Stieffamilie zum Zeitpunkt des Interviews mehr als zehn Jahre zurückliegen, Jahre, in denen sie sehr viel Stabilität entwickelt und möglicherweise eingangs aufgetauchte Probleme verdrängt, bagatellisiert, nivelliert oder eben längst gelöst haben. Das heißt eventuell, daß viele Jahre gemeinsamer Stieffamiliengeschichte die Erinnerung an die erste Familie und den leiblichen Vater der Kinder geschwächt oder sogar verdrängt haben, besonders, da in den hier beschriebenen Familien der Kontakt mit dem abwesenden Vater im Laufe der Zeit mehr und mehr abgenommen hat und schließlich „eingefroren" wurde.

Dieser Rückzug liegt nicht nur im leiblichen Vater begründet, sondern wird auch gefördert von der Mutter und dem Stiefvater, die nicht laufend an die Vergangenheit erinnert werden möchten und den Einfluß eines „Außenstehenden" auf die Erziehung und das Familiengeschehen als störend empfinden:

„Wahrscheinlich war es gut, daß die Kinder zu ihrem Vater bald den Kontakt verloren haben. Die waren nur noch ein paarmal dort. Ich habe bewußt immer dieses Thema über ihre Vorvergangenheit weggelassen. (...) Ich denke, wenn die Kinder abgelenkt sind und keine große Verbindung und keine große Beziehung zu ihrem Vater mehr haben, das ist besser für sie und hat dem Familienfrieden gut getan. Und Kinder vergessen ja relativ schnell. Ich weiß es nicht, aber ich habe das Gefühl, sie hängen nicht sehr am leiblichen Vater." (Herr Dietz)

Die Bedeutung des leiblichen Vaters für die Kinder wird in dieser Aussage durch den Stiefvater relativiert; eine solche subjektive Einschätzung erleichtert es ihm, seine Funktion, seine Aufgaben und seine Verantwortung innerhalb der neuen Familie klar zu bestimmen und selbstverständlich die „Vaterrolle" zu übernehmen.

Eine etwas andere „Strategie" finden wir bei Herrn Bader, der den leiblichen Vater als unzulänglich und nachlässig in seinen Vaterpflichten beschreibt:

„Wie meine Frau wohl schon sagte, hat dieser Mann ein Eigenleben geführt, das darin wohl gipfelte, daß er ständig oder fast ausschließlich seinem Vergnügen nachgegangen ist und sich um die Familie weitgehend nicht gekümmert hat. Da muß ich mich doch fragen, lohnt es sich dann, hier noch irgendwelche Erinnerungen wachzuhalten. Die neue Familie hätte das bestimmt mehr belastet als es ihr geholfen hätte."

In dem Zitat kommt zum Ausdruck, daß Herr Bader ein „Eigenleben" − wie er es beschreibt − für einen Familienvater unangemessen findet; er ist offensichtlich der Ansicht, daß ein Ehemann sich vor allem seiner Familie widmen sollte. Aus dieser Beurteilung zieht Herr Bader seine Legitimation, den leiblichen Vater zu verdrängen und dessen Position einzunehmen. Er selbst lebt sehr familienzentriert und verbringt soviel Zeit wie möglich mit seiner Familie.

Solche Strategien, sei es der weitgehende Ausschluß des ersten Vaters aus dem Familiengeschehen, sei es seine Abwertung, − wobei beides Hand in Hand gehen kann, − ermöglichen den Stiefvätern, eine Vaterbeziehung zu den Kindern aufzubauen, ihnen das zu geben, was der abwesende Vater versäumt hat und sich so als der „bessere Vater" zu fühlen. So sehen es diese Männer zumindest nach einer langjährigen Entwicklungsgeschichte, in der sie viel für die Kinder getan haben und stabile, tragfähige Beziehungen aufgebaut haben. Ihre Frauen bestätigen diese Einschätzung, und auch die Kinder halten ihren Stiefvater für den „Vater", der mehr für sie tut.

Frau Dietz sieht in dem Engagement ihres Mannes den wesentlichen Grund für die positive Entwicklung ihrer Zweitfamilie:

„Wenn ich so überlege, warum das alles so gut geht, das ist bestimmt sein (des Stiefvaters, d.Verf.) großer Anteil; der kann unheimlich gut mit Kindern."

4.1.3 Umgang mit der Erziehungsverantwortung

Wenn die Mütter von ihrem neuen Partner das Bild haben, daß dieser sich ganz auf die Kinder einläßt, für sie Anstrengungen auf sich nimmt und sich Gedanken zum gemeinsamen Wohlergehen der Familie

macht, dann scheint es nur folgerichtig, ihn in die Erziehungsverantwortung voll einzubeziehen und ihm auch vertrauensvoll eine gleichbe-
rechtigte Elternposition in der Kindererziehung einzuräumen, ohne
sich Sorgen zu machen, ihn damit zu überfordern. Die Frauen dieser
„besseren Väter" hegen keine Zweifel, daß ihre Männer gute Väter und
Erzieher sind, wenngleich auch das Familienleben eher nach tradtitio-
neller Rollenaufteilung organisiert bleibt, d.h. die Frauen in diesen Familien vorwiegend für den Haushalt und die direkte Kinderversorgung
zuständig sind. Die Männer sind außer Haus vollzeit berufstätig, übernehmen weitgehend die finanzielle Verantwortung für die Familie,
kümmern sich jedoch in ihrer Freizeit aktiv um die Kinder.

4.1.4 Selbstverständnis in der Beziehung zu den Stiefkindern

Wir kategorisieren die beiden genannten Stiefväter als „bessere Väter",
weil uns aufgefallen ist, daß sie außerordentlich viel über ihre Stiefkinder sprechen und über ihr Verhalten und ihren Umgang mit den Kindern reflektieren, weil sie sich voll mit ihrer „Vater"-Rolle identifizieren. In ihrem Verhalten zu den Kindern entwickeln sie ein fast pädagogisches Konzept, davon ausgehend, daß sie wissen, wie man mit Kindern umgeht und was für Kinder gut ist. BURGOYNE/CLARK (1982)
haben dieses hohe Maß an Reflexion und das intensive Engagement für
die Stiefkinder als „professionelle" Haltung beschrieben, womit sie eine
eher formalisierte und bewußt gestaltete Beziehung zu den Kindern
meinen. Anders als natürliche Eltern, die häufig eher spontan gegenüber ihren Kindern reagieren, ist es für Stiefväter schwieriger, Spontaneität und Widersprüchlichkeiten in ihr Verhalten zu integrieren. Diese
„professionelle" Haltung könnte damit zusammenhängen – so vermuten die Autoren –, daß der Mangel an biologischer Verbundenheit mit
verstärktem Bemühen und Reflexionen ausgeglichen wird. Ein eher
professionelles pädagogisches Konzept impliziert Sachlichkeit und
Kompetenz und daher eventuell auch ein Stück mehr Distanz, die hilfreich ist, um die Beziehungen gelassen wachsen zu lassen.

Eine solche pädagogische Haltung wird in den Interviews mit den „besseren Vätern" sichtbar, wenn sie sich überlegen, wie sie ihre Stiefkinder
fördern können, sich Freizeitunternehmungen ausdenken, den Interessen ihrer Stiefkinder entgegenkommen und ihnen Anregungen geben;
sie nehmen sensibel die Gefühle und Probleme der Kinder wahr und
bemühen sich, auf jedes in seiner Eigenart einzugehen.

Diese Grundhaltung bezieht sich auch auf eigene Kinder, die im Laufe
der Ehe noch hinzukommen. Beide Stief-/Väter betonen, daß sie keine
emotionalen Unterschiede in ihren Gefühlen zu den eigenen und nicht
eigenen Kindern spüren:

„Ich glaube, es spielt keine Rolle, ob das die eigenen Kinder sind oder nicht.
Wenn mich eines der Kinder braucht, dann gehe ich 'mal mit ihnen fort oder

spiele 'mal mit ihm alleine — auch wenn ich keine Lust habe, (. . .) Ich meine, man muß sich da bemühen, und ob das jetzt eigene Kinder sind oder nicht, das muß ich Ihnen ganz ehrlich sagen, bewegt mich nicht, berührt mich nicht und hat mich auch noch nie gedanklich beschäftigt. Ich würde das irgendwo für ungerecht halten, die können ja nichts dafür, die Kinder. Ich denke das ist nicht so wichtig. Die Hauptsache ist, man tut was für die Kinder."

Eine solche innere Klarheit im eigenen Selbstverständnis und ein ungebrochenes Selbstbewußtsein als „Vater" mag den Umgang mit auftauchenden Problemen erleichtern und manche Probleme ganz vermeiden. In den Interviews durchaus angesprochene Probleme, wie z.B. große Schulschwierigkeiten der Kinder, werden von diesen beiden Familien weder auf die Trennung noch auf die Stieffamiliensituation zurückgeführt, sondern als normale Entwicklungsprobleme der Kinder gesehen oder auf Unzulänglichkeiten der Schule bezogen. Die Neuorganisation der Familie wird also nicht als mögliches Erklärungsmuster für Schwierigkeiten herangezogen. Eine solche Einstellung macht es den Familien möglich, mit den vorhandenen Ressourcen und Potentialen der jetzigen Familienmitglieder Problemlösungen zu suchen, ohne sich mit hypothetischen Überlegungen „was wäre gewesen, wenn . . ." oder mit Schuldzuweisungen z.B. an den früheren Partner über Vergangenes und Unabänderliches zu belasten.[17]

Insgesamt beurteilen diese Stiefväter ihr Familienleben als geglückt und harmonisch und die Zufriedenheit wird von den anderen Familienmitgliedern geteilt, die sich alle als ganz „normale" und sogar glückliche Familie betrachten. Nicht zuletzt freuen sie sich, wenn von Außenstehenden Ähnlichkeiten zwischen Stiefkindern und Stiefvater festgestellt werden und sie legen keinen Wert darauf, solche Feststellungen zu berichtigen. Ihnen ist es wichtig, sich als „normale" Familie zu fühlen und das auch darzustellen:

„Die Kinder sagen, das ist unser Vater, und er sagt auch, ‚meine Buben', und ich wäre verletzt, wenn er sagte, es wären nicht seine Kinder."

4.1.5 Umgang mit der Vergangenheit

Interessant ist, daß diese beiden Männer zu Beginn der neuen Partnerschaft verheiratet sind und sich scheiden lassen, um eine neue Familie gründen zu können. In den Interviews wird deutlich — beide Männer streifen das Thema „erste Ehe" nur am Rande, sozusagen um ihre eigene Familienbiographie zeitlich zu strukturieren —, daß für sie damals ih-

---

17 Das Erklärungsmuster dieser Familie erleichtert ihnen wahrscheinlich den Umgang mit ihren Schwierigkeiten. Wir meinen jedoch, daß darin möglicherweise die Gefahr der Verdrängung ihrer Familiengeschichte und ihrer besonderen Situation liegt.

re erste Partnerschaft innerlich ein Stück weit abgeschlossen war und die Trennung sie emotional nicht sehr bewegt und belastet hat.

Obgleich Herr Dietz mit seiner ersten Frau 17 Jahre zusammengelebt und ihre drei Kinder mit aufgezogen hatte, bis diese das Elternhaus verließen, scheint seine familiäre Vergangenheit nicht in die zweite Stieffamilie hineinzureichen. Dieser Teil seiner Biographie ist für ihn verarbeitet und er hat das Gefühl, seinen in der ersten Familie anstehenden Aufgaben und Verpflichtungen gerecht geworden zu sein. Dadurch, daß seine Stiefkinder aus der ersten Partnerschaft bei der Auflösung der Ehe bereits selbständig waren, traten bei ihm die von anderen Eltern nach einer Trennung thematisierten Schuldgefühle kaum auf; auch Verbindungen im Sinne von unaufkündbarer und aktiver Elternschaft, die BOHANNAN (1970) als „divorce-chains" charakterisiert, mußten nicht aufrecht erhalten werden.

Für Herrn Bader war das Aufgeben seiner ersten Ehe völlig problemlos, da seine damalige Frau seine Familienvorstellungen, nämlich Kinder zu haben, nicht geteilt hatte und daher für ihn nicht die richtige Lebensgefährtin war. Durch diese abwertende Einschätzung seiner ersten Frau kann er die Vergangenheit ohne Schuld- und Reuegefühle hinter sich lassen und unbelastet mit seiner zweiten Frau und ihren Kindern eine Familie aufbauen.

Beide Stiefväter scheinen zwischen der ersten und zweiten Partnerschaft keine Phase zur Verarbeitung, Besinnung und Stabilisierung benötigt zu haben und können sich relativ vorbehaltlos auf ihre neue Familie einlassen. Ihr Unbelastet-Sein ist ein weiterer Grund dafür, daß es diesen Männern leicht fällt, ohne Ambivalenzen die Vaterrolle für ihre Stiefkinder zu übernehmen und ihr Leitbild von einer „normalen" Familie auf die Stieffamilie zu übertragen.

Zusammenfassend kann man sagen: den beiden Stiefvätern, die eine ziemlich eindeutige Position als „neuer" Vater in der Stieffamilie einnehmen, sich sogar als die „besseren Väter" verstehen, wird dieses problemlose Selbstverständnis dadurch erleichtert, daß es von allen Familienmitgliedern mitgetragen wird, daß der abwesende leibliche Vater aus dem Familiengeschehen herausgedrängt und dadurch eine mögliche Rivalität zwischen Stiefvater und leiblichem Vater abgewehrt wird. Zudem spielt die Ehe-Vergangenheit des Stiefvaters — wie oben beschrieben — in der neuen Familie keine Rolle mehr.

Anders als die beschriebenen „besseren Väter" haben die von uns als „ambivalent" bezeichneten Stiefväter mit ihrer Rolle als Stiefvater und ihrem Selbstverständnis zu kämpfen.

4.2 Der „ambivalente Stiefvater"

Vier der von uns befragten Stiefväter nennen wir „ambivalente Stiefväter", weil sie ihrer Stiefelternrolle zwiespältig gegenüberstehen: Sie möchten einerseits dem gerecht werden, was ihren Vorstellungen von guter Vaterschaft entspricht, andererseits empfinden sie deutlich, daß sie nicht der „richtige" Vater ihrer Stiefkinder sind. Daraus entstehen für sie innere Spannungen und Unzufriedenheit. Sie fühlen sich unsicher in ihrer Stiefelternrolle: Sie würden gerne mit ihren Stiefkindern eine authentische, vorbehaltlose und ungezwungene Vater-Kind-Beziehung haben, merken aber, daß dies ihnen emotional nicht in dem Maße gelingt, wie sie es sich wünschen. Rational können sie das verstehen und erklären es sich mit ihren Familienvorerfahrungen: Sie alle haben bereits in einer ersten Ehe Vaterschaft erlebt und eigene Kinder einige Jahre mit aufgezogen; von daher können sie ihre gefühlsmäßige Beziehung zu den eigenen Kindern mit der zu ihren Stiefkindern vergleichen. Ihnen ist zwar einleuchtend, daß sich die Beziehungen zu eigenen Kindern unterscheiden von den Beziehungen zu nicht-leiblichen Kindern, es fällt ihnen aber schwer, diese Diskrepanz zu akzeptieren, da sie die Sorge haben, den verschiedenen Ansprüchen und Bedürfnissen — den eigenen, denen ihrer Stiefkinder und denen ihrer jetzigen Frau — nicht zu genügen. Einer dieser Stiefväter drückt dies so aus:

„Ich glaube, ich entspreche den Erwartungen meiner Frau nicht ganz, und meinen eigenen auch nicht. Also es gibt Konflikte (. . .) also ich hab so das Gefühl, wenn es meine eigenen Kinder wären, dann würde ich das vielleicht anders machen. Das ist ein Problem."

Innere und äußere Widersprüche stehen einem klaren und eindeutigen Selbstverständnis ihrer Rolle als Stiefvater entgegen, obwohl diese Männer im konkreten Alltag am Haushalt und der Versorgung der Kinder beteiligt sind, das heißt klare väterliche Funktionen übernehmen. Sie finden sich in einem Dilemma zwischen eigenen Wünschen und erfahrener Realität, zwischen an sie herangetragenen Ansprüchen und persönlichen Möglichkeiten und Gefühlen; dieses Spannungsfeld macht es ihnen schwer, sich kontinuierlich und eindeutig zu verhalten und ihre Rolle klar zu definieren. Zwar spüren sie, daß ihre Frauen sich von ihnen mehr Verbundenheit mit und Aufmerksamkeit für ihre Kinder wünschen, können aber nicht „über ihren eigenen Schatten springen" und den Wunsch ihrer Frauen erfüllen, auch wenn sie es bedauern; es gelingt ihnen nicht, für die Kinder ihrer Frau die gleichen Gefühle herzustellen, die sie für ihre eigenen Kinder empfinden.

4.2.1 Vorerfahrungen aus der ersten Familie

Anders als die von uns so benannten „besseren Väter" aus unserer Untersuchungsgruppe haben die hier geschilderten Männer noch fortdauernde Verbindungen zu ihrer ersten Familie, besonders zu den Kindern, und können nicht so problemlos dieses Kapitel ihrer Vergangenheit abschließen. In ihrer ersten Ehe nahmen sie sehr aktiv an der Erziehung und Versorgung ihrer eigenen Kinder teil, zwei waren sogar zeitweise allein für die Betreuung zuständig, wenn ihre Frauen — bedingt in einem Fall durch langdauernde Krankheit, im andern Fall durch eine Berufung als Professorin in eine andere Stadt — sich nicht um die Kinder kümmern konnten. Alle diese Väter lebten in ihrer ersten Partnerschaft ein „modernes" Konzept von Elternschaft: beide Eltern hatten in gleichem Maße teil am Alltag und der Entwicklung, an der Erziehung und Betreuung der Kinder.

Dadurch entstanden besonders intensive Vater-Kind-Beziehungen und langsam gewachsene Bindungen, die die Väter auch nach der Scheidung aufrecht erhalten wollten. Besonders schwer fiel ihnen nach der Auflösung der Ehe die Trennung von den Kindern, die zu dem Zeitpunkt noch im Vorschul- oder frühen Grundschulalter waren. Für die meisten Väter hieß das, daß sie ihre Kinder nur noch am Wochenende, in den Ferien oder noch seltener sahen. Nur ein Vater lebt mit seinem Kind zusammen, da es ihm gelang, das alleinige Sorgerecht für seine neunjährige Tochter zu erhalten. Ein anderer bemühte sich vergeblich darum. Zwei Väter stellten erst gar keinen Antrag bei Gericht, weil sie davon ausgingen, daß für sie keine Chancen bestanden, das Kind zugesprochen zu bekommen. Für die beiden erstgenannten Väter stand nach der Trennung die Frage nach der gemeinsamen elterlichen Sorge, die erst seit Ende 1982 in der Bundesrepublik rechtlich möglich ist, durchaus zur Diskussion. Bei beiden Männern kam es letztendlich nicht dazu, weil in ihrer neuen Partnerschaft ein Kind unterwegs war, womit die Stieffamiliengründung „besiegelt" und die Auflösung der ersten Familie endgültig festgeschrieben war. In einem Fall war es die Ex-Ehefrau, die unter diesen Umständen entgegen der vorhergehenden Absprache auf dem alleinigen Sorgerecht bestand, sei es aus Sorge um die Kinder, sei es, weil sie sich persönlich gekränkt und verletzt fühlte. Im anderen Fall war es der Vater, der sich nicht mehr auf das geteilte Sorgerecht einließ, sondern das alleinige beantragte — und auch erhielt, — um die neue Familie weitgehend von „Außenstörungen" freizuhalten und deutlich abzugrenzen; der Wunsch nach einem eindeutigen Neubeginn war für seine Entscheidung ausschlaggebend, wenngleich — wie die spätere Erfahrung zeigte — er damit fortlaufende Querelen um die Besuchsregelung nicht verhindern konnte.

Für die Ex-Ehepartner war in beiden Fällen das gemeinsame elterliche Sorgerecht als Arrangement für die Nachscheidungsfamilie vorstellbar, sogar wünschenswert, schien aber keine anzustrebende Lösung mehr zu sein in dem Moment, als die Stieffamiliengründung anstand.

4.2.2 Die neue Familie

In dieser Situation, nämlich ihre erste Familie auflösend, treffen die Väter ihre neue Partnerin, deren Kinder in ähnlichem Alter sind wie die eigenen Kinder. Welche Bedeutung es für sie hat, daß sie eine Frau wählen, die — wie ihre eigene Frau — mit Kind vom Mann verlassen wurde und daß sie in dieser neuen Partnerschaft wieder ähnliche Familienverhältnisse leben können, wird von ihnen kaum explizit ausgedrückt. Ein Vater vermutet, daß er mehr Schuldgefühle seiner leiblichen Tochter gegenüber entwickeln würde, wenn er sich — nach der Trennung von seiner ersten Frau — nicht „ausgleichend" um seine Stieftöchter kümmern könnte:

„Ich habe mal darüber nachgedacht, wie es wohl gewesen wäre, wenn meine Frau keine Kinder gehabt hätte. Da hätte ich sicherlich größere Schwierigkeiten in meiner Beziehung zu meiner Tochter. Das kann ich mir vorstellen, viel mehr Schuldgefühle. Indem ich mich den beiden Kindern (Stieftöchtern, d.Verf.) zuwende, habe ich das Gefühl, daß ich da etwas wieder gutmache, was die Ursel (leibliche Tochter, d.Verf.) nicht kriegt. Das spielt sicher eine große Rolle."

Dieser Vater hatte sich vor der Auflösung seiner ersten Ehe lange mit der Frage beschäftigt, ob er seiner Tochter eine Trennung zumuten oder ob er ihretwegen nicht besser bei seiner Frau bleiben sollte.

FURSTENBERG (1987) spricht in diesem Zusammenhang von einem System des Kindertauschs, in dem „Wohnväter" oder soziale Väter die biologischen ersetzen, das heißt diese Väter werden Alltagsstiefväter für die Kinder ihrer zweiten Frau und sind Besuchsväter oder Teilzeitväter für ihre eigenen leiblichen Kinder, die ihrerseits häufig mit einem „Wohnvater" den Alltag teilen. Diesen „Tausch-Aspekt" spricht auch Herr Matrai an:

„Auf der einen Seite war ich froh, daß ich in Lorenz (Stiefkind, d.Verf.) eine Art Ersatz hatte für meine Tochter, denn ich hatte Jahre mit ihr zusammengelebt und war ja auch zeitweise Hauptbetreuungsperson. Und von daher war es auch für mich nichts Neues oder Ungewöhnliches."

Keiner dieser Väter hat den „Kindertausch" ohne Schwierigkeiten vollzogen. In den hier beschriebenen Stieffamilien treffen jeweils zwei Teilfamilien mit ihrer eigenen Geschichte zusammen, beide Elternteile haben bereits leibliche Kinder und müssen sich zugleich mit den Kindern des neuen Partners auseinandersetzen. Aus dieser Konstellation entstehen Reibungspunkte und Krisen für die Familien, auf die wir hier aus der Sicht der Stiefväter näher eingehen wollen. Kritische Themen sind vor allem die Diskrepanz in den Gefühlen zu den verschiedenen Kindern, Schuldgefühle, Rivalität und Konkurrenz mit dem abwesenden Elternteil, die Präsenz der Vergangenheit in der Gegenwart und Ablehnungen zwischen Stiefkind und Stiefvater.

4.2.3 Diskrepanz in den Gefühlen

Schon für Eltern in „Normal-Familien" ist es schwer, sich einzugestehen, wenn sie eines ihrer Kinder weniger mögen als ein anderes. Es gehört zur gängigen Familienideologie, alle Kinder gleich zu lieben; unterschiedliche Gefühlsintensitäten gegenüber einzelnen Kindern können nur selten zugelassen werden. Von diesen Vorstellungen gehen offensichtlich auch die hier besprochenen Stiefväter aus, wenn sie darunter leiden, für ihre Stiefkinder weniger zu empfinden als für ihre eigenen Kinder aus erster Ehe. Herr Ortner erzählt z.B.:

„Hier (in der zweiten Familie, d.Verf.) ist es manchmal so, daß ich es schwierig finde, also schwierig, den Kindern das zu geben, was sie brauchen – so eine ganz klare und uneingeschränkte Zuwendung – glaube ich. Das ist bei den eigenen Kindern so viel einfacher und läßt sich so viel leichter leben als mit nicht-eigenen Kindern. (. . .) Ich merke das mit denen (Stiefkinder, d. Verf.), das ist irgendwie 'ne Idee weniger; gewollter und dann halt auch aufgesetzter – manchmal. Das Gewollte ist ja nichts Falsches, denn wenn man nicht will, dann geht ja gar nichts. Aber es ist schon was anderes, nicht. Und vielleicht spüren das die Kinder."

So klar wie dieser Vater die Ungleichheit in seinen Gefühlen zu den Kindern wahrnimmt und in Worte fassen kann, können dies die anderen Väter kaum ausdrücken. Sie thematisieren gefühlsmäßige Ambivalenzen eher auf einer weniger emotional besetzten Ebene, in dem sie z.B. Vergleiche anstellen:

Stiefvater:
„Bei meiner Tochter, da ist alles völlig anders als beim Lorenz (Stiefsohn, d.Verf.). Er ist immer bedächtig, ruhig, nicht zu aktivieren und sie (die leibliche Tochter, d.Verf.) ist laut und einfallsreich und unternehmungslustig. Und von daher, man kann das nicht vergleichen die beiden. Das ist ein Mädchen, er ist ein Junge."

Interviewerin:
„Gibt es Unterschiede in ihrem emotionalen Empfinden oder ihren Bindungen?"

Stiefvater:
„Das ist halt schwer. Natürlich gibt es da Unterschiede. Aber wo, wo liegen die Unterschiede? Daß der eine älter ist, der andere noch jünger . . . die Unterschiede in meinem emotionalen Empfinden und Erleben waren sicher früher größer. Also ich meine, daß das Verhältnis jetzt ganz gut ist, zum Lorenz. Meine Tochter ist mir durch die Trennung (. . .) ja, fremder geworden."

Dies erzählt Herr Matrai nach 6jährigem Zusammenleben mit seiner zweiten Frau und deren Sohn. Spürbar ist im Interview, daß Herrn Matrai seine leibliche Tochter näher steht und sie ihm vom Temperament und der Persönlichkeit her besser gefällt als sein eher ruhiger Stiefsohn.

Obwohl er emotionale Unterschiede zu den Kindern einräumt, schwächt er sie ab, indem er sie einerseits auf sachliche Personenmerkmale wie Alter und Geschlecht zurückführt, andererseits auf die unterschiedliche Persönlichkeit der Kinder. Nicht zuletzt sieht er in der zeitlichen Entwicklung einen Faktor, der die Unterschiede in den emotionalen Beziehungen verringere.

In diesem Gesprächsausschnitt wird deutlich, daß Herr Matrai kaum die Interaktion und die Beziehung zu den Kindern thematisiert – ganz anders als Herr Ortner – und die Gefühlsdiskrepanz eher an den Unterschieden in den Kindern festmacht. Eine solche Abspaltung von der eigenen Person ist eine Strategie, um mit der Gefühlsdiskrepanz umzugehen; gleichzeitig ist es eine Art von Rationalisierung, mit der er den unerfüllten Erwartungen seiner Frau an ihn, ihr Kind mehr zu lieben, und Gefühlen eigener Unzulänglichkeit vorbeugt und begegnet.

Anders als Herr Matrai beschreibt Herr Rebmann-Pohl Unterschiede in seinem eigenen Verhalten und Umgang mit den Kindern; er sieht diese durchaus als Beziehungsprobleme, die er mit der Familiengeschichte begründet:

„Also, das kommt schon nicht von ungefähr, daß ich bei dem Philipp (Stiefsohn, d.Verf.) schneller gereizt bin als bei meinen Kindern, da ich selber da ein Stück weit vorbelastet bin. Die kenn ich von Geburt an, die habe ich aufgezogen, die betrachte ich anders als den Philipp. Die kann ich ganz anders annehmen; das gelingt mir beim Philipp nicht. Das ist das eine. Und das andere ist halt, daß er Eigenschaften hat oder Verhaltensweisen, die mich stören, die ich so nicht hinnehmen will. (. . .) Vor kurzem war ich wieder mal unheimlich beleidigt und habe dann gesagt, so jetzt ist mir alles scheißegal, der kann machen was er will, der wird mich nicht mehr aufregen, ich werde ihm aus dem Weg gehen. Und ich habe festgestellt, das kann ich nicht durchhalten, dann greife ich doch wieder ein und es gibt Krach. Das tut mir dann leid, weil . . . wenn der Philipp leidet, leidet die Petra (Ehefrau, d.Verf.) mit."

In diesem Zitat klingt an, daß das Kind Verhaltensweisen und Eigenschaften zeigt, die den Stiefvater stören und reizen und mit denen er nicht umgehen kann, so daß er sich bisweilen sogar zu ungewollten Reaktionen provoziert fühlt. Eine ähnliche, zum Teil ablehnende Haltung gegenüber dem Stiefkind ist auch im vorher zitierten Gespräch mit Herrn Matrai zu spüren: Herr Matrai findet im Grunde – vielleicht mehr mit Gestik und Tonfall als mit Worten angedeutet – den Sohn seiner Frau zu träge und inaktiv. Hinzu kommt, daß die Stiefväter diese „ungeliebten" Eigenschaften manchmal – wenn auch vorsichtig – einer möglicherweise unzulänglichen Erziehung in der ersten Familie oder dem außerhalb lebenden leiblichen Vater zuschreiben, vielleicht auch auf den Umgang der Mutter mit ihren Kindern zurückführen. So kann sich Herr Ortner teilweise von Problemen und Verantwortung bezüglich seiner Stiefkinder distanzieren:

„Dadurch, daß ich nicht der leibliche Vater bin, bin ich ja nicht verantwortlich für die angeborenen Eigenschaften dieser Kinder und bin insofern in einer ziemlich distanzierten Situation. Ich kann theoretisch immer sagen, dieser Blödsinn, das ist alles von Nora (jetzige Frau, d.Verf.). Und das denke ich manchmal mehr als ich ihr sage."

4.2.4 Umgang mit den Stiefkindern

Eine solche situative Distanz, wie sie Herr Ortner beschreibt, könnte eine Chance sein, sich in der Auseinandersetzung mit den Stiefkindern nicht zu sehr verwickeln zu lassen, sondern als eher Außenstehender Konfliktsituationen gelassener und weniger betroffen zu beurteilen und eventuell klärend und konstruktiv einzugreifen, wie es in bestimmten Situationen Herrn Faller gelingt:

„Als Außenstehender konnte ich besser beobachten, was da zwischen den Dreien abläuft. Das war immer ein Riesentheater, wenn die Edda (Stieftochter, d.Verf.) von den Besuchen beim Vater zurückkam. Die ist total ausgeflippt und mir war ziemlich bald klar, daß sowohl der Erwin (außerhalb lebender leiblicher Vater, d.Verf.) als auch die Eva (leibliche Mutter, d.Verf.) an der Edda zerrten und die Edda in diesem Punkt nur das Opfer war; sie war total überfordert. Als ich das der Eva klargemacht habe, hat dieses Gezerre nachgelassen. Seitdem läuft das besser, auch zwischen dem Erwin und der Eva."

Nicht dieser Aspekt der Chance, den Herr Faller betont, steht für Herrn Ortner im Vordergrund, er deutet eher an, daß er sich durch die Distanz ein Stück weit weniger verantwortlich fühlt, was ihn einerseits entlastet, andererseits aber seinem Wunsch nach einer authentischen und direkten Beziehung zu den Stiefkindern entgegensteht. Seine eigene abwartende Haltung gegenüber seinen Stiefkindern empfindet er als „ein bißchen gedämpft", er weiß aus eigener Erfahrung, daß sich „ein leiblicher Vater direkter verhält", also spontaner und echter mit dem Kind umgeht.

Diese Zurückhaltung, zumindest in Konfliktsituationen, übt er zum Teil aus Rücksicht auf seine Frau, die er nicht durch Kritik an ihren Kindern kränken will, und zum Teil auch, um die Beziehung zu den Kindern, die auf Streitigkeiten mit Angst reagieren, nicht zu belasten.

In beiden zitierten Gesprächsausschnitten beschreiben die Stiefväter Empfindungen und Situationen, die es ihnen erschweren, ihre Vorstellungen von partnerschaftlicher Erziehung in der Familie umzusetzen, was wiederum Enttäuschung bei ihren Ehefrauen auslösen kann. Dies äußert sich möglicherweise in kleinen Dingen, so z.B., wenn eine Mutter bedauert, daß ihr Mann mitunter „einfach vergessen kann, den Kindern ,Gute Nacht' zu sagen. Das könnte mir nie passieren."

Das „Leiden" der Mütter in diesen Stieffamilien bezieht sich vor allem auf die gefühlsmäßige Ambivalenz, Unsicherheit und bisweilige Distanz ihrer Männer den Kindern gegenüber. Sie müssen sich immer wieder klarmachen, welchen Anforderungen ihre neuen Partner ausgesetzt sind. Mit viel Einfühlungsvermögen beschreibt eine Mutter die schwierige Situation ihres zweiten Mannes, der „Vollzeitstiefvater" für ihre Töchter ist und seine eigene Tochter nur noch in den Ferien und hin und wieder am Wochenende sieht:

„Ich finde, daß er wirklich versucht, Vater zu sein und daß es sicher anders ist als wenn es leibliche Kinder sind. Das glaube ich schon. Zum Beispiel, daß er sie nicht die ersten Jahre kennengelernt hat, sie nicht mit großgezogen hat. Aber mit den Jahren bildet sich auch eine Beziehung, die ihn auch dazu bewegt, sich zum Beispiel zu ärgern, wenn denen weh getan wird, wie das bei eigenen Kindern auch wäre. Aber nicht so in der Intensität, das muß schon manchmal über den Kopf laufen. (. . .) Tatsächlich ist es auch eine übermenschliche Leistung, jetzt da zu den Kindern, die nicht die seinigen sind, da sich gleichwertig zu verhalten wie zu der eigenen Tochter, die er im Grunde verlassen hat. Da hat er natürlich mit entsprechenden Schuldgefühlen reagiert."

In welchem Spannungsfeld zwischen Wünschen und Realität sich diese Frauen befinden können, erzählt eine andere Mutter, die ebenfalls in einer Stiefvaterfamilie mit einem Besuchskind lebt:

„Ich bin wirklich davon überzeugt, daß der Vater derjenige ist, der eigentlich mit dem Kind zusammen lebt und etwas mit ihm macht, und nicht derjenige, der es gezeugt hat. (. . .) Ich hab' mir also schon gewünscht, daß er (der Stiefvater, d.Verf.) nicht nur Erziehungsfunktionen übernimmt, sondern alles, was dazu gehört. Auch zärtliche Zuwendung, und da hat er schon Probleme gehabt bei meinem Sohn. (. . .) Und mit seiner Tochter, da ist er eine strahlende Vaterfigur. Das macht mir schon Schwierigkeiten."

Es sind die Ansprüche an die emotionale Zuwendung und Haltung ihres neuen Partners zu ihren Kindern, die diesen Müttern immer wieder zu schaffen machen, das alltägliche Engagement ihrer Partner im Haushalt und in der Kinderversorgung ist den Frauen selten ein Problem; auch in Fragen der Erziehung und Übernahme von Erziehungsverantwortung fühlen sie sich nicht allein gelassen. Konflikte entstehen für sie also nicht, weil sie ihre Verantwortung für die Kinder an die Stiefväter delegieren wollen und ihre Partner diesem Wunsch nicht nachkommen, − eine Konstellation, die Autoren wie z.B. GIESECKE (1987) oder KRÄHENBÜHL u.a. (1986) in Stieffamilien als häufige Konfliktursache beschreiben −, sondern eher weil sie befürchten, daß ihre Kinder von ihrem neuen Partner zu wenig Zärtlichkeit und Zuwendung bekommen.

So übernehmen die Stiefväter durchaus − so weit ihnen neben der Berufstätigkeit möglich − für ihre Kinder ganz konkrete Aufgaben wie Abholen von Kindergarten und Schule, Einkaufen und Kochen, Freizeitaktivitäten und anderes. Dadurch, daß sie im Alltag so eingebunden und engagiert sind, erleben sie − ebenso wie ihre Frauen − umso krasser gefühlsmäßige Brüche und situativen Rückzug, was diese Stief-/Eltern nur schwer in ihre Vorstellungen von Zusammenleben mit Kindern einordnen können. In solch einem engen gemeinsamen Alltag kommt es nach Aussagen der Stiefväter zwischen ihnen und den Stiefkindern zu Reibungspunkten, mit denen sie bei ihren eigenen Kindern ganz anders umgehen könnten: Mit ihren Stiefkindern entstehen schneller spannungsgeladene Situationen, in denen sie die Grenzen ihrer Toleranz spüren und – um eskalierende Auseinandersetzungen zu vermeiden – den Entschluß fassen, sich situativ zu distanzieren und weniger in die Erziehung einzugreifen.

Solche Gedankengänge können sich diese Stiefväter eher erlauben in Bezug auf ihre Stiefkinder, denn sie sind – wie sie betonen – nicht die „richtigen" Väter und haben daher auch nicht die juristische Verantwortung für die Kinder. Daß dieses gedankliche Konstrukt theoretisch bleibt und im Alltag nicht durchzuhalten ist, äußern beide Stiefväter in den oben stehenden Zitaten; dennoch machen solche Gedankenspiele einen Teil ihrer Ambivalenz aus und führen mitunter zu inkonsistentem Verhalten gegenüber den Kindern, das sich z.B. im Wechsel von Annäherung und Rückzug zeigen kann.

Die Mütter spüren die Schwankungen im Verhalten und in der Präsenz ihrer Männer und versuchen, diese auszugleichen. Das gelingt ihnen auch ganz gut, denn in allen hier beschriebenen Familien ist die Hauptverantwortung und Autorität für die Kinder letztendlich bei der Mutter geblieben, wenn auch theoretisch der Anspruch besteht, in Erziehungsfragen gleichberechtigt zu sein, wie es zum Beispiel Frau Pohl formuliert:

„Ich weiß nicht so genau, wie das mit der Erziehung vom Philipp (eigener Sohn, d.Verf.) ist: Bei Ralf (Stiefvater, d.Verf.) gibt es ja so Schwankungen zwischen sich raushalten und dann doch wieder eingreifen. So theoretisch ist klar, daß wir gleichberechtigt sind, aber manchmal läuft emotional etwas anderes ab. Oft denke ich, vielleicht weiß ich das jetzt besser oder ich kann das besser beurteilen, ich kenn' ihn besser, den Philipp. Dann fühle ich mich eher zuständig. Ob man da von Gleichberechtigung sprechen kann, das weiß ich nicht!"

Daß die letzte Entscheidungsinstanz für die Kinder bei seiner Frau liegt, betont besonders Herr Ortner:

„Die letzte Autorität für die beiden Mädchen, die hat hundertprozentig Nora (Mutter, d.Verf.). Ja, das glaube ich schon. Nicht, daß ich jetzt da keine Verantwortung übernehmen wollte oder so, und sie fragt oft auch mich. Und es ist oft auch so, daß dann Sachen, die ich sage, auch so passieren. Aber letztlich geht es doch immer nach ihr . . . also, wenn ich irgend etwas Entscheidendes zu tun glaube in bezug auf die Kinder, dann mache ich das nicht ohne sie. Ein leiblicher Vater würde sich da direkter verhalten."

Wie in diesen Familien der Umgang mit den Kindern und die Aufgabenteilung in der Erziehung gehandhabt wird – wenngleich es nicht ihren Vorstellungen und Absprachen entspricht –, beschreibt GIESEKKE (1987) als letztendlich „richtigen" Umgang mit der Erziehungsverantwortung in Stieffamilien:

„Mutter und Stiefvater haben zwar gleiche Rechte und Pflichten im Hinblick auf das Zusammenleben in der Familie, aber die Erziehungskompetenz bleibt letzten Endes beim leiblichen Elternteil, hier also der Mutter. Sie muß die entsprechenden Auseinandersetzungen mit den Kindern führen, der Stiefvater kann sie dabei nur beraten, ermutigen, unterstützen. (...) Wird diese Rollentrennung unklar, weil entweder die Mutter ihre Verantwortung an den Stiefvater abgeben will oder dieser sie von sich aus beansprucht, dann drohen Beziehungskonfusionen. An diesem Punkt werden wohl die meisten Fehler in Zweitfamilien gemacht, weil hier leicht das normative Leitbild der Erstfamilie durchschlägt." (S. 73)

Die von uns hier als „ambivalent" geschilderten Stiefväter betonen zwar, daß sie „theoretisch" – wie Herr Ortner formuliert – manchmal ähnliche Vorstellungen haben, diese im konkreten, pragmatischen Alltag aber nicht durchhalten können, im Gegenteil, wenn es ihnen gelingt, sich zurückzunehmen, leiden sie an dem Ungleichgewicht der Beziehungen und ihrer Distanz zur Familie, geraten also in „Beziehungskonfusionen" gerade dann, wenn sie laut GIESECKE „richtig" handeln. Dies mag durchaus an ihrem Festhalten am „normativen Leitbild der Erstfamilie" liegen, vor allem aber am Vergleich zwischen den Beziehungen zu eigenen und nicht-eigenen Kindern, der diesen Vätern, die eine warme und intensive Vater-Kind-Beziehung in ihrer Erstfamilie erlebt haben, immer wieder naheliegt.

Dieser Vergleich – nämlich zwischen eigenen und nicht-eigenen Kindern – drängt sich in diesem Zusammenhang auch auf, da in all diesen Familien einige Monate vor dem Interview ein gemeinsames Kind geboren wurde. Die beiden Partner werden hier erstmals gleichzeitig Vater und Mutter, vollziehen also einen Schritt, der normalerweise die Kernfamilie konstituiert, und damit zur Orientierung an der „Normal"-Familie verführt. Da das gemeinsame Kind noch sehr klein ist, sagen diese Väter noch wenig über ihre gefühlsmäßige Bindung an dieses nun wiederum leibliche Kind, empfinden aber Unterschiede in ihrer Emotionalität zu den Stiefkindern, dem gemeinsamen Kind und den Kindern aus erster Ehe. Das heißt, für diese Väter sind Kinder nicht gleich Kinder, – wie wir oben bei den „besseren Vätern" gesehen haben –, sondern es gibt in der Tat: „meine Kinder, deine Kinder, unsere Kinder."

Die Frage „Haben Kinder ein Recht auf Liebe", die GIESECKE (1987) so klar mit einem „Nein" beantwortet (S. 42), können diese Stiefväter für sich nicht so klar entscheiden, schon gar nicht mit diesem „Nein" ihren Stieffamilienalltag leben; im Gegenteil, sie leiden daran, die Liebe zu ihren Stiefkindern nicht in gleichem Maße herstellen zu können wie zu ihren eigenen Kindern. Eine solche Gefühlskonstellation, nämlich Gefühle herstellen zu wollen, die sie selbst und ihre Frauen sich wünschen, wird in der familientherapeutischen Literatur (vgl. SAGER et. al. 1983; VISHER & VISHER 1979; KRÄHENBÜHL u.a. 1986) oft als mögliche Ausgangslage betrachtet, die die Gefahr einer gestörten Entwicklung in sich birgt. Wir meinen, daß dies durchaus zutreffen kann, wenn tatsächlich in einer Stieffamilie Gefühle erzwungen oder vorgetäuscht werden, denken aber, daß die von uns hier beschriebenen „ambivalenten Stiefväter" diesem Erwartungsdruck nicht unterliegen: Zwar nehmen sie die emotionalen Ansprüche wahr, halten jedoch aus, daß sie diese nicht erfüllen können.

Das Verhalten der Väter im Interaktionssystem Familie kann nicht gedacht und beschrieben werden ohne — korrespondierend zu den Erwartungen der Väter und Mütter — auch die Erfahrungen und das Tun der Kinder miteinzubeziehen. Welche Art von Beziehung zwischen Stiefvätern und Stiefkindern entsteht, wird von den Kindern mitbestimmt.

So erklärt sich der Rückzug oder die Reserviertheit der Stiefväter auch aus der Ablehnung und dem Desinteresse oder dem Nichtbeachten, das die Kinder bisweilen zeigen. Es kommt im täglichen Umgang immer wieder zu Situationen, in denen die Kinder ihren Standpunkt und ihre Macht ausspielen und damit die Stiefväter kränken, ohne immer bewußt verletzen zu wollen.

Jenseits solcher situativen Zurückweisungen kann auch eine abwehrende Grundhaltung das Verhältnis über Jahre hinweg bestimmen. In einer der untersuchten Familien macht das eine Äußerung des Stiefvaters besonders deutlich:

„Da war viel Widerstand und Rivalität von dem Lorenz (Stiefsohn, d.Verf.) gegen mich da. Er war so wahnsinnig auf seine Mutter fixiert, das war also nicht möglich, auf ihn zuzugehen. Ich hab's auch gar nicht groß versucht. Das hat sich eigentlich erst im Laufe der Jahre gebessert, es hat wirklich lange gedauert, bis der Lorenz gemerkt hat, daß es neben der Mutter auch noch mich gibt."

Seine Frau begründet den Widerstand ihres Sohnes eher mit Eifersucht und Ansprüchen auf die Mutter, welche für sie naheliegend sind, denn auch sie hat Schwierigkeiten, das enge Mutter-Kind-Verhältnis für einen Dritten zu öffnen:

„Der Anspruch vom Lorenz (leiblicher Sohn, d.Verf.), mich alleine zu haben, war ziemlich stark. Also immer, wenn der Manfred (Ehemann, d.Verf.) und ich zärtlich zueinander waren, dann ist er dazwischen getreten, aber vielleicht extremer als ein Kind sonst. Der wollte uns trennen, vielleicht wollte aber auch ich den Lorenz nicht loslassen."

Zu eher situativen Konfrontationen kommt es im Hause Rebmann-Pohl; zwar gibt es zwischen Stiefvater und Stiefsohn auch Momente der gegenseitigen Toleranz und Anerkennung, sogar des Sich-Mögens, aber auch Situationen, in denen es zu vehementen Auseinandersetzungen zwischen den beiden kommt. Oft fühlt sich Herr Rebmann-Pohl

116

„(. . .) von Philipp (Stiefsohn, d.Verf.) total verarscht und gelackmeiert, wenn der dann spöttisch sagt, haja, du bist doch nicht mein Vater, ich rufe jetzt den Klaus (leiblicher Vater, d.Verf.) an und gehe zu ihm. Und dann geht er auch."

Diese Möglichkeit, sich den Auseinandersetzungen mit dem Stiefvater zu entziehen und die „Väter" gegeneinander auszuspielen, wird in dieser Familie schließlich eingeschränkt, indem klare und feste Regelungen für die Besuche beim leiblichen Vater festgesetzt werden:

„Das ist jetzt ganz klar geregelt, wann er zu seinem Vater geht und wann nicht. Das sind feste Termine. Und das ist entlastend für mich. Also in der Form läuft das nicht mehr, das sagt er seither nicht mehr."

Auch andere der hier als „ambivalent" geschilderten Stiefväter empfinden es als Erleichterung, wenn durch eine festumrissene Besuchsregelung ausgeschlossen wird, daß der außerhalb lebende leibliche Vater selbstverständlich jederzeit vorbeikommen kann oder die Kinder ihrerseits beliebig nach eigenen Interessen und Launen sich an den Vater wenden und zu ihm gehen können.

Widerstand und Ablehnung, auch die Haltung, den Stiefvater „nicht ganz für voll zu nehmen", demonstrieren die Stiefkinder mitunter in ganz banalen Szenen des Alltags:

„Also letzten Sonntag, da war's halt mal wieder ganz eklatant für mich. Ich habe dem Philipp (Stiefsohn, d.Verf.) gezeigt, was ich jetzt kochen könnte und habe ihn wählen lassen, was er möchte. Und der Philipp sagt, er möchte die Pizza. Ich schiebe also die Pizza in den Backofen rein und als es fertig ist, rufe ich den Philipp – dreimal –, der kommt nicht. Ich geh' rüber und da spielt er halt. Dann kommt er endlich und schon aus der Ferne sieht er was und schreit: das schmeckt mir nicht, das will ich nicht. Ja klar, kannst du dir da sagen, Ruhe bewahren, wachsen lassen. Aber wißt ihr, mich nervt's dann und dann greife ich ein, da werde ich auch rigide."

Daß im Alltag manche Stolpersteine für eine „nicht-eingreifende Erziehung", wie sie ein Stiefvater – so GIESECKE (1987) – praktizieren sollte, liegen, wird in diesem Beispiel deutlich. Im widrigen Falle kann eine Spirale von Bemühen, Ablehnung, Schuld und Frustrationsgefühlen entstehen, die dann nur schwer zu durchbrechen ist.

Für Philipp steht sicher bei solchem widerspenstigen Verhalten einerseits Eifersucht im Vordergrund – er sagt manchmal sehr eindeutig: „Der (Stiefvater, d.Verf.) soll abhauen, mit meiner Mama allein ist es viel schöner" –, auf der anderen Seite gibt es bei ihm, wie bei fast allen von uns befragten Kindern, den Wunsch oder die Fantasie, daß seine leiblichen Eltern wieder zusammenkommen. Eine solche Fantasie läßt sich wesentlich schwieriger aufrechterhalten, wenn ein Stiefvater den Platz des Vaters besetzt. Kinder mögen also auch aus Loyalität zu ihrem eigenen Vater sich dem Stiefvater gegenüber zurückhaltend zeigen.

Die Stieftöchter des Herrn Ortner zeigen – im Gegensatz zu Philipp – nicht Aufmüpfigkeit, sondern reagieren mit Unsicherheit und Ambivalenz, weil sie nicht genau wissen, wie sie ihre Liebe und Zuwendung gerecht zwischen Stiefvater und Vater verteilen sollen; sie möchten ihren Stiefvater gerne als Ersatzvater annehmen und lieben, glauben aber, damit ihrem leiblichen und auch geliebten Vater weh zu tun und verteilen daher ihre Aufmerksamkeit nach beiden Seiten. So erzählt der Stiefvater:

„Das ist ganz typisch für diese Kinder; wir haben mit denen darüber gesprochen, ob sie meinen Namen annehmen wollen. Da haben sie gesagt: ‚du kannst hier wohnen und wir behalten den Namen von Norbert (leiblicher Vater, d.Verf.). Diese Formel hat mich irgendwie überzeugt, das ist doch eigentlich gerecht.“

Herr Ortner sieht, daß seinen Stieftöchtern Schwierigkeiten daraus erwachsen, zu zwei „Vätern“ nebeneinander eine enge emotionale Beziehung zu haben:

„Das ist wahrscheinlich der Grundwiderspruch ihrer Situation. Ich glaube nicht, daß sie mich wegjagen wollen, aber es gibt wohl auch diesen Wunsch, daß sie wieder zusammen mit ihren beiden (leiblichen, d.Verf.) Eltern leben wollen. Davon gehe ich ’mal aus, daß dieser Wunsch existiert. Was geht dann in den Kindern vor? Ist das dann schizophren, ’ne Beziehung zu haben zum Stiefvater? Also das wäre doch gespalten – auf der einen Seite müssen sie ihn akzeptieren, weil er der Freund ihrer Mutter ist, auf der anderen Seite müssen sie ihn eigentlich vertreiben, weil er verhindert, daß der Vater wiederkommt. Das ist doch richtig . . . schizo . . . double-bind oder so. Aber jedenfalls widersprüchlich.“

Die Wiedervereinigungsfantasien der Kinder, die Herr Ortner hier beschreibt, sind eine Seite des Loyalitätskonfliktes; seine Frau betont eher eine andere, nämlich die, daß ihre Töchter sich sehr um den Stiefvater bemühen, ja, um ihn werben und ihm gefallen möchten, damit er bei ihnen bleibt und sie nicht noch einmal einen „Vater“ verlieren; daher vermeiden sie Konflikte und Auseinandersetzungen, um sein Wohlwollen zu bewahren.

4.2.5 Präsenz der Vergangenheit

Die familiären Vergangenheiten der beiden Partner reichen in die Stieffamilie hinein durch die außerhalb lebenden Elternteile und die Kinder aus den ersten Ehen.

Beide Partner haben bereits eine Familiengeschichte hinter sich und bringen diese mit in die Stieffamilie, sei es, wenn Regelungen und Absprachen mit dem ehemaligen Partner bezüglich der Kinder getroffen werden müssen, sei es, wenn außerhalb lebende Kinder oder Partner in die Stieffamilie zu Besuch kommen.

Durch die anhaltenden Kontakte ist die Vergangenheit nicht ein Kapitel, das irgendwann einmal bearbeitet und bewältigt, also abgeschlossen ist, sondern es muß eine Form gefunden werden, wie die frühere Familie immer wieder in das Stieffamiliengeschehen integriert werden kann: Zum Beispiel machen die Besuche der außerhalb lebenden Kinder es notwendig, mit dem ehemaligen Partner über Termine und Dauer der Besuche zu verhandeln, mit diesem über die Entwicklung der Kinder zu sprechen und deren Zukunft, z.B. schulische Veränderungen zu planen. Da die hier besprochenen Stiefväter meist ihre eigenen Kinder wegen der räumlichen Distanz nur in größeren Zeitabständen sehen, müssen sie sich jedes Mal von neuem auf ihre Kinder einstellen und einlassen und dann wieder Abschied nehmen; in solchen Situationen wird ihnen dann auch jedes Mal von neuem – bisweilen schmerzhaft – bewußt, daß sie ihren Alltag mit „fremden" Kindern leben. Ein Stiefvater erzählt:

„Wenn meine Tochter zu Besuch war, dann geht es mir nicht besonders gut. In den Tagen danach wird mir meine Situation besonders klar und ich ziehe mich mehr zurück."

Seine Frau sieht noch einen weiteren Aspekt, wie das Verhältnis ihres Mannes zu seinem eigenen Kind sich auf seinen Umgang mit ihren Kindern auswirkt:

„Manchmal kann er (Stiefvater, d.Verf.) nicht knuddelig mit meinen Kindern sein. Und das hat wiederum damit zu tun, wie seine Probleme mit seiner eigenen Tochter sind. Wenn er zum Beispiel zu lange nichts mit ihr gemacht hat, wenn der Abstand groß wird, er hier aber viel mit meinen Kindern machen soll, dann kriegt er 'ne Hemmung."

Beide machen im Gespräch deutlich, wie für sie die Beziehungen zu den eigenen und nicht-eigenen Kindern des Stiefvaters sich gegenseitig bedingen können.

In manchen Familien wird auch thematisiert, daß die Besuchssituation zu einer Art „Familienspaltung" führen kann, das heißt jeder Elternteil sich dann besonders für *seine* Kinder zuständig fühlt und sich von der anderen Teilfamilie ein Stück zurückzieht. In solchen Situationen mag die Angst wach werden, daß die zweite Familie, die mit Anstrengung und Energie aufgebaut wurde, wieder in ihre Teilfamilien zerfallen könnte.

Die Stiefväter machen sich durchaus auch Gedanken – besonders nach Besuchen ihres Kindes – über die Möglichkeit, daß dieses sich eines Tages, eventuell durch die Entwicklung in der Pubertät, dazu entschließen könnte, zu seinem Vater zu ziehen. Sie alle würden solch eine Entscheidung des Kindes akzeptieren und haben darüber mit ihrer neuen Partnerin gesprochen. An den bestehenden Sorgerechtsregelungen wollen sie derzeit jedoch nichts ändern. Ein Vater schildert sogar die Sorge, daß seine Tochter schon jetzt – also vor der gesetzlichen Möglichkeit eines Kindes, mit 14 Jahren seinen Aufenthaltsort mitzubestimmen –, nachdrücklich den Wunsch äußern könnte, ganz in der jetzigen Familie seines Vaters mitzuleben:

„Da würden dann gravierende Probleme kommen. Ich habe Angst davor, daß die Ursel (leibliche Tochter, d.Verf.) sich hier zu wohl fühlt, und nicht mehr zu ihrer Mutter zurück will. Weil die Ursel erlebt hier Sachen, die sie zu Hause nicht mitkriegt und die dem Kind einfach gefallen.

Da habe ich schon 'mal den Eindruck, daß es der Ursel hier saumäßig gut gefällt. Zu gut – so daß ich mich manchmal frage, ist es gut für sie, wenn sie hier ist. Aber je älter sie wird, desto bewußter schätzt sie das sowieso und desto besser kann sie auch damit umgehen."

Diese Teilzeitväter fühlen sich für ihre außerhalb lebenden Kinder „in der Pflicht" und wünschen sich, daß es ihren Kindern gut geht. Daher empfinden sie es als Entlastung, wenn ihre früheren Frauen einen neuen Partner haben, mit dem ihre Kinder gut auskommen und sind froh, wenn dieser eine Ersatzvaterrolle übernimmt.

Ein Vater äußert sich richtiggehend begeistert über die neue männliche Bezugsperson seiner Tochter:

„Das ist ein ganz dufter Typ, wirklich erstklassig; da habe ich viel Vertrauen, das ist für mich wichtig. Das ist ein Typ, der sich außerordentlich gut mit Kindern versteht. Wenn man das so beobachtet, wie das im Alltag zwischen denen abläuft und wie sie sich an den wendet, wenn irgendwas los ist, das ist eine ganz klare Vertrauensbeziehung. Das ist beruhigend."

Erstaunlicherweise empfinden diese Männer keine Rivalität zu den neuen Partnern ihrer ehemaligen Frauen, anders als sie es in bezug auf die Ex-Ehemänner ihrer jetzigen Frauen erleben. Vielleicht fühlen sie sich sehr sicher in ihrer Beziehung zum eigenen Kind und unhinterfragt in ihrer Stellung als leiblicher Vater:

„Mein Kind freut sich unheimlich, wenn ich komme und alles ist toll und ich bin der größte. Alles, was ich mache, ist richtig. Ich habe eine völlig unangefochtene Stellung bei meiner Tochter, das ist fast schon unnatürlich."

Der gleiche Vater äußert sich paradoxerweise über den Vater seines Stiefkindes sehr kritisch und hält seinen Ärger nicht zurück darüber, daß dieser seinerseits auch eine „unangefochtene Stellung" hat bei diesem:

„So ein Vater ist wirklich jenseits aller Kritik, das ärgert mich. Weil, wenn man sieht, was der Kerl macht, der gibt sich doch kein bißchen Mühe mit seinem Kind und ich gebe mir mit dem immer solche Mühe."

In dieser Aussage schwingt nicht nur Ärger, sondern auch Rivalität und Neid mit. Die Stiefväter sind diejenigen, die den Alltag mit ihren Stiefkindern leben und gestalten, deren Sorgen teilen, Konflikte mit ihnen durchstehen und eben einfach präsent sind; umso mehr stören sie sich daran, daß deren leiblichen Vätern sozusagen die Liebe und Anerkennung ihrer Kinder „in den Schoß fällt", obwohl sie selbst genießen, daß ihnen die Liebe ihrer eigenen Kinder trotz der Trennung uneingeschränkt erhalten bleibt.

Ihren Eifersuchtsgefühlen begegnen sie zum Teil mit Abwertung des leiblichen Vaters oder indem sie sich abgrenzen und ihren eigenen Einsatz im Alltag betonen. So sagt ein Stiefvater:

„Wenn ich mich mit dem (leiblicher Vater, d.Verf.) als Vater vergleichen würde, dann käme ich nicht so schlecht weg, im Gegenteil. Der macht doch nichts mit seinen Kindern, nur bei festlichen Anlässen findet er es schick, sich mit ihnen zu dekorieren."

Als selbst leibliche Väter wissen sie, wie wichtig der Kontakt zwischen Vater und Kind ist, und sie selbst erheben auch für sich den Anspruch auf eine unbehinderte, kontinuierliche und intensive Beziehung zu ihrem Kind.

Auf rationaler Ebene sind sie sich mit ihren Frauen einig, daß ein Kind ungestörten Zugang und ein enges emotionales Verhältnis zu seinen beiden natürlichen Eltern braucht, und trotzdem stört und bedrängt sie die Allgegenwart dieser weiteren Elternfigur. Dementsprechend verhindern sie den Kontakt ihrer Stiefkinder zu den leiblichen Vätern nicht, aber sie fördern ihn auch nicht, eher sind sie froh, wenn dieser sich so wenig wie möglich um die Kinder kümmert. Zwar haben die Stiefväter am Anfang die Vorstellung, einen freundschaftlichen, kooperativen und unverkrampften Umgang mit dem außerhalb lebenden Elternteil pflegen zu können, doch das gelingt ihnen nur in Ansätzen, weil sie einerseits nicht ihre Rivalitätsgefühle wegschieben können und andererseits einen häufigen Kontakt immer wieder als Störung ihres Familienrhythmus empfinden.

Vielleicht hindert sie sogar – wie Herr Ortner vermutet – ihre Empathie mit den leiblichen Vätern, die sich in einer ähnlichen Situation wie sie selbst befinden, daran, ein kooperatives Verhältnis mit ihnen zu gestalten.

„Also, ich könnte das nicht, mit den Kindern auf eine gute Art zu leben und ständig mit dem Norbert (leiblicher Vater, d.Verf.) Kontakt zu haben, das würde ich nicht auf eine Reihe bringen. Dazu kann ich seine Situation – nämlich als vom Kind getrennter Vater – viel zu gut nachvollziehen. Der braucht nur 'mal traurig zu gucken, dann weiß ich genau, was mit dem los ist. Das ist schade."

Andere dieser befragten Stiefväter beschreiben ebenso ihr Mitgefühl mit dem außenstehenden Elternteil, der ihnen eigentlich leid tut, weil er so selten seine Kinder sehen kann. Herr Faller erzählt:

„Also wenn ich mir vorstelle, ich dürfte nur alle 14 Tage bei meinem Kind antraben und dann schreibt mir noch der Rechtsanwalt, daß ich mein Kind nur ,zur narzißtischen Selbstdarstellung' mißbrauche, also an seiner (außerhalb lebender leiblicher Vater, d.Verf.) Stelle wäre ich dann auch sauer und es würde mir nicht gutgehen damit."

Auch hier sind die Stiefväter mit inneren Ambivalenzen konfrontiert, wenn sie einerseits sich gut in die Situation eines Teilzeitvaters, der Anspruch auf seine Kinder erhebt, hineindenken können und andererseits durch die Konkurrenz mit ihm seinen Einfluß und seinen Anteil am Familienleben so weit wie möglich reduzieren wollen. Das nicht nur aus Rivalität um die Kinder, sondern auch, weil dieser außerhalb lebende Elternteil als ehemaliger Ehepartner der jetzigen Frau Ängste und Eifersuchtsgefühle weckt, da er ja immerhin ein Stück Lebens- und Familiengeschichte und gemeinsame Kinder mit dieser teilt.

Als rationale Begründung für die Begrenzung des Kontakts zwischen Kind und außerhalb lebendem leiblichem Vater wird nicht Rivalität und Eifersucht angeführt, sondern mit dem Wohl der Kinder argumentiert, die − wie Stief-/Eltern sagen − an dem häufigen Wechsel leiden, und mit dem Wohl der zweiten Familie, die durch die Besuche immer wieder „in Unruhe gerät".

Das Hineinreichen der Vergangenheit in die jetzige Stieffamiliengestaltung bietet auch immer wieder Anlaß, Vergleiche zu ziehen zwischen der damaligen und der heutigen Familie, zwischen „meinen" und „deinen" Kindern, sogar zwischen dem ersten und dem zweiten Partner. Und auch die Kinder − wie wir weiter vorne schon dargestellt haben − vergleichen ihren Stiefvater und ihren „richtigen" Vater und stellen sich Fragen wie: wer von den beiden tut mehr für mich, wer erlaubt mir mehr, wer ist großzügiger, wer setzt sich mehr für mich ein, wer unternimmt mehr mit mir etc.? Die vielfältigen Vergleichsmöglichkeiten in diesen Stieffamilien können als bedrohlich erlebt werden, weil sie das Risiko in sich bergen, daß damit Druck ausgeübt wird und Personen gegeneinander ausgespielt oder abgewogen werden.

Die Komplexität und die Komplikationen, die aus dieser Doppelung von Familiengeschichten entstehen, löst bei einem von uns befragten Paar großes Bedauern aus und am liebsten würden sie die Vergangenheit ungeschehen machen:

„Ich stelle mir schon manchmal vor, wie es gewesen wäre und sein könnte, wenn ich die Eva (zweite Frau, d.Verf.) früher kennengelernt hätte. Das ist eine Wunde; uns wäre vielleicht viel erspart geblieben. Aber es ist halt nicht so."

Das Leiden an der gebrochenen Familiengeschichte kristallisiert sich in dem unrealistischen Wunsch, diese Brüche aufzuheben, die ganz sichtbar und spürbar durch die abwesenden Elternteile immer wieder wachgehalten werden.

Zusammenfassend kann man sagen, daß die hier als ambivalent beschriebenen vier Stiefväter zwischen den unterschiedlichen Bedürfnissen und Erwartungen aller am Familiengeschehen Beteiligten die Balance herstellen müssen, um in der Beziehung zu ihren Stiefkindern eine Position zu finden. Sie müssen abwägen zwischen dem, was sie als selbst leibliche, von den Kindern getrennte Väter den außerhalb lebenden Vätern ihrer Stiefkinder zumuten können, und dem, was ihrer Ansicht nach gut für die Kinder ist, zwischen dem, was die Frauen – und auch die Kinder – von ihnen wünschen und dem, was sie selbst an Ansprüchen umsetzen können. Diese Unsicherheit in der Selbstdefinition wird auch deutlich, wenn Herr Ortner versucht, seine Rolle sprachlich zu fassen. Er beschreibt, wie er sich nach außen darstellt und wie er sich selbst sieht:

„Also für mich ist es ein Problem, einen treffenden Begriff zu finden, und am Wort hängt schon was dran. Es gibt nämlich kein Wort, es gibt nur dieses Wort ‚Stiefvater‘, das wir nicht verwenden. Und das Problem stellt sich dann, wenn andere Kinder fragen: wer ist denn das? Wer bist du? Da sage ich dann, ich bin der Vater von den beiden. Ich sage nicht, ich bin der Freund von der Mutter, das finde ich blöd. Ich habe die Kinder gefragt, und das so mit denen besprochen. Das mache ich auch so. Ich verwende dieses Wort ‚Vater‘ schon auch, aber ich bin natürlich der Ansicht, ich bin was anderes als ein Vater.

Ich halte auch nichts von der Freund-Theorie, ich weiß nicht, das ist weniger als ein Vater, das ist für mich selbstverständlich im Vater enthalten, Freund und Partner der Kinder zu sein.“

Dieses Ringen um Begriffe und Rolleneindeutigkeit kommt auch bei Herrn Rebmann-Pohl zum Ausdruck:

„Oh, das ist schwierig zu sagen, was ich für den Philipp (Stiefsohn, d.Verf.) bin. So richtig Vater kann ich sicher nicht für ihn sein, weil der Klaus (leiblicher Vater, d.Verf.) da ist und der ist für ihn der Vater. Andererseits ist's schon so was wie eine Vaterschaft . . . also wenn man Stiefvater sagt, ohne negativen Beigeschmack, dann ist's okay. Aber das Wort ‚Stiefvater‘ verwende ich nie. Über den Philipp sage ich schon eher: der Sohn meiner Frau aus erster Ehe.“

Die im vorhergehenden beschriebene Ambivalenz dieser Stiefväter ist – wie wir aufgrund der unterschiedlich langen Stieffamilienerfahrung vermuten – keine situative, auf die Anfänge der Stieffamiliengründung begrenzte Zwiespältigkeit, sondern liegt wohl in einer Unsicherheit und Widersprüchlichkeit begründet, die auch noch in späteren Phasen der Familienentwicklung bestehen[18], denn ihre Ursprünge liegen nicht in der Stieffamilie selber, sondern eher in den familiären Vorerfahrungen dieser Stiefväter.

---

18 Die hier interviewten Väter leben zum Zeitpunkt des Interviews seit 2 bis 6 Jahren in der neuen Partnerschaft.

4.3 Der „Freund-Stiefvater"

Im Gegensatz zu den als „ambivalent" dargestellten Stiefvätern wenden wir uns in diesem Teil den Stiefvätern zu, die sich vor allem als Freund ihrer Stiefkinder erleben und ein eindeutiges Selbstverständnis als „Freund-Stiefvater" haben; diese Männer treten zwar nach außen bisweilen in der Rolle des „Vaters" auf und übernehmen „väterliche" Funktionen, sehen sich jedoch hauptsächlich als zusätzliche wichtige Bezugsperson für die Kinder und nicht als Vater.

4.3.1 Ausgangssituation zu Beginn der neuen Partnerschaft

Für die beiden Stiefväter, die wir die „Freund-Stiefväter" nennen, ist die Ausgangssituation bei Gründung der Stieffamilie anders als die des „besseren Vaters" und des „ambivalenten Stiefvaters": diese beiden Männer haben keine Familienvorerfahrungen. Als ledige junge Männer lernen sie eine Frau mit einem Kind im Vorschulalter kennen, eine Frau, die mit ihrer Situation als Alleinerziehende gut zurecht kommt. Zu dieser Zeit lebten diese Mütter mit ihrem Kind seit einigen Jahren in einer Wohngemeinschaft und hatten ihren Alltag so organisiert, daß die Betreuung und Versorgung des Kindes von der Gemeinschaft mitgetragen wurde und daher die Mütter entlastet waren, also auch genügend Zeit und Raum für sich selbst hatten. Zudem fühlten sie sich in der Gruppe aufgehoben, sie fanden dort Ansprechpartner und Freunde für gemeinsame Unternehmungen.

Vorübergehend leben die hier besprochenen beiden Männer mit in der Wohngemeinschaft ihrer Partnerin und erst mit der eigenen Familiengründung bezieht die neue Familie allein eine Wohnung. In diesen beiden Familien wird — besonders auf Wunsch des Mannes — bald ein Kind geplant, dessen Geburt dann letztendlich den Anlaß gibt, aus der Wohngemeinschaft auszuziehen. Diese Männer, die ihre erste „Vater-Erfahrung" als Stiefvater machen, werden also erst biologischer Vater, nachdem sie bereits mit einem Stiefkind zusammengelebt haben.

4.3.2 Selbstverständnis als Stiefvater

Als Stiefväter leben sie sehr bewußt mit der Tatsache, daß sie nicht Vater ihres Stiefkindes sind. Für sie ist zwar selbstverständlich und unumstritten, sich auf das Kind ihrer Partnerin einzulassen, eine Beziehung zu diesem aufzunehmen und es gern zu haben; sie verlangen weder, daß ihr Stiefkind seine emotionale Nähe zum eigenen Vater verleugnet, noch wollen sie diesen verdrängen.

Sie haben ein eigenständiges Verständnis von ihrem Stiefvater-Sein, das unabhängig ist von der Art der Beziehung des Stiefkindes zu seinem leiblichen Vater. Auch ihre Frauen vermitteln ihnen nicht den Eindruck, daß sie sie mit dem ersten Ehemann und Vater der Kinder vergleichen; so fühlen sie sich nicht unter Druck, beweisen zu müssen, ein besonders guter Vater zu sein, ein Gefühl, das von Stiefmüttern ohne eigene Kinder oft beschrieben wird: diese meinen, ihre Weiblichkeit und Mütterlichkeit durch starkes Engagement und liebevolle Zuwendung zu den Stiefkindern unter Beweis stellen zu müssen.

Im Gegensatz zu vielen Stiefmüttern haben die „Freund-Stiefväter" nicht die Sorge, daß ihre Partnerbeziehung abhängig ist von der Qualität ihrer Beziehung zu den Stiefkindern, das heißt, sie glauben nicht, sich über das gute Verhältnis zu den Stiefkindern die Liebe ihrer Partnerin „verdienen" und bewahren zu müssen. So können sie die Beziehung zu ihrem Stiefkind relativ unabhängig und unbelastet gestalten und sich entwickeln lassen. Grundlage ihres Selbstverständnisses als Stiefvater ist die gemeinsam erlebte Familiengeschichte und der gemeinsame Alltag. Sie sehen sich als „Alltagsväter" und vor allem als Freund des Kindes und – im Gegensatz zu den „ambivalenten Stiefvätern", denen die Rolle des Freundes zu wenig erscheint – fühlen sie sich wohl in dieser Rolle, die ihren Vorstellungen von Leben mit einem Stiefkind entspricht. Herr Schäfer-Traber, einer der Stiefväter, drückt das so aus:

„Ich bin nicht der leibliche Vater, das spielt für mich keine Rolle, ich kann in gewisser Weise gut mit Tina (Stieftochter, d.Verf.) und fertig! Ob die jetzt mein Kind ist oder nicht, das hat in meinem Kopf nie eine Rolle gespielt. Die Tina war halt da und entweder läßt man sich auf ein Kind ein oder nicht. Das war ja klar, wenn ich mich auf die Traudl (Ehefrau, d.Verf.) einlasse, dann lasse ich mich auf das Kind mit ein, das geht nicht ohne."

Das Verständnis für seine Stieftochter und die gute Beziehung zu ihr erklärt dieser Stiefvater mit seiner Fähigkeit, „einfach ganz gut mit Kindern umgehen zu können"; der andere „Freund-Stiefvater" bezieht sich im Umgang mit seinem Stiefsohn eher auf Erinnerungen an eigene gleichgelagerte Kindheitserfahrungen, die ihm die Empathie für das Kind leicht machen. Bestätigt werden diese Stiefväter in ihrem Selbstverständnis als Freund und „Alltagsväter" durch ihr gutes und wenig konflikthaftes Verhältnis zu ihren Stiefkindern.

In der Familie Schäfer-Traber teilen sowohl Stieftochter und Stiefvater als auch die Mutter eine für sie problemlose Einteilung der Vaterfiguren:

„Bei uns gibt es den „richtigen" und den „nicht-richtigen" Vater, so einfach ist das. Und da gibt es auch kein Kompetenzgerangel."

Ähnlich ist das Selbstverständnis des Herrn Uhlmann-Weiss, der seine Beziehung zu seinem Stiefsohn als „so eine Männerfreundschaft" darstellt:

„Wir mögen uns gern und ich habe Lust, mit ihm (Stiefsohn, d.Verf.) etwas zu machen; wir gehen spazieren und lassen Drachen steigen oder ich fahre auch 'mal alleine mit ihm weg. Der Wolfi (Stiefsohn, d.Verf.) hat mich immer als seinen großen Freund betrachtet. Mit mir macht er und bespricht er ganz andere Sachen als mit seiner Mutter."

Beide „Freund-Stiefväter" sehen in ihrer selbstgewählten Position und Rolle einen Vorteil und eine besondere Chance für die Familie und die Beziehung zu ihrem Stiefkind, das sich in bestimmten Situationen, die zwischen Mutter und Kind konflikthaft oder belastet sind, den Stiefvater als Ansprechpartner und Vermittler wählen kann. Aus ihrer etwas distanzierteren Position können sie sachlicher und unbelasteter als die Mutter auf das Verhalten des Kindes reagieren, ohne in einem „Gefühlsclinch" verstrickt zu sein. Herr Schäfer-Traber meint:

„Ich habe, behaupte ich jetzt mal so frank und frei weg, ein relativ unbelastetes Verhältnis zu Tina (Stieftochter, d.Verf.); ich schleppe da nicht irgendwie alte Geschichten mit mir rum, so Schuldgefühle, wie ich das manchmal bei der Traudl (leibliche Mutter, d.Verf.) denke. Zwischen denen gibt es immer wieder dieselben Standardsituationen, die sich eingeschliffen haben und in denen sie aneinander hochgehen. Mir fällt das dann relativ leicht, unvorbelastet zu sagen: komm, das kann man doch jetzt ruhig aushalten, du mußt dich doch nicht aufregen."

Wie die Stiefväter ihre Rolle ausfüllen, vermittelnd eingreifen und mit dem Stiefkind umgehen, wird von ihren Frauen weitgehend unterstützt und akzeptiert.

4.3.3 Umgang mit der Erziehungsverantwortung

Die Mütter in diesen Stieffamilien fühlen sich in der Erziehung von ihren Männern ausreichend unterstützt und schätzen es, daß diese die Verantwortung in der Sorge um das Kind mittragen. Solch eine Form von gemeinsamer Erziehungsverantwortung hat sich in beiden Familien erst im Laufe der Jahre unter zunehmender Alltagsroutine entwickelt, entgegen ursprünglicher Vorstellungen, daß die Betreuung und Sorge für das Kind in den Händen der Mutter bleibt.

Trotz ihrer Freund-Position bestimmen diese Stiefväter im täglichen Zusammenleben mit ihrer Frau gemeinsam und gleichberechtigt Regeln und Umgangsstil in der Familie; aus ihrer Situation, daß sie den Alltag mit den Stiefkindern verbringen, leiten sie ihre jeweilige Zuständigkeit und ihr Recht auf Einflußnahme ab:

„Wenn ich Pflichten übernehme und so, dann habe ich auch das Recht — nicht ihn (das Stiefkind, d.Verf.) zu disziplinieren im Sinne von strafen — aber ihm Grenzen zu setzen, das akzeptiert er auch."

In der Familie Uhlmann-Weiss wird von beiden Partnern die Sorge für alle Kinder — also das Stief-/Kind und die beiden gemeinsamen Kinder — gemeinsam übernommen und Entscheidungen, die die Kinder betreffen, werden gemeinsam gefällt. In alltäglichen Entscheidungs- und

Erziehungssituationen fühlt sich dann derjenige zuständig, der gerade anwesend ist:

„Ich nehme mich da nicht raus aus der Erziehung und sage, da mußt du deine Mami fragen, sondern ich traue mir da schon selbst Entscheidungen zu."

Für Herrn Uhlmann-Weiss gehört es dann auch dazu, daß er z.B. an Elternabenden und an Gesprächen mit Lehrern seines Stiefsohnes teilnimmt, sofern es seine Zeit ihm erlaubt. Obwohl die Schulen – von der rechtlichen Situation ausgehend, daß ein Stiefelternteil keine elterlichen Rechte, Ansprüche und Pflichten für sein Stiefkind hat – den neuen Partner des Elternteils in der Regel von sich aus bei Schulschwierigkeiten nicht hinzuziehen und ihn nicht als Ansprechpartner in Erwägung ziehen, setzen sich viele der Stiefeltern darüber hinweg. Herr Uhlmann-Weiss meint dazu:

„Ich bin einfach zu den Gesprächen mit den Lehrern mitgegangen. Ich war da zwar nicht miteinbestellt, aber das akzeptiere ich nicht, da bin ich dann einfach stillschweigend der Vater."

Wir haben in den Interviews den Eindruck gewonnen, daß alle von uns befragten Stiefväter in bezug auf die Schule eine ähnliche Haltung einnehmen, das heißt sich durchaus als berechtigte Verhandlungspartner fühlen und ihren Frauen in solchen offiziellen Angelegenheiten solidarisch zur Seite stehen.

Beide „Freund-Stiefväter" nehmen selbstverständlich am Alltag ihrer Stiefkinder teil, sie beaufsichtigen Hausaufgaben, sind Ansprechpartner bei Lernschwierigkeiten und schulischen Mißerfolgen, aber auch bei Kummer und Problemen mit Gleichaltrigen. Sie unternehmen auch allein mit ihrem Stiefkind Freizeitaktivitäten wie Radtouren, Ausflüge und besuchen mit ihnen politische und kulturelle Veranstaltungen. Die Stiefväter genießen solche Unternehmungen allein mit ihrem Stiefkind besonders, da sie ihnen ein Gefühl von Zusammengehörigkeit und Nähe, Spaß und Zufriedenheit vermitteln.

Ihre Frauen finden es gut, daß ihre Männer eine eigene unabhängige Beziehung zu ihren Kindern aufbauen, und unterstützen diese, manchmal wünschen sie sich allerdings, einfühlend in die Bedürfnisse ihrer Kinder, daß ihre Männer sich noch mehr emotional dem Kind zuwenden.

In beiden Familien ist es üblich, daß viel über die Erziehung und Belange der Kinder gesprochen wird und durchaus vorhandene unterschiedliche Positionen in Erziehungsfragen diskutiert werden. Beide Stiefväter sehen jedoch die Situation so, daß letztendlich, wenn keine Einigkeit erzielt wird, die Mutter zuständig ist für Entscheidungen, die das Stief-/ Kind betreffen, sie also doch die „letzte Instanz" bleibt:

„Zuständig war letztendlich doch immer die Traudl (Ehefrau, d.Verf.). Deswegen habe ich auch da mit dem Tim (leiblicher Vater, d.Verf) nicht irgendwie

Kompetenzschwierigkeiten oder so was, daß er da mehr zu sagen hätte oder so, das war auch für die Tina (Stiefkind, d.Verf.) ein relativ geringes Problem."

Dieser Stiefvater vergleicht sich in der Zuständigkeit vor allem mit dem leiblichen Vater seines Stiefkindes und sieht in der letztendlichen Verantwortung seiner Frau den Vorteil, daß er und der außerhalb lebende Vater weitgehend ohne Konkurrenz-und Rivalitätsprobleme miteinander umgehen können.

Seine Frau teilt die Sichtweise, daß die letzte Erziehungsverantwortlichkeit bei ihr liegt; allerdings überantwortet sie ihrem zweiten Mann viele Aufgaben, die sie ebenfalls für das Kind innehat, und die sie von ihrem Ex-Partner nicht mehr in diesem Maße erwartet:

„Der Siegfried (zweiter Ehemann, d.Verf.) ist etwas ähnliches wie ich, also er ist ein Partner für die Tina (Kind, d.Verf.), Ratgeber, Bremser, also alles Dinge, die ich auch mache. Außer dem letzten, also die letztendliche Befehlsgewalt, die habe ich."

In beiden Familien werden Erziehungsfragen recht pragmatisch gehandhabt und aus der oben beschriebenen Aufteilung erwachsen den Stiefvätern keine Probleme, sie fühlen ihre eigenen Fähigkeiten dadurch nicht in Frage gestellt, ihre Identität und Rollenfindung wird nicht beeinträchtigt. Ihr eigenes Interesse, nämlich durchaus den familiären Rahmen mit zu gestalten und väterliche Aspekte einzubringen, scheint ihnen durch eine solche Eingrenzung ihrer Zuständigkeit nicht bedroht.

4.3.4 Umgang mit dem außerhalb lebenden Vater

Grundsätzlich betrachten die „Freund-Stiefväter" ihr Verhältnis mit dem leiblichen Vater ihres Stiefkindes als freundschaftlich, kooperativ und unproblematisch. Von den Familien wird der abwesende Vater bisweilen in das Familiengeschehen einbezogen: Es werden gemeinsame Feste gefeiert wie z.B. Weihnachten, gemeinsame Ausflüge unternommen, gesellige Abende verbracht. Die Kooperation umfaßt auch gegenseitige Hilfestellungen, so betreuen z.B. diese außerhalb lebenden Väter auch die gemeinsamen Kinder des neuen Paares an Besuchswochenenden oder die Stiefväter helfen im Bedarfsfall (Umbau, Renovierung etc.) den leiblichen Vätern. Die „friedliche Koexistenz" beinhaltet auch Auseinandersetzungen und Diskussionen um die jeweiligen Weltanschauungen und Einstellungen, sowie Erziehungsfragen und Umgangsformen mit dem Kind. Zwar lassen sich „beide Väter" gegenseitig einen relativ großen Spielraum, auch in bezug auf den Einfluß auf das Kind, und bemühen sich um ein ausgewogenes Verhältnis zueinander, doch tauchen ab und zu auch Spannungen auf:

„Also es ist nicht alles Friede, Freude, Eierkuchen. Ich könnte mir nicht vorstellen – und noch weniger könnte sich das die Vera (Ehefrau, d.Verf.) vorstellen – mit dem Wigbert (Ex-Ehemann, d.Verf.) Urlaub zu machen. Also zwei, drei Tage können wir gut miteinander, aber dann tauchen die ‚ideologischen‘ Unterschiede und Probleme auf "

In der Tat sind die Wert- und Lebensvorstellungen – im weiten Sinne die politische Haltung – ein häufiges Konfliktthema zwischen außerhalb lebendem Vater und Stiefvater, wie es Herr Schäfer-Traber beschreibt:

„Im Prinzip haben wir ein freundschaftliches Verhältnis, will ich 'mal sagen. Aber es macht auch Ärger, daß der Tim (leiblicher Vater, d.Verf.) immer diese Wochenendfêten mit tollen Angeboten am Laufen hat und mit dem ganzen Alltagskram nichts zu tun hat. Das sind dann immer dämliche Freizeitangebote, zu viel Fernsehen oder mit möglichst viel Konsum verbunden. Pferderennen und so einen Schwachsinn, das war das letzte. Das habe ich dann verboten und mich das erste Mal durchgesetzt."

In solchen Auseinandersetzungen fühlt sich Herr Schäfer-Traber von seiner Frau unterstützt, die seine Lebensvorstellungen und Ansichten teilt.

Beide hier besprochenen Stieffamilien rechnen sich zur „alternativen und progressiven Szene", das heißt sie haben eine kritische Haltung zu übersteigertem Konsum, auf den sie selbst in weitem Maße verzichten. Diese Haltung wird auch deutlich in der Kritik des Herrn Uhlmann-Weiss, der sich ärgert, wenn sein Stiefsohn von dem leiblichen Vater mit „unsinnigen und teuren Klamotten, die er nicht einmal in der Schule tragen kann", verwöhnt wird:

„Wir sind nicht immer ganz glücklich darüber, wenn der vollständig neu eingekleidet zurückkommt. Weil wir denken, für das viele Geld könnte man auch anständige Sachen kaufen, also solche, die sinnvoller wären, z.B. ein Paar feste Schuhe oder so."

Vor allem solche Diskrepanzen in den Wertvorstellungen führen in diesen Familien zu Reibungspunkten. Das sind dann Anlässe, an denen sie in den Umgang des leiblichen Vaters mit seinem Kind eingreifen, Verbote aussprechen oder manchmal sogar Einschränkungen in der Besuchsregelung androhen, obgleich diese Stiefväter prinzipiell den Kontakt ihrer Stiefkinder zum leiblichen Vater fördern, unterstützen und gutheißen.

Trotz aller ideologischen Differenzen versuchen die „beiden Väter", tolerant miteinander umzugehen und den anderen im Interesse des Kindes in seiner Verschiedenheit nicht abzuwerten:

„Manchmal regt es mich auf, wie der Tim (leiblicher Vater, d.Verf.) mit der Tina (Stieftochter, d.Verf.) rumtüdelt und die 13Jährige wie ein kleines Kind behandelt. Das sage ich ihm auch, und dann sagt er, das ist halt meine Art, das geht dich gar nichts an, und das ist auch wahr und richtig."

Obwohl diese Stiefväter eine sichere und von allen akzeptierte Position als Freund und „Alltagsvater" haben, entstehen ihnen am ehesten Schwierigkeiten mit der eigenen Rolle dann, wenn sie und der leibliche Vater zur gleichen Zeit mit dem Kind zusammen sind. Das mag daraus resultieren, daß letztendlich eine Position in der Familie, nämlich die des Vaters, in gewisser Weise doppelt besetzt ist, was besonders in Situationen zum Tragen kommt, in denen sich „beide Väter" gleichzeitig für Erziehungsfragen zuständig fühlen. Dann mögen noch ungeklärte Rollenaufteilungen und unausgesprochene Konkurrenzgefühle zu unterschwelligen Spannungen führen:

„Wenn der Wigbert (leiblicher Vater, d.Verf.) und ich mit dem Wolfi (Stiefsohn, d.Verf.) zusammen sind, dann halte ich mich zurück, dann greife ich nicht ein und diszipliniere überhaupt nicht (. . .). Ich habe es einmal gemacht, als ich mich furchtbar geärgert habe, weil der Wigbert dem Wolfi soviel erlaubt. Und da kam dann als Reaktion von dem Wolfi: ‚du bist ja gar nicht mein Vater'; das macht er sonst nie."

Im Widerspruch zu der sonstigen klaren Haltung der Stiefväter, den leiblichen Vater ihres Stiefkindes miteinzubeziehen und seine Vaterposition anzuerkennen, steht ihre Einstellung zu den Unterhaltszahlungen. Obwohl beide Stieffamilien materiell nicht besonders gut gestellt sind und in gewisser Weise auf finanzielle Unterstützung angewiesen wären, besonders da in beiden Familien noch weitere Kinder geboren worden sind, verzichten sie weitgehend auf die gesetzlichen Unterhaltsleistungen der leiblichen Väter:

„Der Wigbert (außerhalb lebender Vater, d.Verf.) hat früher für den Wolfi (Stiefkind, d.Verf.) 500.- DM Unterhalt gezahlt, die ganzen Jahre, als die Vera (Mutter, d.Verf.) mit ihrem Sohn allein gelebt hat. Wir meinten dann, daß das zuviel ist und haben ihm gesagt, daß wir nicht mehr soviel wollen oder daß wir sogar ganz verzichten würden. Das wollte dann der Wigbert nicht, weil er sich verantwortlich fühlt. Ich habe zwar keine Schwierigkeiten, das anzunehmen, hätte aber auch keine Schwierigkeiten, den Wolfi ganz zu verhalten."

Durch solche Aussagen wird deutlich, daß es auch für die „Freund-Stiefväter" einige ambivalente Aspekte gibt, die aus der Mehrelternschaft resultieren. Wir haben den Eindruck, daß diese Stiefväter durch den Unterhaltsverzicht doch einen gewissen Vater-Anspruch demonstrieren wollen. Die außerhalb lebenden Väter ihrerseits scheinen dies auch so zu verstehen und halten an den Unterhaltszahlungen fest, wohl um sich Einflußnahme und Zugang zum Kind zu sichern.

Ähnliche Haltungen sind aus der Literatur bekannt; BURGOYNE/ CLARK (1982) berichten aus ihrer Stieffamilienuntersuchung, daß viele Stieffamilien sogar so weit gehen, durch den Verzicht auf Unterhaltsleistungen sich vom Einfluß und Kontakt des leiblichen Vaters „freikaufen" zu wollen, um dadurch eine äußere Normalität für ihre

Familie wiederherzustellen. Von den anderen Stiefvätern in unserer Untersuchungsgruppe wird das Thema Unterhaltszahlungen nur am Rande angesprochen. Meist akzeptieren sie diese Zahlungen und finden eine finanzielle Mitverantwortung des leiblichen Vaters für seine Kinder angemessen. Ihre eigene Identität und ihr Selbstverständnis als Stiefvater wird davon kaum berührt, da sie ihre „Vateridentität" eher über die Qualität der Beziehung zum Stiefkind entwickeln.

Die „Freund-Stiefväter" beziehen die weitgehende Sicherheit in ihrer Rollendefinition und ihrem Selbstverständnis vor allem aus dem alltäglichen Umgang mit den Kindern. Sie sehen sich als „Alltagsvater" und für sie ist — wie sie betonen — eindeutig, daß ihre Stiefkinder den Lebensmittelpunkt in der Stieffamilie haben. Trotzdem räumen sie ein, daß sie diesen die Wahlmöglichkeit offen lassen würden, im Jugendalter zum außerhalb lebenden leiblichen Elternteil zu ziehen.

Anders als die „ambivalenten Stiefväter" sind sie mit ihrer Situation zufrieden und leiden nicht an unerfüllten oder gar unerfüllbaren Erwartungen und Ansprüchen. Aus der Position eines Erwachsenen übernehmen sie Verantwortung und Fürsorge — materiell und emotional — für ihre Stiefkinder und haben so als Erwachsener „Modellfunktion" (vgl. WAHL u.a. 1980, S. 161), ohne daß diese an die Vaterschaft gebunden wird.

Interessanterweise erweitert sich das Konzept von Vaterschaft der „Freund-Stiefväter" nicht wesentlich, wenn sie selbst leiblicher Vater werden, also ein gemeinsames Kind geboren wird. Nach ihren Aussagen besteht für sie — ähnlich wie für die „besseren Väter" — im Prinzip kein Unterschied in ihrer emotionalen Haltung, Einstellung und der Übernahme von Erziehungsverantwortung zwischen leiblichem gemeinsamem Kind und Stiefkind.

Unterschiede ergeben sich für sie aus der Altersdifferenz — „ein kleines Kind braucht mehr Aufmerksamkeit" — und aus der Dauer der gemeinsam erlebten Geschichte:

„Also wenn man sich auf Kinder einläßt — eine intensive Beziehung eingeht — dann gibt es für mich maximal graduelle Unterschiede. Und die haben nichts damit zu tun, ob das nun die eigenen oder ob das fremde, nicht eigene Kinder sind. Der wichtigste Unterschied liegt darin, ob man sich auf die Geschichte des Kindes von Anfang an einstellen kann. Babies haben irgendwie einen eigenen Liebreiz und das fehlt eben, wenn du ein Kind erst später kennenlernst."

Für die hier beschriebenen Stief-/Väter steht das Leben und Zusammensein mit Kindern im Vordergrund. Ihr Konzept von Elternschaft erleichtert es ihnen, soziale Vaterschaft gleichbedeutend neben leiblicher Vaterschaft zu leben.

4.4 Bilanzierung

Im vorhergehenden haben wir die von uns untersuchten Stiefväter als die „besseren Väter", die „ambivalenten Stiefväter" und die „Freund-Stiefväter" charakterisiert. Leitend für diese Einteilung ist vorwiegend ihre Haltung und Selbsteinschätzung in der Stiefelternschaft, also ihr Verhältnis und ihr Umgang mit dem Stiefkind, weniger berücksichtigen wir dabei, wie sie sich als leiblicher Vater eines eigenen Kindes sehen, sei es eines Kindes aus einer früheren Ehe oder aus der jetzigen Partnerschaft. Grundlage unserer Typisierung ist demnach ihr Verständnis von sozialer Elternschaft, dem selbstverständlich ihr jeweiliges Konzept von Elternschaft zugrunde liegt.

Die Benennung der verschiedenen Stiefvater-Typen basiert auf unserer Wahrnehmung und Auswertung der Aussagen der Stiefväter zu ihrer Gestaltung von Stiefelternschaft. Die „besseren Väter" und die „Freund-Stiefväter" haben sich weitgehend selbst als solche benannt und dargestellt und daher auch die vorgenommene Charakterisierung mit vorgegeben. Die „ambivalenten Stiefväter" haben, wie oben beschrieben, Schwierigkeiten, selbst einen Begriff und ein einheitliches Deutungsmuster für ihren Stiefelternstatus zu finden. Um ihre Unsicherheit und Uneindeutigkeit ihres Stiefvaterverständnisses auszudrükken, haben wir uns nach langem Überlegen entschlossen, diese Stiefväter als „ambivalente Stiefväter" zu bezeichnen. Der hier vorgestellten Einteilung der Stiefväter liegen unsere Erfahrungen mit den betreffenden Stieffamilien zum Zeitpunkt des Interviews zugrunde; sie ist also eine Art „Momentaufnahme" einige Jahre nach Beginn der neuen Partnerschaft. Möglicherweise gibt es im Laufe einer Stieffamilienentwicklung Übergangsphasen, was hieße, daß die beschriebenen Stiefväter mit den Jahren ihr Selbstverständnis als Stiefvater wandeln.

Die von uns untersuchten Stiefväter beteiligen sich alle weitgehend an der Erziehung ihrer Stiefkinder. Dabei gehören für sie liebevolle Zuwendung und Auseinandersetzung mit den Kindern zu ihren Vorstellungen von sozialer Elternschaft dazu.

Anders als in der Untersuchung von MESSINGER (1976) thematisiert keiner der von uns befragten Stiefväter, daß er von seiner Ehefrau von „Disziplinierungs- und Kontrollrechten bezüglich der Kinder ausgeschlossen wurde" (zitiert nach FTHENAKIS 1985, Bd. 2, S. 148); auch ihre Stiefkinder akzeptieren weitgehend, daß der Stiefvater in der Familie ebenso Grenzen setzt und auf die Einhaltung von Regeln achtet, obwohl es in heftigen Konfliktsituationen durchaus dazu kommen kann, daß sie ihm die „Vaterautorität" aberkennen. Die akzeptierende Haltung in diesen Stieffamilien mag begründet liegen in dem demokratischen Erziehungsstil, darin, daß selten unbegründete oder unreflektierte Erziehungsmaßnahmen durchgesetzt werden, sondern vieles im

Familienalltag gemeinsam diskutiert und ausgehandelt wird und in Konfliktsituationen Kompromisse oder Lösungen gesucht werden.

Das weitgehende Engagement aller hier besprochenen Stiefväter in der Erziehung ihrer Stiefkinder muß allerdings differenziert betrachtet wer den, denn die Rollen- und geschlechtsspezifische Arbeitsteilung innerhalb der Familien wird unterschiedlich gehandhabt.

So haben die „besseren Väter" ein eher traditionelles Familienkonzept mit verschiedenen Zuständigkeiten und Aufgabenverteilungen zwischen Mann und Frau, fühlen sich aber dennoch in der Erziehungsverantwortung gleichberechtigt, was auch ihrer Position als „Ersatzvater" in der Stieffamilie entspricht.

Im Gegensatz dazu leben die „ambivalenten" und die „Freund-Stiefväter" mit einer eher modernen Auffassung von der Rollenaufteilung innerhalb der Familie und der Partnerschaft. Sie versuchen, weitgehend gleiche Aufgaben und Funktionen wie ihre Frau zu übernehmen. Trotzdem liegt in diesen Stieffamilien – mehr als bei den „besseren Vätern" – die letztendliche Zuständigkeit für die Kinder bei deren Mutter. Für die „Freund-Stiefväter" ist dies gemäß ihrem Selbstbild – nämlich ein Freund des Kindes zu sein – eine unproblematische Tatsache, während bei den „ambivalenten Stiefvätern" ihr eher uneindeutiges Selbstverständnis keine klare Position zuläßt.

Auch im Umgang mit den außerhalb lebenden Elternteilen ergeben sich entsprechend unterschiedliche Verhaltensweisen und Einstellungen bei den Stiefvätern. Die „Freund-Stiefväter" versuchen einen eher kooperativen Umgang, die „besseren Väter" lehnen Kontakte weitgehend ab und bei den „ambivalenten Stiefvätern" ist Rivalität mit dem abwesenden Elternteil – stärker als bei den beiden anderen Typen – ein ungelöstes Thema.

Zusammenfassend meinen wir, daß die „besseren Väter" und die „Freund-Stiefväter" eine eindeutige Definition und ein klares Selbstverständnis ihrer Rolle und Position in der Stieffamilie haben, sie werden darin von den anderen Familienmitgliedern unterstützt und akzeptiert. Aus diesem eindeutigen und akzeptierten Selbstverständnis heraus entstehen ihnen wenig Konflikte und Unsicherheiten in der Familienreorganisation. Es ist ihnen damit geglückt, ihre Vorstellungen von Familienleben weitgehend einzulösen und eine für sie zufriedenstellende Gestaltung der Familienbeziehungen zu finden.

Aufgrund ihrer Vorerfahrung mit Familie und Vaterschaft scheint es für die „ambivalenten Stiefväter" wesentlich schwieriger zu sein, ihre Position zu bestimmen; sie haben mit inneren Widersprüchen zu kämpfen, sie sind teilweise unzufrieden mit ihrer Rollendefinition und leiden an der unterschiedlichen Gefühlsintensität zu ihren leiblichen Kindern und Stiefkindern.

Dagegen messen die beiden erstgenannten Vätergruppen der biologischen Elternschaft keine wesentliche Bedeutung zu und stellen keinen Unterschied fest in ihren emotionalen Beziehungen zu den gemeinsamen Kindern und den Stiefkindern. Gerade diese Väter haben allerdings vor der Stieffamiliengründung keine Erfahrung mit eigenen leiblichen Kindern und haben somit, als sie die Beziehung zu ihren Stiefkindern aufbauen, noch keine Grundlage für Vergleiche. Sie entwickeln also ihr Konzept von Elternschaft von Anfang an im Zusammenleben mit Stiefkindern, was für sie sicher ein anderer Zugang zu Elternschaft ist als wenn sie während einer Schwangerschaft ihrer Partnerin sich langsam mit dem Gedanken von Vaterschaft vertraut machen können.

Wir haben im vorhergehenden die Stiefväter vorwiegend unter dem Aspekt der Beziehung zu ihren Stiefkindern dargestellt, kaum thematisiert wurde die Partnerschaft der Eheleute. Auf diese gehen wir im folgenden Kapitel über die wiederverheirateten Mütter ein, wenn wir — vorwiegend aus der Sicht der Frauen — die Wünsche und Erfahrungen in der neuen Partnerschaft beschreiben.

IV. Die Familienwelt der Frauen und Mütter

In der bisherigen Stieffamilienforschung lag das Hauptaugenmerk vorwiegend auf der Rolle des Stiefvaters oder der Stiefmutter. Wenig Aufmerksamkeit wurde den wiederverheirateten Müttern in Stiefvaterfamilien gewidmet, so daß wir bei der Darstellung der Familiensituation dieser Frauen kaum auf relevante Forschungsergebnisse zurückgreifen konnten. In unserem Verständnis von Familie ist jedoch angelegt, die Situation aller Familienmitglieder gleichwertig zu betrachten; wir finden es also wichtig, den wiederverheirateten Müttern in Stiefvaterfamilien in der folgenden Auswertung auch Raum zu geben.

Dem Auswertungsteil zu den Müttern und Stiefmüttern in unserer Untersuchung wollen wir einen Diskurs zum weiblichen Lebenszusammenhang voranstellen, um dem spezifisch weiblichen Dilemma der Verknüpfung von Familie und Beruf Rechnung zu tragen.

1. Aspekte zum weiblichen Lebenszusammenhang

Im Laufe des letzten Jahrhunderts hat ein tiefgreifender Wandel im weiblichen Lebenszusammenhang stattgefunden, insbesondere im bezug auf die Möglichkeiten der Frauen, selbstbestimmter ihr eigenes Leben zu planen und zu gestalten.

Im 19. Jahrhundert gab es für Frauen kaum Spielräume für eine eigene individuelle Lebensgestaltung, oft blieben ihnen nur Verweigerungsstrategien wie Flucht in Krankheit oder „Listen der Ohnmacht" (vgl. HONEGGER/HEINTZ 1981), um sich vorgeschriebenen Verhaltensmustern zu entziehen. Damals bestand — zumindest im Bürgertum — das fast unhinterfragte Leitbild der auf den häuslichen Innenraum beschränkten Frau, der kaum eigene Interessen und Entwicklungen zugestanden wurden:

„Ihre Bestimmung war das leise und immer bereite ‚Dasein für die Familie‘, und sein oberstes Gebot hier: Selbstzurücknahme und Selbstaufgabe." (BECK-GERNSHEIM 1984, S. 34)

Obgleich die Frauen bis heute vorwiegend die Verantwortung für Haushalt und Versorgung der Kinder tragen, haben sie mehr und mehr auch den Anspruch auf „ein Stück eigenes Leben" (ebenda, S. 35) entwickelt und durchgesetzt. BECK-GERNSHEIM (1984) führt diese erweiterten Ansprüche auf gesellschaftliche Veränderungen in den Bereichen Bildung, Beruf, Sexualität und Partnerschaft zurück.

Ohne weiter die historischen Entwicklungen in den von der Autorin genannten Bereichen verfolgen zu wollen, geht es uns hier vor allem darum zu zeigen, was diese neuen Möglichkeiten und Erwartungen an Chancen und Belastungen für die Frauen mit sich bringen.

Einerseits liegt in dem Wandel der weiblichen Lebensbedingungen die Chance erweiterter Handlungsspielräume und Entscheidungsmöglichkeiten für eine Lebensplanung innerhalb und außerhalb von Familie, also ein Stück Hoffnung auf Selbstbestimmung, andererseits bergen diese Veränderungen, „aber auch den Zwang zu einem Stück ‚eigenen Leben‘". (ebenda, S. 36) Viele Frauen wollen heutzutage die Gestaltung einer individuellen Biographie – im Sinne selbstbestimmter Lebensplanung mit eigener Berufstätigkeit und ökonomischer Unabhängigkeit – und ein Leben mit Familie und Kindern vereinbaren.

Diese Doppelorientierung ist heute – so SOMMERKORN (1988) –

„(...) als integraler Bestandteil des Lebensentwurfs von Frauen zu einer weithin akzeptierten kulturellen Selbstverständlichkeit geworden – und zwar nicht nur im Bewußtsein der betroffenen Frauen und Mütter aller Sozialschichten, sondern inzwischen auch verbreitet in öffentlichen und privatwirtschaftlichen Institutionen." (S. 139)

Die Doppelorientierung der Frauen an Beruf und Familie bestimmt weitgehend ihre Lebenssituation und hat Auswirkungen auf ihr Selbstverständnis als Frau und Mutter und die Gestaltung des Familienlebens. Wollen sich Frauen der Doppelbelastung nicht aussetzen, müssen sie sich entscheiden, ob sie sich ganz dem Beruf widmen wollen – und dann werden sie in der Regel auf Kinder verzichten – oder ob sie mit Kindern leben wollen, und das heißt meistens, daß sie – zumindest zeitweilig – ihre Berufstätigkeit aufgeben. Eine weitere Möglichkeit, nämlich für die Kinder eine Ersatzbetreuung zu suchen, ist wegen der herrschenden Ideologie zur Mütterlichkeit, aber auch wegen fehlender Unterbringungsmöglichkeiten, nicht unproblematisch (vgl. THIERSCH, R. 1984).

Welche Widersprüchlichkeiten, Überforderungen und Probleme für Frauen entstehen, wenn sie versuchen, Familie und Beruf zu verbinden, wurde besonders von der Frauenforschung (vgl. BECK-GERNS-

HEIM 1980, 1984; SCHÜTZE 1986; OSTNER-PIEPER 1980; PROKOP 1976 u.a.) aufgezeigt. Die Ausgestaltung, aber auch Zumutung einer individuellen Biographie mit eigener Berufstätigkeit und ökonomischer Unabhängigkeit neben der Entscheidung für ein Leben mit Familie und Kindern erzeugt ein Spannungsfeld, das die Frauen weitgehend individuell aufzuheben versuchen. Die Doppelbelastung, die sich für Frauen aus der Gleichzeitigkeit von Familie und Beruf ergibt, sowie das Streben nach persönlichem Glück und Eigenständigkeit stellen enorme Ansprüche an Partnerbeziehungen und machen diese anfälliger. Dies zeigt sich u.a. in steigenden Scheidungsziffern, wobei oft von Frauen der Scheidungsantrag gestellt wird:

„Diese Entwicklung kann man auf der einen Seite als Zeichen zunehmender Selbständigkeit interpretieren, als Ausdruck und Folge jener objektiven Veränderungen im weiblichen Lebenszusammenhang, die eine wachsende Distanz zum traditionellen Muster weiblicher Normalbiographie eingeleitet haben. Denn solange das ‚Da-Sein für andere' der einzige Lebensinhalt war, war die Frau mehr oder minder bedingungslos an die Ehe gebunden. (. . .)

Aber die steigenden Scheidungsziffern sind nicht nur Ausdruck und Folge einer zunehmenden Selbständigkeit, sondern mindestens ebenso auch Auslöser dafür: sie zwingen Frauen zu zunehmender Selbständigkeit." (BECK-GERNSHEIM 1984, S. 67f.)

Da das neue Scheidungsrecht — gemäß dem Grundsatz der Gleichberechtigung zwischen den Geschlechtern — von der Frau erwartet, daß sie nach der Trennung im Prinzip für ihren Lebensunterhalt selbst sorgt, d.h. einer Berufstätigkeit nachgeht, hat die Frau im Normalfall eine finanziell wesentlich schlechtere Ausgangssituation als der Mann. Diskontinuitäten in der beruflichen Laufbahn von Frauen, wenn sie z.B. sich während der Ehe zeitweilig ausschließlich dem Haushalt und der Familie gewidmet haben, erschweren ihnen die Aufnahme einer Berufstätigkeit in der Nachscheidungssituation. Die derzeitige eingeschränkte Arbeitsmarktlage bringt für Frauen insgesamt zusätzliche Probleme, besonders wenn sie als alleinerziehende Mütter weitgehend ohne Unterstützung allein für die alltägliche Erziehung und Betreuung der Kinder zuständig sind und daher Arbeitszeiten und Unterbringung der Kinder miteinander koordinieren müssen. Unter diesem Aspekt kann die von Frauen erwartete Berufstätigkeit tatsächlich eine „aufgezwungene Selbständigkeit" bedeuten, die „der Möglichkeit nach eine Herausforderung, doch in Wirklichkeit eine Überforderung" (ebenda, S. 69) ist.

Eine Antwort auf solche Überforderungen könnte möglicherweise das Eingehen einer erneuten festen Partnerschaft oder Ehe sein, die den „Zwang zur Selbständigkeit" mildert, die einerseits die Berufstätigkeit wieder zu einer Wahlmöglichkeit erhebt oder aber, durch partnerschaftliche Aufteilung der Familienarbeit, die Ausübung eines Berufes erleichtert.

Die grundsätzliche Widersprüchlichkeit von Familien- und Arbeitswelt in der modernen Industriegesellschaft kann durch solche individuellen Lösungswege jedoch nicht aufgehoben werden.

Yvonne SCHÜTZE (1986) beschreibt pathetisch und bildreich, wie im Zuge der Industrialisierung gegensätzliche soziale und kulturelle Erwartungen an die Frauen entstanden, die ihnen einerseits zu den Individualisierungstendenzen der Moderne gegenläufige und gleichzeitig kompensatorische Funktionen abverlangen, andererseits wird von ihnen erwartet, daß sie eine Persönlichkeit entwickeln, die eine reibungslose Eingliederung in die Arbeitswelt ermöglicht:

„Kraft einer spezifischen Persönlichkeitsstruktur soll es den Frauen gelingen, die knirschenden Gelenke der Modernisierungsmaschinerie geschmeidig zu machen und ihre Reibungsverluste und Schwachstellen aufzufangen. Dies führt zu einer paradoxen Konstruktion der weiblichen Persönlichkeitsstruktur: während der Mann im Einklang mit den Erfordernissen des Berufslebens sein Selbstbild formiert, Fremdzwänge durch Selbstzwänge ersetzt, rohe Impulse in beherrschte Vernunft transformiert und sich rationaler Weltsicht befleißigt, gilt für die Frau ein in sich widersprüchliches Modell. Einerseits soll ihre Persönlichkeitsstruktur komplementär zu der des Mannes sein, andererseits aber wird ihr auf Grund genau dieser Persönlichkeitsstruktur die Fähigkeit zur Individuierung, die gleichsam das Ich-Ideal der bürgerlichen Gesellschaft darstellt, abgesprochen." (SCHÜTZE 1986, S. 12)

Gerade diese „kompensatorische Funktion" und die dadurch eingeschränkte Möglichkeit zur Individuierung bedingen, daß das Handeln der Frau weitgehend personenorientiert vernetzt bleibt (GILLIGAN 1984), meist nicht nur in der Familie, sondern auch im Beruf, d.h. „ihre Selbstverwirklichung verläuft mit allen Tücken über andere." (OSTNER 1987, S. 83). Aus dieser personenorientierten Haltung, die von GILLIGAN (1984) als „weibliche Moral", d.h. als für die Gesellschaft unverzichtbare Qualitäten der Frauen wie Bindungs- und Beziehungsfähigkeit beschrieben wird, erwachsen Frauen, wenn sie Kinder haben, ganz besondere „Fallstricke" und Probleme. Gerade als Mütter sind sie – jenseits des Spannungsfelds Beruf / Familie – zusätzlich mit den Erwartungen konfrontiert, für ihre Kinder eine gute, liebende und selbstlose Mutter zu sein.

Im ausgehenden 19. Jahrhundert schildert HENRIETTE DAVIDIS (1884) in ihrem berühmten Anleitungsbuch für angehende Hausfrauen eindringlich, wie eine gute Mutter zu sein hat, wobei sie diese Qualitäten vor allem Stiefmüttern ans Herz legt, denn sie geht davon aus, daß leibliche Mütter von Natur aus über diese Fähigkeiten verfügen:

„Ja, es vermag kein Wort zu sagen, was Kinder an einer guten Mutter verlieren, und sollten sie auch wieder in pflichtgetreue Hände gelangen, wahre Mutterliebe kehrt nimmer zurück. Sie, das Element des jungen Lebens, ist es, die für ihre Kinder lebt und wacht, die mit unermüdlicher Sorgfalt und Geduld sie hegt und pflegt; sie ist es, die in gesunden Tagen ihr Glück, in Krankheiten ihr bester Trost ist, die – und wäre sie selbst auch schwach – nicht weicht, mit unwandelbarer Treue Schlaf und Ruhe hingibt, an jedem Hoffnungsstrahle ihre ermatteten Kräfte aufrichtet und dann wieder zu neuen Anstrengungen Muth und Kraft gewinnt. Ja, eine Mutter kann für ihr Kind Alles entbehren, ihr ganzes Leben ist eine Selbstverleugnung, eine Hingabe." (S. 34)

Auch wenn heute nicht mehr solche pathetischen Worte benutzt werden, so hat sich inhaltlich nur wenig am Mutterbild geändert. Noch immer ist es geprägt von der Vorstellung, daß die Mütter in den ersten Jahren nach der Geburt für ihr Kind da sind, d.h. im Interesse des Kindes eigene Bedürfnisse und Berufstätigkeit zurückstellen. Vor allem die Mutter-Kind-Beziehung wird immer noch als entscheidend für das psychische Wohlergehen und die ungestörte Entwicklung des Kindes angesehen.

Eine Unterbrechung oder Verzicht auf Erwerbstätigkeit dem Kind zu Liebe ist nicht nur eine gesellschaftliche Forderung, sondern wird oft auch von der Mutter gewünscht, da sie auch „etwas von ihrem Kind haben will" und ihre Mutterschaft bewußt erleben möchte. Eine solche eng gestaltete Mutter-Kind-Bindung beinhaltet gegenseitige Abhängigkeiten; für die Mutter heißt dies, daß sie zunehmend ihre Identität auf Familie und Kinder bezieht.

Die Auffassung der Psychoanalyse – „nach der die Mutter das Schicksal des Kindes ist und sich im Umgang mit ihr in den ersten Lebensjahren entscheidet, welche Lebenschance ein Kind hat," (THIERSCH 1986, S. 63) – hat die Frau auf ihre zentrale Rolle als Mutter festgeschrieben. Andererseits werden aus psychoanalytischer Sicht immer wieder die Gefahren beschrieben, die in einer solchen Identifikation mit dem Kind liegen können. Die Argumentationslinie der Psychoanalyse betont, daß Mütter, wenn sie ihr Kind für ihre Selbstrepräsentanz brauchen, es nicht freigeben können, dieses in seinen Entwicklungsmöglichkeiten behindern und „ungestörte Objektbeziehungen" (vgl. CHODOROW 1985) beeinträchtigen.

Implizit schwingen in solchen Aussagen Schuldzuweisungen mit, die es Müttern schwer machen, eine Balance zu finden zwischen Überfürsorglichkeit und Vernachlässigung der Kinder, zwischen Kindesinteressen und eigener Selbstverwirklichung, d.h. herauszufinden, was eine „just good enough mother" (vgl. WINNICOTT 1960/61) ausmacht.

Wenn sich Mütter zu sehr um ihre persönliche und berufliche Entwicklung kümmern und ihren Kindern nur ihre geteilte Zeit und Kraft zukommen lassen, wird ihnen nur allzuleicht Vernachlässigung und Egoismus nachgesagt. Wenn sie dagegen nur für ihre Kinder da sind und diese „überfürsorglich" festhalten, werden sie ebenfalls als schlechte Mutter bezeichnet.

Für Mütter ist es also sehr schwierig, eine Haltung zu finden, in der sie nicht Abwertungen und Schuldzuweisungen ausgesetzt sind, und mit der sie dem abschätzigen Klischee der „Nur-Mutter" und des „Heimchens am Herd" entgehen, mit dem sie den Erwartungen an eine „emanzipierte" Frau nicht entsprechen:

„Wer für sich sorgt („single"), muß sich dafür rechtfertigen, wie die erwerbstätige Mutter ihre berufliche Einsatzfähigkeit unter Beweis zu stellen hat (zugleich aber zeigen muß, daß sie eine gute Mutter ist), und die nichterwerbstätige Frau sich (oft genug) gedrängt sieht zu erklären, wieso sie „nur" hausarbeitend tätig ist. Was immer also die Frau tut: es bleibt in irgend einer Hinsicht „defizit". Entweder sie versorgt „nur" ihre Angehörigen oder sie ist „nur" erwerbstätig; und wenn sie beides tut, ist sie (und fühlt sich) nirgendwo voll verfügbar." (PIEPER 1986, S. 47)

Dieses Dilemma, in dem sich Mütter oft befinden, liegt nicht allein in dem Dualismus zwischen der auf Haus und Familie zentrierten Mutter und der nach außen gewandten erwerbstätigen Frau, sondern wird überlagert von den Ansprüchen, eine „gute Mutter" zu sein, Ansprüche, die häufig ein überhöhtes und idealisiertes Bild von Mütterlichkeit zeichnen.

BADINTER (1980) und SCHÜTZE (1986) setzen sich mit dem idealisierten Mutterbild und seinem normativen – das heißt auch die Frauen disziplinierenden – Charakter auseinander und beschreiben Mutterliebe und Mütterlichkeit als ein kultur- und geschichtsabhängiges Phänomen, dessen Naturgegebenheit und Naturwüchsigkeit von ihnen in Frage gestellt wird.

Im öffentlichen Bewußtsein ist Mütterlichkeit jedoch weitgehend verbunden mit zärtlicher Hinwendung zum Kind, mit Einfühlung und Opferbereitschaft, sie ist also eine fundamentale Qualität der Mutter-Kind-Beziehung, die natürlicherweise zwischen Mutter und Kind entsteht und nicht hergestellt werden oder von anderen Bezugspersonen einfach stellvertretend gegeben werden kann.

Der „Muttermythos" macht es Frauen schwer, nicht mit Verunsicherung und Schuldgefühlen zu reagieren und sich nicht verantwortlich für die Entwicklung der Kinder zu fühlen, wenn Krisen oder Schwierigkeiten auftauchen. Besonders bei einschneidenden Ereignissen wie Trennung, Scheidung oder auch Familienneugründung tragen oftmals die Mütter die Hauptlast und denken, daß sie die Kinder für die erlittenen Verluste und Verletzungen entschädigen müssen. Auch Stiefmütter übernehmen diesen „Muttermythos" und damit häufig den Hauptanteil an der Kinderversorgung und dem Aufbau der neuen Beziehungen in der Stieffamilie. So setzen sie sich unter besonderen Druck, den Erwartungen an eine „gute Mutter" gerecht zu werden in einer Familienkonstellation, in der sie nicht Mutter der Kinder sind, aber trotzdem Mütterlichkeit als genuine weibliche Qualität zeigen wollen und sollen.

Die primäre Zuständigkeit der Frau fürs Kind und die der Mutter-Kind-Beziehung zugemessene Bedeutung spiegelt sich in der Selbstverständlichkeit, mit der Frauen nach der Scheidung das alleinige Sorgerecht beanspruchen, und der gängigen Rechtsprechung der Familiengerichte, die im Normalfall der Mutter das Kind zusprechen. Sicherlich können Mütter es auch kaum mit ihrem Selbstverständnis als Mutter vereinbaren, auf das Sorgerecht zu verzichten, zumal sie dann befürchten müssen, als „Rabenmutter" unter sozialen Druck zu geraten.

Aus der üblichen Sorgerechtspraxis erklärt sich, daß nach Trennungen wesentlich mehr Mütter mit ihren Kindern zurückbleiben und – in der Folge – wesentlich mehr Stiefvaterfamilien als Stiefmutterfamilien entstehen. Die Mutter-Kind-Beziehung wird letztendlich als *die* zentrale Beziehung angesehen, die – anders als Partnerbeziehungen – nicht aufgelöst werden kann.

Im folgenden wollen wir auf dem hier skizzierten Hintergrund des weiblichen Lebenszusammenhangs darstellen, wie die von uns befragten Mütter ihre Situation nach Scheidung und Familienneugründung erleben und bewältigen, wie die Situation von Stiefmüttern besonders belastet ist durch ein solch idealisiertes Mutterbild und das Dilemma in weiblichen Lebensvollzügen.

2. Mütter und Stiefmütter in unserer Untersuchung

In den von uns untersuchten Stieffamilien sind von den zehn interviewten Frauen acht wiederverheiratete Mütter, d.h. diese Frauen hatten bereits ein Kind aus erster Ehe, als sie die zweite Partnerschaft eingingen. Zwei der interviewten Frauen waren bei der Stieffamiliengründung ledig und kinderlos; sie haben einen Mann geheiratet, der sein/e Kind/er aus erster Ehe mit in die neue Familie brachte.

In der folgenden Auswertung werden wir uns zunächst den acht wiederverheirateten Müttern zuwenden und dann in einem weiteren Schritt die besondere Situation der Stiefmütter thematisieren.

In den Interviews erzählten die Mütter, wie sie ihre Situation nach der Scheidung und als Alleinerziehende bewältigt und ihre Familienneugründung erlebt haben. Sie berichteten, wie sie die neue Partnerschaft und ihre Beziehung zum Kind „unter einen Hut bringen" und welches Selbstverständnis sie von sich selbst und ihrer Familie entwickelt haben.

Anders als bei den Stiefvätern, bei denen die Ausgestaltung der Stiefelternrolle im Mittelpunkt der Interviews stand, waren für die Mütter die neue Partnerschaft und die vielfältigen Familienbeziehungen ein zentrales Thema. Die Frauen machten also vorwiegend die Beziehungen zum Inhalt der Gespräche und weniger ihr eigenes Selbstverständ-

nis als Mutter. Daraus ergab sich bei der Auswertung eine andere Ge-
wichtung des Materials, nämlich eine schwerpunktmäßige Betrachtung
der Gestaltung dieser zweiten Partnerschaft und der Mutter-Kind-Beziehung in der neuen Familie.

3. Die wiederverheirateten Mütter[19] in Stief-
vaterfamilien und die Gestaltung der Familienbeziehungen

Das Hinzukommen eines neuen Partners zu der meist sehr engen Mut-
ter-Kind-Dyade, die sich natürlicherweise in der Phase der Einelternschaft entwickelt, läßt ganz neue Beziehungs- und Gefühlsebenen,
neue Erwartungen an Funktionen, Rollen, Aufgaben- und Autoritäts-
verteilung für alle Mitglieder der neuen Familie entstehen. Die Dyade
wird zumindest – wenn wir hier von einer Stiefvaterfamilie ausgehen –
zur Triade, innerhalb derer sich die Möglichkeit zu neuen Dyaden er-
öffnet und sich die bereits bestehende Mutter-Kind-Beziehung verändert.

3.1 Die neue Partnerschaft

Zunächst möchten wir die Wünsche und Vorstellungen der von uns interviewten Frauen und Mütter für die neu entstandene Partnerschaft
darstellen und deren Entwicklung auf dem Hintergrund der ersten Ehe
und der Phase der Einelternschaft betrachten.

3.1.1 Die vorangegangenen Erfahrungen aus der Einelternschaft

Laut Autoren wie z.B. KRÄHENBÜHL u.a. (1986), FTHENAKIS
(1984), CARTER & McGOLDRICK (1980) bedeutet die Phase der Einelternschaft nicht nur ein kurzes Zwischenspiel zwischen erster und
zweiter Ehe, sondern sie alle halten eine Stabilisierung in der Teilfamilie für wichtig und sinnvoll und sehen sie als notwendigen eigenen Ent-

---

19 Im folgenden sprechen wir der sprachlichen Einfachheit und Klarheit hal-
ber von den „wiederverheirateten" Müttern, auch wenn die Frauen zu Beginn der neuen Lebensgemeinschaft noch nicht notwendigerweise eine
Ehe eingegangen sind, aber sich doch – unter Einbeziehung der Kinder –
zum Zusammenleben mit ihrem neuen Partner entschlossen haben; kon-
sequenterweise sprechen wir in diesem Stadium auch von Familie, unter
dem Vorbehalt, daß die Familie im rechtlichen Sinne möglicherweise erst
Jahre nach dem Zusammenziehen durch die Heirat entsteht.

wicklungsschritt für Kinder und Erwachsene, als eine „Ruhezeit", um die Trennung zu verarbeiten, die Alltagsroutine aufzunehmen und einen stabilen Rahmen zu schaffen.

Tatsächlich lebt ein Großteil der Alleinerziehenden, wie auch die Untersuchung von NAPP-PETERS (1985) bestätigt, mindestens zwei Jahre als Teilfamilie. Viele alleinerziehende Mütter begründen ihr langjähriges Alleinleben mit der Furcht, ihren neu gewonnenen Freiraum in der geschlechtsspezifischen Arbeitsteilung einer möglicherweise traditionellen Ehe wieder zu verlieren. Das heißt aber nicht, daß sie sich nicht dennoch einen neuen Partner wünschen (vgl. SWIENTEK 1984). So möchten laut NAPP-PETERS (1985) viele der Alleinerziehenden einen neuen Partner haben, aber nicht mit ihm zusammenleben:

„Der neue Partner soll hinzukommen, aber nicht oder nur begrenzt erzieherische Verantwortung für die Kinder übernehmen." (S. 128)

Ein solches Familienmodell nennt NAPP-PETERS „Partner-Familie". Darin wird der Wunsch der Frauen nach mehr Eigenständigkeit deutlich, der für sie meist auch der Grund für den „Ausstieg" aus der Ehe war. Dieser Schritt, nämlich eine Ehe aufzukündigen, wird den Frauen in jüngster Zeit erleichtert: zum einen durch das neue Scheidungsrecht von 1977 — früher erhielten Frauen in der Regel bei selbstbeantragter Scheidung keinen Unterhalt —, zum anderen durch das „neue Selbstbewußtsein" von Frauen, die sich als Alleinerziehende in der Regel nicht mehr als defizitär begreifen. Einelternschaft wurde früher assoziiert mit unfreiwilliger lediger Mutterschaft und Familienzerrüttung („Brokenhome"-Konzept), das heißt eindeutig negativ stigmatisiert. Heutzutage ist der Begriff eher eine beschreibende Kategorie für unverheiratete oder nicht mehr verheiratete Eltern, deren oft freiwillige Einelternschaft zwar nicht sehr hoch geschätzt, aber auch nicht automatisch als deviant betrachtet wird (vgl. FURSTENBERG/ SPANIER 1984, S. 48ff.). Die positive Veränderung in Scheidungsrecht und öffentlicher Einschätzung kann jedoch nicht verhindern, daß die wirtschaftlichen Verhältnisse von Alleinerziehenden und ihr subjektives Erleben von Einelternschaft immer noch ein wunder Punkt sind. Sozialstatistiken geben deutliche Hinweise darauf, daß die Gruppe der Alleinerziehenden — meist Mütter — in der Einkommenshierarchie ganz unten stehen („weibliche Armut") und viele auf öffentliche Unterstützung und Sozialleistungen angewiesen sind. In der Fachliteratur (SWIENTEK 1984, NAPP-PETERS 1985) werden solche Aussagen bestätigt und ein Zusammenhang zwischen familiären Problemen und finanzieller Situation aufgezeigt, wobei deutlich gemacht wird, daß familiäre Probleme nicht allein auf die finanzielle Situation zurückzuführen sind.

In unserem eher mittelschichtsspezifischen Sample hatten die befragten Mütter mit längerer Einelternschaft dahingegen das Glück und das Privileg — gemäß eigener Einschätzung — in ausreichenden bis guten finanziellen Verhältnissen zu leben, dank relativ großzügiger Unterhaltszahlungen, zumindest für die Kinder, und eigener Verdienstmöglichkeit durch Erwerbstätigkeit. Diese positive finanzielle Grundlage erleichterte es diesen Müttern, nach dem Scheitern der ersten, meist kurzen Ehe, die sie als ein zurückliegendes abgeschlossenes Kapitel und oft als Fehler in ihrem Leben betrachten, in der Zeit der Einelternschaft ihren Vorstellungen von Freiraum, Unabhängigkeit und Eigenentwicklung nachzugehen.

Tatsächlich erlebten einige der befragten Frauen die Teilfamilienphase als einen Prozeß des Wachstums, der persönlichen Veränderung und Entwicklung, in dem nur wechselnde Partnerschaften Platz hatten, ohne gemeinsame Zukunftsplanung. Dieses „neue Selbstbewußtsein" war nach Einschätzung der Frauen weitgehend ausschlaggebend für das „Gelingen" der Einelternschaft und für ihre veränderten Vorstellungen von einer möglichen festen Partnerschaft.

Neben diesem positiven Aspekt bringt die Phase der Einelternschaft aber auch Belastungen, oft gar Überlastung, wenn der Ex-Ehepartner für die alltäglichen Aufgaben und Pflichten nicht mehr zur Verfügung steht, so daß den Frauen wenig Raum für Utopien bleibt, Utopien darüber, wie sie ihre neue Situation und ihr Dasein gestalten können. So scheint es denn auch verständlich, daß trotz bewußter und positiver Erfahrung und Entwicklung in der Einelternschaft bei vielen geschiedenen Frauen der Traum von einer neuen festen und dauerhaften Beziehung vorhanden ist oder im Laufe der Zeit wieder auflebt.

Anders als in der von NAPP-PETERS (1985) dargestellten „Partner-Familie" soll in den Vorstellungen der meisten von uns befragten Mütter der neue Mann nicht nur Partner für sie selbst, sondern auch Ersatzvater und männliche Bezugsperson für die Kinder sein und sie bei der Erziehung unterstützen. Eine von uns befragte Mutter mit langer Einelternschaftserfahrung sagt dazu:

„Ich dachte, das ist nicht schwierig, ohne Mann zu leben, Kinder ohne Mann großzuziehen. Und das sehe ich doch heute anders. Also ich sehe, daß sie (die Kinder, d.Verf.) ziemlich stark danach ein Bedürfnis haben, daß sie das auch erleben wollen und ich wollte ein bißchen Unterstützung."

Einige Mütter aus unserer Untersuchungsgruppe hatten eine mehrere Jahre dauernde, intensiv erlebte erste Ehe hinter sich. Die Trennung und Scheidung war nicht die von ihnen angestrebte Lösung und wurde als belastend empfunden, sowohl für sie selbst als auch für die Kinder. Ein neuer Partner schien zur Bewältigung der Schwierigkeiten hilfreich zu sein, und so gingen diese Mütter schon sehr bald nach der Trennung eine neue feste Beziehung ein, interessanterweise mit Männern, die sich für diese Frauen scheiden ließen, die also auch ihrerseits sozusagen von einer Ehe in die andere „stürzten", ohne in einer Phase des Alleinlebens ausschließlich auf eigene Ressourcen zurückzugreifen. Möglicherweise wird in der neuen Partnerschaft die Verarbeitung der ersten gescheiterten Beziehung geleistet, ohne daß die Partner dafür eine ausgedehnte Phase des Alleinlebens brauchen.

Zusammenfassend läßt sich sagen, daß für die Mütter, die nach der Trennung mehrere Jahre alleinerziehend blieben und die im Laufe der Zeit einen großen Abstand zur ersten Ehe gewannen, für die Entwicklung ihrer Vorstellungen von Partnerschaft eher die Teilfamilienphase ausschlaggebend war.

Für sie stellte die erste, meist kurze Partnerschaft ein Negativbild dar, von dem sie sich distanzieren und das sie in einer neuen Beziehung nicht wiederholen wollten.

Bei den anderen Müttern, die nur sehr kurze Zeit mit ihren Kindern alleine lebten, war die erste Ehe noch sehr viel präsenter und daher auch in größerem oder fast ausschließlichem Maße der Kontext und die Erfahrungsgrundlage für die nachfolgende Partnerschaft.

3.1.2 Die Gestaltung des Familienlebens in der neuen Partnerschaft

Für die Gestaltung des Familienlebens ist die Entwicklung der neuen Paar- und Familienbeziehungen ein wesentlicher Aspekt, das heißt mit welcher Selbstverständlichkeit ein Zusammenleben und eine neue Eheschließung geplant werden, mit welcher Bereitschaft und Intensität die neuen Partner aufeinander zugehen und sich aufeinander einlassen.

Wie im letzten Unterkapitel schon deutlich wurde, gibt es in unserem Sample zwei Haupttendenzen: ein Teil der geschiedenen Mütter lebte nur kurz mit den Kindern allein, nahm schnell eine neue Partner-und Ehebeziehung auf und gründete ziemlich unbefangen eine Stieffamilie; ein anderer — und bei uns überwiegender — Teil ließ sich Zeit in der Einelternschaft, ging mit Vorsicht und Bedacht an die „Auswahl" eines Partners und ließ sich nur zögerlich auf das „Unternehmen" Stieffamilie ein.

Zur Veranschaulichung stellen wir hier zwei Entwicklungsgeschichten dar; in diesem Zusammenhang beschränken wir uns auf den Zeitraum des Kennenlernens, des Zusammengehens und des Aufbaus der Partnerschaft und der Stieffamilie.

Die Familie Bader[20]

Die spätere Frau Bader wurde im Alter von 27 Jahren von ihrem Mann nach 7jähriger Ehe mit drei kleinen Kindern im Alter von vier, fünf und

---

20 Das Interview mit der Familie Bader fand 15 Jahre nach der zweiten Heirat statt, d.h. nach einer sehr langen Zeit der Stieffamilienentwicklung.

sechs Jahren zurückgelassen. Sie suchte zunächst die Unterstützung ihrer Schwiegermutter zur Versorgung der Kinder, das heißt sie griff auf die ältere Generation zurück, um die neu entstehenden Probleme zu bewältigen. Nach einem halben Jahr lernte sie ihren späteren Ehemann (36 Jahre) kennen, der sich sofort – so die Erzählung – in seine zukünftige Frau verliebte und bald darauf die Scheidung von seiner damaligen Frau, nach vierjähriger Ehe, einreichte. Schon in der Zeit des Kennenlernens waren die Kinder bei gemeinsamen Unternehmungen immer dabei und wurden so von Anfang an in den Prozeß des „Zusammengehens" miteinbezogen:

„Wir haben nie die Kinder daheimgelassen, die waren eigentlich, wenn wir was unternommen haben, immer dabei. Von Anfang an. Nicht, daß wir am Wochenende weggefahren wären ohne die Kinder, sondern das war nur immer mit Kindern."

Da Herr Bader in seiner ersten Ehe auf Wunsch der Ehefrau und gegen seinen Willen kinderlos geblieben war, hatte er ein großes Interesse an den Kindern seiner Freundin und die Freude an Kindern mag für ihn auch ein Grund gewesen sein, daß er so schnell mit ihr ein gemeinsames Leben plante. In der Tat ziehen Herr Bader, seine neue Partnerin und die Kinder schon ein halbes Jahr später in eine gemeinsame Wohnung und leben zusammen „wie eine Familie". Die Familiengründung wird so bald wie möglich – also als seine Scheidung vollzogen ist – durch die Eheschließung rechtlich untermauert. Beide Partner verwenden viel Energie darauf, möglichst schnell als Familie zusammenzuwachsen, sich als eine „ganz normale" Familie darzustellen, die Besonderheit ihrer Familienentstehung zurückzudrängen und vergessen zu lassen. Der Wunsch nach Normalität zeigt sich auch in Herrn Baders sofortiger Bereitschaft, die Kinder zu adoptieren, um durch den gemeinsamen Namen – die ganze Familie trägt den Namen des zweiten Ehemannes – Normalität und Zusammengehörigkeit zu zeigen. Nach einem Umzug an einen anderen Ort sprechen Herr und Frau Bader auch in der Nachbarschaft und ferneren Bekanntschaft nicht mehr über ihre besondere Familienentstehung und treten so als „ganz normale" Familie auf.

Für ein solches Verhalten verwendet HOFFMANN-RIEM (1985) in ihrer Untersuchung von Adoptivfamilien den Begriff des „geschlossenen Bewußtheitskontexts" und beschreibt damit den Versuch einer Familie, ihre besondere Entstehung und Andersartigkeit vor dem Kind und der Umwelt zu verbergen (vgl. S. 219).

Für Herrn Bader ist es natürlich und selbstverständlich, die Rolle des Familienoberhauptes und Vaters für die Kinder seiner neuen Frau auszufüllen; die unhinterfragte und vollständige Übernahme der Vaterfunktion und Autorität wird dadurch erleichtert, daß der leibliche Vater der Kinder sich völlig zurückzieht und nicht in die Erziehung eingreift, erleichtert auch durch die Bereitschaft der Kinder, den neuen Mann sofort als „Papa" aufzunehmen. Das Ehepaar selbst begründet die als problemlos dargestellte Lösung – nämlich, daß Herr Bader die Vaterrolle übernimmt – mit dem geringen Alter der Kinder, die zur Zeit der Stieffamiliengründung alle noch nicht zur Schule gehen, also in einem Alter sind, in dem die Kinder – so der Stiefvater – schnell vergessen.

Herr Bader fühlt sich als „besserer Vater" und empfindet die Kinder „so als wären's die eigenen"; auch später, als das neue Paar ein gemeinsames Kind bekommt, spürt er keinen Unterschied zwischen seiner Beziehung zu diesem leiblichen Kind und der zu seinen Stiefkindern.

Frau Bader ist auch in dieser zweiten Partnerschaft nicht berufstätig und widmet sich ganz dem Haushalt und der Versorgung und Erziehung der Kinder. Ihr neuer Partner übernimmt bereitwillig die Rolle des Ernährers, nach der Adoption auch die finanzielle Verantwortung für die Kinder seiner Frau. Diese traditionelle Rollenaufteilung zwischen den Partnern ist für beide wünschenswert und problemlos, sie scheinen keine anderen Vorstellungen und Erwartungen für mögliche Beziehungs-und Rollengestaltung in der Familie zu haben.

In der Partnerschaft von Herrn und Frau Bader nimmt das Eltern-Sein von Anfang an einen großen Raum ein – Gespräche und Aktivitäten drehen sich vor allem um die Kinder – und sie nehmen sich wenig Zeit für sich allein als Paar. Für beide ist – wie sie sagen – diese Schwerpunktsetzung „normal und notwendig" und sie bedauern nicht, kaum Freiraum für die Zweierbeziehung zu haben.

Als die Eheleute es sich finanziell leisten können, planen sie ein gemeinsames Kind, das nach dreijährigem Zusammenleben auf die Welt kommt. Herr Bader hat ein besonderes Interesse an einem Kind mit seiner zweiten Frau, nachdem seine erste Ehe kinderlos geblieben war. Diese gemeinsame Tochter empfinden sie als ein zusätzliches Band, das ihre Familie umschließt und als Einheit zusammenschmiedet. Gemäß ihrem Selbstverständnis, sich als „Normalfamilie" und nicht als eine besondere Familie, nämlich als Stieffamilie zu sehen, sagen sie der heranwachsenden gemeinsamen Tochter nichts über ihren besonderen Familienstatus und sie erfährt erst im Alter von 11 Jahren, daß ihre „Geschwister" für sie Halbgeschwister sind; das „Geheimnis" lüftet sich eher zufällig, anläßlich eines Besuchs bei der Großmutter ihrer Halbgeschwister, als sie alte Familienfotos betrachten. Auch die anderen Kinder haben nur noch vage Erinnerungen an ihre Familienvergangenheit und den leiblichen Vater, weil in der neuen Familie nicht darüber gesprochen wird. Beide, sowohl Herr als auch Frau Bader, haben den Wunsch, ihren „neuen Start" nicht mit Dingen zu belasten, „die vorbei sind". Auch in der Interviewsituation wird die Distanzierung von der Vergangenheit deutlich, Herr und Frau Bader bringen eine starke Abwertung des leiblichen Vaters und ihrer beiden Ex-Ehepartner zum

Ausdruck: Die erste Frau des Herrn Bader wird als unbeliebt und geldgierig geschildert, die aus Liebe zum Geld keine Kinder haben wollte; der Ex-Ehemann der Frau Bader soll unzuverlässig und sehr an seinem Eigenleben interessiert gewesen sein. Die Abwertung scheint eine Möglichkeit zu sein, den leiblichen Vater zu verdrängen und die ersten Ehebeziehungen wegzuschieben und zu banalisieren, vielleicht auch – da es kein Moratorium gab zwischen der ersten und der zweiten Ehe – für die Partner ein Weg, in dieser Weise die Vergangenheit zu verarbeiten und einzuordnen.

Frau und Herr Bader richten also ihre Partnerschaft ziemlich schnell und selbstverständlich auf Elternschaft und Familienleben aus. Die äußere Form von Familienleben wird für Frau Bader nur kurzfristig unterbrochen, als sie sich nach der Trennung von ihrem ersten Mann zu den Großeltern zurückzieht. Mit der neuen Partnerschaft versucht sie, ihre bisherigen Vorstellungen von Partnerschaft und Familienleben fortzuführen, Vorstellungen, die ihr neuer Partner mit ihr teilt und in deren Verwirklichung er sie unterstützt.

Anders sieht die familiäre Entwicklungsgeschichte der Familie Nagel-Ortner aus.

Die Familie Nagel-Ortner[21]

Frau Nagel trennte sich im Alter von 27 Jahren nach fünfjähriger Ehe von ihrem ersten Ehemann und blieb mit ihren beiden Töchtern (ein halbes Jahr und anderthalb Jahre alt) zunächst in der ehelichen Wohnung, zog aber bald in eine Wohngemeinschaft, weil sie sich von den Mitbewohner(inne)n Unterstützung bei der Betreuung der Kinder erhoffte. In gewissem Maße sprangen die „Wohngenossen" auch ein und betreuten die Kinder, wenn Frau Nagel einer Teilzeittätigkeit als Lektorin nachging. Obgleich ihre Kinder noch im Babyalter waren, mußte Frau Nagel erwerbstätig sein, da der Unterhalt des Ex-Ehemannes zur Versorgung der Teilfamilie nicht ausreichte. Nach knapp vierjähriger Einelternschaft in der bewegten und turbulenten Umgebung wechselnder Wohngemeinschaften und nach einer längeren Partnerschaft, die nicht auf ein gemeinsames Familienleben ausgerichtet war, lernt sie ihren späteren Ehemann kennen, der zu der Zeit noch verheiratet war und eine fünfjährige Tochter hatte, ein Kind also im gleichen Alter wie die Töchter von Frau Nagel. Frau Nagel erinnert sich:

„Eigentlich lief das über die Kinder, über seine Tochter und meine Töchter. Also, wir sind uns dann auch einfach ins Blickfeld geraten, dadurch daß die Kinder aufeinander zugingen."

---

21 Zum Zeitpunkt des Interviews lebt die Familie Nagel-Ortner seit vier Jahren zusammen.

Herr Ortner trennt sich sehr schnell von seiner Frau, mit der er schon seit längerer Zeit in konflikthafter Ehe lebte, und zieht zunächst in einem Nachbarort in eine eigene Wohnung, um Distanz von seiner bisherigen Familiensituation zu gewinnen und um sich einen Freiraum zu schaffen, in dem sich eine neue Beziehung entfalten kann, ohne daß sofort durch ein Zusammenleben familiäre Abhängigkeiten und Verbindlichkeiten hergestellt werden. Bewußt wollen Frau Nagel und Herr Ortner sich Zeit lassen, um zu sehen, wie sich ihre Liebesbeziehung entwickelt.

Die Wochenenden verbringt Herr Ortner allerdings meistens im Hause von Frau Nagel. Die Kinder sind in dieser neuen Situation sehr zwiespältig: einerseits nehmen sie ihn freudig auf, weil er — vielleicht, da er schon Vatererfahrung hat — gut mit ihnen umgehen kann, andererseits — so Frau Nagel — möchten die Kinder mehr Verläßlichkeit und äußern ihre Unzufriedenheit mit der Wochenendsituation:

„Wenn er nur am Wochenende kommt, dann soll er doch gleich wieder gehen."

Wenn Herr Ortner zu Besuch kommt, versucht das neue Paar, möglichst viel miteinander zu machen und die Kinder dabei nicht zu kurz kommen zu lassen, was zu einem schwierigen Balanceakt wird. Die Kinder haben bisweilen trotzdem das Gefühl,

„daß sie da weniger drankamen, als sie sich das vorgestellt haben. Und da haben sie dann ganz schön gepiesackt." (Frau Nagel)

Manchmal bringt Herr Ortner seine Tochter mit, die bei der Mutter lebt, und die drei Kinder bauen eine intensive Freundschaft untereinander auf, was die zwei Elternteile ein Stück weit entlastet von den Ansprüchen der Kinder an ihre Mutter oder den Vater und dem Paar ein wenig Raum für die Entwicklung und das Wachsen der Zweierbeziehung läßt, wenn auch Frau Nagel einschränkt:

„Wir haben uns sowieso nicht soviel Illusionen gemacht, daß wir jetzt viel Zeit miteinander hätten, das ist klar."

Nach etwa anderthalb Jahren beschließen beide, daß Herr Ortner zu Frau Nagel zieht und daß sie ein gemeinsames Leben als Familie versuchen wollen. Der Entschluß fällt erst nach längerem Hin- und Herüberlegen und „reiflicher Prüfung" des neuen Partners:

„Ich habe mir den Oliver (zweiter Partner, d.Verf.) erst genau angeschaut, ob das mit ihm geht; also, ich habe mich, glaube ich, schon vorher ein bißchen abgesichert. Ich habe ja gesehen, wie er sich mit Kindern verhält."

Für Frau Nagel ist es die ersten anderthalb Jahre deutlich und klar, daß die Kinder ihr Bereich und ihre Verantwortung sind; sie will erst mal sehen, wie sich die Partnerschaft entwickelt. Als sie mit ihrem neuen Partner zusammenlebt und das Probestadium vorbei ist, legt sie Wert darauf, daß sie sich beide gemeinsam um die Kinder kümmern, daß die Kinder und Herr Ortner auch etwas zusammen unternehmen und sich miteinander beschäftigen. Frau Nagel möchte, daß ihr Partner ein Stück weit Vaterrolle für ihre Töchter übernimmt, vor allem soll er auch liebevoller und zärtlicher „Ersatzvater" sein, der in gewissem Rahmen die Entbehrung an „männlicher Zuwendung" der letzten Jahre ausgleicht. In Frau Nagels Augen ist ihr Ex-Ehemann kein „guter Vater" und sie ist froh, daß ihr neuer Partner Vaterfunktionen mitübernimmt:

„Da der Oliver (neuer Partner, d.Verf.) da ist, ist es nicht so schlimm, daß die Kinder wenig vom Norbert (leiblicher Vater, d.Verf.) haben."

Herr Ortner selbst stellt an sich in weitem Maße die gleichen Erwartungen wie seine Frau, spürt aber seine Schwierigkeiten und Grenzen, emotional völlig offen für die Kinder seiner Partnerin zu sein und sich auf sie einzulassen, ihnen so offen zu begegnen wie seiner eigenen Tochter. Frau Nagel spürt deutlich die Gefühlsdiskrepanz:

„Ich merke schon, daß er nicht für die Kinder so empfindet als wären es seine eigenen; die Zuwendung, das muß schon manchmal über den Kopf laufen."

Besonders gehemmt, sich mit den Töchtern seiner Partnerin zu beschäftigen, fühlt sich Herr Ortner, einer der von uns als „ambivalent" beschriebenen Stiefväter, wenn er über lange Zeiträume hinweg sein eigenes Kind nicht sehen kann.

Zur Tochter ihres Mannes hat Frau Nagel-Ortner eine eher unproblematische Beziehung; diese kommt wegen der großen Entfernungen nur selten zu Besuch und bei diesen Anlässen versucht Frau Nagel, mit ihrer Stieftochter gut auszukommen und ihr den Aufenthalt angenehm zu gestalten. Da sie weiß, daß sie mit ihrer Stieftochter den Alltag nicht leben muß, kann sie an den wenigen Besuchstagen sich vorbehaltlos auf das Kind einlassen. Unter den Stiefgeschwistern kommt es – trotz inniger Freundschaft – bisweilen zu Eifersüchteleien um den Vater, auf den nun auch Frau Nagels Töchter Anspruch erheben und von dem die leibliche Tochter nur ungern ein Stück abgibt.

Die beiden Partner legen keinen Wert darauf, ihre neue Gemeinschaft als „Normalfamilie" darzustellen und machen kein Geheimnis aus ihrer Entstehungsgeschichte, die sich auch in der Namensvielfalt zeigt; die Nachbarschaft kann das langsame Zusammenwachsen der neuen Familie verfolgen und nimmt Anteil an ihrer Entwicklung.

Nach dreijährigem Zusammensein entschließen sich Frau Nagel und Herr Ortner zu heiraten, „als eine Art Versprechen, ich möchte dir zeigen, du bist jetzt der, mit dem ich länger zusammensein möchte". Beide Partner meinen, daß eine äußerliche Absicherung und Legitimierung ihrer Beziehung auch für die Töchter der Frau Nagel gut und wichtig sind, vor allem aber begründen sie ihren Entschluß mit dem Wunsch, noch ein gemeinsames Kind haben zu wollen.

Ein Jahr später wird ein gemeinsamer Sohn geboren. Schwangerschaft und Geburt sind für beide Partner eine sehr schöne Zeit, die sie mit wesentlich größerer Befriedigung, Glück und Übereinstimmung erleben als bei den Kindern aus erster Ehe. Das Kind ist ein weiteres Symbol ihrer Zuneigung und Zusammengehörigkeit.

Die jetzige Frau Nagel-Ortner akzeptiert, daß ihr Mann zu dem gemeinsamen Kind eine innigere Beziehung aufnimmt als zu ihren Töchtern; zugleich fühlt sie sich nun eher „berechtigt", ihn – anders als bei ihren eigenen Töchtern – zur Verantwortung zu ziehen und an der Betreuung und Versorgung des Kindes zu beteiligen, in gewisser Weise aus dem Gefühl heraus, ihn bei seinem leiblichen Kind mehr beanspruchen zu können. Auch Herr Ortner fühlt sich in seinem Innern – so registriert er mit Bedauern – für dieses gemeinsame Kind eher zuständig und verantwortlich als für seine Stieftöchter.

In ihrer zweiten Partnerschaft legt Frau Nagel-Ortner ebenfalls Wert darauf, halbtags berufstätig zu bleiben, um ihre finanzielle Unabhängigkeit zu bewahren. Erst nach der Geburt des gemeinsamen (und dritten) Kindes beschließt sie zusammen mit ihrem Mann, sich ganz den Kindern, vor allem dem Säugling, zu widmen und ihre Berufstätigkeit zunächst aufzugeben, ganz in dem Bewußtsein, daß das „Nur-Mutter-Sein" eine zeitlich begrenzte Phase sein wird, solange der Sohn ein Kleinkind ist. Für diese Zeit akzeptiert sie daher auch eine Verschiebung in der Arbeitsaufteilung zwischen ihrem Mann und ihr selbst, das heißt sie fühlt sich in überwiegendem Maße für die Versorgung von Haus und Kindern zuständig. Frau Nagel-Ortner ist zufrieden mit dieser Lösung und es macht ihr kaum Schwierigkeiten, vorübergehend ihrem Mann alleine die Rolle des Ernährers zu überlassen. Herr Ortner seinerseits akzeptiert seinen neuen Status und ist bereit, die finanzielle Verantwortung für die Familie zu tragen.

In der Familie Nagel-Ortner versuchen die beiden Partner, ein ausgewogenes Gleichgewicht zwischen Paar- und Elternbeziehung zu leben, wenn auch die Realität – eine Familie mit zunächst zwei, dann drei Kindern – enorme Anforderungen an sie als Stief-/Eltern stellt, Anforderungen, denen sie sich letztendlich gewachsen zeigen, weil es ihnen gelingt, eine befriedigende und harmonische Zweierbeziehung aufzubauen. Mit der zunehmenden Verbundenheit des Paares wächst auch das Gefühl von Zusammengehörigkeit und Stabilität in der neuen Familie, was alle Beteiligten als etwas Neues und Beglückendes erleben, als etwas, das sie in ihren ersten Familien nicht erfahren hatten.

Rückblickend sagt Frau Nagel-Ortner, daß sie froh ist, damals den Schritt der Trennung gewagt und in ihrem zweiten Mann einen Partner gefunden zu haben, der mit ihr ihre Vorstellung von Partnerschaft und Familienleben trägt, mit dem sie verwirklichen kann, was in der ersten Ehe nicht möglich war und was an den unterschiedlichen Lebenskonzepten der ehemaligen Partner scheiterte.

3.1.2.3 Gegenüberstellung der beiden Familiengeschichten

Im vorhergehenden beschreiben wir — ohne eine vorschnelle Bewertung abgeben zu wollen — zwei ganz unterschiedliche Gestaltungswege von Familienleben in einer zweiten Partnerschaft.

In der Familie Bader wird schnell und spontan eine pragmatische Lösung angestrebt, die durch die übereinstimmenden Lebenskonzepte beider neuen Partner getragen wird. Als Alleinerziehende hat die spätere Frau Bader nicht das Bedürfnis, neue und andere Lebensformen zu erproben, sondern versucht, mit Unterstützung der Verwandtschaft den familiären Rahmen zu erhalten. Ohne zu zögern setzt sie mit Herrn Bader, den sie bald kennenlernt, ihren einmal eingeschlagenen Weg fort; beide neuen Partner fühlen sich in erster Linie als Eltern und sind sich einig, daß die Familie ihr zentraler Erlebnisort sein soll, der primäre Erfüllungsort ihrer Bedürfnisse.

Die Gestaltung von Familienalltag und Eltern- sowie Stiefelternschaft wird nicht problematisiert und ihre besondere Situation als Stieffamilie ist für sie kein Gegenstand von Diskussion und Reflexion. Für beide Partner ist es selbstverständlich, daß sie die Kinder mögen und sie geben den Kindern die Sicherheit, von ihren Stief-/Eltern geliebt zu werden.

Die Bedürfnisse der Frau Bader an ihren zweiten Ehemann in seiner Funktion als Vater, Ernährer und Familienvorstand decken sich mit dem, was Herr Bader von einer Familie erwartet und einzubringen bereit ist. Es scheinen keine inneren Konflikte und konkreten Meinungsverschiedenheiten über den Umgang mit Kindern aufzutauchen, die es abzuwägen und auszuhandeln gilt; möglicherweise wird dieses unproblematische Verhältnis erleichtert durch die von beiden Partnern akzeptierte traditionelle Arbeitsaufteilung, in der Haushalt und Versorgung der Kinder hauptsächlich in den Aufgabenbereich der Frau gehören.

Zwei weitere Umstände mögen die problemlose und „glatte" Entwicklung der Stieffamilie Bader begünstigt haben: Herr Bader hatte in erster Ehe keine Kinder und ist nun glücklich, eine „richtige" Familie, das heißt mit Kindern, zu haben; es gilt also nicht, Schuldgefühle und Ambivalenzen zwischen leiblichen und Stiefkindern auszugleichen. Hinzu kommt, daß der leibliche Vater der Kinder und Ex-Ehemann der Frau Bader sich nicht einmischt und keine Ansprüche an die Kinder stellt; so entstehen auf Seiten der Kinder keine Loyalitätskonflikte zwischen dem biologischen Vater und dem Stiefvater und für Herrn Bader gibt es kaum Gründe zur Konkurrenz mit dem abwesenden Elternteil; Frau Bader ihrerseits braucht sich nicht mehr mit ihrem ersten Ehepartner auseinanderzusetzen.

Allerdings mögen die langen Jahre (15 J.) der Stieffamilienentwicklung zu „eingeschliffeneren" und „normaleren" Formen der Stieffamilienge-staltung geführt haben, und lassen früher aufgetauchte Probleme viel-leicht in Vergessenheit geraten oder nur in gemilderter Form in der Er-innerung erscheinen. Zumindest zeichnet die Familie Bader insgesamt ein harmonisches Bild von ihrem Familienleben.

In den beiden beschriebenen Familienbiographien wird deutlich, daß beide Familien ganz unterschiedlich Probleme wahrnehmen, ganz un-terschiedlich Probleme definieren und in unterschiedlichem Maße für Konflikte sensibilisiert sind.

Die einzelnen Mitglieder der Familie Nagel-Ortner stellen in den Inter-views ihre Familiensituation mit hohem Problembewußtsein dar und lassen erkennen, daß sie sich viele Gedanken gemacht haben über ihre besonderen Beziehungen, Erwartungen und Möglichkeiten. In den In-terviewgesprächen nehmen die Unsicherheiten, das Zögern, die Kon-flikte und die für das Familienleben unternommenen Anstrengungen einen großen Raum ein. Es gab und gibt immer noch viele Reibungs-punkte, über die die beiden Partner — bisweilen auch die Töchter — sich auseinandersetzen und die sie „auf Trab halten". Frau Nagel-Ortner hat wohl schon als die sich trennende Mutter mit zwei Babies und dann als Alleinerziehende einen unbequemen Weg mit anderen Lebensformen zu gehen versucht, als sie in Wohngemeinschaften mit ihren beiden kleinen Kindern lebte, und sich damit neuen Erfahrungsbereichen, aber auch Konflikten ausgesetzt hat. Einer zweiten dauerhaften Part-nerschaft und erneuten Familiengründung stand sie nach dem er-sten Scheitern einer Ehe und einer mehrjährigen Einelternphase sehr kritisch und zögernd gegenüber, ebenso wie ihr neuer Partner, der wie sie eine längere Zeit des Abwartens und „Ausprobierens" wichtig fand.

In der neuen Partnerschaft versuchen die beiden, ihre eigenen und ge-genseitigen Bedürfnisse und Erwartungen als Liebespaar und als Stief-/ Elternpaar zu koordinieren. Die erlebten Konflikte und Unsicherhei-ten, das Aushandeln ihrer Vorstellungen von Elternschaft nehmen in ihren Diskussionen und Reflexionen einen großen Raum ein. Sie ma-chen sich besonders viele Gedanken über die Beziehung zwischen Stiefvater und Stieftöchtern, über die Erfüllung der unterschiedlichen Bedürfnisse, die in der neuen familialen Konstellation aufeinanderpral-len. Dabei handelt das Paar mit großer Sensibilität untereinander aus, was jeder dem anderen zumuten kann, auf was er verzichten muß, was er sich unbedingt wünscht und was er zu geben bereit ist.

Ein wichtiges Element des von beiden getragenen Lebenskonzeptes ist die weitere finanzielle Eigenständigkeit der Frau Nagel-Ortner, zumindest bis zur Geburt des dritten Kindes; ihre Berufstätigkeit erfordert, daß Herr Ortner einen angemessenen Teil der Hausarbeit und Betreuung seiner Stiefkinder übernimmt.

Für beide Partner ist es selbstverständlich, daß sie nicht nur Eltern sein möchten, sondern auch eine intensive Zweierbeziehung leben wollen. Gerade im Bewußtsein ihrer besonderen Familiensituation sind sie bereit, für ihre Familie Energie und Anstrengung einzusetzen, sich mit den neu auftauchenden Problemen zu konfrontieren, neue Wege und Lösungen zu suchen und diese auch auszuprobieren. Andererseits sind sie in der Lage, die für die Stieffamilie spezifischen Schwierigkeiten in den Beziehungsmustern in ihrer Andersartigkeit und bisweilen Unlösbarkeit als solche zu erkennen und zu akzeptieren, das heißt offen mit ihnen zu leben. Probleme werden in dieser Familie beharrlich und in kleinen machbaren Schritten angegangen, ohne immer gleich eine umfassende – vielleicht unerreichbare – Lösung anzustreben. Auf diese Art gelingt in der Familie der Balanceakt zwischen Paar- und Elternbeziehung und der Aufbau einer Stiefvater-Stieftöchter-Beziehung neben einer schon bestehenden intensiven Mutter-Töchter-Beziehung; sie lernen auch, mit dem Bedauern und den Schuldgefühlen des Vaters, der seine eigene Tochter verlassen hat, zu leben und die Beziehung der beiden Töchter zu ihrem abwesenden leiblichen Vater in die Gestaltung des Stieffamilienlebens zu integrieren.

Bei der Familie Nagel-Ortner kann man von „offener" Integration sprechen: Es wird keine Person ausgeschlossen und der neu hinzukommende „Vater" – in gewissem Maße auch die Besuchstochter – muß sich einen eigenen Platz suchen und ausbauen. Wie wir gesehen haben, verläuft das ganz anders in der Familie Bader, in der der „neue Vater" den Platz des leiblichen Vaters selbstverständlich übernimmt, also eine Art „geschlossene" Integration vollzogen wird.

3.1.3 Erwartungen und Wünsche an die neue Partnerschaft

Die beiden vorangehenden sehr unterschiedlichen Entwicklungen von Familienleben zeigen anschaulich, welche verschiedenen Erwartungen die Mütter in ihre neue Partnerschaft hineintragen und wie unterschiedlich diese erfüllt und gelebt werden. Wir sehen auch, welchen Veränderungen die Vorstellungen im Laufe der Zeit, in den Erfordernissen des Alltags, unterliegen. Die Selbstdarstellungen der beiden Familien sind polarisiert: Die eine fühlt und beschreibt sich als „Normalfamilie" und die andere ist sich ihrer besonderen Form von Familie voll bewußt und spürt die Anstrengungen der Reorganisation.

Zwischen den Polen liegen andere, weniger extreme Möglichkeiten der Gestaltung von aufeinanderfolgenden Partnerschaften und Familienleben, die in der Mehrzahl – so die Erfahrung aus unserer mittelschichts-geprägten Untersuchungsgruppe – eher in der Mitte oder dicht beim zweiten Beispiel liegen, das heißt, daß ein großer Teil der befragten Frauen mit hoher Selbstreflexivität, hohen Erwartungen und Problem-bewußtsein eine zweite Partnerschaft eingeht.

Wir haben versucht zu zeigen, daß die Erfahrungen aus der ersten Ehe und ein eventueller Wachstums- und Selbstveränderungsprozeß im Verlaufe einer längeren Phase des Alleinerziehens die Vorstellungen für die zweite Partnerschaft prägen.

Das geschieht nicht nur bei den Frauen; oft korrespondieren die Erwar-tungen der Mütter mit denen der Männer, die ihrerseits nach der Tren-nung eine Entwicklung gemacht haben und auch veränderte Wünsche an die zweite Partnerschaft mitbringen. Männer machen in den Inter-views selten Aussagen dazu, ein „Zweit-Partner" äußert jedoch ganz deutlich, daß er in der zweiten Ehe mehr Freiraum möchte, als er ihn in der ersten Partnerschaft erfahren hat:

„Mit der Petra (zweite Ehefrau, d.Verf.) ist das was ganz anderes. Also, daß ich mich so in Beschlag nehmen lasse wie in der ersten Ehe, das würde ich nicht mehr machen. Ich möchte ein Stück weit mein eigener Herr sein."

Bei manchen Frauen kommen Ambivalenzen in bezug auf eine zweite Familie zum Ausdruck, die sich in ihren Bedürfnissen an den neuen Partner äußern: Dieser soll sowohl eine Art Kontinuität für Mutter und Kind/er in familiärem Rahmen gewähren und die primäre Mutter-Kind-Einheit akzeptieren als auch bereit sein, „emanzipierte" Vorstel-lungen der Mutter über Paar- und Familienbeziehung mitzutragen.

In der Fachliteratur, vor allem bei FURSTENBERG & SPANIER (1984), aber auch bei GOETTING (1982), werden grundsätzliche Un-terschiede zwischen erster und zweiter Partnerschaft festgestellt, wobei besonders die veränderten Vorstellungen, Bedürfnisse und Erwartun-gen bei der Planung einer erneuten Familiengründung betont werden.[22]

Natürlich finden die erste und zweite Eheschließung zu verschiedenen Zeitpunkten im Lebensbogen des einzelnen statt, das heißt sie werden meist mit unterschiedlicher Lebenserfahrung, mit unterschiedlichem Grad der persönlichen Reife, des Sozialstatus und unter anderen fami-liären Lebensbedingungen eingegangen, was in der Familiengeschichte Nagel-Ortner deutlich wird. Das kann einerseits heißen, daß in die zwei-te Partnerschaft – nach den oft ernüchternden Erfahrungen einer kon-

---

22 Den Aussagen Wiederverheirateter in bezug auf veränderte Erwartungen und Vorstellungen für eine erneute Partnerschaft liegt – so HEEKERENS (1988) – ein retrospektiver Vergleich zugrunde, d.h. ob die Betroffenen tat-sächlich mit gewandelten Einstellungen die neue Ehe eingehen oder dies nur meinen, ist im nachhinein kaum zu klären.

flikthaften und gescheiterten ersten Ehe — „geläuterte", das heißt sachlichere und pragmatischere, weniger romantische und idealistische Vorstellungen getragen werden, daß die neue Ehe eher realistisch angegangen wird, wie in der folgenden Aussage deutlich wird:

„Das ist eine andere Art von Liebe, finde ich. Nicht so ein Überschwall und dann wieder tief unten. Das ist ruhiger und es sind ganz andere Punkte wichtig. Nicht mehr die Person, die man in den Himmel heben möchte, die man in alle Ecken mitschleppen möchte, sondern einfach aus einer selbständigen Position raus auf jemand zugehen und ihn auch mal lassen können."

Andererseits sind die Erwartungen ungleich höher und umfassender in bezug auf Gedankenaustausch, partnerschaftliche Rollenaufteilung und Gleichberechtigung in der Gestaltung des Familienlebens.

Während die erste Ehe oft in jugendlicher Unerfahrenheit oder unter Druck geschlossen wird, — sei es unter dem Druck von Eltern, Freunden, einer vorehelichen Schwangerschaft oder sei es, um dem Elternhaus zu entkommen —, wird die zweite Partnerschaft und Stieffamiliengründung meist bewußter und geplanter, vorsichtiger und abwägender eingegangen. Das mag beeinflußt sein von den sowohl schmerzhaften Erfahrungen nach der Auflösung einer problematischen ersten Ehe als auch von den oft positiven Erfahrungen der Befreiung, der Unabhängigkeit und des persönlichen Wachstums in der Einelternphase. Zumindest äußern fast alle von uns befragten Mütter — und auch die wiederverheirateten Männer —, daß sie bisweilen die Angst haben, sie könnten die gleichen Fehler machen wie das erste Mal, ihre zweite Partnerschaft könnte ein zweites Mal scheitern, und sie haben den festen Vorsatz, nicht noch einmal die gleichen Dinge falsch zu machen.

In die neue Beziehung werden manchmal Ängste aus der ersten Ehe getragen, die sich erst im Laufe der Jahre verlieren:

„Am Anfang war ich wahnsinnig empfindlich, das war furchtbar. Ich hatte ständig Angst, daß es wieder schief gehen könnte und daß ich dann genauso dastehen könnte wie das erste Mal. Aber das hat sich in den Jahren abgebaut, diese Ängste, also ziemlich schnell sogar."

Vor dieser Erfahrung mit ihrem zweiten Partner hat diese wiederverheiratete Mutter sich eine zeitlang von Männern ganz zurückgezogen, gewissermaßen aus Selbstschutz, um sich nicht der Möglichkeit auszusetzen, erneut verletzt zu werden:

„Eine Weile habe ich gedacht, ich bin härter geworden, also daß kein Mensch es mehr schafft, an meine Substanz zu kommen. Ich bin nicht mehr bereit, mich zerstören zu lassen. Und jetzt weiß ich halt, daß ich auch allein leben kann."

Eine anfängliche Distanz und Vorsicht in der zweiten Partnerschaft sprechen auch von uns befragte Männer an:

„Also dies langsame Anwachsen von Beziehung, das ging sehr holprig vonstatten, weil natürlich ständig auch ein Mißtrauen zurückgedrängt werden mußte, ein Mißtrauen oder vielleicht besser Vorsicht und Ängste, ja, daß es nicht klappen könnte, daß man sich zu weit vorgewagt hat, zu sehr offene verletzliche Flächen gezeigt hat und dann wieder neue Verwundungen davonträgt. Also die Angst, sich zu schnell aufeinander einzulassen, sich preiszugeben."

Die Enttäuschungen aus der ersten Ehe führen – wie die Gesprächsausschnitte zeigen – zu mehr Zurückhaltung und Selbstabsicherung in einer neuen Bindung. Das geschieht durch lange Diskussionen über Vorstellung von Partnerschaft und Familienleben, durch zögernde Schritte aufeinander zu und durch Zusammenleben „auf Probe", um den neuen Partner „ganz genau vorher anschauen zu können", wie es Frau Nagel-Ortner beschreibt; das heißt, den anderen eingehend zu prüfen, bevor man sich zu einer erneuten festen Bindung und zum Zusammenleben entschließt. Dieser erste Schritt ist der entscheidende, der spätere Entschluß zur zweiten Ehe wird uns eher beiläufig und als nicht sehr einschneidend geschildert. Bis auf eine Ausnahme heiraten alle Paare erst, als ein gemeinsames Kind geplant ist oder seine Geburt sich ankündigt. Oft möchten die Partner mit der Heirat „klare Verhältnisse" schaffen – auch den Kindern zuliebe – oder die Eindeutigkeit ihrer Beziehung demonstrieren, und sei es nur, um Behörden und Institutionen gegenüber mit mehr Rechten auftreten zu können. Die Gewißheit, nun definitiv zu der zweiten Partnerschaft zu stehen, macht offensichtlich die Entscheidung, noch einmal zu heiraten, letztendlich zu einem unproblematischen Schritt, der ohne großes Zögern gemacht wird.

Ein anderer Prozeß – mit weniger Vorsicht, Zögern und Überprüfung verbunden – spielt sich ab bei den wenigen Frauen, die fast „nahtlos" hinübergleiten von einer gescheiterten Familie in eine neue Familie. Diese Art des Lebenswegs nach einer Trennung bietet offenbar die Sicherheit des Bekannten und Kontinuierlichen und einen festen traditionellen Rahmen ohne viel Raum für Ängste und Ungewißheiten.

Die Verschiedenheit der Lebens- und Familienperspektiven und Erfahrungen aus erster Ehe und Einelternzeit führen bei den Frauen zu einer Vielfalt an Erwartungen und Wünschen, die die Wahl ihres Partners, die spätere Partnerschaft und die Planung des Familienlebens mitbestimmen.

Bei den von uns befragten Müttern ist der neue Partner oft eine Art „Gegenmodell" zum ersten Ehemann und ein Teil der an ihn gerichteten Bedürfnisse ist erwachsen aus dem, was die Frau beim ehemaligen Partner nicht gefunden, vermißt oder abgelehnt hat; so schätzt zum Beispiel Frau Nagel-Ortner an ihrem jetzigen Mann die solide Zuverlässigkeit, Ruhe und Ausgeglichenheit nach den Erfahrungen mit dem eher „flippigen" und unzuverlässigen ersten Ehemann. Oder Frau Matrai, die nach einer unglücklichen Beziehung mit einem untreuen und „umtriebigen" Mann bei ihrem neuen Partner vor allem Geborgenheit sucht:

„Was ich wollte, war Geborgenheit. Eine eindeutige Zweierbeziehung, in der ich zur Ruhe kommen konnte."

In Hinsicht auf die Gestaltung des Familienlebens hat ein Großteil der von uns befragten Mütter an ihren zweiten Partner entscheidende Wünsche in bezug auf Arbeitsteilung und Verzicht auf traditionelle Rollenmuster, Wünsche, die in der ersten Ehe noch nicht bewußt waren und nicht artikuliert oder enttäuscht wurden und die sich häufig erst in der Anfangsphase einer neuen Beziehung herauskristallisieren. Beim zweiten Mal sind die Frauen nicht mehr bereit, auf ihre Vorstellungen von Selbstverwirklichung und auf ihre Bedürfnisse nach Vermischung der traditionellen männlichen und weiblichen Domänen zu verzichten oder Abstriche zu machen, es sei denn durch sogenannte Sachzwänge wie zum Beispiel ein gemeinsames Kind, dem zu Liebe sich diese Mütter entscheiden, vorübergehend die ihnen sehr wichtige Berufstätigkeit aufzugeben.

Selbstreflexivität und progressive „emanzipierte" Vorstellungen von Familie und Partnerschaft hindern die Frauen nicht daran, daneben auch ganz „normale" Wünsche an den neu in ihr Leben tretenden Mann zu haben. Sie haben fast alle in einem „Winkel ihres Herzens" die Sehnsucht nach dem ganz normalen Leben in einer vollständigen Familie mit Mutter und Vater, nach sozusagen „sauberen Verhältnissen", wie eine Frau es sagt, eine Sehnsucht nach „Normalität", die besonders von den Männern, die bislang noch nicht verheiratet waren und von einer „Idealfamilie" träumen, geteilt wird. Die Mütter möchten vor allem den Kindern den familiären Rahmen bieten können, den diese bei ihren Freunden und Schulkameraden erleben. Manchmal mag bei den Frauen auch der Wunsch nach gesellschaftlicher Aufwertung und „Streichung der Vergangenheit" mitschwingen, — was sich äußern kann in der Erwartung an den Partner, seine Stiefkinder zu adoptieren —, denn Scheidung und Alleinerziehen können immer noch, trotz aller gesellschaftlichen Aufgeklärtheit und eigenen progressiven Einstellungen, ein Makel sein und für die betroffene Frau einen Statusverlust bedeuten.

Für diese Mütter scheint die Familie ein elementarer Teil ihres Lebensentwurfs zu sein, auf den sie letztendlich — nach dem „Erproben" anderer Lebensformen — nicht zu verzichten bereit sind. Bei allen von uns interviewten Stieffamilien haben wir eine sehr starke Familienorientierung gefunden, eine bewußte Hinwendung zur Familie und Pflege des Familienlebens; das umschließt auch das manchmal mühsame Aushandeln von Problemen und ihren Lösungen, um ihren Vorstellungen von Glück und Wohlergehen innerhalb der Familie näherzukommen.

Die zweite Familiengründung kann von ganz verschiedenen Motivationen ausgehen. In seltenen Fällen ist sie eine Art Krisenmanagement nach der Trennung, wenn alles zusammenzubrechen droht und die Mutter nicht allein mit der neuen Situation fertig wird oder sich nach der Scheidung von anderen Familien isoliert fühlt. Damit verknüpft sind dann oft die Erwartungen der Frauen an die eher instrumentellen Funktionen des Mannes, wie Ernährer, starker Beschützer und Familienoberhaupt zu sein. Die meisten Frauen wünschen sich allerdings einen Partner mit eher „expressiven" Eigenschaften, nicht nur einen Liebespartner für sich selbst, sondern einen Mann, der auch männliche Bezugsperson, liebevoller und zärtlicher „Ersatzvater" für ihre Kinder sein soll. Oft tauchen bei den Frauen Zweifel auf, ob ihr Wunsch an den neuen Partner, soziale Vaterschaft für ihre Kinder zu übernehmen, überhaupt gerechtfertigt ist und nicht eine Überforderung bedeutet. Erst beim gemeinsamen Kind finden die Mütter es legitim, den Ehemann stärker in die Elternpflichten einzubinden. Die veränderte Familiensituation erfordert häufig sogar, daß der Vater sich vermehrt um seine Stiefkinder kümmern muß, damit die Mutter sich dem Neugeborenen widmen kann. Der Unsicherheit der Mütter bezüglich der Erziehungsmitverantwortung ihrer zweiten Ehepartner wird — wie bereits vorne angesprochen — in der familientherapeutischen Literatur oft mit der Forderung begegnet, in Stieffamilien die Paar- und Elternebene voneinander abzugrenzen, und das besonders unter dem Aspekt, daß die Elternschaft der ehemaligen Partner auch noch nach der Trennung weiterhin besteht und daher ein Stiefelternteil nicht die Elternrolle übernehmen kann und soll, sondern die Verantwortung für die Kinder letztendlich in den Händen des leiblichen Elternteils bleibt.

Die von uns interviewten Stieffamilien berichten allerdings, daß die Trennung zwischen Paar- und Elternebene eine eher idealtypische Grenzziehung ist, die in der täglichen Routine so kaum möglich und aufrechtzuerhalten ist; die Mütter erfahren, daß sich diese Ebenen im Alltag ständig vermischen und daß solche normativen Idealvorstellungen ihren Möglichkeiten und letztendlich ihren Erwartungen nicht entsprechen.

In der Anfangsphase — oder in Stieffamilien, in denen schwere Probleme mit den Kindern auftreten — ist eine Trennung der Paar- und Elternebene sicher hilfreich, um Überengagement und Selbstüberforderung des Neuhinzukommenden als Elternteil zu vermeiden und um dem Paar Zeit zur Stabilisierung ihrer Beziehung zu lassen, aber im Entwicklungsprozeß einer Stieffamilie sind solche Grenzziehungen schwer einzuhalten und können zu einer künstlichen Gestaltung des Familienalltags führen.

Die Mehrzahl der von uns befragten Mütter stellt befriedigt fest, daß ihre zweiten Partner sich mehr und bereitwilliger an der Erziehung und

Versorgung der Kinder beteiligen als die leiblichen Väter es taten, daß diese also ihre Vorstellungen von partnerschaftlicher Rollenaufteilung in der Familie mittragen.

3.2 Die Mütter und ihre Kinder

3.2.1 Die Mutter-Kind-Beziehung nach Trennung und Scheidung

Mit einer Trennung der beiden Eltern verändert sich die Familiensituation der bisherigen Familie grundlegend. Für die in der Regel sorgeberechtigte Mutter bedeutet dies, daß sie mit vielen Aufgaben, Pflichten und Problemen, die die Kinder betreffen, alltäglich allein steht; der frühere Partner fehlt.

Die emotionalen Auseinandersetzungen mit dem früheren Partner sind in dieser Phase häufig noch nicht abgeschlossen und verlangen viel Energie, oft werden Konflikte in Streitigkeiten über das Sorge- und Umgangsrecht weiter ausgetragen.

Den von uns befragten Müttern war es selbstverständlich, daß sie weiterhin das Sorgerecht für ihre Kinder wollten und es auch behalten würden, da keiner der Väter nach der Trennung das Sorgerecht für seine Kinder beantragte, noch darum kämpfte. Die Absprachen und Regelungen für das Besuchsrecht wurden von den früheren Partnern jedoch nicht immer einvernehmlich und konfliktfrei getroffen.

Die oft erheblichen Belastungen und Veränderungen während und nach einer Scheidung haben Folgen für die Beziehung zwischen Mutter und Kindern.

In mehreren Forschungsarbeiten zur Nachscheidungsphase (WALLERSTEIN/KELLY 1980, HETHERINGTON, COX & COX 1982) wird beschrieben, daß die Beziehung zwischen Mutter und Kind in dieser Zeit sehr eng werden kann und die Gefahr einer „gegenseitigen emotionalen Überforderung" (BENDKOWER/OGGENFUSS 1980, S. 253) in sich birgt. Zumindest ist während der getrennten Einelternschaft eine stärkere Abhängigkeit zwischen Mutter und Kind vorhanden, als dies in der Zweielternfamilie der Fall war; denn sowohl für die Mutter als auch für die Kinder fehlt im Alltag eine Bezugsperson, ein Ansprechpartner und dies selbst dann, wenn der Vater auch weiterhin eine wesentliche Bedeutung für die Kinder hat und regelmäßig Kontakt zu ihnen aufrecht erhält.

Bedürfnisse und Wünsche der Frauen und Mütter nach Nähe, Zuwendung, Zärtlichkeit und nach Kooperation, Aussprachen und Unterstützung können in der Phase des Alleinlebens meist nicht befriedigt werden; die Frauen fühlen sich in dieser Situation oftmals allein und isoliert.

Darin sehen Familientherapeuten (MINUCHIN 1977, RICHTER 1969, 1972) das Risiko, daß Mütter eines ihrer Kinder als „Partnerersatz" wählen und es für ihre eigenen Bedürfnisse funktionalisieren. Andererseits können auch Kinder, die die Hilflosigkeit der Mutter spüren, sich in die Position des Partners begeben und dessen Rolle übernehmen; das Kind fühlt sich dann verantwortlich für die Mutter und übernimmt Aufgaben wie Trösten, den Problemen der Mutter zuhören etc. Solche Tendenzen sind laut FTHENAKIS u.a. (1982) stärker, wenn das Kind bereits älter ist und das Geschlecht des ehemaligen Partners hat (vgl. S. 132).

SCHLEIFFER (1988) weist anhand von klinischen Beobachtungen darauf hin, daß Kinder nach einem Elternverlust – durch Scheidung häufiger als durch Tod – „sich gerade in ihren Verhaltensauffälligkeiten mit ihrem abwesenden Elternteil identifizieren und mit diesem identifiziert werden." (S. 13) Dabei übernehmen sie oft negative Aspekte des abwesenden Elternteils und halten diesen in der neuen Familie präsent. Das Kind kommt so in die Rolle eines „schwarzen Schafes" und seine eigene Entwicklung wird dadurch gravierend behindert. Eine solche Identifikation mit dem abwesenden Elternteil erleichtert es dem Kind jedoch, vordergründig mit dem Verlust des Elternteils, dem Schmerz und der Wut fertigzuwerden:

„Zudem dokumentiert das Kind seine besondere Bindung zum anwesenden Elternteil, wenn es dessen durchaus idiosynkratische Weltsicht teilt. Insofern hält das Kind mittels dieser Kompromißlösung eine intensive und loyale Beziehung zu beiden Eltern aufrecht." (ebenda, S. 19)

Gerade in der Pubertätsphase können durch Projektion oder Identifikation heftige Konflikte – besonders zwischen Müttern und ihren pubertierenden Söhnen – entstehen (vgl. HETHERINGTON, COX & Cox 1978). Wir möchten hier nicht weiter auf die Forschungsergebnisse zu den geschlechtsspezifischen Verarbeitungsmechanismen der Scheidung bei Kindern und Jugendlichen eingehen (vgl. dazu CROSBIE-BURNETT 1987; HETHERINGTON 1987; SANTROCK/WARSHAK 1983, 1986, WALLERSTEIN 1986), sondern allgemeiner die Veränderungen der Mutter-Kind-Beziehung in der Nachscheidungsphase betrachten, wie sie sich in den von uns befragten Familien darstellen.

3.2.2 Die Verantwortung für das Kind

Das Gefühl der gegenseitigen Abhängigkeit, mehr jedoch noch das Gefühl der alleinigen Verantwortung für die Kinder kennen und beschreiben fast alle von uns interviewten Mütter, obwohl einige nach der Trennung nicht allein mit ihren Kindern waren, sondern in einer Wohngemeinschaft lebten oder sonst weitreichende Unterstützung von Freunden oder Verwandten erhielten.

Fast allen Müttern fiel bei der Trennung die Aufgabe und die Verantwortung zu, ihre Kinder über dieses Ereignis zu informieren, mit ihnen darüber zu reden und – soweit sie sich dazu in der Lage sahen – es mit ihnen zu bearbeiten.

Rückblickend sind einige Frauen der Ansicht, sie hätten in dieser Situation unglücklich gegenüber ihren Kindern reagiert. Die ihnen naheliegende Erklärung, daß sie sich eben häufig mit dem Partner gestritten haben und deswegen nicht mehr gemeinsam mit ihm leben wollten, führte bei den Kindern zu einer großen Verunsicherung und zeigte lange Nachwirkungen. „Streit" wurde in der Folge für die Kinder etwas Bedrohliches und sie entwickelten ein starkes Harmoniebedürfnis, gerade auch, wenn es in einer neuen Partnerschaft zu Konflikten zwischen den Erwachsenen kam. Durch die Erklärung ihrer Mütter beinhaltete für sie „Streit" in der Konsequenz eben eine mögliche Trennung und mußte deswegen unter allen Umständen vermieden werden. Durch ihr Verhalten versuchten die Kinder dazu beizutragen, Konflikte erst gar nicht entstehen zu lassen und baten die Erwachsenen bei Auseinandersetzungen, diese doch zu beenden. So nannten fast alle Kinder in den Familiengesprächen spontan den Wunsch, daß in der Familie nicht mehr gestritten werden soll.

Häufig fühlten sich die sorgeberechtigten Mütter in ihrer Sorge für das Kind von ihrem früheren Partner kaum unterstützt.

Frau Nagel-Ortner, die mit ihren Kindern in einer Wohngemeinschaft lebte, drückt dies deutlich aus:

„Ich habe sie letztendlich doch in meiner Verantwortung großgezogen, wenn auch immer viele Leute noch drum rum waren. Der Norbert (Ex-Ehemann, d.Verf.) hat sich kaum um die Kinder gekümmert.

Da hat sich dann schon eine sehr intensive Beziehung und auch Abhängigkeit entwickelt – natürlich von den Kindern zu mir – aber auch von mir zu ihnen."

Laut FURSTENBERG/SPANIER (1984) bestehen bei den ehemaligen Ehepartnern gravierende Unterschiede in der Einschätzung ihres eigenen elterlichen Engagements und ihrer Verantwortlichkeit den Kindern gegenüber. Der sorgeberechtigte Elternteil schätzt die Beteiligung des außerhalb lebenden Elternteils wesentlich geringer ein, als dieser es selbst tut (vgl. S. 96f.). Da in unserer Untersuchung die früheren Ehepartner nicht befragt wurden, können wir keine Aussagen zu deren Selbsteinschätzungen machen, noch zu ihren eventuell divergierenden Ansichten.

Unzufriedenheit über die Haltung ihres früheren Partners zu seinem Kind äußert z.B. Frau Matrai und hat daraus für sich die weitreichende Konsequenz gezogen, dem Vater den weiteren Umgang mit seinem Kind zu untersagen:

„Ich habe gesagt, entweder kümmert er sich regelmäßig oder gar nicht um das Kind."

Das Maß des elterlichen Engagements des außerhalb lebenden Elternteils hängt natürlich nicht nur von dessen Bereitschaft und Vorstellungen von Vaterschaft ab, sondern auch davon, in welchem Maße die Mutter ihm Zugang zu den Kindern einräumt, ihn in die Entscheidungen und in die Alltagsgestaltung miteinbeziehen will und kann.

Frau Dietz, die von ihrem Mann noch während der Schwangerschaft mit ihrem dritten Kind verlassen wurde, wollte z.b. unter keinen Umständen, daß ihr ehemaliger Partner zu diesem Kind Kontakt aufnimmt; ihre Verletzung war zu tiefgehend. Ihr ist es auch sehr recht, daß im Laufe ihrer weiteren Familienentwicklung ihr früherer Ehemann den Kontakt mit den beiden älteren Kindern immer mehr reduziert, – selbst wenn ihre beiden älteren Söhne unter diesem Verhalten leiden könnten:

„Es war immer so kompliziert, wenn die Kinder von den Besuchen bei ihrem Vater zurückkamen.

Ich bin froh, wenn die wenig Kontakt miteinander haben. Vielleicht ist es für die Kinder schade, für uns ist es gut."

Dagegen steht für Frau Eigner-Faller das Wohl ihres Kindes im Vordergrund, wenn sie die bestehende Besuchsregelung auf keinen Fall verändern will, entgegen dem Wunsch ihres früheren Mannes, der sein Kind öfter als alle zwei Wochen für ein Wochenende sehen möchte:

„Ich bin dagegen, daß die Edda (Tochter, d.Verf.) den Erwin (Ex-Ehemann, d.Verf.) so oft sieht, weil da müßte die ganze Familiensituation erst mal klarer sein. Das Kind hat ja unheimlich viel zu verarbeiten.

Der Erwin möchte mehr an Edda's Alltag teilhaben und daran habe ich eben kein Interesse. So viele Wechsel (der Ex-Ehemann hat neue Partnerin, er ist umgezogen, die Stieffamilie ist umgezogen, d.Verf.) sind für das Kind nicht gut. Und außerdem, wenn sie so oft am Wochenende weg ist, dann haben wir auch wenig von ihr, wenn wir Zeit haben."

Frau Nagel-Ortner ist froh darüber, daß ihr früherer Ehemann nur selten Kontakt zu seinen Töchtern aufnimmt, obgleich sie davon überzeugt ist, daß ihre Kinder den Kontakt zum leiblichen Vater brauchen; sie hält diesen als Vater aber nicht für sehr kompetent:

„Also ich habe ihm sowieso immer das Feeling abgesprochen. Ich glaube nicht, daß der checkt, was Kinder brauchen. Es ist ihm auch viel zu anstrengend. Der hat gern Vorführtöchter, die toll aussehen und die ihm an den Hals fliegen, aber weiter über die Probleme . . .

Man kann das auch positiv sehen und kann sagen, er hat soviel Vertrauen, daß ich es schon recht mache, also daß er sagt, die zieht die Kinder schon richtig auf, das ist in Ordnung."

Wie ihre Kinder denken und was sie fühlen, darüber kann Frau Nagel-Ortner nur Vermutungen anstellen. Sie sieht, daß es für ihre beiden Töchter nicht einfach ist und speziell Nathalie, die jüngere Tochter, ist nach Besuchen beim Vater verschlossen und reagiert manchmal sogar mit körperlichen Störungen. Frau Nagel-Ortner meint, daß ihre beiden Töchter sie und den Stiefvater schonen wollen und ihre Gefühle nicht zeigen können, da die Mädchen glauben, ihre Liebe zum außerhalb lebenden Vater würde die Mutter und den Stiefvater kränken.

In einigen Familien sind die Besuchsregelungen relativ problemlos und werden flexibel nach den Wünschen aller Beteiligten gehandhabt.

Philipp Quant z.b. verbringt sehr viel Zeit bei seinem leiblichen Vater, der ganz in der Nähe lebt. Frau Pohl fühlt sich durch ihren früheren Partner entlastet und findet es richtig, daß dieser sich um seinen Sohn kümmert. Durch die weitgehende Beteiligung ihres ehemaligen Mannes an der Erziehung des gemeinsamen Sohnes hat sich auch die Beziehung zwischen den früheren Ehepartnern deutlich entspannt.

Ebenfalls ein relativ kooperatives Verhältnis hat Frau Weiss zu dem Vater ihres Sohnes, bei dem Wolfgang häufig die Ferien und immer wieder das Wochenende verbringt:

„Ich hatte nie das Gefühl, daß ich so diejenige bin, die die Hauptverantwortung hat und deswegen angeprangert werden kann, wenn etwas schiefläuft. Ich hatte den Wunsch, daß man sich zusammensetzt, um die Probleme zu klären und nicht, daß man die Schuldzuweisungen hin und herschiebt."

3.2.3 Schuldgefühle gegenüber dem Kind

Über die Folgen von Scheidung für Kinder wird oft in den Medien berichtet. Trennungen gelten als ein belastendes Lebensereignis mit möglicherweise weitreichenden psychischen Folgen für Kinder.

Vor allem die Mütter machen sich Gedanken, was sie ihrem Kind mit einer Trennung antun und entwickeln Schuldgefühle, wenn sie meinen, in dieser schwierigen Situation den Kindern nicht immer gerecht werden zu können. Ein solches „schlechtes Gewissen" bestimmt dann ihr Verhalten und kann zu Verwöhnung oder zu großer Nachgiebigkeit führen. Davon berichten die von uns befragten Mütter allerdings nichts, ihre Schuldgefühle können sich jedoch auch – ohne daß es ihnen immer bewußt ist – niederschlagen im alltäglichen Umgang mit den Kindern. So hatte Frau Dietz die Befürchtungen, daß sie durch die Scheidung emotional aus dem Gleichgewicht gebracht und sehr mit sich selbst beschäftigt war und daher wenig Aufmerksamkeit für ihre Kinder übrig hatte:

„Ich konnte nicht mehr essen und dann die drei Kinder . . . Heute denke ich manchmal, vielleicht habe ich sie vernachlässigt, ich hatte soviel mit mir zu tun. Das ging aber auch über meine Kräfte, ich hatte ja niemanden."

Frau Nagel-Ortner dagegen wollte zwar die Partnerschaft mit ihrem Mann aufgeben, jedoch den Kindern ihren Vater erhalten und als Elternpaar für die Kinder faßbar bleiben. Ihre Erfahrungen zeigen, daß solche Konstruktionen sehr schwierig sind, und für Eltern und Kinder gefühlsmäßige Unklarheiten beinhalten:

„Wir haben dann (nach der Scheidung, d.Verf.) sogar noch einmal Urlaub zusammen gemacht und da wurde für mich eigentlich klar, daß es sehr schwierig ist, so der Kinder wegen was zusammen zu machen. Und ich fand, für die Kinder war es schwierig zu erleben, daß diese Eltern eben doch nicht miteinander können, zwar sich höflich verhalten, aber mehr eben nicht."

Aus Schuldgefühlen heraus gemeinsame Elternschaft zu leben, um den Kindern diesen Verlust zu ersparen, bedeutet zumindest eine große Anstrengung für die Eltern, die einen Familienzusammenhalt, der so für sie nicht mehr besteht, den Kindern zuliebe vortäuschen.

Viele Mütter stellen an sich die Forderungen, – wenn sie den Kindern schon die Trennungserfahrung und den Trennungsschmerz zumuten, – dann wenigstens die Belastung möglichst gering zu halten. Einige der von uns befragten Frauen berichten Situationen, von denen sie befürchten, daß sie dem Kind geschadet oder es verletzt haben. Die einen, weil sie ihre Wut und Aggressivität auf den Ex-Partner dem Kind zeigten und sich sorgten, das Kind erlebe dies als Herabsetzung des anderen Elternteils; andere, weil sie wegen ihrer Erwerbstätigkeit das „Kind hin und herreichen" mußten oder weil das Kind wechselnde Männerbekanntschaften und -beziehungen miterlebt und keine neue Kontinuität für das Kind hergestellt werden konnte.

An Frau Traber, die einige Wohnungswechsel und Partnerwechsel nach ihrer Trennung vollzog, richteten wir folgende Frage:

I: „Haben Sie sich manchmal Gedanken gemacht, was es für das Kind bedeutet, wenn immer wieder solche Wechsel passieren?"

Mu: „Ja, da hatte und habe ich immer noch unheimliche Schuldgefühle. Das ist klar. Aber heute, mit Abstand betrachtet, sage ich mir halt, es ging nicht anders, es ist halt so gelaufen. Und vor einigen Jahren habe ich das auch so zur Grundlage für die Beziehung von Tina (Tochter, d.Verf.) und mir gemacht: es tut mir zwar irgendwo leid und ich sehe, daß es für die Tina durchaus besser hätte laufen können, aber daß ich es nicht ändern kann und daß sie auch nichts davon hat, wenn ich diesen Wust an Schuldgefühlen mit mir rumschleppe."

Hier hat nach Jahren zwischen Mutter und Tochter eine Klärung stattgefunden, was Frau Traber als Entlastung erlebt.

Welche Belastungen sie ihren Kindern zufügte, fragte sich auch Frau Nagel-Ortner, nachdem eine mehrjährige Beziehung, die sie nach der Trennung gelebt hatte, wiederum scheiterte:

„Am Ende dieser Beziehung habe ich mich dann schon gefragt, wieviele Männer und Trennungen ich meinen Kindern eigentlich zumuten kann."

Unter diesem Gesichtspunkt stehen neue Beziehungen wohl auch unter dem Druck, daß sie dauerhaft und stabil sein sollten, um Kontinuität und Sicherheit für die Kinder herzustellen.

3.2.4 Die Mutter-Kind-Beziehung in der neuen Partnerschaft

Ein neuer Partner löst bei den Müttern und den Kindern unterschiedliche, sich widerstreitende und widersprüchliche Erwartungen, Gefühle, Ängste und Hoffnungen aus. Das Verhältnis Mutter-Kind muß im Hinblick auf die Partnerschaft und eventuell die Neuverteilung von Elternfunktionen, von Verantwortung und Alltagsaufgaben neu gestaltet werden. Der neue Partner hat eigene Interessen und Bedürfnisse, die er im Alltag durchsetzen will und er muß eigene Beziehungen zu den Kindern aufbauen, „eine Beziehung, die nicht über den Schreibtisch der Mutter laufen darf" – wie GIESECKE (1987, S. 61) formuliert. Die Mutter muß also ihrem Partner erlauben, eine eigenständige Beziehung zu dem Kind aufzunehmen. Das heißt für die Mutter auch, daß sie sich wieder mit jemandem intensiv über die Erziehung der Kinder und den Umgang mit ihnen auseinandersetzen muß. Die Teilhabe des Partners an der Erziehung ihrer Kinder ruft bei manchen Müttern allerdings ambivalente Gefühle hervor: Zwar möchten sie gerne Unterstützung und Entlastung bei dieser Aufgabe, fürchten aber auch, einen Teil der Erziehungs-Kompetenz, die sie sich in den Zeiten der alleinigen Zuständigkeit und Verantwortung erworben hatten, zu verlieren und sehen eventuell ihre enge, exklusive Beziehung zum Kind als bedroht.

Anhand von Beispielen wollen wir die Entwicklung, Probleme und Veränderungen in einer neuen Partnerschaft mit dem Schwerpunkt auf der Mutter-Kind-Beziehung aufzeigen und die unterschiedlichen Haltungen und Reaktionen von Frauen und Kindern thematisieren.

Frau Matrai[23] war seit kurz nach der Geburt ihres Sohnes Lorenz allein für ihn verantwortlich. Der leibliche Vater hatte etwa ein halbes Jahr nach der Geburt des Kindes die Wohngemeinschaft, in der sie zusammenlebten, verlassen. Die Mitglieder der Wohngemeinschaft unterstützten Frau Matrai in der Betreuung ihres Sohnes, da sie noch studierte, sie war jedoch die Hauptbezugsperson für ihren Sohn.

Als Lorenz etwa 3 Jahre alt ist, lernt Frau Matrai ihren neuen Partner Manfred kennen und nach kurzer Zeit beschließen die beiden Erwachsenen zusammenzuleben und Frau Matrai zieht mit ihrem Sohn in das Haus ihres neuen Partners. Sie hat ein sehr enges Verhältnis zu ihrem

---

23 Zum Zeitpunkt des Interviews lebt die Familie Matrai bereits seit sechs Jahren zusammen.

Sohn, mit dem sie während der drei Jahre des Alleinerziehens in einem Zimmer lebte und der fast immer bei ihr im Bett schlief. Für Lorenz ist es dann auch recht schwierig, als sich die Situation verändert. Er akzeptiert den neuen Partner seiner Mutter anfänglich überhaupt nicht und weigert sich, in einem eigenen Bett zu schlafen.

Auch der neue Partner hat Probleme, das Kind, welches ihm mit Ablehnung begegnet, zu akzeptieren. Für Frau Matrai liegt dies allerdings nur zum Teil an ihrem Sohn, zum Teil auch an ihrem neuen Partner, bei dem sie Schwierigkeiten vermutet, ein „nicht-leibliches-Kind" anzunehmen. Des weiteren meint sie jedoch, auch selbst zu der Fremdheit zwischen ihrem Sohn und ihrem Partner beigetragen zu haben, mitverantwortlich zu sein, da sie ihrem Partner wenig Möglichkeiten läßt, sich direkt mit dem Kind auseinanderzusetzen, sondern sich häufig vor das Kind stellt und glaubt, „besser zu wissen, was das Kind braucht, wie man mit dem Kind umgehen muß." Sie behält lange Zeit die Erziehungsverantwortung und Versorgung bei sich, da sie findet, daß ihr Mann ihren Sohn häufig überfordert.

Frau Matrai will auf keinen Fall die Beziehung zu ihrem Kind um der neuen Partnerschaft willen belasten. Um für ihn die Veränderungen, die sich aus dem Umzug ergeben, möglichst gering zu halten, beschließt sie, daß ihr Sohn weiterhin im gemeinsamen Schlafzimmer schlafen soll, was von ihrem Partner große Rücksichtnahme auf das Kind erfordert. Diese Lösung wird zwei Jahre lang beibehalten, bis Frau Matrai meint, Lorenz mit einer Veränderung konfrontieren zu können und sich stark genug fühlt, diesen Konflikt durchzustehen.

Ihrer Erzählung nach ist Lorenz in der ersten Zeit sehr eifersüchtig und versucht — sinnbildlich gesehen —, sich zwischen die beiden Erwachsenen zu stellen, diese wieder zu trennen. Frau Matrai findet diese Eifersucht eigentlich ganz normal, ebenso seine Ansprüche, sie ganz für sich allein haben zu wollen. Sie selbst versucht, ihm genauso viel Aufmerksamkeit und Zeit entgegenzubringen, damit er nicht zu sehr durch die Veränderungen und die neue Partnerschaft belastet wird.

Von ihrem Partner fordert sie Einsicht und Verständnis für ihr Verhalten und Rücksichtnahme auf ihre Beziehung zum Kind. Da sie sich in Konfliktsituationen meistens auf die Seite ihres Kindes stellt, ist das Hauptkonfliktthema in den ersten Jahren der Umgang mit dem Sohn.

Für Frau Matrai steht ihre Beziehung zu Lorenz im Vordergrund, für sie ist eindeutig klar, daß ein Mann sie und das Kind annehmen und lieben muß. Sie hat von vornehmerein die Erwartung, daß er ihr Kind akzeptiert und macht dies zur Bedingung ihrer Partnerschaft:

„Also für mich war klar, ein Mann, der mein Kind nicht mag, der ist sowieso nichts für mich; wenn, dann heiraten wir beide."

Diese Haltung äußert sich auch in ihrem Wunsch an Herrn Matrai, Lorenz zu adoptieren. Den Wunsch begründet sie mit dem Wohl des Kindes, dem sie die „Besonderheit", anders als die anderen Familienmitglieder zu heißen, ersparen will. Herr Matrai ist jedoch nicht bereit, Lorenz zu adoptieren, stimmt aber einer Namensänderung des Kindes zu.

Die kindzentrierte Sichtweise der Mutter verlangt sehr viel Toleranz und Geduld vom Partner und beide müssen sich darüber verständigen, wie weit die Beziehung zwischen Mutter und Kind Vorrang vor Partnerschaftsvorstellungen und -wünschen erhält.

Im Gegensatz zu Frau Matrai, die vorwiegend von ihrem Partner Verständnis fordert, verlangt *Frau Pohl* auch von ihrem Sohn Philipp Rücksichtnahme auf ihre Wünsche und ihre Liebesbeziehung.

Philipp wehrt sich ebenfalls, wie Lorenz, als ein neuer Lebensgefährte in der Familie auftaucht und die Zeit und Aufmerksamkeit seiner Mutter beansprucht. Frau Pohl erklärt ihm jedoch immer wieder, daß ihr viel am gemeinsamen Leben mit Herrn Rebmann-Pohl liegt, daß sie sich glücklich fühlt und es für Philipp auch besser ist, wenn es seiner Mutter gut geht.

Im Interview mit uns erzählt Philipp über diese Einstellung seiner Mutter, macht jedoch klar, daß er ihre Sichtweise nicht teilt, sie wohl versteht, aber nicht akzeptiert. Zwischen ihm und Herrn Rebmann-Pohl kommt es zu Machtproben und Konflikten, die jedoch immer wieder aufgefangen werden können. Nachdem Frau Pohl mehrfach zwischen die Fronten von Mann und Kind geraten ist, hat sie für sich den Entschluß gefaßt, daß ihr Partner und ihr Kind ihren Umgang miteinander zum Teil allein klären müssen:

„Der Ralf (Stiefvater, d.Verf.) hat eine Art, mit dem Philipp umzugehen, wo der dann ganz arg empfindlich reagiert – manchmal – (...) Mir ist es immer so gegangen, daß mir das arg wehgetan hat. Ich kenne die Art von Philipp, ich kenne seine Empfindlichkeiten – der ist wirklich ein Sensibelchen. Und eine zeitlang habe ich gemeint, ich müßte den Philipp schützen und dann war der Konflikt zwischen mir und dem Ralf.

Inzwischen versuche ich, dies nicht mehr so auf mich wirken zu lassen. Es einfach auch mal zuzulassen, wenn der Ralf Zoff mit dem Philipp hat und es einfach zu akzeptieren, daß er mit dem Philipp nicht so kann, nicht so warm ist. Das ist manchmal schwierig für den Ralf (...). Der merkt, daß er mir damit weh tut."

Dagegen beurteilt *Frau Nagel-Ortner* Konflikte zwischen ihren Kindern und dem Stiefvater eher positiv und ergreift selten Partei:

„Es gibt selten mal einen Konflikt; wenns dann einen gibt, dann finde ich es sehr gut, weil dann hinterher eigentlich viel mehr Vertrauen da ist. – Ich ermutige die Kinder auch, wenn sie sich mal bei mir beklagen, sich direkt mit dem Oliver (Stiefvater, d.Verf.) auseinanderzusetzen.

Denn durch Konflikte merken die, daß der Oliver dann nicht geht. Ich glaube, bei Kindern ist es lange, lange Zeit so, daß die an der Trennung knacken und dann kommt einer und dem soll man plötzlich vertrauen und der bleibt."

Die meisten Mütter kennen allerdings Situationen, in denen sie zwischen dem neuen Partner und ihrem Kind stehen, meinen, Partei in Konflikten ergreifen zu müssen. Welche Lösung sie für sich finden, hängt dann unter anderem davon ab, welches Verständnis sie vom Mutter-Sein haben und welche Prioritäten sie für ihre eigene Lebensgestaltung setzen.

Nach neueren Untersuchungen (WHITE/BOOTH 1985) sind Konflikte und Auseinandersetzungen der neuen Partner um die Stief-/Kinder der häufigste Grund für das erneute Scheitern einer zweiten Ehe.

Dabei ist zumeist die nicht gelingende Beziehung zwischen Stiefelternteil und Stiefkind die Ursache dafür, daß das Familienklima sich verschlechtert und die Familieninteraktion sehr konflikthaft wird. Es kann eine Koalition zwischen Kind und leiblichem Elternteil entstehen, die den Stiefelternteil wieder ausschließt und die Partnerschaft wird gelöst. Andererseits gibt es auch die Konstellation, daß sich die Partner gegen das Kind zusammenschließen und das Kind aus der Familie herausgeben oder „ausgestoßen" wird.

So zeigen die Untersuchungsergebnisse von WHITE/BOOTH, daß Jugendliche in Stieffamilien früher als Gleichaltrige in Kernfamilien das Elternhaus verlassen und einen eigenen Hausstand gründen. Ebenso sind Kinder aus Stieffamilien etwas überproportional in Einrichtungen der Jugendhilfe vertreten. (vgl. DJI Projektkonzeption: Erweiterte Familiensysteme und soziale Arbeit 1988)

Die Vermittlung zwischen Kind und Partner und der Aufbau einer entwicklungsfähigen Beziehung zwischen Stiefelternteil und Stiefkind sind zentrale Problembereiche in Stieffamilien. Eine Mutter erzählt dazu:

„Der Nachteil einer Stieffamilie ist tatsächlich die Beziehung vom Stiefvater zu den Kindern. Also das ist schon schwer, so was zu machen, würde ich sagen. Da muß man Vertrauen in kleinster Kleinarbeit aufbauen. Wie das jetzt wäre, wenn es der eigene Vater ist, weiß ich auch nicht. Ich weiß nur, daß der leibliche Vater sich unheimlich viel leisten kann bei meinen Kindern und sie haben ihn immer noch lieb. Das ist ganz erstaunlich. Der Stiefvater braucht einige Jahre, um das Vertrauen zu gewinnen. (. . .)

Wir müssen uns immer wieder klar machen, daß wenn man Kinder nicht von Anfang an mit großzieht, daß man dann erst eine andere Beziehung aufbauen muß. Und da bin ich schließlich auch noch da. Weil ich kann da ja dann vermitteln, wenn für mich der Druck zu groß ist und ich sehe, daß das . . . daß er jetzt mir helfen sollte oder mit dem Kind etwas besprechen oder bearbeiten sollte, dann sage ich das eben. Ich kann das nicht abchecken, wie das mit einem leiblichen Vater ist, ob das nicht dasselbe sein könnte. Ich halte den Oliver (Stiefvater, d.Verf.) für einen guten Vater. Ob sein Verhalten jetzt ein Stiefvaterproblem ist, das ist nicht einfach abzuklären. Ist das jetzt stiefvaterbedingt oder persönlichkeitsbedingt?"

Die Vermittlungsarbeit zwischen Kindern, neuem Partner und früherem Partner ist vor allem den Frauen überlassen. Den Müttern in unserer Untersuchungsgruppe gelingt diese Vermittlung zwischen Kind und Partner und der Verbindung von den unterschiedlichen Wünschen und Ansprüchen weitgehend. Mit viel Geduld und Energie bemühen sie sich, das Verständnis füreinander herzustellen.

In allen Gesprächen zeigt sich das Bemühen der Mütter, sich in ihre Kinder und den Partner einzufühlen, in deren Sichtweise hineinzudenken, um eine Verständigung zu ermöglichen. Die Mütter sind es, die sich viele Gedanken um die Kinder und den Partner machen, um Lösungen für Konflikte zu entwickeln.

Tendenziell sind sich die befragten Mütter einer stabilen und guten Beziehung zu ihrem Kind sicher. Ihr eigenes Verhältnis zum Kind thematisieren sie demzufolge in den Gesprächen relativ wenig, ein wesentlich größeres Anliegen ist ihnen, das Verhältnis der Kinder zum neuen Partner und zum außerhalb lebenden leiblichen Vater zu reflektieren und anzusprechen.

3.2.5 Das Verhältnis zwischen Kind und leiblichem Vater aus der Sicht der Mutter

Wie bereits weiter oben skizziert wurde, sind die Umgangsregelung und die Gestaltung der Besuche beim außerhalb lebenden Elternteil für die meisten Mütter ein Bereich, der immer wieder eine wichtige Rolle spielt, selbst wenn einige Zeit nach der Trennung eine einigermaßen zufriedenstellende Regelung zwischen den Ex-Ehepartnern gefunden wird. Einerseits spiegelt sich in der Besuchsregelung nicht nur ein formales, sondern auch ein Beziehungsproblem, das immer wieder neu an die jeweilige Familienentwicklung angepaßt werden muß (also z.B., wenn sich Veränderungen in der Familienkonstellation ergeben, daß z.B. einer der Partner erneut heiratet und mit dem neuen Partner ein Kind bekommt etc.). Und andererseits erleben die Mütter immer wieder erneut, daß der Partner einen wichtigen Einfluß auf das Kind behält, einen Einfluß, den sie reflektieren und den sie in ihre neue Familie integrieren müssen.

So wünschen sich die meisten Mütter zwar, daß ihre Kinder einen guten Kontakt zu ihrem Vater behalten, werden jedoch durch diesen Umgang fortwährend an ihre erste Ehe erinnert und häufig mit emotionalen Problemen konfrontiert, wenn die Kinder von Besuchen beim Vater zurückkommen. Für sie ist es nicht einfach, angemessen zu reagieren, wenn z.B. das Kind freudestrahlend heimkehrt, weil der Vater wieder einmal ein „tolles Erlebnis" geboten hat oder wenn die Kinder traurig über den Abschied vom Vater sind.

Eigene Ambivalenzen dem früheren Partner gegenüber können erneut auftauchen, Wut und Ärger oder Trauer auftreten. Für manche Frauen sind die Verletzungen aus der vorhergegangenen Partnerschaft so massiv, daß sie den Kontakt zwischen Kindern und Vater nicht oder nur in geringem Ausmaß aushalten können.

Wir haben in den Interviews die Mütter gefragt, welche Bedeutung und welchen Stellenwert aus ihrer Sicht der Vater für die Kinder noch hat.

Für drei Mütter hat der leibliche Vater ihrer Kinder fast jede Bedeutung verloren, da er sich eigentlich nicht mehr um die Kinder kümmert und die Frauen nehmen an, daß ihre Kinder diese Einschätzung teilen. Sie sind sich auch sicher, daß die Kinder keinen intensiveren Kontakt zu ihrem Vater suchen werden.

Drei Mütter meinen, daß der leibliche Vater der Kinder eher ein „Sonntagsvater" ist, ein Vater, der den Alltag mit diesen Kindern nicht mehr teilt, sondern an den Besuchen versucht, den Kindern etwas Besonderes zu bieten. In der Einschätzung ihres Ex-Ehemannes schwingt bei Frau Eigner-Faller fast ein Vorwurf mit, wenn sie sagt:

„Der vermeidet die Konflikte mit dem Kind, der ist ein richtiger Sonntagsvater. Das hat die Edda (leibliche Tochter, d. Verf.) dann auch ausgespielt. Sie fing an zu sagen, daß sie bei ihrem Vater leben will, weil den hatte sie für sich ganz allein und für die waren diese Tage dann das Paradies."

Da die Wünsche ihrer Tochter mit der Geburt eines Kindes aus der neuen Partnerschaft zusammenfallen, sieht Frau Eigner-Faller darin auch eine „normale" Reaktion des Kindes, das sich durch das Geschwisterchen zurückgesetzt fühlt. Sie kann ihrer Tochter dann auch sehr bestimmt erklären, daß ihr Lebensmittelpunkt in der neuen Familie ist und auch bleiben wird. Trotzdem entstehen für sie Verunsicherungen und Ängste — zumal in diesem Fall der frühere Partner bei Gericht eine Ausweitung seines Umgangsrechtes beantragt hat.

Frau Traber, die den Vater ihrer 14jährigen Tochter ebenfalls als „Sonntagsvater" bezeichnet, erlebt durch ihn in gewisser Weise doch auch eine Entlastung. Da der Altersabstand zwischen ihrer Tochter aus erster Ehe und den Kindern aus zweiter Ehe relativ groß ist, findet sie es gut, wenn der leibliche Vater der Tochter Unternehmungen anbieten kann, die mehr ihren Interessen entsprechen als das „Kinderprogramm", welches in ihrer jetzigen Familie abläuft. Trotzdem hat sie sich die Autorität und die Entscheidungsgewalt vorbehalten:

„Als Autorität akzeptiert die Tina (Tochter, d. Verf.) nur mich. Ich habe immer Wert darauf gelegt, also instinktiv, daß die Tina nicht in so ein Hin und Her reinkommt — mal hier das und dort das. Von daher habe ich schon darauf bestanden, daß ich die Bestimmerin bin.

Ich meine, manchmal wäre es mir recht gewesen, wenn er (der leibliche Vater, d.Verf.) mehr Einfluß ausgeübt hätte, denn es gab schon Zeiten, wo ich mich überfordert gefühlt habe. Aber da spielte sich nie viel ab.

Probleme zwischen uns gab es immer an dem Punkt, wo er das Gefühl hatte, ich will ihm die Tina entziehen und andersrum, wenn ich das Gefühl hatte, daß er nicht genügend aufpaßt und in dieses typische Onkel-Vater-Verhalten reinkommt: Also Papa macht alle 14 Tage was Tolles und die Mutter hat halt den Alltag mit dem Kind."

Zwei Mütter haben ein sehr kooperatives Verhältnis zu ihrem Ex-Partner entwickelt und es ist ihnen fast eine Selbstverständlichkeit, daß sich der leibliche Vater an der Erziehung des Kindes beteiligt, daß sie sich mit diesem über die Entwicklung des Kindes auseinandersetzen. In einem solchen Verhältnis bleibt der weitere Lebensweg und die Entwicklung des ehemaligen Partners wichtig und muß in die eigenen Reflexionen miteinbezogen werden.

So erzählt Frau Weiss:

„Der Wolfgang (Sohn, d.Verf.), der hatte eine schöne Beziehung zum Vater und dessen Freundin, die haben sich sehr gut verstanden – eine Ferienbeziehung, die unheimlich toll war, weil er sie sehr gerne gehabt hat. Jetzt hat sich mein ehemaliger Mann von dieser Frau getrennt und inzwischen hat er wieder eine neue Freundin, eine Frau mit Kind, weil er unbedingt eine Familie gründen will.

Und jetzt hat der Wolfi da einen anderen Stellenwert gekriegt, denn dieses andere Kind sagt jetzt schon Papi zu seinem Vater. Nach drei Monaten, wo die sich kennen, und es stehen jetzt ständig diese Worte im Raum, er hat jetzt eine Stiefmutter und eine Stiefschwester. Das hat ihn sehr aufgewühlt und betroffen gemacht. Das ist eine neue Situation für uns alle.

I.: Wie geht es Ihnen damit?

Also, das ist so ein eigenes Ding. Mir gefällt es nicht, wie der Wigbert (Ex-Ehemann, d.Verf.) da auf Biegen und Brechen jetzt ... der hat Torschlußpanik ... Der hätte das auch ein bißchen langsamer angehen können.

Also wegen dem Wolfi, da mach ich mir keine Sorgen, weil ich denk, der verkraftet ziemlich viel. Wenn ich mich mit dem zusammensetze und irgendwie mit dem darüber rede, dann kann ich ihm das vielleicht schon gut beibringen."

Hier übernimmt Frau Weiss die Verantwortung, ihrem Sohn das Verhalten ihres Ex-Ehemannes zu vermitteln, ihm die Situation so zu erklären, daß er „wieder eine gute Stimmung" bekommt. Ihre eigenen Gefühle muß sie versuchen, ebenfalls zu sortieren; da tauchen Gefühle von früher auf, nämlich, daß sie die Vorgehensweise ihres Ex-Ehepartners ärgert, der „mehr plant, als einfach mal zu leben." Da ist aber auch die Sorge, wie es ihrem Kind in dieser neuen Familie gehen wird und da tauchen Gedanken dazu auf, daß ihr Ex-Ehemann, – vielleicht – nach einer eigenen Familiengründung seinen Sohn zu sich nehmen möchte.

172

„Im Kopf lasse ich die Möglichkeit offen, daß der Wolfi diese Einladung zu seinem Vater kriegt, dorthin zu kommen. Das ist mir nicht so ein großes Problem.

Also ich habe schon Angst davor und ich möchte nicht, daß er geht. Aber vielleicht setze ich da auf den Wolfi. (...) Ich bin mir nicht unsicher bei ihm und ich habe das Gefühl, daß er seinen Papa-Freund (den Stiefvater, d.Verf.) ganz arg liebt und daß das was eigenes und besonderes ist. (...) Wenn er älter wird und gehen will, kann er das tun. Ich meine, jetzt kommt die Zeit, wo man loslassen muß, auch wenn man denkt, also mein Ding ist es nicht."

Frau Weiss würde ihrem Sohn die Möglichkeit offen lassen, es einmal auszuprobieren, bei seinem leiblichen Vater zu leben. Sie will ihm zubilligen, eine eigene Entscheidung zu treffen, allerdings unter der Voraussetzung, daß sie mit ihrem ehemaligen Mann abklärt, daß er das Kind genauso auch wieder zu ihr zurückkehren läßt, falls dieses sich dort nicht wohlfühlt:

„Ich würde es zulassen – ich meine, daß der Wolfi schon selber abwägen kann, ob er zu dem Vater geht – ich würde es ihm zubilligen auf Probe. Das müßte ich mit dem Wigbert (Ex-Ehemann, d.Verf.) aushandeln, wenn das Gefühl auftaucht, daß er da nicht glücklich ist, daß er dann nicht schon festgelegt ist."

Im Gespräch mit Frau Weiss wird deutlich, wie schwer eine solch offene Haltung ist, eine Haltung, die noch Vertrauen zu dem früheren Partner voraussetzt sowie Vertrauen in die Entscheidungsfähigkeit des Kindes verlangt – unter dem Verzicht, die eigene Beziehung zum Kind als die wesentlichste zu betrachten.

Keine der anderen von uns befragten Mütter äußert sich ausführlicher zu diesem Thema; dies ist einerseits überraschend, da ja die Kinder ab 14 Jahren über ihren Aufenthaltsort mitbestimmen können und die Mütter damit rechnen müssen, daß von den Kindern der Wunsch geäußert wird, zum außerhalb lebenden Vater zu ziehen. Andererseits können sie eventuell mit großer Sicherheit die Situation zwischen leiblichem Vater und Kind einschätzen und wissen also, daß solche eingreifenden Veränderungen nicht anstehen werden. Es kann jedoch auch sein, daß sie diese Gedanken von sich wegschieben und ausklammern.

Auffallend ist, daß einige der Stiefväter durchaus die Möglichkeit eines Auszugs des Stiefkindes erwähnen, – was wir nicht im Sinne eines Abschieben-Wollens interpretieren, sondern eher im Sinne einer Auseinandersetzung mit möglichen Veränderungen der Familiensituation und -zusammensetzung, die so in Kernfamilien nicht auftauchen können.

Bisher haben wir vorwiegend über die Beziehung der Mütter zu ihren Kindern aus erster Ehe geschrieben. Diese Mütter haben jedoch auch alle mit ihrem neuen Partner ein oder mehrere Kinder, die für die Stieffamilie von großer Bedeutung sind.

Im folgenden möchten wir – und zwar aus der Sicht beider Partner – die Beweggründe für ein gemeinsames Kind und seine Rolle in der Familie darstellen.

3.2.6 Das gemeinsame Kind

Planung und Geburt eines gemeinsamen Kindes in einer zweiten Partnerschaft geschehen auf einem anderen Hintergrund als in einer ersten Ehe. Manche Überlegungen und Annahmen zu Elternschaft sind bewußter und bekommen in einer Stieffamilie neue Bedeutung; die Entscheidung für ein gemeinsames Kind ist oft von anderen Faktoren bestimmt als in einer Kernfamilie.

Die von uns interviewten Paare leben – da einer oder beide Partner schon ein Kind aus erster Ehe haben – bereits als Familie, als sie ein weiteres Kind planen. Der Entscheidungsprozeß für ein gemeinsames Kind ist einerseits wie die Planung eines zweiten oder weiteren Kindes in einer Kernfamilie und ist dennoch etwas ganz anderes, da sich diese Partner erstmalig gemeinsam für ein Kind entscheiden und dann gemeinsam Eltern werden, wobei die vorher ledigen Partner bei diesem gemeinsamen Kind überhaupt das erste Mal leibliche Elternschaft erleben. Ein gemeinsames Kind führt zu Veränderungen in den Familienbeziehungen: Die Beziehung des Stiefelternteils zu seinen Stiefkindern mag sich angesichts eines gemeinsamen leiblichen Kindes ändern, die Beziehungen zu den ehemaligen Ehepartnern können sich verschlechtern und die Beziehung der neuen Partner erhält eine weitere Dimension.

In den befragten Stiefvaterfamilien haben wir unterschiedliche Beweggründe für ein gemeinsames Kind gefunden, und oft unterscheiden sich die der Frauen von denen der Männer. Für fast alle Paare war es wichtig, in einer – ihrer Einschätzung nach – glücklicheren Partnerschaft und eindeutigeren Situation noch einmal bewußt ein Kind zu planen und Schwangerschaft und das Leben mit einem kleinen Kind gemeinsam zu genießen und zu bewältigen. Eine Mutter berichtet:

„So gut wie es zwischen uns lief, das ist für ein Kind eine Situation, in der es wirklich geboren werden kann, wo es zwischen uns einfach klarer ist. Während die anderen Kinder (aus erster Ehe, d.Verf.) in Situationen gekommen sind, wo sie so etwas wie ein Lückenfüller waren."

Das gemeinsame Kind ist auch Ausdruck der Zuneigung und Verbundenheit der Partner, wie ein Vater erzählt:

„Unser Kind (gemeinsames Kind, d.Verf.) – das kann man am besten von seiner Bedeutung her beschreiben. Ich meine, die größte Bedeutung hat es für die Eva (Ehefrau, d.Verf.) und mich, daß es in dieser sehr merkwürdig zustande gekommenen Familie ein gemeinsames Kind gibt. Also die Hauptbedeutung von Fabian (gemeinsames Kind, d.Verf.) liegt natürlich in der Liebe zwischen Eva und mir, er ist etwas ganz Existenzielles für unsere Beziehung."

Meist vermittelt das gemeinsame Kind der Familie verstärkt das Gefühl der Einheit und Zusammengehörigkeit und es wird als vereinigendes Band um die Familie erlebt, was in dem Interview mit Herrn Dietz sehr deutlich wird:

„Also das war nicht geplant. (. . .) Aber die Kleine hat uns wirklich gefreut und in einem Punkt ganz besonders, weil wir gesagt haben, jetzt ist die Familie direkt miteinander verbunden. Vorher war es ja so, daß Vater und Mutter sich sehr gern mochten, aber die Kinder, die haben so ein bißchen bloß zu einem Elternteil gehört, sagen wir rechtlich zu einem. Aber jetzt ist sozusagen über die Mutter und die Schwester und den Vater der Ring wieder geschlossen. Und das war etwas, was uns am meisten gefreut hat, daß hier wieder alle zusammen gehören, das sind jetzt Geschwister, und ich glaub', daß das für die Kinder wichtig ist, für mich nicht so, aber für die Kinder bestimmt."

Über ein gemeinsames Kind entstehen in der Stieffamilie neue Verwandtschaftsbeziehungen; die Kinder sind zueinander Halbgeschwister, das gemeinsame Kind wird dadurch eine Art Bindeglied zwischen dem Stiefelternteil und den Kindern seines Partners.

Ebenso mag es in dieser Funktion die jetzige Paarbeziehung stabilisieren, den Zusammenhalt der Familie sichern und so dazu beitragen, daß die Stieffamilie sich nicht wieder in ihre früheren Teile spaltet (vgl. dazu DUBERMAN 1973, HETHERINGTON, COX & COX 1982, SPANIER & GLICK 1980).

Nach KRÄHENBÜHL u.a. (1986) liegt jedoch gerade in dieser verbindenden Funktion des Kindes die Gefahr, daß es überfordert und überlastet wird. Da die gemeinsamen Kinder in unseren Untersuchungsfamilien noch sehr jung waren, konnten wir uns dazu kein Bild machen und können also diesbezüglich keine Aussagen treffen.

In den Interviews betonen besonders die Frauen, wie gerne sie noch einmal eine Schwangerschaft und Geburt erleben wollten, vor allem mit dem neuen, oftmals geliebteren Partner. Sie wünschen sich eine bewußtere und schönere Schwangerschaft, besonders dann, wenn ihr Kind in erster Ehe ungeplant war, in einer Zeit der Partnerkrise geboren wurde oder die eigenen Fähigkeiten, schon Kinder zu haben, überschätzt wurden. Frau Weiss schildert im Interview:

„Beim ersten Kind war das eine Fehleinschätzung der Realität. Ich wollte ein Kind, um mehr Halt zu haben, aber ich habe es mir völlig anders vorgestellt.

Ich wollte eigentlich nie wieder ein Kind. Aber dann habe ich mehr darüber (über Schwangerschaft und Kinderhaben, d.Verf.) gelesen und ich wurde neugierig, ob ich das auch anders hinkriege. Und eine Schwangerschaft hätte ich doch gern noch 'mal erlebt. Ich habe dann nur noch auf den richtigen Moment gewartet, und beim Uwe (neuer Partner, d.Verf.) war es mir dann irgendwie klar und es ging unheimlich schnell."

Einigen Frauen liegt sehr daran, bei diesem gemeinsamen Kind die elterliche Verantwortung und Versorgung partnerschaftlich aufzuteilen und gleichberechtigt die Elternfunktionen zu übernehmen. Gerade Mütter, die einige Jahre ihr Kind aus der ersten Ehe allein versorgt haben, sind nicht mehr bereit, für Haushalt und Kinder allein zuständig zu sein. Frau Matrai hat das so erlebt:

„Für mich war es so wichtig, mit dem Manfred (zweiter Ehemann, d.Verf.) ein Kind zu haben, weil . . . das ist kein Mann, der so seine Mannposition vertritt, sondern der ist fast genauso im Haushalt, im Kochen und in allem anderen mit drin. Da muß ich nicht das Gefühl haben, ich bin jetzt ganz allein verantwortlich für Haus, Beruf und Kinder.

Und für mich war es auch wichtig, es mit diesem Partner zu probieren, weil ich es für das Kind gut finde, wenn es nicht auf Teufel komm 'raus von mir abhängig ist und alle meine Launen ertragen muß — eben dieses Gefühl von Ausgeliefertsein."

Oft ist das gemeinsame Kind — sicher eher unbewußt — ein deutliches Zeichen, daß die frühere Beziehung endgültig abgeschlossen ist, sozusagen als Schlußstrich unter die Vergangenheit. Ein Stiefvater beschreibt das indirekt über die Reaktion des ehemaligen Partners seiner Frau:

„Als der Nick (gemeinsames Kind, d.Verf.) auf die Welt kam, das hat den Norbert (Ex-Ehemann, d.Verf.) ziemlich genervt; da hatte er endlich begriffen, daß es vorbei ist, und er hat ganz deutlich gezeigt, daß ihm das außerordentlich mißfällt."

Das gemeinsame Kind ist auch ein Symbol dafür, daß die neuen Partner sich vorbehaltlos füreinander entschieden haben und gemeinsam ihre Zukunft leben wollen. Mitschwingen mag auch der Wunsch der Mutter, daß ihr neuer Partner in der Stieffamilie ebenfalls den Status eines leiblichen Elternteils erhält, — unabhängig davon, ob dieser bereits Kinder aus einer früheren Verbindung hat; vielleicht auch der Wunsch des Mannes, seine Position zu festigen gegenüber dem ersten Ehemann und Vater des Stief-/Kindes, um sozusagen mit diesem auf der gleichen Ebene zu stehen.

Mit der Geburt eines gemeinsamen Kindes entsteht innerhalb der Stieffamilie wiederum eine Art Kernfamilie, also das Dreieck Vater-Mutter-Kind. Das birgt möglicherweise die Gefahr in sich, daß das Kind aus erster Ehe ins Abseits gerät. Ergebnisse von CROSBIE-BURNETT/AHRONS weisen in diese Richtung; sie fanden heraus, daß vor allem Stieffamilien mit einem einzigen Stiefkind und einem oder mehreren gemeinsamen Kindern signifikant unglücklicher waren als Stieffamilien ohne gemeinsame Kinder oder Stieffamilien mit mehreren Stief-/Kindern, in denen sich wohl die Geschwister gegenseitig stützen und gemeinsam solidarisieren können (vgl. CROSBIE-BURNETT/AHRONS 1985, S. 132). Wir haben in unseren Untersuchungsfamilien diese These nicht bestätigt gefunden, jedoch auch den Eindruck gewonnen, daß sich Einzelkinder in einer solchen Situation schwerer tun.

ven Beisinn von Vernachlässigung, fehlender Liebe und Bösartigkeit voraus (vgl. GRIMM: DEUTSCHES WÖRTERBUCH, MÜNCHEN 1984). Meist werden solche Redewendungen unreflektiert und unkritisch verwendet und jeder weiß, was damit gemeint ist.

Vorstellungen, Bilder und Sprüche über die „böse Stiefmutter" sind fast weltweit verbreitet, im westlichen wie im östlichen Kulturkreis (vgl. WALD 1981, S. 54f.).

Von vielen Autoren wurde aufgrund der weiten Verbreitung auf einen universalen Stiefmuttermythos geschlossen. Dies blieb allerdings nicht unwidersprochen. SMITH (1953) weist darauf hin, daß dieser Mythos nicht generell existiert. Die Stiefkindproblematik kann nur in solchen Kulturen entstehen, in denen die Identität eines Kindes von beiden leiblichen Elternteilen abhängig ist. Nach SMITH dürfte sich der Verlust eines Elternteils nicht in bemerkenswertem Maße auswirken, wenn das Kind einer Gruppe (Ethnie) angehört, in der der Reproduktionseinheit der Eltern wenig Bedeutung beigemessen wird und das Kind nicht als „Eigentum" des Elternpaares gilt (vgl. ebenda, S. 343f.). So wird in manchen interkulturellen Untersuchungen darauf hingewiesen, daß polygame „wenig zivilisierte" (KÜHN 1929, S. 9) Gesellschaften die Stiefproblematik nicht kennen (vgl. auch SANDHOP 1982, S. 90/103).

In Sprichwörtern wird ein grausiges, liebloses Bild von der Stiefmutter entworfen:

„Es gibt auf Erden drei tödliche Gifte: Der Wind, der durch die Ritzen dringt, der Stachel des Skorpions und einer Stiefmutter Herz." (Chinesisches Sprichwort)

„Mache einen Bogen sogar um deiner Stiefmutter Grab."
(Kallimachos, Griechischer Dichter, 3. Jahrh. v. Chr.)

„Eine Stiefmutter ist den Kindern so heilsam wie Salz kranken Augen."
(Deutsches Sprichwort)

„Wo eine Stiefmutter im Haus, da sieht wenig Fried' und Freud' heraus."
(Deutsches Sprichwort)

Oft wird nur ganz allgemein gesagt, daß die Stiefmutter böse ist. Andere Redensarten füllen mit konkreten Inhalten diese allgemeinen und dürftigen, schematischen Vorstellungen:

„Stiefkinder und Spitalsuppen sind selten fett."

„Stiefmutter im Haus teilt das Brot mit Murren aus."

Die Bekanntheit, weite Verbreitung und Hartnäckigkeit des Bildes von der „bösen Stiefmutter" erklärt sich am deutlichsten durch ihre häufige Darstellung in Märchen. Märchen werden von fast allen Kindern gelesen und gehören zum allgemeinen Lese- und Wissensgut.

Von den 200 Kinder- und Hausmärchen der Gebrüder Grimm spielt in 12 Märchen das Stiefmuttermotiv[24] eine zentrale Rolle (vgl. KÜHN 1929, S. 16). Diese Märchen gehören zu den verbreitetsten und populärsten.

Nach LINCKE (1933) tritt die Stiefmutter immer „als böses Prinzip" (S. 22) in der volkstümlichen Literatur auf, also als Synonym für die böse Mutter schlechthin, oftmals bis zur Hexe und bösen Zauberin gesteigert. Die Bosheit der Stiefmutter zeigt sich vor allem in der schlechten Behandlung ihrer Stiefkinder: Zum Beispiel schickt sie diese in den Wald, teilt ihnen außergewöhnlich harte Arbeit zu – sie läßt sie z.b. unterm Schnee Erdbeeren suchen –, versorgt sie mit schlechter Kleidung, läßt sie hungern oder versucht gar, sie umzubringen. Das Stiefkind wird von Festen und Freuden ausgeschlossen, um es sozial zu isolieren. Ihre eigenen Töchter dagegen schützt die Stiefmutter und versucht, ihnen alle Vorteile zu verschaffen (z.B. standesgemäße Heirat).

Die Anstrengungen der Mutter erscheinen deswegen notwendig, weil ihre eigenen Töchter meistens als ‚häßlich', ‚faul' und ‚böse' beschrieben werden. Die Stieftochter dagegen ist ‚schön', ‚fleißig' und ‚gut' und erregt die Mißgunst, den Neid und die Eifersucht der Stiefmutter und ihrer Töchter, was sich – wie in Schneewittchen – bis zur offenen sexuellen Rivalität steigern kann.

Neben Motiven wie Angst vor eigener Entbehrung, Eitelkeit und Eifersucht muß auch die Habsucht genannt werden, die sich z.B. im „Machandelboom" in der Angst vor der Erbverteilung zwischen dem eigenen und dem Stiefkind zeigt, oder, wie z.B. bei „Aschenputtel", im Neid auf den „sozialen" Erfolg des Stiefkindes durch die Heirat mit einem wohlhabenden Prinzen.

Der Vater des Stief-/Kindes – wenn er überhaupt erwähnt wird – ist den Kindern durch die Stiefmutter entfremdet worden und ordnet sich, wenn auch widerwillig, seiner Frau unter. Das heißt die Stief-/Kinder finden bei ihrem leiblichen Vater keine Unterstützung oder Schutz vor der Willkür ihrer Stiefmutter. In seiner Rolle als Stiefvater für die Kinder seiner zweiten Frau wird er nie thematisiert.

In den Märchen nimmt die Tragik zum Glück ein gutes Ende. Stiefmütter – bisweilen auch deren boshafte Töchter – werden umgebracht, verbannt oder zumindest jämmerlich bestraft und das Stief-/Kind macht sein Glück; so findet das Schicksal seinen gerechten Ausgleich.

---

24 Bei den Stiefmuttermärchen handelt es sich um folgende: Brüderchen und Schwesterchen; Die drei Männlein im Walde; Hänsel und Gretel; Aschenputtel; Frau Holle; Von dem Machandelboom; Die sechs Schwäne; Schneewittchen; Der liebste Roland; Die weiße und die schwarze Braut; Das Lämmchen und Fischchen; Die wahre Braut; (zit. nach KÜHN 1929, S. 16).

Für SANDHOP (1982) sind solche Zuschreibungen wie boshafte Stief-
mutter und hilfloser Vater nur möglich auf der Basis der Dominanz der
Stiefmutter innerhalb des Hauses als Versorgerin und der Passivität des
Mannes, der zu außerhäuslichen Aktivitäten gezwungen und so in der
Familie wenig präsent ist (vgl. S. 86f.). Ähnlich begründet WALD
(1981) den Schwerpunkt der Aufmerksamkeit auf die Stiefmutter in
Märchen und volkstümlicher Literatur und das völlige Fehlen von
Stiefvater-Beschreibungen: In patriarchalen Strukturen sind die Männer aufgrund fester sozialer Rollenzuschreibungen oft für lange Zeit außer Hause und die Frauen — also auch die Stiefmütter — teilen den Alltag mit den Kindern und haben so engen Kontakt mit ihnen. Dieser Er-
klärungsansatz legt auch die Vermutung nahe, daß die Neubesetzung
der Vaterposition — also wenn ein Stiefvater in die Familie kam — nur
wenige häusliche Veränderungen mit sich brachte. Ein weiterer Grund
für die Nicht-Thematisierung des Stiefvaters mag die in jener Zeit höhere Sterblichkeit von Müttern und die eingeschränkte Wiederheirats-
möglichkeit von Witwen sein, was dazu führte, daß hauptsächlich Väter
mit Kindern wieder heirateten und die neue Frau an die Stelle der verstorbenen ersten Mutter trat. Daß sich die Darstellung von Stieffamilien
schwerpunktmäßig auf die Beschreibung der Stiefmutterprobleme in
der Beziehung zum Stiefkind beschränkt und der Mann als Vater oder
Stiefvater kaum erwähnt, zumindest nicht problematisiert wird, hat sich
bis in dieses Jahrhundert erhalten. Noch in den 30er Jahren gab es eine
wissenschaftliche Diskussion fast ausschließlich zur Problematik bzw.
zur Verwahrlosung von Kindern in Stiefmutterfamilien (vgl. KÜHN
1929), was sicherlich — wenn auch in abgeschwächter Form — auf die
gleichen Gründe, wie wir sie für die Vergangenheit beschrieben haben,
zurückgeht.

Nach WEBER-KELLERMANN (1976) kann nur eine vorsichtige Kor-
relation von Märcheninhalten und der Sozialgeschichte der Familie
vorgenommen werden:

„Die heute bekannten Märchentexte stammen meist aus neuerer Zeit, umfassen also Erzählinhalte, die das Ergebnis einer längeren Überlieferungsge-
schichte sein können und damit möglicherweise Elemente verschiedenster
Kulturschichten und Zeitstile in sich aufgenommen haben. (. . .) Dazu kommen Fragen der Quellen-Kritik: Sind doch die älteren Märchensammlungen,
besonders diejenigen des 19. Jahrhunderts, kaum jemals authentisch, sondern
oft Ergebnisse eines romantisch gefärbten dichterischen Umgestaltungspro-
zesses durch den Sammler, eines Vorganges, der meist unkontrollierbar von
der Aufzeichnung aus dem Volksmund bis hin zum Druck eines erwünschten,
kunstvoll gefeilten Volkstones reicht." (S. 23f.)

Trotzdem sieht sie das Märchen als eine Möglichkeit der „Widerspiege-
lung sozialer Wirklichkeiten" an und liefert in diesem Zusammenhang
einen der möglichen Erklärungsansätze für das Stereotyp der „bösen
Stiefmutter". Für sie liegt diese Zuschreibung vor allem im Neid der

Stiefmutter auf die Erbschaft des Stiefkindes und in der Angst um die eigene Position begründet.

Neben diesem Erklärungsversuch, in dem das Bild der bösen Stiefmutter nur auf rechts- und sozialgeschichtlichem Hintergrund der frühgesellschaftlichen Familienverhältnisse verstehbar ist, gibt es andere Vermutungen und Deutungsansätze zur Entstehung der Stereotypisierung der Stiefmutterrolle, die offensichtlich den Märchenerzählern keiner Begründung bedurfte: „Sie ist boshaft, weil sie eine Stiefmutter ist, oder, weil sie boshaft ist, muß sie Stiefmutter sein." (KÜHN 1929, S. 16). So argumentiert z.B. HELENE DEUTSCH (1973) aus psychoanalytischer Sicht, daß das Böse-Stiefmutter-Thema im Märchen einen wichtigen Sinn hat, weil es einem Kind erlaubt, die vorhandenen negativen Gefühle gegenüber der strafenden und verweigernden Mutter von der geliebten, guten Mutter abzuspalten und auf eine Stiefmutter zu übertragen. Die Aufspaltung des Mutterbildes in zwei Persönlichkeiten ermöglicht dem Kind, mit seinen ambivalenten Gefühlen umzugehen, ohne Schuldgefühle zu entwickeln, und schützt es vor der Angst und Verzweiflung, wenn es seine Mutter als böse Mutter erlebt (vgl. BETTELHEIM 1977, S. 66f.). Den Märchen mit der bösen Stiefmutter wird in der psychoanalytischen Interpretation also eine psychohygienische Funktion zugeschrieben.

Jedes Kind kann diese Stiefmutterphantasien nachvollziehen, da jedes Kind sich bereits von seiner Mutter ungerecht und böse behandelt gefühlt hat und bereitwillig die bösen Anteile von seiner „richtigen" und guten Mutter abspaltet. Die Vorstellungen von der Abspaltung der bösen Mutter finden ihre Unterstützung in gesellschaftlichen Tendenzen, die das Bild einer sich aufopfernden, verstehenden und liebenden Mutter aufbauen und erhalten wollen. So ließe sich auch die Vermutung erklären, daß in einigen Märchen eine böse Mutter erst nachträglich durch die Figur der bösen Stiefmutter ersetzt wurde. Über solche Veränderungen der Märchentexte ist jedoch wenig bekannt.

Das Stiefmutterbild mag auch mit historischen Entwicklungen zusammenhängen, nämlich daß sich im ausgehenden 18. Jahrhundert – zur Zeit der Romantik mit ihrer Hinwendung zu Gefühl und Natur – das Bild der Mutter und ihrer Rolle grundlegend veränderte.

Den Müttern wird empfohlen, sich persönlich um ihre Kinder zu kümmern und diese selbst zu stillen. Gesellschaftlich wird die „Mutterliebe" als neuer Wert verherrlicht; dieser Mythos vom Mutterinstinkt und der naturgegebenen Liebe zwischen Mutter und Kind soll den Frauen die Verpflichtung erleichtern, vor allem Mutter zu sein.

BADINTER (1981) zeigt auf,

„(. . .) daß es am Ende des 18. Jahrhunderts zahlreicher Argumente bedarf, um die Mutter an ihre ‚instinktive' Tätigkeit zu erinnern. (. . .), daß es nötig ist, an

182

ihr Pflichtgefühl zu appellieren, ihr Schuldgefühl zu wecken und sie sogar zu bedrohen, damit sie zu ihrer angeblich natürlichen und spontanen Funktion als Ernährerin und Pflegerin zurückkehrt." (S. 112)

Die gesellschaftliche Funktion des Stiefmuttermythos läge dann – historisch gesehen – in der Unterstützung der „Mutterliebe" (vgl. BADINTER 1981, SCHÜTZE 1986) als normativer Forderung, um dem Bild einer „guten Mutter" als Gegenbild Kontur zu verleihen.

Die Stiefmutter, die unfähig ist, das Kind zu lieben, verkörpert also schlechthin die böse Mutter. Nach BADINTER (1981)

„(...) hat man ihr (der Stiefmutter, d.Verf.) das nicht wirklich übelgenommen. Da die Stimme der Natur stumm bleibt, ist es sehr verständlich, wenn sie Kinder, die ihr fremd sind, nur als Last empfindet. In gewisser Weise wirkte ihre verabscheuungswürdige Gestalt beruhigend, denn sie bestätigte die wahre Mutter in der Rolle der guten und zärtlichen Mutter. Der Gegensatz von Mutter und ‚marâtre' (auf deutsch: Rabenmutter, Stiefmutter, d.Verf.) brachte Ordnung in die Natur und in die Gefühle und so erklärt es sich, daß die ‚marâtre' sehr lange als die andere, als falsche oder schöne Mutter (belle-mère = Stiefmutter) dargestellt wurde." (S. 312)

Dieser letzte französische Begriff für Stiefmutter enthält auch das andere Bild einer Stiefmutter, nämlich das einer jungen, schönen und verführerischen Frau, die eher Erotik und Sexualität in die Familie hineinträgt und dadurch den Vater den Kindern entzieht; damit steht sie im Gegensatz zur reinen und entsexualisierten Muttergestalt, die ihre ganze Liebe den Kindern widmet, die also ihre geschlechtliche Liebe in der Hinwendung zum Kind, d.h. der elterlichen Liebe sublimiert. Dem Problem der Stiefmutter ist aus historischer Perspektive noch kaum nachgegangen worden. FLANDRIN (1978) stellt die These auf, daß die Stiefmutter in ihrem Negativbild erst problematisiert wurde, als die Familienbeziehungen sich zunehmend emotionalisierten und die Einmaligkeit und daher Unersetzbarkeit von Personen eher in den Vordergrund traten. Bei einer Wiederheirat nach dem Tod eines Elternteils ging es dann nicht mehr so sehr darum, eine Funktion in „Haus oder Hof" neu zu besetzen, sondern emotionale Beziehungen herzustellen.

In Leichenpredigten aus dem 16. und 17. Jahrhundert gibt es Hinweise darauf, daß das Verhältnis zwischen Kindern und Stiefmüttern belastet war. In ihrer Auswertung von Leichenpredigten stellte KLOKE (1984) fest, daß Stiefmütter seltener erwähnt wurden als es gemäß ihrer damaligen statistischen Verbreitung zu erwarten war. Die Gründe für das Aussparen – so die Autorin – könnten in der Selbstverständlichkeit und Normalität einer solchen Familienkonstellation liegen; jedoch lassen die Ausschnitte, in denen die Stiefmütter erwähnt werden, auch andere Interpretationen und Schlüsse zu. So heißt es z.B. in einer Leichenpredigt:

„Nachdem ihre Mutter früh gestorben war, ‚hat ihr Gott eine Stieffmutter zugewiesen, welche sie zwar etwas hart gehalten, dennoch zur Haushaltung wol angewiesen, und hernach, da dieselbe geheyrahtet, viel gutes bey ihr gethan'." (S. 112)

Nach KLOKE enthält dieser Ausschnitt

„die gleiche Folge von Argumenten und Aussagen, die sich in Leichenpredigten und Hilfs- bzw. Anleitungsbüchern der Zeit üblicherweise auf die (christliche) Bewältigung von Leid und Not beziehen: ‚Erstlich, wir können uns in unserem Elend nicht trösten, es sei dann, wann wir eine Göttliche Vorsehung Glauben.'

Die harte Behandlung, die das mutterlose Mädchen offensichtlich von ihrer Stiefmutter in jungen Jahren erdulden musste, entsprach somit Gottes Plan und war zu ihrem Besten: (. . .) Wie ausgeprägt diese Kindheitserfahrung im Leben der Verstorbenen gewesen sein muß, zeigt jedoch nicht nur ihre Erwähnung Jahrzehnte später in der Leichenpredigt, sondern auch die offenbar nötige Rehabilitierung der Stiefmutter." (ebenda, S. 112f.)

Der Predigtausschnitt und auch die Interpretation von KLOKE lassen darauf schließen, daß es als leidvoll galt, eine Stiefmutter zu haben; eine „harte Behandlung" ihrer Stiefkinder wurde ihr offensichtlich als normal unterstellt und entsprach vielleicht auch der Realität, daß Stiefmütter ihre „mitgeheirateten" Kinder eher als Last empfanden. Zumindest klingt dies in einer anderen Leichenpredigt an, in der es heißt, daß „solche kleine unerzogene Kinder offtmals bey den Stieffmüttern nit dienlich" sind (ebenda, S. 113).

In der angenommenen und erfahrenen Spannung zwischen Stiefkindern und Stiefmüttern mag der Grund dafür liegen, daß die Kinder, vor allem die Töchter, oft bei Verwandten − Tanten und Großeltern mütterlicherseits − aufgezogen wurden.

Eine solche negative Vorstellung von Stiefmüttern findet sich auch in einem damals weit verbreiteten praktischen Ratgeber für Hausfrauen aus dem ausgehenden 19. Jahrhundert. Die Autorin DAVIDIS (1884) empfiehlt − auf dem Hintergrund eines idealisierten Bildes der leiblichen Mutter − einer Stiefmutter, daß die Mutterpflichten an den

„Vorkindern mit derselben Gewissenhaftigkeit und in gleichem Maße ausgeübt werden. (. . .) Zur Erfüllung desselben halte die neue Mutter Eins stets vor Augen, nämlich die Pflegekinder in jeder Weise so zu behandeln, wie es ihr bei den eigenen Kindern wünschenswerth sein würde, wenn sie von ihnen scheiden müßte." (S. 35)

Diesen Ratschlag an die Stiefmütter erteilt sie, da sie davon ausgeht, daß Stiefkinder häufig in bedauernswerten Verhältnissen leben:

„Leider aber finden wir bei angenommenen Kindern oftmals eine gar stiefmütterliche Behandlung, so daß dieselben, ehedem mit der wärmsten Mutterliebe gepflegt, von der neuen Mutter gleichgiltig, kalt und herzlos behandelt, ja, förmlich eingeschüchtert werden." (ebenda, S. 34)

Der Mythos der „bösen Stiefmutter" hatte also die Funktion, disziplinierend zu wirken, sowohl auf leibliche Mütter als auch auf Stiefmütter, die eben diesem Bild nicht entsprechen wollten.

Hinweise auf die Probleme in Stiefmutterfamilien und das Leiden von Stiefmüttern finden sich auch in Dramen, Biographien und Romanen mit autobiographischem Hintergrund – z.b. von MARIE VON EBNER-ESCHENBACH, AGNES GÜNTHER, HENRIK IBSEN, THEODOR STORM, RETIF DE LA BRETONNE u.a.. So beschreibt z.b. RETIF DE LA BRETONNE im Jahre 1779, daß es zu Konflikten in der Familie kam, weil seine Stiefmutter seine älteren Schwestern bevormundete. Sein Vater wußte lange Zeit nichts von diesen Problemen. Erst als eine Schwester des Vaters Zeugin einer Auseinandersetzung zwischen Stiefmutter und Stieftöchtern wurde, kam es zu einer Aussprache. Die Töchter beklagten sich, daß die feine Dame ihnen das Herz ihres Vaters weggenommen hätte. Der Vater löste das Problem, indem er die vier älteren Töchter wegen ihres Aufbegehrens gegen die Stiefmutter aus dem Hause schickte und in die Obhut der mütterlichen Verwandtschaft gab (vgl. Rétif de la BRETONNE 1970, S. 109ff.).

Eher das Leiden der Stiefmutter haben die Werke von IBSEN und STORM im Blick; sie beschreiben die Fremdheit der Stiefmutter im Hause eines Vaters mit seinen Kindern und ihre Schwierigkeiten, dort einen Platz und eine Rolle zu finden. Ellida z.b., die Stiefmutter in IBSEN's Roman „Die Frau vom Meer", glaubt, ihre unglückliche Situation lösen zu können, indem sie ihren Mann und seine Kinder wieder verläßt:

„Was hält mich denn hier? Nichts, nicht das geringste! Ich habe doch so gar keine Wurzeln hier bei dir geschlagen. Die Kinder gehören mir nicht. Ich besitze nicht ihr Herz, meine ich. Habe es nie besessen. Und sollte ich fortgehen – sei es heute nacht mit ihm oder morgen hinaus nach Skjoldvik – so brauche ich nicht einmal einen Schlüssel abzugeben, habe keinen Bescheid zu hinterlassen, keinerlei Anordnungen zu treffen. So völlig entbehrlich bin ich in diesem Haus, so fremd war ich hier bei dir – von der ersten Stunde an." (1967, S. 87)

4.1.2 Einfluß des Stiefmuttermythos in heutiger Zeit

Vorstellungen über Stiefmütter haben in unserem Kulturkreis durch Märchen eine fast universale Verbreitung gefunden. Kinder begegnen dem Thema Stiefmutter zum ersten Mal im Märchen. Von daher scheint es verständlich, daß diese ersten Bilder und Vorstellungen die Entwicklung von Stereotypen über Stiefmütter beeinflussen.

Den Bildern und Stereotypen zu Stiefmüttern ist HANNAH KÜHN in den 20er Jahren in einer Arbeit über „die Stiefmutterfamilie und ihre gefährdende Bedeutung für Jugendliche" nachgegangen (KÜHN 1929,

S. IV). Aufgrund einer Untersuchung von 500 Kindern zwischen 6 und 16 Jahren, die zu ihren Vorstellungen über eine Stiefmutter befragt wurden, kam sie zu dem Ergebnis, daß die Befragten sich in ihrer Darstellung einer Stiefmutter auffallend stark an der Märchenfigur orientierten. Ab dem 12. Lebensjahr stellte sie geschlechtsspezifische Unterschiede zwischen Jungen und Mädchen fest: männliche Jugendliche blieben bei der Verurteilung der Stiefmutter und setzten ihr die Mutter als Verkörperung aller positiven weiblichen Eigenschaften gegenüber. Mädchen in dieser Altersklasse begannen zu differenzieren. Die Autorin führte dies auf die Beschäftigung der Mädchen mit ihrer Rolle als Frau und Mutter zurück – die auch die Möglichkeit einschließt, selbst einmal Stiefmutter zu werden – und auf die unbewußte Verteidigung des eigenen Geschlechts. Dennoch beschrieben auch die weiblichen Jugendlichen Unterschiede zwischen der leiblichen Mutter und der Stiefmutter; sie erklärten diese aber vor allem mit den fehlenden Blutsbanden – „. . . denn sie (d. Stiefmutter, d.Verf.) hat die Kinder doch nicht geboren" (ebenda, S. 32) – und nicht etwa mit dem schlechten Charakter einer Stiefmutter.

Ähnliche, in der Tendenz negative Vorstellungen von Stiefmüttern – oder allgemein gesagt, vom Leben in einer Stieffamilie – hegen Kinder offensichtlich auch noch heute, fünfzig Jahre später.

In einer von uns durchgeführten kleinen spontanen Befragung von 20 Jugendlichen einer Berufsförderungsmaßnahme äußerten diese vorwiegend Befürchtungen, von einer Stiefmutter schlecht behandelt und vernachlässigt zu werden. Zum Teil rutschten sie in ihren Schilderungen sogar in die bekannten Märchenklischees, zum Beispiel, wenn sie meinten, daß Stiefkinder besonders hart arbeiten müssen. Verbreitet war auch die Vorstellung, daß eigene Kinder der Stiefmutter bzw. gemeinsame Kinder des neuen Paares bevorzugt würden.

Nur wenige Kinder räumten ein, daß Stiefmütter auch nett sein könnten:

„Ich stelle mir meine Stiefmutter so vor, daß sie ein wenig streng, aber auch sehr nett ist."

Dem gegenüber standen in der Mehrzahl aber Aussagen wie:

„Ich würde diese Frau rausekeln mitsamt meinem Vater, weil ich es so ekelhaft finde, wie die Frau sich als meine Mutter ausgeben will. Wie könnte mein Vater nur meine Mutter so schnell vergessen. Ich z.B. würde es nicht aushalten, auch wenn sie nett wäre."

Angesichts solcher verbreiteten Vorstellungen gehen einige Autoren sogar so weit, daß sie die Abschaffung von Märchen mit einer bösen Stiefmutter fordern, da sie für viele Stiefmütter – und auch Stiefkinder – eine beträchtliche Belastung bedeuten (RADOMISLI 1981).

HANNAH KÜHN sah ebenfalls die Gefahr, „daß die öffentliche Meinung über die Stiefmutter das Verhalten der Stiefkinder in eine Richtung hineinsteuert, die die Neubildung einer harmonischen und in sich geschlossenen Lebensgemeinschaft hemmt und stört." (ebenda, S. 38)

Das Stiefmutterbild übt auf die zweite Frau eines Mannes mit Kindern erheblichen Druck aus und beeinflußt die Reaktion der Kinder. Gerade Versuche der Stiefmütter, dem Bild der „bösen Stiefmutter" zu entrinnen, bergen viele Konfliktmöglichkeiten in sich, da unerwünschte Gefühle unterdrückt und verschwiegen werden, und erwünschte Gefühle erzwungen oder produziert werden müssen. So kann ein Familienklima voller Unechtheit und Nicht-Authentizität entstehen. Wie sehr auch heute noch die zweite Frau sich im Bannkreis des Stiefmuttermythos fühlt, daran leidet und dagegen ankämpft, diesem Bild zu entsprechen, wird von einigen Autoren/innen (FRITSCH/ SANDERS 1987, MOINET 1987) eindrucksvoll beschrieben.

4.2 Die Stiefmütter in der Fachliteratur

In der Fachliteratur herrscht Übereinstimmung darin, daß Stiefmütter in ihren neuen Familien mehr Probleme haben als Stiefväter. Da jedermann klare und eng umrissene Vorstellungen davon hat, wie eine gute Mutter sein sollte, und da in unserer Gesellschaft mit der Rolle einer Mutter — mehr als mit der eines Vaters — spezifische und umfassende Verpflichtungen gegenüber den Kindern verknüpft sind, ist eine Frau, wenn sie Stiefmutter wird, ganz anderen Erwartungen ausgesetzt als ein Stiefvater. Wenn eine Frau zu einer mutterlosen Familie hinzukommt, so wird in der Regel stillschweigend vorausgesetzt, daß sie einen Großteil der häuslichen Aufgaben und der alltäglichen Versorgung der Kinder übernimmt, und zwar erwartet das nicht nur die nähere Familie wie Vater, Kinder und Verwandte, sondern auch die Öffentlichkeit hält sie für Haus und Kinder zuständig. Die Gründung einer Stiefmutterfamilie ist also in größerem Maße ein Schritt zur Wiederherstellung „normaler Familienverhältnisse" als es umgekehrt der Fall ist, wenn ein Stiefvater zur Familie einer alleinerziehenden Mutter hinzukommt (vgl. BURGOYNE/CLARK 1981). In Studien zu mutterlosen Familien wird aufgezeigt, daß diese in großem Ausmaß angewiesen sind auf Hilfe im Haushalt von außerhalb wie z.B. von Verwandten, Hausangestellten oder öffentlichen Einrichtungen, wohl auch weil die Väter nur unzureichend auf die Familienrolle vorbereitet sind und in ihrer eigenen Sozialisation die notwendigen Fertigkeiten zur Versorgung von Haushalt und Kindern nicht erlernt haben. Wenn der Vater wieder heiratet, erscheint die neue Frau in vielen Fällen als Rettung und Lösung der Probleme im Haushalt und bei der Kinderbetreuung. Bisweilen mögen alleinerziehende Väter — so wie es in früheren Zeiten gang und gäbe war

– in erster Linie eine Ersatzmutter für ihre Kinder suchen und nicht so sehr eine Partnerin für sich selbst. Und auch von einer ledigen Frau, die einen alleinerziehenden Vater heiratet, wird allgemein angenommen, daß sie bereitwillig die Elternrolle mitübernimmt. Daher meinen viele Stiefmütter, sie könnten solchen Erwartungen, nämlich eine zufriedene und „richtige" Familie wiederherzustellen, nachkommen und gerecht werden. Sie selbst haben auch den Anspruch an sich, eine „gute Mutter" für ihre Stiefkinder zu sein und ihrem Mann und seinen Kindern wieder einen normalen Familienalltag zu bieten.

Viele Autoren weisen auf „unrealistische Erwartungen" der Stiefmütter bei der Gründung einer Stieffamilie hin. VISHER & VISHER (1979) fassen die überhöhten Vorstellungen von Müttern in Stieffamilien, vor allem von Stiefmüttern, wie folgt zusammen:

Diese möchten

– die Kinder für erlittene Verluste und Leiden entschädigen,
– eine engverbundene harmonische Familie schaffen,
– alle Familienmitglieder glücklich und zufrieden machen,
– durch das eigene Beispiel den Stiefmuttermythos widerlegen,
– die Stiefkinder sogleich lieben, und zwar in gleichem Maße wie die eigenen Kinder, und von den Stiefkindern geliebt werden (vgl. S. 50).

Solche hochgesteckten Ziele, die schon für Kernfamilien fragwürdig sind, sind für Stieffamilien geradezu gefährlich, da sie die Andersartigkeit einer Stieffamilie außer acht lassen und so das Nichterreichen dieser Ziele vorprogrammiert ist.

4.2.1 Problembereiche in Stiefmutterfamilien

In der Fachliteratur, vor allem aber in psychologischen Fallbeschreibungen und in der in den letzten Jahren erschienenen Ratgeberliteratur werden eine Vielzahl von Schwierigkeiten angesprochen, die besonders Stiefmutterfamilien belasten. Wir wollen die – in der Literatur verstreut beschriebenen und oft nur angedeuteten – Probleme aufnehmen und zusammenfassen.

Auf dem Hintergrund unserer eigenen Forschungsarbeit haben wir die verschiedenen Aspekte und Ebenen der Konflikte thematisch geordnet, um in die Fülle der Einzelinformationen Klarheit zu bringen.

4.2.1.1 Der Vater

In der Stiefmutterfamilie hat der sorgeberechtigte Vater eine sehr zentrale Position; er ist derjenige, der für die Kinder zunächst zuständig ist und der die neue Frau in die Familie bringt. Wie sich die Familienbeziehungen in der neuen Familie gestalten, ist sicher abhängig davon, was er von seiner Frau erwartet, wie er mit seinen elterlichen Aufgaben und seiner Verantwortung umgeht, wie weit er Erziehung und Versorgung der Kinder an seine Partnerin delegiert. Der konkrete Alltag macht es den Stiefmüttern oft schwer, sich dem Sog des täglichen Handlungsdrucks und der an sie gerichteten Erwartungen zu entziehen. Häufig hat der Vater genaue Vorstellungen darüber, wie seine neue Partnerin ihre Rolle ausfüllen und wie intensiv sie auf die Kinder zugehen soll. Da in der Regel Männer vollzeit berufstätig sind, überlassen sie meist vertrauensvoll und schnell die Betreuung von Haus und Kindern ihrer neuen Ehefrau. Für viele Väter ist es sogar selbstverständlich, daß diese die Mutter- und Hausfrauenrolle übernimmt. Die Frau verbringt also einen großen Teil des Tages mit den Stiefkindern allein, was viel Gelegenheit für Spannungen bietet. Daher ist es wichtig – so CARTER (1989) –, daß der Vater seinen Kindern klare Botschaften darüber vermittelt, welchen Status seine neue Frau in der Familie hat und welches Verhalten ihr gegenüber er von ihnen erwartet.

Oft verzichten Stiefmütter, wenn sie in den Haushalt ihres Partners kommen, ihrem Mann zu Liebe auf eine Fortführung ihrer eigenen Berufstätigkeit, um sich in ausreichendem Maße den Kindern ihres Mannes widmen zu können und um seinen Wünschen nachzukommen.[25] Die traditionelle Rollenteilung mag den Vorstellungen des Vaters von der Wiederaufnahme eines „normalen" Familienlebens und der Illusion der Frau, nun eine Familie mit Kindern zu haben, entsprechen und nach oft turbulenten Zeiten als eine gute Lösung erscheinen; für die neue Frau ist es dennoch ein großer Schritt, Selbständigkeit und finanzielle Unabhängigkeit aufzugeben für Kinder, die nicht ihre eigenen sind. In der psychologischen Literatur zeigt sich, daß eine so weitgehende Rollenübernahme erhebliche Identitätsprobleme und Verunsicherungen mit sich bringen kann; den Stiefmüttern stellt sich – vor allem in Konfliktsituationen – die Frage, warum und für wen sie es tun:

„Sometimes I don't know where my feelings for my husband leave off and my feelings for Bobby begin. Am I doing this or that for Bobby because it's what I want to do for him or am I doing it because it will please my husband?"[26] (VISHER & VISHER 1978, S. 253)

Trotz der vielfältigen Bemühungen der Stiefmütter für ihren Mann und seine Kinder bringt der Alltag notwendigerweise Konflikte mit sich. Bei Schwierigkeiten mit den Stiefkindern fühlen sich viele Stiefmütter

---

25 FERRI (1984) fand, daß unter ihren befragten Stiefmüttern erstaunlicherweise nur 48% einem Beruf nachgingen, als die Kinder 16 Jahre alt waren, dahingegen aber 65% der leiblichen Mütter.

26 „Manchmal weiß ich nicht, wo meine Gefühle für meinen Ehemann aufhören und meine Gefühle für Bobby beginnen. Mache ich dieses oder jenes für Bobby, weil ich es für ihn tun will oder mache ich es, weil es meinem Ehemann gefällt?"

nicht unterstützt und alleingelassen von ihren Männern, wenn diese die Probleme nicht nachvollziehen können oder bagatellisieren. Die Männer ihrerseits fühlen sich zwischen ihren Kindern und ihrer Frau hin- und hergerissen. Wenn sie für ihre Kinder Partei ergreifen, empfinden ihre Frauen dies als mangelnde Solidarität und sehen Vater und Kinder als eine Front gegen sich. Viele Stiefmütter haben den Eindruck, daß sich ihre Männer aus der Verantwortung in der Erziehung zurückziehen und ihnen die Aufgabe überlassen, den Kindern Hilfestellungen zu geben, sogar wenn diese psychische Probleme und Verhaltensauffälligkeiten zeigen, die noch Folge der Scheidung sein mögen.

Stiefmütter und Stiefkinder

Die Lage der Stiefmutter ist in weitem Maße bestimmt von der Gratwanderung zwischen ehelichem Glück und Zufriedenheit des Stiefkindes. Nicht selten wirbt eine Stiefmutter — sei es um dem Kind Gutes zu tun, sei es um eine „gute Mutter" zu sein — sehr um ihr Stiefkind und es trifft sie dann umso härter, wenn sie von diesem Ablehnung und Widerstand spürt. Kinder reagieren häufig auf solche Zuwendung mit Abwehr, um die Beziehung und Liebe zu ihrer leiblichen Mutter zu schützen; sie geraten in Loyalitätskonflikte zwischen Mutter und Stiefmutter, die sie mit heftiger Abwertung der Stiefmutter zu lösen versuchen. Oft sind die Kinder auch eifersüchtig auf die neue Frau des Vaters, denn sie müssen seine Aufmerksamkeit und Zeit mit der Stiefmutter teilen.

„The reluctance of the children to accept fully or to respond to the new mothers affection hurts her deeply unless she is clearly aware of the factors contributing to the often very slow ‚warm-up'. By the end of the first year, the failure to be permitted ‚to save the children' by the children's seemingly negative attitude may cause even an initially very giving new mother to adopt a ‚to hell with them' attitude. Consequently, the hurt feeling and aroused anger then settle into a pattern of mutual rejection, and the mother-child relationship becomes increasingly painful." (GOLDSTEIN 1974, S. 437).[27]

Stiefmütter haben, von ihren Vorstellungen vom Mutter-Sein ausgehend, Schwierigkeiten, mit der Ablehnung von seiten des Stiefkindes umzugehen, aber ebenso problematisch ist es für sie, wenn sie selbst das

---

27 „Die Zurückhaltung der Kinder, die Stiefmutter zu akzeptieren oder ihre Zuneigung zu erwidern, schmerzt diese tief, wenn sie sich nicht darüber im klaren ist, welche Faktoren zu dieser oft sehr langsamen Annäherung beitragen. Gegen Ende des ersten Jahres kann das Mißlingen des Versuchs, ‚die Kinder zu retten', sogar eine anfänglich sehr gebende Mutter dazu bringen, die Kinder ‚zur Hölle zu wünschen', wenn diese ihrer Stiefmutter gegenüber eine anscheinend negative Haltung einnehmen.
In der Folge entsteht durch die verletzten Gefühle und den entfachten Ärger ein Muster von gegenseitiger Ablehnung und die Stiefmutter-Stiefkind Beziehung wird zunehmend schmerzhaft."

Stiefkind nicht mögen und in ihrem Inneren einen Widerwillen dagegen spüren, für das Kind zu sorgen und eine so nahe Beziehung, wie sie das Zusammenleben in einer Familie impliziert, zu ihm aufzunehmen. Besonders Stiefmütter, die auch leibliche Kinder haben – sei es aus einer früheren Partnerschaft oder aus der Ehe mit dem derzeitigen Partner –, registrieren unterschiedliche Gefühle gegenüber den Kindern. Sie reagieren dann oft mit Schuldgefühlen und vermehrter Zuwendung, um die fehlende Liebe auszugleichen. Um auf keinen Fall das Vorurteil der „bösen Stiefmutter" zu bestätigen, gestehen sich viele Stiefmütter ihre negativen Gefühle gegenüber den Stiefkindern kaum ein und haben Angst, diese zum Ausdruck zu bringen. PAPERNOW (1980) fand, daß einige Stiefmütter aus Furcht vor Stigmatisierung sogar die Übernahme von Erziehungsfunktionen total verweigern.

Ablehnung des Stiefkindes und Verweigerung von Erziehungs- und Versorgungsaufgaben belasten dann – wie wir bei unseren befragten Stiefmutterfamilien gefunden haben – nicht nur die Stiefmutter-Stiefkind-Beziehung, sondern auch die Paarbeziehung, denn eine solche Haltung trifft ebenso den Ehemann – als den Vater des Kindes. Wenn eine Stiefmutter sich dann, um ihren Mann nicht zu kränken und um sich seine Liebe und Anerkennung zu erhalten, angestrengt um ihre Stiefkinder bemüht, kann dies – wie FRITSCH/SANDERS (1987) und MOINET (1987) beschreiben –, zu einem gekünstelten und wenig spontanen Verhalten führen. Viele Stiefmütter nehmen diese Anstrengung auf sich, weil sie nicht wissen, wie ihr Mann bei schweren Konflikten zwischen Stiefmutter und Stiefkind reagieren würde, ob er sich auf die Seite des Kindes schlägt oder zu ihr hält. Oft sind die Frauen sogar überzeugt, daß sie diejenigen wären, die aus der Familie herausfielen, besonders dann, wenn ihr Mann mehrere Kinder hat.

Die außerhalb lebende leibliche Mutter des Kindes wird von der Stiefmutter oft als Konkurrentin empfunden, weniger in bezug auf ihren Mann, als auf ihre Stiefkinder, denn die leibliche Mutter möchte meistens das Erziehungsgeschehen mitbestimmen und Einfluß auf die Gestaltung der Stiefmutter-Stiefkind-Beziehung nehmen. Absprachen über Besuchsregelungen und Unterhalt können von ihr benutzt werden, um in das Familienleben der Stieffamilie einzugreifen, um den eigenen Status als leibliche Mutter deutlich zu machen. Häufig besprechen die leiblichen Eltern untereinander die Besuchstermine und eventuell auch Erziehungsfragen; die Stiefmütter fühlen sich davon zum Teil übergangen und vor Tatsachen gestellt, von denen sie mitbetroffen sind. Stiefmütter sehen sich im Schatten der leiblichen Mutter – und dies gilt wohl für fast alle Stiefmütter –, auch dann, wie z.B. VISHER & VISHER (1979) betonen, wenn diese gestorben sind.

Die meisten Autoren stimmen darin überein, daß Stiefmütter ohne eigene Kinder es in der neuen Familie am schwersten haben – also ganz anders als bei den Stiefvätern, die sich, wenn sie keine eigenen Kinder mit in die Stieffamilie bringen, am leichtesten tun. Gerade für die kinderlosen Stiefmütter ist es – so fanden BURGOYNE/CLARK (1981) – besonders wichtig, ein eigenes Kind zu bekommen, um endlich auch den Status einer leiblichen Mutter zu haben, also auch „richtige" Mutter zu sein. So lange sie kinderlos sind, leiden sie oft vor allem darunter, daß ihnen als „Zweit-Mutter" bisweilen die Kompetenz und das Gefühl im Umgang mit Kindern abgesprochen wird, und auch sie selbst haben oft Zweifel, ob sie ihren Stiefkindern gerecht werden können. MOINET (1987) stellt fest, daß die Väter in Stieffamilien eher zögernd einem weiteren Kind mit der neuen Partnerin zustimmen, vielleicht aus Schuldgefühlen gegenüber den Kindern aus erster Ehe und aus Sorge, daß diese dann vernachlässigt werden. Für Stiefmütter bedeutet ein gemeinsames Kind, daß ihre Beziehung mit diesem Partner gleiches Gewicht und gleichen Status erhält wie dessen erste Ehe, aus der Kinder hervorgegangen sind und durch die die Verbindung der ehemaligen Partner als Eltern aufrechterhalten wird. Tatsächlich ist es so, daß manche Stiefmütter, wenn sie mit dem neuen Partner ein gemeinsames Kind haben, diese Triade als ihre „wirkliche Familie" betrachten, in der die Stief-/Kinder eher an den Rand gedrängt werden, und das vor allem, wenn diese Besuchskinder sind und nicht ständig in der Familie leben.

Verschiedene Rollendefinitionen der Stiefmütter

Aus den beschriebenen Haltungen und Funktionen von Stiefmüttern lassen sich einige Grundmuster in ihrer Rollendefinition herauskristallisieren, die sich in dem Spektrum zwischen der sich verweigernden und der sehr engagierten Stiefmutter bewegen. HANNAH KÜHN (1929) hat in ihrer lange zurückliegenden Untersuchung zu Konfliktmöglichkeiten in Stiefmutterfamilien verschiedene Haltungen der Stiefmütter gegenüber den Stiefkindern gefunden, die sie in drei Haupttypen gliederte:

— Die Stiefmutter, die sich sehr um ihre Stiefkinder bemüht und aufopfernd ihre Pflichten in der Familie erfüllt in der Sorge um die angemessene Entwicklung der Kinder.
— Die passive Stiefmutter, die aus Furcht, in den Verdacht der „bösen Stiefmutter" zu geraten, sich nachgiebig und gleichgültig gegenüber den Stiefkindern verhält und diese tun läßt, was sie wollen.
— Die Stiefmutter, die die Stiefkinder ablehnt und diese als Störung in ihrem eigenen Leben und in der Beziehung zu ihrem Mann empfindet. Diesen Frauen sind die Stiefkinder eine solche Last, daß es oft zu Mißhandlungen kommt.

In der gegenwärtigen Fachliteratur wurden vor allem zwei Verhaltensmuster von Stiefmüttern beschrieben, in denen eine andere Sichtweise und Wertung der Rolle der Stiefmutter zum Ausdruck kommt als in denen von HANNAH KÜHN vor 50 Jahren:

– Die „Supermutter", die versucht, die bessere Mutter zu sein und an den Kindern die Verletzungen und Vernachlässigungen der Vergangenheit wiedergutzumachen. Sie akzeptiert die Mutterrolle und übernimmt mit viel Einsatz und Engagement die dazugehörigen Aufgaben und Pflichten.

– Die Stiefmutter, die sich vorwiegend als Freundin ihrer Stiefkinder sieht und explizit nicht Mutterersatz sein will, sondern offen zu ihrem Status als Stiefmutter stehen kann. Sie unterstützt durchaus ihren Partner bei der Erziehung und Versorgung seiner Kinder und baut eine eigenständige und relativ unbelastete Beziehung zu ihren Stiefkindern auf.

Vorschläge, wie Stiefmütter ihre Rolle angehen und definieren können, haben wir bei DRAUGHON (1975) gefunden – die sie im Sinne einer Prophylaxe verstanden haben will. Sie schlägt drei Rollenmodelle vor, die sich an der Art der Beziehung des Stiefkindes zu seiner leiblichen Mutter orientieren. Die Rolle der „hauptsächlichen Mutter" (primary mother) kann eine Stiefmutter dann übernehmen, wenn die leibliche Mutter wenig präsent und die Beziehung zwischen ihr und dem Kind gestört ist. Ist diese Beziehung aber kontinuierlich und sehr eng, so sollte die Stiefmutter die Position einer Freundin der Stiefkinder oder die Rolle der „anderen Mutter" (other mother) einnehmen. Diese vorgeschlagenen Rollenmodelle gehen über die bereits genannten Verhaltensmuster von Stiefmüttern nicht hinaus und bieten so auch kaum Lösungsmöglichkeiten für die der Stiefmutterrolle innewohnenden Konfliktmöglichkeiten.

Wie wir in unseren Ausführungen zum weiblichen Lebenszusammenhang und zum Stiefmuttermythos aufgezeigt haben, ergeben sich durch die Implikationen der Mutterrolle und der negativen Besetzung des Stiefmutterbildes zwangsläufig widersprüchliche und problematische Bedingungen, die eine Stiefmutterfamilie belasteter und anfälliger machen als eine Stiefvaterfamilie. Dementsprechend ist die Gestaltung der Stiefmutterrolle von vornherein mit Risiken behaftet, die durch keine der genannten Rollenmuster ausgeschlossen werden können. Übereinstimmend wird in der therapeutischen Literatur die „Supermutter" als „Falle" beschrieben, weil diese Rolle uneinlösbare Ansprüche und Belastungen mit sich bringt.

Das Rollenmodell der Stiefmutter als Freundin mag – ähnlich wie wir das bei den „Freund-Stiefvätern" gesehen haben – die Möglichkeit bieten, relativ unbelastet von tradierten Rollenvorstellungen neuartige Beziehungen in der Familie aufzubauen. Das setzt allerdings voraus, daß die ganze Familie dieses Konzept mitträgt, daß die Kinder nicht unbedingt an fixierten Muttervorstellungen hängen, und die Frau eigene

Kinderwünsche nicht in der Beziehung zu den Stiefkindern realisieren muß, sondern diese entweder mit eigenen Kindern leben kann oder Mutterschaft für sie keinen zentralen Stellenwert in ihrem Selbstbild als Frau einnimmt. Mit kleineren Kindern mag das „Freundin-Modell" schwerer zu verwirklichen sein, einerseits weil kleine Kinder stärker den Wunsch nach einer Mutter äußern und durchsetzen wollen, andererseits weil die Erziehung und Versorgung kleiner Kinder mehr „mütterliche" Funktionen erfordern und die Bereitschaft dazu bei der Frau ansprechen.

Viele Stiefmütter – auch jene, die angeben, ihre Situation ganz gut bewältigt zu haben – antworten auf die Frage, ob sie noch einmal eine Stieffamilie gründen würden, spontan: ‚nie wieder'. Darin kommt zum Ausdruck, wieviel Anstrengung und Frustrationen mit der Stiefmutterrolle verbunden sind.

4.3 Stiefmutterfamilien in unserer Untersuchung

Unter den Stieffamilien machen Stiefmütterfamilien im Vergleich zu Stiefvaterfamilien nur einen kleinen Anteil aus. Dementsprechend gibt es – wohl ungefähr die statistische Verteilung spiegelnd – in unserer Untersuchungsgruppe nur zwei Stiefmutterfamilien, außerdem noch eine komplexe Stieffamilie, in der die Frau von Anfang an zugleich leibliche Mutter und Stiefmutter ist. Unter den vorne beschriebenen wiederverheirateten Müttern sind drei Besuchsstiefmütter, die die Kinder aus der ersten Ehe ihres Mannes nur zu festgesetzten Besuchsterminen sehen. Auf diese Teilzeitstiefmütter wollen wir hier nicht nochmals gesondert eingehen, ebensowenig auf eventuelle neue Partnerinnen der außerhalb lebenden leiblichen Väter, da letztere in den Interviews von den Untersuchungsfamilien kaum thematisiert wurden, das heißt offensichtlich nur eine periphere Rolle spielten. Im folgenden beziehen wir uns hauptsächlich auf die beiden reinen Stiefmutterfamilien. Die Stiefmutter aus der komplexen Stieffamilie wird hier weniger berücksichtigt, einerseits weil ihre Familienkonstellation eine andere ist, nämlich beide Partner sind zugleich Eltern- und Stiefelternteil, aber vor allem, weil wir auf diese Familie schon ausführlich an anderer Stelle (vgl. Kap. II.3.1.1) eingegangen sind.

Ähnlich wie die Stiefväter haben wir die Stiefmütter nach ihrem eigenen Selbstverständnis als Stiefmutter, nach ihrem Alltag und der Aufgabenverteilung innerhalb der neuen Familie gefragt. Wir haben uns besonders dafür interessiert, inwieweit die Stiefmütter die Versorgung und Erziehung ihrer Stiefkinder übernommen haben, wie sich die Beziehung zu diesen entwickelt hat und welche Schwierigkeiten im Laufe der Stieffamiliengeschichte aufgetreten sind.

In den Interviews hat sich gezeigt, daß die beiden befragten Stiefmutter-familien sehr belastet sind und mit ihrer Familienidentität zu kämpfen haben.[28] Beide Stiefmütter haben sehr viel über ihre Beziehung zu den Stiefkindern gesprochen, vor allem über die Schwierigkeiten und Konflikte, die ihr Alltagsgeschehen dominieren und wie diese sich auf die Paarbeziehung niederschlagen. Die Erzählungen machen deutlich, wie sehr die Stiefmütter in das Ringen um ihr Selbstverständnis, in die Bewältigung ihrer Rollenanforderungen und Spannungen verwickelt sind. Anders als den Stiefvätern fällt es ihnen schwerer, auf Distanz zu dem alltäglichen „Kleinkram" und Zwist zu gehen und ihre Situation zu reflektieren, wohl auch, weil ihr Alltag in größerem Ausmaß vom Zusammensein mit den Stiefkindern bestimmt ist. Auch in den Gesprächen mit den Vätern und Kindern kommt zum Ausdruck, wie sehr die Schwierigkeiten um die Familienreorganisation mit einer „neuen Mutter" das Familienleben bestimmen und zentrales Thema sind. Auch ihnen ist es kaum möglich, in ihren Erzählungen auf Abstand von den alltäglichen Problemen zu gehen, weil diese sie stark bedrängen.

Von den Interviewtexten ausgehend, haben wir für die Auswertung den Zugang gewählt, die Situation dieser Stiefmutterfamilien als Fallgeschichten zu präsentieren und dabei zu versuchen, die Grundprobleme von Stiefmüttern und ihr Bemühen um den Aufbau eines Familienlebens aufzuzeigen. In den Falldarstellungen sind viele der vorne für Stiefmutterfamilien beschriebenen typischen Aspekte erkennbar. Es versteht sich von selbst, daß bei einer so geringen Anzahl von Stiefmutterfamilien Verallgemeinerungen und Typisierungen, wie wir sie bei den Stiefvätern vorgenommen haben, nicht möglich sind.

Die Darstellung in Form von Fallgeschichten ist für uns eine mögliche Form, familienspezifisch die Eigenheiten der Alltagsgestaltung und die unterschiedlichen Vorstellungen über die Stieffamilie in ihren Nuancen zu erfassen. Eine unterschiedliche Akzentuierung in der Darstellung der beiden Fälle ergab sich aus den uns besonders krass erscheinenden Problemen in den Familien. In der Familie Jordan-Kirsch liegt der Schwerpunkt eher auf den verschiedenen Konfliktebenen in der Familie, bei der Familie Greiner-Haag vor allem auf dem Wandel in der Rollendefinition der Stiefmutter und den sich daraus ergebenden familialen Krisen.

---

28 Ob es Zufall ist, daß gerade die beiden Stiefmutterfamilien in unserem Sample mit so vielen Problemen konfrontiert sind oder die Probleme vorwiegend auf die Risiken einer Stiefmutterfamilie zurückzuführen sind, können wir nicht entscheiden.

4.4 Die Gestaltung der Stiefmutterrolle: Alltag und Besonderheiten in den beiden Stiefmutterfamilien

Wie bereits gesagt, sind Stiefmütter besonderen Schwierigkeiten in der Gestaltung ihrer Rolle ausgesetzt, was den Alltag in Stiefmutterfamilien spannungsreich und oft dramatisch macht. Auch die Väter in diesen Familien leiden an den Spannungen zwischen ihrer neuen Frau und den Kindern und an der Uneindeutigkeit und Uneinigkeit in bezug auf die Rollenteilung und Zuständigkeit, zumal sie und ihre Kinder vor der Stieffamiliengründung eine Zeit der Desorganisation erlebt haben und einen Partner-bzw. Elternverlust verkraften mußten. Den Kindern fällt es besonders schwer, die Umorganisation ihrer Familie zu akzeptieren, sich auf die neue Frau ihres Vaters einzulassen und eine Beziehung zu dieser aufzunehmen; sie sind unsicher in ihren eigenen Gefühlen und Erwartungen an die neue Situation.

Die Gestaltung der Stiefmutterschaft, die Erwartungen an die Stiefmutter und die sich daraus entwickelnde Familiendynamik stehen im Mittelpunkt der nun folgenden Falldarstellungen.

4.4.1 Die Familie Jordan-Kirsch[29]

Vorgeschichte

Herr Kirsch ist ein lebhafter, beweglich wirkender Mann — aus der sogenannten alternativen Szene —, der als Schreiner in einem Jugendprojekt arbeitet. Nach einer zweijährigen Ehe, die er sehr jung eingegangen war, behielt er nach der Scheidung seinen 2jährigen Sohn Peter bei sich, weil die Mutter des Kindes noch eine Ausbildung vor sich hatte und sich mit einem Kind überfordert fühlte; Herr Kirsch seinerseits wollte sich später nicht vorwerfen lassen, seiner Frau die Chance, sich zu entwickeln und weiterzubilden, nicht zugestanden zu haben. Die erste Zeit allein mit dem Kind war für Herrn Kirsch — als gerade erst 24jährigen — eine abenteuerliche und schwierige Zeit, denn er wollte für das Kind sorgen, mußte mit verschiedenen Gelegenheitsjobs Geld verdienen und sich auch um seine eigene Berufsausbildung kümmern. Mit Hilfe eines Lebens in Wohngemeinschaften versuchte er, die Aufgaben von Kinderversorgung, Ausbildung und Geldverdienen zu meistern; für ihn und das Kind war dies auch deshalb eine schwierige Situation, weil die leibliche Mutter sich nur sporadisch um das Kind kümmerte. Durch das enge Aufeinander-Bezogen-Sein von Vater und Sohn entstand zwischen ihnen eine sehr intensive Beziehung, die allerdings gleichzeitig immer in Wohngemeinschaftsbeziehungen eingebettet war. In dieser Zeit hatte

---

29 Zum Zeitpunkt der Interviews ist das Paar seit 8 Jahren zusammen. Herr Kirsch ist 35 Jahre alt, Frau Jordan-Kirsch 26 Jahre, der Stief-/Sohn 12 Jahre und die gemeinsame Tochter $3^1/_2$ Jahre alt.

Herr Kirsch verschiedene Freundschaften mit Frauen, die am alltäglichen Leben und der Betreuung seines Kindes kaum teilhatten. Zwei Jahre nach der Trennung lernte er im Urlaub die damals 18jährige Frau Jordan kennen, die gerade ihre Ausbildung zur Krankengymnastin begonnen hatte. Es entwickelte sich eine feste Beziehung, in die auch sein Kind miteinbezogen wurde.

Mit dieser neuen Partnerin ist es Herrn Kirsch wieder möglich, einen gemeinsamen Alltag zu leben und gemeinsame Perspektiven aufzubauen. Frau Jordan findet es selbstverständlich, daß der Sohn ihres Freundes mit dazu gehört und sie sich auch zuständig für ihn fühlt.

4.4.1.2 Die Rolle der Stiefmutter

Herr Kirsch ist auf der einen Seite ganz froh, daß seine neue Freundin sich seinem Sohn zuwendet, sich mit ihm beschäftigt und viel an Versorgungsaufgaben wie Kochen und Waschen übernimmt, auf der anderen Seite will er am Anfang die Erziehung und seine alleinige Kompetenz nicht aus der Hand geben. Er sagt:

„Zum einen habe ich bewußt versucht, sie draußen zu halten, ich wollte ihr die Mutterrolle nicht zuteil werden lassen. Unbewußt war es mir aber ganz recht, daß sie so viel übernommen hat, also für den Peter (Sohn, d.Verf.) gekocht oder seine zerrissenen Hosen geflickt hat, mit denen ich ihn weiter hätte rumlaufen lassen. Ich glaube, bestimmte Aufgaben habe ich einfach auf sie abgeschoben."

Frau Jordan spürt die Ambivalenz ihres Freundes, hat jedoch das Gefühl, daß seine Erwartung an sie, die Mutterrolle zu übernehmen, ziemlich stark ist. Sicher trägt ihre eigene Bereitschaft, eine solche Rolle für das Kind ihres Partners auszufüllen, zu dieser Interpretation seiner Erwartungen in nicht unwesentlichem Maße bei. Rückblickend betrachtet sie ihre eigene Haltung eher kritisch:

„Ich wollte dem Peter schon was geben, so eine Art Mutterersatz sein. Aber wenn ich das jetzt so überlege, das konnte ich eigentlich überhaupt nicht. Ich finde, ich war viel zu jung und zu unreif."

Schon bevor die beiden Partner zusammenziehen, versucht Frau Jordan eine Beziehung zu Peter herzustellen, indem sie sich bemüht, das Kind an gemeinsamen Aktivitäten teilhaben zu lassen, auch mit ihm allein etwas unternimmt und auf ihn eingeht. Sie fühlt sich in gewisser Weise verpflichtet, dem Sohn ihres Freundes, der vielen Veränderungen und Unruhen ausgesetzt war, Zuwendung und Geborgenheit zu geben. Herr Kirsch sieht im Verhalten seiner Freundin mehrere Aspekte, einerseits die spontane Hinwendung zu einem „mutterlosen" Kind, andererseits aber auch ihren Versuch, über die Beziehung zum Kind die Beziehung zu ihm selbst aufzubauen und zu festigen.

In den Interviews wird deutlich, daß die beiden Partner zu Beginn ihrer Partnerschaft kaum über ihre Vorstellungen von der Aufgabenteilung in bezug auf das Kind gesprochen haben. Frau Jordan selbst sieht es so, daß sie, wie viele Stiefmütter, in ihre Rolle fast unmerklich hineingeschlittert ist:

„Wir haben damals nicht viel darüber geredet. Ich kann gar nicht mehr so sagen, ob ich den Anspruch an mich hatte, Mutterersatz zu sein. Das lief halt einfach, ich habe das halt gemacht."

Auch Peter reagiert anfangs ambivalent. Auf der einen Seite – so erzählt die heutige Frau Jordan-Kirsch – hatte er immer wieder die Hoffnung, eine neue Mutter zu kriegen, wollte auch zu ihr gleich „Mama" sagen, auf der anderen Seite begegnet er ihr mit Mißtrauen und Eifersucht und anerkennt sie nicht als Autoritätsperson. Gerade in dieser letzten Haltung wird er von seinen Freunden und Mitschülern bestärkt, die zu ihm sagen: „Warum läßt du dir von der überhaupt was sagen, das ist doch gar nicht deine richtige Mutter." In ihrem Ringen um die eigene Position und Autorität fühlt sich Frau Jordan-Kirsch von ihrem Partner teilweise im Stich gelassen; sie vermutet, daß er selbst unschlüssig ist, inwieweit er die Erziehungsverantwortung mit ihr teilen soll und daß er die alleinige Erziehungskompetenz nur ungern aus der Hand geben will. Die Situation ist für sie schwer zu ertragen und sie fordert Unterstützung von ihrem Partner; sie möchte mit ihm ihre Position klären und gemeinsam eindeutigere Regeln über Zuständigkeit und Autorität in bezug auf das Kind setzen:

„Ich habe dann gesagt, wenn wir das gemeinsam machen, dann mußt du mir auch zugestehen, daß ich ab und zu eingreife und was dazu sage. Wir können dann zwar diskutieren, wie man das macht, aber daß ich mich so total raushalte, das geht nicht. Ich will dem Peter auch sagen können, was er tun muß und was nicht geht. Das hat sich dann mit der Zeit eingespielt und der Peter hat das auch akzeptiert."

Die ausgehandelte Autoritäts- und Aufgabenverteilung wird wichtig, als die Partner mit dem Kind – allerdings nicht im Rahmen einer Kleinfamilie, sondern in einer Wohngemeinschaft – zusammenleben. Sie bemühen sich, die Erziehungsverantwortung gleichmäßig zu übernehmen und einigen sich darauf, daß beide das Recht haben, disziplinierend einzugreifen. Zu der Zeit befinden sich beide Partner in Aus- bzw. Weiterbildung und das Kind ist ganztägig in einer Kindertagesstätte untergebracht. Der gemeinsame Alltag findet vorwiegend am Nachmittag und Abend statt und läuft relativ unproblematisch ab; es gibt genügend Gelegenheit zu gemeinsamen Aktivitäten und die Bedürfnisse der einzelnen lassen sich recht gut koordinieren.

4.4.1.3 Die Situation des Vaters

Die ersten Jahre des Zusammenlebens in dieser familienähnlichen Konstellation bringen Ruhe und eine gewisse Stabilität in den Alltag von Vater und Sohn, die bis dahin ein sehr bewegtes Leben mit vielen Wechseln von Freunden und Bezugspersonen, Wohnorten und Arbeitsstellen hinter sich hatten. Besonders in diesen Zeiten des Wechsels hatte sich Herr Kirsch immer wieder mit der Frage beschäftigt, ob er das Aufziehen des Kindes bewältigen wird und ob das Kind diese Art zu leben verkraften kann:

„Es war ein ziemliches Problem von mir – und das ist es nach wie vor – ob ich das mit dem Kind überhaupt schaffe, und zwar so, daß das Kind oder daß ich oder wir beide damit zufrieden sein können. Das einzige, was ich bis jetzt konstant geschafft habe, ist, daß der Peter sich darauf verlassen kann, daß ich da bin. Diese Kontinuitätsfrage, ja, da hatten wir schon oft Probleme mit."

Herr Kirsch merkt deutlich, daß es für Kinder sehr wichtig ist, sich auf eine Kontinuität in den Beziehungen, in der Versorgung und im Wohnen verlassen zu können, also zu wissen, wie er sagt, „wer macht meine Wäsche, wer kocht mir mein Essen oder mit wem kann ich das und das machen." Er sieht, daß sein Sohn in seiner neuen Partnerin eine „Konstante" gefunden hat – „konstanter als ich", wie er meint –, die dem Kind diese Kontinuität bietet und ihm zugleich die Möglichkeit gibt, nicht mehr ausschließlich auf den Vater angewiesen zu sein:

„Wichtig war für Peter auch, daß er die Iris (neue Partnerin, d.Verf.) gegen mich ausspielen konnte und niemanden dabei verlor. Dieses Taktieren zwischendrin, ich glaub, daß ein Kind diesen Plus-Minus-Pol, also Mann-Frau, schlicht und ergreifend einfach braucht."

Obwohl Herr Kirsch seinen Drang nach Ungebundenheit und Freiheit im Interview immer wieder betont, wird doch deutlich, wie sehr ihm eine beständige Partnerin, die ihn so selbstverständlich unterstützt und Verantwortung übernimmt, willkommen ist.

4.4.1.4 Die außerhalb lebende leibliche Mutter

Nach der Scheidung beschloß Herr Kirsch, seine ehemalige Frau nicht mehr in die Betreuung des Sohnes mit einzubeziehen, weil diese sich nur sehr unzuverlässig an Absprachen hielt und dadurch dem Kind – so denkt er – noch zusätzliche Probleme entstanden. Peters leibliche Mutter ist also für ihn in keiner Weise eine konstante Bezugsperson, ihre Besuche sind selten und versprochene Unternehmungen hält sie oft nicht ein oder bricht sie nach kurzer Zeit ab. Auch Frau Jordan-Kirsch, die zwar über die erste gemeinsame Zeit im Interview relativ wenig spricht, schildert Peters leidvolle Erfahrungen mit seiner leiblichen Mutter. Man spürt, daß sie sich stark in ihr Stiefkind hineinversetzt und sich bemüht, ihm zu helfen und ihn zu trösten:

„Peter freute sich immer unheimlich, seine Mutter zu sehen, weil er das schon genau weiß, daß das seine richtige Mutter ist. Aber wenn sie dann da ist ... Einmal, da war ich ganz geschockt, da hat sie angerufen, ob Peter Zeit hat. Da haben sie gerade bloß eine Viertelstunde Federball miteinander gespielt und dann war sie wieder weg. Dann ist er heulend dagehockt, und ich habe ihn wieder aufpäppeln können. Manchmal habe ich stundenlang bei Peter am Bett gehockt und ihn getröstet, wenn er total fertig war."

Weil Frau Jordan-Kirsch sieht, daß ihr Stiefsohn an dieser Art von Kontakten leidet, ist sie froh, daß die leibliche Mutter sich immer mehr zurückgezogen hat. Für ihre eigene Position in der Familie und ihr Selbstverständnis findet sie es gut, daß die Mutter sich so wenig einmischt und im alltäglichen Familiengeschehen wenig präsent ist. Sie sagt:

„Also früher hätte ich es schlimm gefunden, wenn da jetzt nochmal jemand gewesen wäre. Also ich mußte klarkommen mit der Situation, der Peter und der Kai (Herr Kirsch, d.Verf.) mußten klarkommen; ja, und dann noch jemand, der wirkliche Kompetenz hätte, da hätte ich mich zurückgezogen. Ich hätte gesagt, das schaffe ich nicht mehr."

In Zeiten, in denen Peters Mutter sich mehr um ihren Sohn kümmert, fühlt Frau Jordan-Kirsch sich doch etwas bedroht und spürt die Konkurrenz mit der „richtigen" Mutter, zumal diese dann auch verstärkt Einfluß nimmt:

„Es war halt zeitweise bedrohlich, als die sich schon 'mal öfter gesehen haben. Da gab's dann schon bei Peter die Tendenz, daß er eher das angenommen hat, was die Kathrin (leibliche Mutter, d. Verf.) gesagt hat; und dann hatte ich wieder schwer zu kämpfen, daß das wieder eine . . . einigermaßen ein Familienleben gibt."

Im Interview meint Frau Jordan-Kirsch, daß sie inzwischen einen regelmäßigen Kontakt gut dulden könnte, weil Peter älter geworden ist, wohl auch, weil sie eine größere Sicherheit in ihrer eigenen Rolle in der Stieffamilie hat. Eine Veränderung der Besuchshäufigkeit steht allerdings nicht zur Diskussion, da die leibliche Mutter seit einigen Jahren in Norddeutschland lebt und ihren Sohn höchstens zweimal im Jahr sieht.

4.4.1.5 Weitere Familienentwicklung

Die ersten Jahre des Zusammenlebens der Stieffamilie erscheinen rückblickend allen Familienmitgliedern als relativ ausgeglichen, ruhig und spannungsfrei. Auch Peter, der kaum noch Erinnerungen an diese Zeit hat und im Interview eher die gegenwärtige Situation im Blick hat, glaubt, daß sie alle gut zurechtgekommen sind. Allerdings fallen ihm — auf konkretes Nachfragen hin — einige Episoden ein, aus denen hervorgeht, daß er, wenn sein Vater und Iris ihn abends allein lassen, Angst hat, von ihnen verlassen zu werden:

„Einmal, da waren die auf einem Elternabend. Da habe ich mich so allein gefühlt, irgendwie, und habe Angst gehabt, daß die nicht mehr kommen. Dann habe ich mich nachts aufs Fahrrad gesetzt und die überall gesucht. Ich habe mich so brutal alleine gefühlt."

Für ein Kind, das so lange auch ein Stück weit Partner für seinen Vater war, mag der Ausschluß von Aktivitäten des Paares bedrohlich erscheinen, weil es nicht versteht, daß die neuen Partner Zeit für sich alleine brauchen und eher fürchtet, daß er den beiden lästig ist und sie ihn vielleicht loswerden wollen. Solche Ängste mögen auch mithervorgerufen werden durch die aus Stiefmuttermärchen bekannten Kinderschicksale.

Wichtige Veränderungen ergeben sich in der Familie Jordan-Kirsch, als die gemeinsame Tochter Kora − vier Jahre nach dem Beginn der Partnerschaft − geboren wird. Das Kind ist zwar nicht geplant, aber im Laufe der Schwangerschaft wächst bei allen dreien die Freude auf den Familienzuwachs; Peter nimmt regen Anteil an den körperlichen Veränderungen seiner Stiefmutter und der Entwicklung eines Kindes. Vor Koras Geburt heiratet das Paar, einerseits diesem Kind zu Liebe, andererseits, weil Herr Kirsch gleiche Rechte wie seine Frau an dem gemeinsamen Kind haben will. Peter ist glücklich, daß er jetzt eine „richtige" Familie hat und fragt auch gleich den Vater seiner jetzigen Stiefmutter, ob er nun „Opa" zu ihm sagen darf. Für das Kind mag die Heirat ein Zuwachs an Sicherheit bedeuten, ein Zeichen für die Stabilität der neugewachsenen Beziehungen. In bezug auf seine Halbschwester reagiert Peter etwas zwiespältig, wie Frau Jordan-Kirsch erzählt, einerseits freut er sich sehr, andererseits fühlt er sich aber zurückgesetzt, wenn seine Stiefmutter sich um ihr Baby kümmert:

„Er hat die Kora schon akzeptiert und war froh. Auf der anderen Seite war er − nicht gegen die Kora, sondern gegen mich − ziemlich aggressiv. Die Kora hat er immer in Schutz genommen. Solange ich Kora gestillt habe, war der Peter unheimlich eifersüchtig, dann hat er unbedingt was von mir wollen. Ich konnte darauf nicht immer eingehen und dann war er total sauer. Also, da haben wir extreme Auseinandersetzungen gehabt."

4.4.1.6 Familienalltag

Noch vor der Geburt ihrer Tochter kann Frau Jordan-Kirsch ihre Berufsausbildung abschließen und bleibt dann in den ersten zwei Jahren zu Hause, um sich dem Neugeborenen widmen zu können. Als der Vater eine Dreiviertel-Stelle in einem Jugendprojekt als Schreiner annimmt, in dem er seine Arbeitszeiten relativ flexibel gestalten kann, ist es seiner Frau möglich, eine Teilzeit-Berufstätigkeit aufzunehmen. Bald nach der Geburt der Tochter zieht die Familie in ein kleines Haus in einem anderen Ort, um mehr Raum für die vergrößerte Familie zu haben. Als Frau Jordan-Kirsch wieder berufstätig wird, versuchen die Ehepartner die Alltagsgeschäfte partnerschaftlich zu erledigen. Durch ihre unterschiedlichen Arbeitszeiten können sie Kinderbetreuung und Hausarbeit aufteilen und sich in gewisser Weise gegenseitig ablösen.

Vormittags ist Herr Kirsch zu Hause und kann sich um seine kleine Tochter kümmern, während seine Frau arbeitet. Zum Mittagessen trifft sich die ganze Familie. Am Nachmittag übernimmt Frau Jordan Kirsch die Betreuung der Kinder und versorgt den Haushalt. Die kleine Tochter fordert viel Aufmerksamkeit und Pflege und auch von Peter wird Frau Jordan-Kirsch stark in Anspruch genommen; er hat erhebliche Schulprobleme und wendet sich immer wieder an seine Stiefmutter, wenn er Unterstützung braucht, und diese ist auch bereit, ihm Hilfe zu geben. Dennoch wird die Hausaufgabensituation von beiden als anstrengend und konflikthaft, als zentraler Reibungspunkt beschrieben. Die Ehefrau fühlt sich dabei von ihrem Mann allein gelassen, der seinerseits froh ist, daß seine Frau es übernimmt, mit seinem Sohn zu lernen, und den Kontakt zu den Lehrern hält; er meint, daß er selbst die Geduld nicht aufbrächte:

„Mir ist es ganz recht, daß ich mit dem Peter das nicht machen muß; ich könnte das nicht aushalten, ich habe die Nerven nicht. Er glaubt und akzeptiert nicht, was man ihm erklärt."

Überhaupt meint Frau Jordan-Kirsch, daß — trotz des Versuchs einer partnerschaftlichen Arbeitsteilung — ein Großteil der Familienarbeit ihr überlassen ist. Sie ist den ganzen Nachmittag mit Kindern und Haushalt beschäftigt und ihr bleibt wenig Zeit für sich allein. Wenn Herr Kirsch abends nach Hause kommt, sind die Kinder versorgt und meist schon im Bett.

Dennoch ist die Alltagsorganisation der Familie durch die abwechselnde Zuständigkeit in der Betreuung der Kinder relativ gut geregelt; beide Partner finden allerdings, daß die Familie viel von ihnen fordert und sie auf individuelle Bedürfnisse zum Teil verzichten müssen.

Konfliktbereiche

Für die Familie Jordan-Kirsch bringen die Veränderungen in den Jahren nach der Geburt des gemeinsamen Kindes Konflikte und Anstrengungen mit sich, und zwar in verschiedenen Bereichen. Die Paar- und Elternbeziehung gerät unter Streß und wird von Spannungen und Meinungsverschiedenheiten belastet, in der Beziehung zwischen Stiefmutter und Stiefkind treten neue Konflikte auf und Frau Jordan-Kirschs Selbstverständnis als Stiefmutter verändert sich.

Mit dem Hinzukommen des gemeinsamen Kindes gerät das bisherige Familiengleichgewicht ins Wanken. Von beiden Partnern wird die Familienvergrößerung als Krise beschrieben. Obwohl sie sich über das Kind freuen, haben sie das Gefühl, daß in ihrer Beziehung entscheidende Veränderungen eintreten und neue Konflikte ihr Verhältnis zueinander belasten. Frau Jordan-Kirsch erzählt:

„Seit Kora da ist, ist meine und Kais (Ehemann, d.Verf.) Beziehung in die Brüche gegangen. Also ich habe so die Erwartung gehabt, daß der Kai mich mehr unterstützt. Ich habe es mir ganz anders vorgestellt, wenn man gemeinsam ein Kind hat. Aber ich habe eher das Gefühl gehabt, ich steh' mit beiden Kindern jetzt allein in der Welt da. Der Kai ging schaffen und ich mußte gucken, wie ich zurechtkomme. Da gab's schon die ersten Auseinandersetzungen."

Nach der Geburt des Kindes leidet sie daran, nicht mehr arbeiten zu können und fühlt sich mit den beiden Kindern zu Hause allein gelassen. Zusätzlich erschwert wird ihre Situation dadurch, daß sie sich nicht ausschließlich dem Neugeborenen widmen kann, sondern sich auch noch intensiv mit ihrem Stiefkind beschäftigen muß, das eifersüchtig ist und häufig Aggressionen gegen sie entwickelt. So kann sie die ausschließliche Beziehung zu ihrem ersten Kind nicht in vollem Maße ausleben und genießen, denn die Konstellation der Stieffamilie bringt mit sich, daß ihr erstes eigenes Kind bereits das zweite Kind in der Familie ist.

Herr Jordan dagegen hat den Eindruck, daß seine Frau seit Koras Geburt weniger Aufmerksamkeit für seinen Sohn aufbringt und sich vorwiegend mit der kleinen Tochter beschäftigt. Auch für ihn ist die Paarbeziehung durch die neue Familiensituation belasteter geworden und der Zusammenhalt der Familie gefährdet:

„Also die Beziehung von Iris und mir hat durch unser Kind eine ganz andere Qualität gekriegt, ja ist einfach ganz anders geworden. Nicht Stabilität würde ich sagen, im Gegenteil, sie wurde instabiler, weil jetzt Kora das Kind von Iris ist . . . ja und Peter ist meins. Als Kora kam, wurde der Peter eher wieder von der Iris verlassen, um es mal so zu sagen. Ich sehe es an sich als meine Aufgabe, Peter wieder miteinzubauen."

Herr Kirsch äußert die Sorge, daß die Familie in zwei Teile zerfallen könnte, seine Frau und das gemeinsame Kind auf der einen Seite und er mit seinem Sohn auf der anderen. Er sieht die Tendenz zur Spaltung umso mehr, als seine Frau sich so stark auf die kleine Tochter konzentriert und er sich daher bemüht und verpflichtet fühlt, ausgleichend sich umso mehr seinem eigenen Kind zuzuwenden. Herrn Kirsch wird — wie er erzählt — erst in der Situation, als die Probleme zwischen seinem Sohn und seiner Frau so heftig werden, bewußt, daß sie eine Stieffamilie sind und er nimmt seine Frau — für ihn überraschend — plötzlich auch als Stiefmutter wahr:

„Da ist mir dann klar geworden, daß wir eine Stieffamilie sind und Iris eine Stiefmutter. Daran habe ich vorher nie gedacht. Da kam alles Negative, was Stiefmütter je in irgendwelchen Märchen sagen oder machen, das kam alles rauf. Ich habe gedacht, dem muß ich beinahe beipflichten."

Anders als in den von uns beschriebenen Stiefvaterfamilien, in denen das gemeinsame Kind als Bindeglied und stabilisierendes Element erlebt wird, führt in der Familie Jordan-Kirsch die Geburt des gemeinsamen Kindes eher zu Destabilisierung. Bitter formuliert Herr Kirsch:

„Als die Kora auf die Welt kam, die ja Iris' Kind ist, blieb für mich und für Peter nichts mehr übrig. Sei das jetzt irgendwelche Zärtlichkeit oder sonst etwas – da war nichts."

Hier kommt zum Ausdruck, daß er nicht nur meint, sein Sohn sei zurückgesetzt, sondern auch er selbst fühlt sich vernachlässigt und ausgeschlossen.

In ihrer neuen Situation treten unterschiedliche Lebens- und Familienvorstellungen der Partner deutlich zutage. Für Herrn Kirsch ist Familie nicht unbedingt der zentrale Lebensort, sondern ein Element in seinem Leben, das er gleichwertig neben Freundeskreis und Beruf sieht. Familie soll für ihn offen sein und jedem Unabhängigkeit gewähren, er möchte nicht in zu hohem Maße Verantwortung und Verpflichtungen übernehmen. Frau Jordan-Kirsch wünscht sich eher Sicherheit, Verbindlichkeit und klare Familiengrenzen und erwartet, daß ihr Mann sich mehr in der Familie engagiert. Er dagegen möchte der Partnerschaft mehr Raum geben und nicht so sehr von der Elternschaft beansprucht werden; von seiner Frau denkt er, daß sie zu sehr in ihrer Mutterrolle aufgeht:

„Ich habe die Beziehung zu Iris nie richtig leben können. Zuerst hat sie immer den Peter dabei haben wollen und jetzt haben wir sowieso keine Zeit mehr."

Obwohl sich die Familienbilder der Partner nicht wesentlich unterscheiden – so scheint es –, machen die bestehenden Divergenzen es dem Paar schwer, eine Identität als Familie mit zwei Kindern aufzubauen.

Mit dem gemeinsamen Kind wird auch die Beziehung zwischen Stiefmutter und Stiefsohn problematischer. Zu Beginn der Freundschaft mit Herrn Kirsch übernimmt Frau Jordan-Kirsch fast selbstverständlich, und ohne allzu sehr darüber nachzudenken, für Peter die Mutterrolle. Erst mit der Geburt ihres eigenen Kindes verändert sich ihr Selbstverständnis in der Beziehung zu ihrem Stiefkind. Die Vorstellung, daß sie „Mutter" für Peter ist, kann sie nicht mehr aufrechterhalten, als sie merkt, daß sie für ihr eigenes Kind ganz anders empfindet als für ihren Stiefsohn:

„Ich habe immer gesagt, das macht für mich keinen Unterschied, als Kora noch nicht auf der Welt war. Aber es macht einen Unterschied, ob du ein Kind austrägst, es spürst und es auf die Welt bringst oder ob ein Kind da ist mit seinen ganzen Problemen. Das ist ganz schön schlimm, sich das einzugestehen."

Die unterschiedlichen Gefühle für die Kinder machen ihr sehr zu schaffen. Indem sie leibliche Mutter wird, beginnt sie, über die Beziehung und ihre Haltung zu ihrem Stiefkind zu reflektieren:

„Ich habe angefangen, mich zu fragen, ob ich Peter eigentlich genug mag. Ich habe immer gedacht, er ist wie ein eigenes Kind. Aber da fehlen einfach vier Jahre. Und jetzt, wo die Kora da ist, da merke ich ganz deutlich, daß das ganz anders ist. Jetzt identifiziere ich mich viel mehr als Mutter."

Durch die Identifikation als Mutter wird ihr erst richtig klar, daß sie für Peter eine Stiefmutter ist. Damit tauchen bei ihr auch das Stiefmutterklischee und das Bild von der „bösen" Stiefmutter auf und rückblickend erscheint ihr das eigene Verhältnis zum Stiefsohn in einem anderen Licht:

„Diese ganzen Märchen, die böse Stiefmutter . . . Du denkst, das ist ja blödes Geschwätz, aber irgendwie denkst du auch, du darfst nicht gemein sein zu dem Kind und versuchst, besonders gerecht zu sein; und das klappt überhaupt nicht. Das ist kein normales Verhältnis, sondern ein angestrengtes."

Ihre eigenen Bemühungen um das Kind ihres Partners werden ihr eigentlich erst nachträglich bewußt und sie merkt, wieviel Kraft und Energie sie investiert hat:

„Ich habe früher viel Zeit geopfert und mich mit Peter beschäftigt, weil ich dachte, es war notwendig, obwohl ich gerne etwas für mich gemacht hätte. Und manchmal habe ich das Gefühl, nicht genug Anerkennung zu kriegen. Keiner merkt's, daß ich mich so anstrenge."

Im Gegenteil, obgleich sie sich so anstrengt, wird ihr – wie sie sagt – häufig die Schuld für Konflikte mit dem Stiefsohn zugewiesen und sie bekommt Ratschläge wie „du machst das nicht richtig, probier's doch mit mehr Geduld".

Wie viele Stiefmütter leidet Frau Jordan-Kirsch daran, daß ihr Einsatz und ihre Anstrengungen als selbstverständlich gelten und ohne besonderen Dank angenommen werden. In den Interviews mit unseren Stiefvaterfamilien haben wir die Erfahrung gemacht, daß die Stiefväter dagegen von ihren Frauen viel Lob und Dankbarkeit erhalten.

Auch Frau Jordan-Kirsch stellt fest, daß es Stiefmütter schwerer haben als Stiefväter und erzählt von einem Freund, der als Stiefvater nicht solchen Schwierigkeiten ausgesetzt ist wie sie:

„Ich habe immer den Till beneidet, der ist Stiefvater, und der war gleich akzeptiert, der hat nie die Probleme gehabt wie ich. Ich wurde im Kindergarten nie als Peters Mutter akzeptiert. Vielleicht liegt es daran, daß an einen Vater sowieso nicht so viele Ansprüche gestellt werden. Im Familienablauf ist die Mutter normalerweise mehr gefordert."

Beide Partner sehen es heute so, daß Frau Jordan-Kirsch bei dieser Familiengründung mehr Kompromisse eingehen und mehr Verzichte leisten mußte als Herr Kirsch.

Für Peter gibt es durch die Geburt der Halbschwester spürbare Veränderungen. Er leidet unter dem Verlust an Aufmerksamkeit und Zuwendung von seiner Stiefmutter, merkt aber, daß sie von der kleinen Tochter sehr gefordert ist. Um sie zu entlasten und vielleicht auch, um wieder mehr Nähe zu ihr herzustellen, will er ihr oft helfen bei der Versorgung und Beaufsichtigung des Kindes. Seine Hilfsangebote werden manchmal jedoch ausgeschlagen und Peter ist enttäuscht, weil er nicht versteht, warum er von seiner Halbschwester bisweilen ferngehalten wird. Für Frau Jordan-Kirsch ist es nicht so einfach, ihren Stiefsohn mit einzubeziehen, denn zum einen findet sie den Altersunterschied sehr groß und sie meint, daß die beiden nicht sinnvoll miteinander spielen können, zum anderen kommt es zwischen den Halbgeschwistern leicht zu Streit. Vielleicht befürchtet sie auch, daß Peter aus Rivalität und Eifersucht ihrer kleinen Tochter weh tun könnte, aus Rache, weil er zurückgesetzt wird. Wenn es zwischen Peter und Kora zu Streitereien kommt, wird von ihm erwartet, daß er nachgibt und oft fühlt er sich ungerecht behandelt, wenn ihm die Schuld für den Zank gegeben wird:

„Die Iris sagt dann immer, Peter, hör' auf und laß' die Kora in Ruhe; dabei ist sie in der Küche gestanden und hat überhaupt nicht gesehen, was los ist; sie sieht doch nicht um fünf Ecken rum. sie sagt immer, ich bin's, ich bin's. Dann habe ich halt zurückgeschrien und schon war der Streit eben da."

In den letzten Jahren gibt es häufig Auseinandersetzungen zwischen Peter und seiner Stiefmutter; sie entzünden sich meist an seinen Schulleistungen und beim Hausaufgaben-Machen. Wenn Frau Jordan-Kirsch ihrem Stiefsohn auf seinen Wunsch hin bei seinen Schularbeiten hilft, hat sie den Eindruck, daß Peter blockiert und ihre Erklärungen nicht akzeptiert. Ihre Auseinandersetzungen enden oft damit, daß Frau Jordan-Kirsch Peter in sein Zimmer schickt und beide enttäuscht zurückbleiben: die Stiefmutter, weil sie das Gefühl hat, daß sie sich sehr viel Mühe gibt und ihre Hilfestellung trotzdem abgewiesen wird; Peter fühlt sich unverstanden und abgeschoben. In solchen Momenten ist er verzweifelt, daß er wieder einmal Anlaß zu Krach in der Familie gibt, obgleich er sich doch sehnlich einen guten Kontakt zu seiner Stiefmutter und eine harmonische Familie wünscht. Er versteht nicht, warum er sich dennoch seiner Stiefmutter gegenüber oft nicht beherrschen kann und dadurch sein Verhältnis zu ihr immer wieder belastet. Unbewußt mag Peters Verhalten Ausdruck seiner Unsicherheit sein, ob er in der Familie geliebt und akzeptiert wird; er mag diese Art von Ablehnung provozieren, um auszuprobieren, ob er auch als widerspenstiges Kind angenommen wird.

Nach heftigen Zerwürfnissen zwischen Peter und seiner Stiefmutter will er sie wieder versöhnen und bemüht sich um Wiedergutmachung, indem er ihr im Haushalt hilft. Peter ist ein Kind, das immer wieder um seine Stiefmutter wirbt und versucht, sie zu verstehen, zu verteidigen und zu entschuldigen, wenn sie gereizt und ungerecht reagiert:

„Für Iris ist es ja auch ziemlich stressig, im Krankenhaus zu arbeiten. Und dann hat sie noch die Kora, muß die ins Bett bringen. Ich verstehe schon, daß sie da 'mal aus der Haut fährt. Früher war es nicht so, als die Kora noch nicht geboren war; da gab's kaum Knatsch."

Beide — Peter und seine Stiefmutter — bemühen sich um Verständnis füreinander und versetzen sich in die Lage des anderen; sie können nicht verstehen, daß ihre Konflikte dennoch immer wieder eskalieren und sie leiden darunter, daß sie keinen Weg zur Veränderung finden. Peter versucht eine Erklärung, die beiden Seiten gerecht wird:

„Vielleicht kommt der Streit daher, daß ihr mich verwöhnt habt, als ich noch klein war. Jetzt geht das nicht mehr, weil du (gemeint ist die Stiefmutter, d.Verf.) arbeitest und weil Kora noch gekommen ist. Das war sicher gut für mich, daß ihr viel mit mir gemacht habt. Ich habe vielleicht nicht gelernt, darauf zu verzichten. Später hat Iris so viel am Hals gehabt und da blieb für mich eben nicht mehr viel Zeit."

Frau Jordan-Kirsch ihrerseits meint, daß sie ihrem Stiefsohn mehr Gelassenheit entgegenbringen sollte:

„Peter braucht mehr Verständnis und Ausgeglichenheit. Manchmal denke ich, ich verstehe zu wenig, bin nicht ruhig genug. Er braucht verständnisvollere Eltern und auch die Eindeutigkeit von uns beiden."

Wenn die Auseinandersetzungen sehr massiv sind, bekommt Peter das Gefühl, es in dieser Familie nicht mehr aushalten zu können und hat die Phantasie, bei seiner leiblichen Mutter wäre er besser aufgehoben:

„Ich denke machmal, Mensch, jetzt wäre ich gerne bei Kathrin (leibliche Mutter, d.Verf.), da wäre es sicher viel schöner. Wenn ich mit der Iris Krach habe, dann denke ich mir immer, jetzt abhauen und ab in den Zug und zu ihr."

Peter entwickelt ganz konkrete Vorstellungen, wie er bei seiner berufstätigen Mutter leben könnte, obwohl sein Vater ihm immer klarmacht, daß seine Pläne unrealistisch sind, denn zum einen hat Peters Mutter lange, unregelmäßige Arbeitszeiten und zum anderen – so sieht es der Vater – ist sie nicht bereit, ihren Sohn zu sich zu nehmen. Herr Kirsch erzählt, daß Peter – seit die Familienkonflikte sich häufen – mehrfach den Wunsch geäußert hat, zu seiner leiblichen Mutter ziehen zu wollen und einmal sogar bei ihr angerufen hat, um ihr zu sagen, wie schlecht es ihm geht. In dieser Situation bietet seine Mutter den Stief-/Eltern an, das Kind aufzunehmen. Frau Jordan-Kirsch reagiert auf das Angebot mit Wut und Panik:

„Da hat die Kathrin sich geschwind Sorgen gemacht, dann hat sie gemeint, jetzt müßte sie den Peter zu sich nehmen. Und da habe ich total durchgedreht, da habe ich gesagt, was soll das jetzt. Ich gebe denen höchstens ein halbes Jahr, dann klappt es nicht mehr. Und dann habe ich mit ihr geredet und sie hat's dann eigentlich auch selber eingesehen. Ich kann das nicht, solch' ein Hin und Her, und sie will es auch irgendwo nicht, also den Peter zu sich nehmen."

Frau Jordan-Kirsch sieht, daß es dem Peter in der Familie oft nicht gut geht, vermutet aber auch, daß er seine Fluchtgedanken als ein Druckmittel einsetzt, um seinen Stief-/Eltern ein schlechtes Gewissen zu vermitteln:

„Wenn irgendwas 'mal wieder schräg war und ihm nicht so reingelaufen ist, dann hat er gesagt, er geht zur Kathrin, da will er jetzt leben. Das hat er aber auch irgendwie benutzt, so nach dem Motto: wenn ihr mich jetzt nicht anständig behandelt, dann gehe ich."

Die häufigen Konflikte zwischen den Partnern und zwischen den Stief-/ Eltern und Peter sind für alle aufreibend. Die Familie kommt immer wieder an den Punkt, an dem sie sich fragt, ob sie weiter zusammenleben will oder ob nicht eine Trennung für alle besser wäre. Beiden Erwachsenen ist jedoch ziemlich deutlich, daß eine Trennung für Peter eine unzumutbare Belastung darstellen würde, an der er zerbrechen könnte. Frau Jordan-Kirsch drückt das so aus:

„Wenn der wieder eine Trennung erleben müßte, das wäre eigentlich ganz übel. Der reagiert darauf, als wäre er existenziell bedroht und hat richtig Angst, er könnte eine dritte Mutter bekommen. Also wenn das jetzt noch einmal schief geht, dann ist der Peter fertig mit der Welt."

Auch der Vater sieht die Bedrohung seines Sohnes und meint, daß aus diesem Grunde für ihn eine Trennung von seiner jetzigen Frau kaum möglich ist, obwohl zwischen den Partnern dieses Thema durchaus immer wieder auftaucht. Andererseits ist ihm klar, daß er und seine Frau aufgrund ihrer Familienbiographie dem Peter „die heile Welt von ungetrübter Familie und so, von der er träumt," nicht geben können: „Wir können es zwar zusammen versuchen, aber eine Garantie kann ihm dafür keiner geben."

Eine mögliche Trennung ist für Peter ein Reizthema, auf das er mit Angst reagiert. Er versucht dann, zwischen seinem Vater und seiner Stiefmutter zu vermitteln, und fühlt sich für den Zusammenhalt der Familie mitverantwortlich. Sicher ist ein Kind in einer solchen Situation, in der es die Rolle auf sich nimmt, Bindeglied zu sein, überfordert.

Zum Zeitpunkt des Interviews sind die Mitglieder der Familie sehr davon in Anspruch genommen, ihre Beziehungen zueinander zu reorganisieren und zu stabilisieren, um auf jeden Fall ein Auseinanderbrechen zu vermeiden. Alle Familienmitglieder sind sehr bemüht, sich in die Lage der anderen zu versetzen und sich miteinander zu verständigen. Sie versuchen, Kompromisse zu finden, die jedem genügend individuellen Spielraum lassen und dennoch das Gefühl von Gemeinsamkeit erhalten.

4.4.2 Die Familie Greiner-Haag[30]

In unserer zweiten Stiefmutterfamilie treten bei der Neuorganisation der Familie ebenfalls Konflikte und Krisen auf, und zwar massiver und dramatischer als in der bereits vorgestellten Familie. Wie in der Familie Jordan-Kirsch liegen in der Familie Greiner-Haag Konfliktbereiche auf

---

30 Zum Zeitpunkt des Interviews lebt die Familie Greiner-Haag seit $4^1/_2$ Jahren zusammen. Herr Haag ist 44 Jahre alt und seine Frau 25 Jahre. Die drei Töchter des Herrn Haag sind im Alter von 12, 15 und 16 Jahren.

der Stiefmutter-Stiefkinder-Ebene, auf der Paarebene und im Selbstverständnis der Stiefmutter in bezug auf ihre Rolle in der Familie. Die Konflikte sind hier jedoch in Inhalt und Ausprägung ganz anders gelagert, was in der jeweiligen Entstehungsgeschichte, der Familienkonstellation und den beteiligten Persönlichkeiten begründet sein mag. Schon die Erledigung der alltäglichen Aufgaben wird in der Familie Greiner-Haag zum Problem und es gelingt nicht, eine geregelte Alltagsorganisation herzustellen. An dieser Unstrukturiertheit des gemeinsamen Lebens entzündet sich ein Großteil der familiären Auseinandersetzungen, die die Familie immer wieder an den Rand des Scheiterns bringen.

Unter den von uns befragten Stieffamilien ist die Familie Greiner-Haag die einzige, in der die Partner sich nicht für ein gemeinsames Kind entschieden haben, wohl weil sie in ihrer Familienreorganisation mit vielen Schwierigkeiten konfrontiert sind und nicht genügend Vertrauen in die Stabilität ihrer Familie haben.

4.4.2.1 Die Entwicklungsgeschichte

Nach dem Tod seiner Ehefrau blieb der damals 39jährige Herr Haag mit drei Töchtern im Alter von 7, 10 und 11 Jahren zurück. Schon bald darauf lernt er in seiner Anwaltspraxis die 20jährige Frau Greiner kennen, die gerade neben ihrem Psychologiestudium einen Job sucht, um ihren Lebensunterhalt zu verdienen. Da seine intensive Berufstätigkeit ihm nur wenig Zeit für die Kinder läßt, bietet er ihr an, sich gegen Bezahlung an einigen Nachmittagen in der Woche um seine Töchter zu kümmern. Frau Greiner, die sich vor ihrem Studium schon in der christlichen Jugendarbeit engagiert hatte, nimmt das Angebot an, nicht nur, weil sie Geld braucht, sondern auch, weil sie sieht, daß der Mann und seine drei Kinder dringend der Unterstützung bedürfen. Die Töchter finden schnell Kontakt zu ihr und freuen sich, daß jemand für sie da ist und Zeit hat, um etwas mit ihnen zu unternehmen. Schon sehr bald entwickelt sich zwischen Herrn Haag und Frau Greiner eine Liebesbeziehung, die vor den Töchtern zunächst geheim gehalten wird. Erst als die junge Frau — auch auf Drängen der Kinder — einige Monate später in das Haus der Familie zieht, wird den Töchtern deutlich, daß ihr „Kindermädchen" die Freundin ihres Vaters ist. Damit verändert sich die Situation im Hause Haag grundlegend. Das Verhältnis der Kinder zu Gisela Greiner wird angespannt, da diese nun nicht mehr nur an einigen Nachmittagen ausschließlich ihnen zur Verfügung steht, sondern den Alltag mit der Familie teilt und eigene Vorstellungen über Familienleben und Kindererziehung einbringt. Die Töchter sehen, daß ein Großteil der Aufmerksamkeit ihres Vaters von dessen Freundin absorbiert wird, sie entwickeln heftige Eifersucht und reagieren aggressiv auf die wachsende Beziehung des Paares. Nachdem Frau Greiner — drei Jahre später —

ihr Studium beendet hat, heiraten Herr Haag und Frau Greiner, vor allem, um die junge Frau sozial abzusichern und ihr die Möglichkeit zu
geben, statt einer Berufsaufnahme sich weiterhin den Kindern zu widmen. Die Töchter lehnen vehement die Eheschließung ihres Vaters ab,
weil sich das Verhältnis zwischen ihnen und Gisela zunehmend verschlechtert hat; sie befürchten, daß diese durch ihren neuen Status als
Ehefrau und Stiefmutter vermehrt Ansprüche geltend macht und mehr
Einfluß in der Familie gewinnt. Frau Greiner-Haag erzählt:

„Für die Mädchen hat es einen großen Unterschied gemacht, daß ich jetzt die
Frau ihres Vaters war. Das hat ihnen nicht gepaßt, daß ich jetzt den Platz ihrer
Mutter einnehme, das wollten sie nicht. Daß die Gisela die Freundin ist, das
konnten sie gerade noch hinnehmen, aber daß sie jetzt die Frau ist, das war für
sie schlimm."

Tatsächlich macht die Heirat deutlich, daß Gisela Greiner-Haag jetzt
wirklich zur Familie gehört und wohl dauerhaft dableibt, daß sie als
Ehefrau mehr Rechte hat, daß sie den Platz der Mutter einnimmt − zumindest aus der Sicht der Kinder − und als solche auch in zunehmendem Maße Anforderungen stellen kann.

4.4.2.2 Die Rolle der Stiefmutter

In der Familie Greiner-Haag ist die Organisation des Alltagslebens
weitgehend bestimmt von Frau Greiner-Haags Vorstellungen bezüglich ihrer Rolle im Hause und von den Erwartungen der anderen Familienmitglieder an sie.

Anfänglich widmet sich Frau Greiner den Töchtern ihres Freundes
mit viel Idealismus und der Motivation, eine Familie in einer solchen schwierigen und tragischen Situation „retten" zu müssen. Sie erinnert sich an ihre damaligen Beweggründe zur Übernahme dieser
Aufgabe:

„Ich war unheimlich betroffen. Ich dachte, da muß ich jetzt helfen − ich bin in
meiner Jugendzeit ziemlich christlich aufgewachsen −, also ich hatte das Gefühl, das ist jetzt meine Aufgabe, die ich zu bewältigen habe. Ich konnte mich
nicht mehr entziehen."

Die Kinder haben an die erste Zeit, in der Gisela Greiner an einigen
Nachmittagen in der Woche zu ihnen kam, positive Erinnerungen:

„In der Anfangszeit fanden wir sie eigentlich ganz nett. Da hat sie einen ganz
arg guten Eindruck auf uns gemacht. Da haben wir noch viel zusammen gemacht, sind schwimmen gegangen, haben gekocht, Sachen gekauft und so.
Dann haben wir sie gefragt, ob sie zu uns ziehen will. (. . .) Und dann, als sie einen Monat hier war, da hat sie immer weniger gemacht."

Als die heutige Frau Greiner-Haag zu der Familie zieht, stellt sich
für die Kinder die Veränderung so dar, daß Gisela jetzt weniger mit

ihnen und für sie tut. Sie haben immer noch das Bild im Kopf, daß Gisela für sie angestellt ist und so reagieren auch Freunde und Verwandte, denn das Paar legt seine enge Beziehung lange nicht offen. Das mag darin begründet sein, daß Herr Haag seine Kinder nach dem Verlust der Mutter zunächst noch schonen und sich selbst nicht dem Gerede der Leute aussetzen wollte. Frau Greiner-Haag erzählt, wieviel Demütigung und Herablassung diese Geheimhaltung für sie bedeutete:

„Die haben gemeint, ich bin jetzt eben das Kindermädchen, die haben alle so runtergeguckt auf mich; ich war da irgendwie so eine Dienstmagd. Das hat mir brutal viel ausgemacht. Das vergesse ich nie, wie ihn da einmal eine Bekannte zum Konzert abgeholt hat und wie die dann mit mir umgegangen ist, haja, das Mädchen versorgt ja jetzt die Kinder."

Ihre damalige Situation in der Familie stellt sich ziemlich diffus dar, obwohl Frau Greiner-Haag berichtet, daß sie und ihr Partner klare Absprachen über ihre Rolle in der Familie getroffen haben:

„Da gab es ja noch eine Haushälterin und es war ganz klar, ich bin da nicht so eingespannt und hab' schon noch Freiheiten. Wir haben das abgesprochen, daß ich auf jeden Fall weiter studieren und später meinen Beruf ausüben will, daß ich also keine Hausfrau bin und keine Mutter. Ich hab' zu ihm gesagt, daß ich selber bestimme, wieviel ich mache und er da keine Ansprüche entwickeln kann an mich."

Herr Haag kann die oben zitierten Vorstellungen seiner Freundin akzeptieren, denn er geht davon aus, daß sich Studium und Teilzeitberufstätigkeit seiner Partnerin ohne große Probleme mit der Betreuung seiner heranwachsenden Kinder vereinbaren lassen und unterschätzt wohl dabei, welchen Aufwandes es bedarf, sich um drei Kinder dieses Alters zu kümmern:

„Wir haben abgemacht, daß sie nach den Kindern schaut, sie sollte also keinen Haushalt machen, sie wäre eigentlich nur für die Kinderbetreuung dagewesen, so wie sie sich's halt ermöglichen konnte. Ich wollte sie gar nicht einbinden, sie durfte gern schaffen, auch weiterstudieren, sie soll es halt maßvoll machen, so daß noch für die Kinder etwas übrig bleibt. Die sind nimmer so klein, die sind schon glücklich, wenn sie jemand haben, der sich ihnen ein bissel zuwendet. (...) Du mußt ja manchmal nur da sein, daß die das Gefühl haben, daß du ansprechbar bist, daß die dich was fragen können, daß sie sich mitteilen können. Und du kannst gut deine eigenen Sachen machen, die brauchst du nimmer wickeln."

In den Vorstellungen, die beide Partner für ihre zukünftige Lebensgemeinschaft mit drei Kindern haben, zeigt sich, daß sie nicht realistisch einschätzen, was auf sie zukommt. Da die Beziehungen anfänglich problemlos sind, denken sie, daß Frau Greiner-Haag sich leicht in die Familie integrieren kann und rechnen nicht mit den Schwierigkeiten, die später zwischen ihr und den Kindern auftauchen.

Tatsächlich stellt sich der Alltag wesentlich anstrengender und aufwendiger dar und es kommt zu Reibereien und Auseinandersetzungen um die Zuständigkeiten in der Familie. Zusätzliche Schwierigkeiten entstehen, als einige Zeit später die Haushälterin ihre Stelle kündigt und damit eine Vielzahl von praktischen Hausarbeiten wie Waschen, Kochen, Putzen und Aufräumen anfällt. Frau Greiner-Haag wird klar, daß drei Kinder viel Zeit und Kraft beanspruchen und merkt, daß ihr Vorhaben, neben Studium und Praktikum sich noch ausreichend den Kindern zuzuwenden, nicht realisierbar ist. Sie ärgert sich, daß ihre Arbeit in der Familie nicht wahrgenommen wird, im Gegenteil alle eher mehr von ihr fordern. Sie hat das Gefühl, daß ihr Lebensgefährte ihre zu leistenden Aufgaben mit seinen Kindern herunterspielt und sich in seiner Einschätzung an einer normalen Mutter-Kind-Beziehung orientiert, sie insgeheim an seiner ersten Frau mißt. In der ersten Ehe war die Rollenaufteilung zwischen den Partnern eindeutig und von beiden akzeptiert: Herr Haag war intensiv mit dem Aufbau seiner Kanzlei beschäftigt, konnte sich also kaum seinen Kindern widmen, und seine erste Frau versorgte — so sieht er es heute — selbstverständlich und ohne viel Aufhebens die Kinder.

Wie viele Stiefmütter leidet Frau Greiner-Haag an der Nicht-Anerkennung und Unterbewertung ihres Einsatzes und meint, eher Kritik als Lob und Dank zu ernten. Sie sieht, daß sie selbst ihren Lebensplan der Familie zuliebe ändert, auf viele außerhäusliche Aktivitäten verzichtet und Abstriche in ihrer beruflichen Weiterentwicklung macht, — was sicher für eine so junge Frau eine große Konzession und Umstellung ist.

Mit zunehmendem Engagement in der Familie will Frau Greiner-Haag nicht mehr nur die Freizeitbetreuung der Kinder übernehmen, sondern in der Erziehung mitsprechen und eigene pädagogische Vorstellungen in die Familie einbringen. Sie vertritt andere Standpunkte als bisher in der Familie üblich — für die Kinder also ungewohnt — und stößt damit auf den Widerstand und die Ablehnung der Kinder. In der Abgrenzung von bisherigen Familiengewohnheiten und dem früheren Lebensstil mag bei Frau Greiner-Haag mitspielen, daß sie nicht die eingefahrenen Muster der ersten Familie aufrechterhalten und im Schatten der idealisierten ersten Frau und Mutter stehen möchte:

„Also bei allen wichtigen Anlässen, da sollte man's immer so machen, wie's die Mutter gemacht hat, und das hat ewig lang gedauert. Da konnte man Geburtstage feiern, sich anstrengen, wie man wollte, das war immer nichts. Es ist halt ein Problem, daß die Mutter, die tote, immer die Heilige war; und ich war im Konflikt, weil ich die Kinder ja ganz gut verstehe und es wahrscheinlich auch machen würde, also Bilder von ihr aufhängen, Kleider von ihr anziehen, halt die Erinnerung bewahren. Aber gleichzeitig tut mir das auch immer alles weh."

Die Kinder spüren wohl diese Ambivalenz ihrer Stiefmutter und sehen in den Veränderungen, die diese einführen möchte, auch zum Teil eine

Abwertung ihrer leiblichen Mutter. Sie reagieren mit Provokation und Abwehr auf die Vorstellungen ihrer Stiefmutter, wohl auch aus Loyalität und Solidarität mit ihrer Mutter. Solche Situationen können sich zu regelrechten Machtkämpfen zwischen Kindern und Stiefmutter auswachsen, wie Frau Greiner-Haag beschreibt:

„Also seit ich nicht mehr außen stehe und eher zugucke, sondern so in die Familie eindringe und Ansprüche entwickle, wie ich mir meine Familie vorstelle, wie ich es möchte, daß da was läuft, da kam es so nach und nach zum Krach mit jedem Kind, ganz massiv. Die durften früher alles und kriegten alles, das war etwas, mit dem ich nicht einverstanden war. (. . .)

Also da waren wir mal im Urlaub und dann waren alle Hosen von der Hanna dreckig. Dann hat sie zu ihrem Vater gesagt, sie braucht eine neue Hose, sie hat keine mehr zum Anziehen. Dann hab' ich gesagt: du hast da vier oder fünf rumfahren, du nimmst die jetzt und wäscht die und dann hast du wieder etwas zum Anziehen. Sie wollte partout die Hose kaufen und der Holger (Vater, d.Verf.) konnte so schlecht nein sagen. Und das haben die ganz genau gemerkt, daß sie den 'rumkriegen könnten, wenn ich nicht da wäre. Dann war Hanna sauer und hat getobt, das hat sich dann immer mehr gesteigert. Die hat dann geschrien, ich hätte hier nichts zu melden und soll abhauen. Und der Holger hat zu allem nichts gesagt. Dann hat's mir gereicht und ich hab' ihr eine geschossen und dann hat sie halt zurückgeschlagen. Wir haben uns ziemlich geprügelt und dann war das Drama da. Das hätte ich mir früher nie vorgestellt, daß ich so aus der Haut fahre, daß ich mich nicht mehr beherrschen kann."

Die Passivität und Zurückhaltung ihres Mannes in so turbulenten und schwierigen Situationen wie von Frau Greiner-Haag oben geschildert, verletzen sie und sie vermißt seine Unterstützung. Sie fühlt sich von ihm alleingelassen und von den Kindern, die sich durch die Haltung ihres Vaters ein Stück weit bestärkt sehen in ihrem Trotz und ihrem Widerstand, nicht akzeptiert.

4.4.2.3 Die Haltung des Vaters

Zu Beginn der Partnerschaft vertraut Herr Haag, ohne zu zögern und allzusehr darüber zu reflektieren, seiner jungen Frau die Betreuung seiner Kinder an und hofft — wenn auch kaum bewußt —, daß sie die Aufgaben der Mutter übernehmen kann. Offensichtlich ist es für ihn schwer zu ermessen, was es bedeutet, drei Kinder zu betreuen, da er selbst den ganzen Tag — oft bis spät in den Abend — außer Hause ist und daher selten die aufreibende und manchmal monotone Alltagsroutine miterlebt; schon seine erste Frau hatte ihn weitgehend von Kinderbetreuung und Haushalt abgeschirmt. Herr Haag überläßt es in großem Maße seiner neuen Partnerin, Struktur und Regeln für den Familienalltag zu setzen, und versäumt, zu Beginn der neuen Partnerschaft seinen Kindern klar zu machen, welchen Stellenwert die neue Beziehung für ihn hat, welche Position seine Partnerin in der Familie einnimmt und welches Verhalten er von ihnen ihr gegenüber erwartet. Die Kinder erfahren von ihm auch nicht eindeutig, in welchem Maße er selbst verläßlich und für sie verfügbar bleibt. Er nimmt ihnen gegenüber eine verwöhnende und nachgiebige Haltung ein — wohl weil er nur wenig Zeit für sie hat und er sie nach dem Verlust der Mutter schonen möchte — und setzt selten klare Grenzen. Zumindest in der ersten Zeit nach dem Tod seiner Frau fühlt er sich in der Vaterrolle, die ihm nun ganz andere Funktionen abverlangt, überfordert und es fällt ihm schwer, väterliche Autorität zu zeigen. Erst im Laufe der Jahre durch die Auseinandersetzungen mit seiner zweiten Frau und mit den Kindern gewinnt er Kontur in seiner Vaterrolle und entwickelt Vorstellungen davon, was seine Kinder von ihm brauchen und was er ihnen geben kann. Herr Haag selbst erzählt, seine eigene Entwicklung als Vater resümierend:

„Das ist ganz klar, wenn die Mutter gestorben ist und die Mutter vorher der Hauptansprechpartner war, daß du als Vater dann ungeheuer wichtig wirst. Ich muß natürlich auch zugeben, ich kann diese Rolle, die die Mutter eingenommen hat, die kann ich nicht erfüllen, das schaff' ich einfach nicht. Das sind schon Kompromisse, ich wollte die Kinder auch nicht so hart anfassen nach all dem, was sie erlebt hatten. (. . .)

Ich empfand es aber auch als angenehm, so aus der Schattenrolle rauszutreten und mehr Kontakt zu den Kindern zu haben, aber es ist alles nicht so einfach. Ich versteh' das schon, wenn die mir manchmal Vorwürfe machen, daß ich keine Zeit hätte, daß ich ihnen nicht zuhöre, daß mich das nicht interessiert. Ja, manches interessiert mich auch nicht so. Man muß schon aufpassen, daß man nicht nur nach dem guckt, was absolut nötig ist, daß das Essen funktioniert, daß sie ihren Mist wegtun. (. . .)

Manchmal frage ich mich heute schon, wen hast du heute gelobt, vielleicht der jüngsten über die Haare gestrichen. Ich bemühe mich jetzt auch drum, daß ich mir wirklich mehr Zeit für die Kinder nehme, daß die das Gefühl haben, sie bedeuten mir was, daß ich ihnen zuhöre, ein bißchen was mit ihnen mache, dann geht das besser."

Die Veränderung in seiner Vaterpräsenz und Verantwortlichkeit, die Herr Haag hier Revue passieren läßt, ist ein allmählicher Prozeß, der einher geht mit dem Wandel im Selbstverständnis seiner Partnerin in bezug auf ihre Position und Zuständigkeiten in der Familie.

Er sieht inzwischen, daß seine junge Frau mit der Versorgung seiner drei Kinder überfordert ist, und versucht, sich mehr an den häuslichen Aufgaben zu beteiligen. Dennoch kommt es zu vehementen Auseinandersetzungen zwischen seiner Frau und den Töchtern, denen er hilflos gegenübersteht, — wie Frau Greiner-Haag es weiter oben anschaulich beschrieben hat. Für ihn sind solche Kampfsituationen schwierig, weil er sich zwischen zwei Fronten fühlt und nicht weiß, für wen er Partei ergreifen soll; so hält er sich zurück und läßt die beiden aufeinanderprallen, ohne sich einzumischen.

Oft hat er den Eindruck, daß er von beiden Seiten angegriffen wird und es keinem recht machen kann:

„Das sind dann Vorwürfe von zwei Seiten. Die Gisela hackt auf mich und die Kinder sind auch gegen mich und sagen, du hältst ja nur zur Gisela und wir sind dir egal. Das hilft nichts, das muß ich aushalten, das ist echt so, daß ich in der Mitte steh'. (...) Ich meine, man kann von einer Stiefmutter ja nicht verlangen, daß sie übermäßige Liebe für die Kinder aufbringen soll, die bedeuten schon Geschäft und Verzicht. Die will ja in erster Linie 'mal einen Mann, mit dem sie leben will, aber die Kinder sind halt auch dabei, – und das war ja auch bekannt."

Herrn Haags Passivität mag in seinen widerstreitenden Gefühlen begründet liegen: Einerseits versteht er, daß seine Frau in erster Linie an ihn gebunden ist, andererseits meint er aber, von ihr fordern zu können, daß sie sich mit seinen Kindern arrangiert, da sie von Anfang an mit seiner Familiensituation vertraut war, – ein Argument, das viele Stiefmütter zurückweisen, denn tatsächlich können sie anfangs, wie sie sagen, nicht einschätzen, auf was sie sich einlassen.

4.4.2.4 Der Rückzug der Stiefmutter

Aus den sich wiederholenden Machtkämpfen zieht Frau Greiner-Haag die Konsequenz, sich aus dem Familienalltag zurückzunehmen und sich emotional zu distanzieren, da sie denkt, daß ihre Stellung in der Familie unsicher ist und sie jederzeit wieder ausgestoßen werden kann:

„Ich denk' halt immer, bei der nächsten Katastrophe bin ich wieder der Arsch; das mache ich nicht, daß ich da (in die Familie, d. Verf.) von meinem Leben so einen Schwerpunkt reinlege, weil immer, wenn es einen Konflikt gibt, wäre ich die erste, die abgeworfen wird. Und das ist für mich keine Basis. Weil mir das Vertrauen halt fehlt, kann ich nicht so viel von mir hergeben."

Tatsächlich äußern die Kinder oft den Wunsch, daß die Stiefmutter „verschwinden" und Vater und Kinder „in Ruhe lassen" soll. Für Frau Greiner-Haag sind solche Aussagen verletzend und ihre Situation in der Familie erscheint ihr zeitweilig so ausweglos, daß sie beschließt, sich aus der Versorgung des Haushalts und der Erziehung der Kinder mehr und mehr zurückzuziehen:

„Nach dem Studium war ich vorwiegend zu Hause. Da habe ich gemerkt, ich kriege keine Zuwendung und keine Anerkennung, alles, was ich gemacht habe, war immer zu wenig, reichte nie aus. Wenn ich mit einem der Kinder spazieren gehe, das ist dann halt ein Vergnügen, keine Arbeit. Also ich habe mir Zeit genommen für die, verzichte auf viel und das ist nie anerkannt worden. Und ich habe dann gedacht, wieso soll ich mich um die Kinder kümmern und auf meinen Beruf verzichten und er verzichtet auf nichts, obwohl es doch seine Kinder sind."

Frau Greiner-Haag kritisiert nachdrücklich, daß ihr Mann der Familie zuliebe kaum Veränderungen in seinen Lebensgewohnheiten und seinem beruflichen Engagement vornimmt, dies aber von ihr erwartet und ihr sogar Vorwürfe macht, zu wenig für die Familie zu tun, wie sie erzählt:

„Die haben oft kritisiert, ich tät nichts machen, und ich habe gesagt, ich mach ganz schön viel. Und der Holger hat dann gesagt, das, was ich mache, das könnte man gerade vergessen. Haja, habe ich gesagt, dann vergesse ich's. Dann habe ich nicht mehr eingekauft und gar nichts mehr gemacht; dann waren alle bestätigt und es kam dann auch die Frage auf, wieso ich noch bei ihnen wohne."

Die andauernden und eskalierenden Spannungen zwischen Gisela Greiner-Haag und den Kindern, aber auch zwischen ihr und ihrem Mann, führen schließlich zu ihrem Entschluß, alle familiären Pflichten zu verweigern.

4.4.2.5 Der schwierige Alltag

Die Neudefinition der Stiefmutter in bezug auf ihre Rolle in der Familie bringt eine Wende in die Familienentwicklung, da die Beteiligten nicht mehr um ihren Zusammenhalt ringen und sich um Kompromisse und Lösungen bemühen, sondern die Familie in gewisser Weise auseinanderdriftet und die Gemeinsamkeit zusammenbricht.

Zwar sehen sich die Partner noch als Paar, aber sie können nicht gemeinsam in bezug auf die Kinder agieren. Die Töchter ihrerseits solidarisieren sich untereinander als Geschwister und sind sich einig in ihrer Ablehnung der Stiefmutter. Sehr besorgt sind sie um ihren Vater und denken, daß er durch die Beziehung zu Gisela aufgerieben wird; das schildert besonders drastisch die Älteste:

„Die sagt immer, das ist doch euer Haushalt, das ist euer Zeug. Aber das finde ich nicht richtig, wenn sie doch verheiratet ist. Sie lebt ihr eigenes Leben und kümmert sich gar nicht mehr um uns, kommt und geht wie es ihr Spaß macht, wie so eine Untermieterin. (...) Das ganze Chaos, das ist echt schlimm. Mein Vater hält's auch schon nimmer aus. Der geht wirklich drauf, das sieht man dem auch an."

In weiten Teilen des Interviews drücken die Kinder eindringlich und ungeschminkt ihre Gefühle gegenüber der Stiefmutter aus, ohne daß sie ihre eigene Beteiligung am Familiengeschehen und an der Dramatisierung der Konflikte sehen. Für sie gibt es eine klare Schuldzuweisung an Gisela — sie ist der Sündenbock in der Familie —, was es ihnen leicht macht, sich von ihrem Anteil an der Zuspitzung der Probleme zu distanzieren.

Der totale Rückzug der Stiefmutter aus den „Alltagsgeschäften" führt zu einem chaotischen und frostigen Familienalltag, in dem gemeinsame Unternehmungen, Freude und Spontaneität weitgehend fehlen. Eine Schlüsselsituation, die alle Familienmitglieder bewegt und von der alle erzählen, scheint das Frühstücksarrangement zu sein. Frau Greiner-Haag legt Wert darauf, nicht mit den Kindern zusammen zu frühstücken, sondern allein mit ihrem Mann ungestört den Tag zu beginnen. Für sie ist der Morgen, wenn die Kinder bereits in der Schule sind, einer der wenigen Momente, in denen sie ihren Mann nicht mit den Kindern teilen muß. Vom weiteren Tagesablauf hält sie sich weitgehend fern und die Töchter versorgen sich tagsüber allein. Abends richtet der Vater mit seinen Kindern das Abendessen, zu dem seine Frau bisweilen hinzukommt. Herr Haag versteht ihren Wunsch, sich nicht schon am frühen Morgen mit den Kindern abgeben zu wollen, leidet aber darunter, daß seine Kinder sozusagen als Störung empfunden werden und gibt nur mit Resignation ihrer Forderung nach. Er ist aber zutiefst enttäuscht, daß sie seine Kinder nicht annimmt, sich kaum in seine Situation als Vater hineinversetzt und so wenig die Last mit ihm gemeinsam trägt:

„Es verletzt mich ganz stark, daß sie sagt, es ist dein Schicksal, daß du deine Frau verloren hast, daß du drei Kinder hast. Also ist es auch deine Aufgabe, die Kinder zu erziehen und für die Kinder da zu sein. Und wenn du nicht bereit bist, deine Arbeit zu reduzieren, dann bin ich auch nicht bereit, für dich oder die Familie etwas zu tun. (. . .)

Wenn Gisela zum Frühstück kommt und da sitzt aus Versehen noch eines der Kinder, dann fühlt sie sich halt unheimlich gestört. Sie will, daß ich den Kindern klar mache, daß wir morgens allein sein wollen und ich versuch' schon, es denen zu erklären. Aber für die Kinder ist das fast eine Beleidigung. Da entsteht das Gefühl, die will von uns nichts wissen."

Auch in der Erzählung der Kinder über die Frühstückssituation schwingt viel Wut und Enttäuschung mit:

„Wenn man mitfrühstückt, dann ist die Gisela immer beleidigt, räumt ihren Teller ab und geht. Die will gerne mit meinem Vater alleine frühstücken. Das finde ich unmöglich. Da ist man immer fehl am Platz. Man darf also nicht mal mehr am Tisch sitzen, das ist doch lächerlich. Das habe ich mir eigentlich ganz anders vorgestellt, daß man halt zusammen . . . Wir sind doch nicht irgendwelche Hunde oder was weiß ich. Die will eigentlich nur mit unserem Vater was zu tun haben, aber mit uns nicht."

Die Kinder fühlen sich vernachlässigt und von ihrer Stiefmutter nicht ernst genommen. Ihnen ist inzwischen klar geworden, daß Gisela vor allem die Beziehung zu ihrem Vater wichtig ist. Auch beide Partner meinen zum Zeitpunkt des Interviews, daß sie als Familie kaum noch eine Chance haben. Frau Greiner-Haag läßt keinen Zweifel daran, daß sie sich um ihre Stieftöchter nicht mehr bemühen will, aber weiterhin an ihrem Mann festhalten und seine Partnerin sein möchte. Sie denkt sogar, daß sie die Kraft hat, die nächsten Jahre abzuwarten, bis die Kinder aus dem Haus gehen und sie dann mit ihrem Mann allein leben kann. Herr Haag trägt ein Stück weit diese Beziehungsperspektive seiner Frau mit und freut sich, in ihr eine Liebespartnerin zu haben, bedauert aber sehr, daß sie ihm keine Lebenspartnerin ist, die ihn im Alltag mit den Kindern unterstützt, seine Probleme mit ihm teilt und sein Lebenskonzept mitträgt:

„Also mein Problem ist, daß ich die Gisela sehr gern hab', daß sie aber kein Partner ist. (. . .) Ich vermisse, daß sie mich entlastet und daß sie meine Pläne unterstützt, halt die Partnerschaft. Meine Frau, die hätt' das ja mitgetragen, aber dann kommt halt ein neuer Partner . . ."

4.4.2.6 Besondere Problembereiche

Die Familie Greiner-Haag ist in unserem Sample die problembeladenste, nicht nur, weil sie eine Stiefmutterfamilie ist, sondern auch, weil in ihr viele Streßfaktoren, wie wir sie in einem vorhergehenden Kapitel beschrieben haben, zusammentreffen.

In dieser Familie zeigt sich, daß die Konstellation – älterer Mann, junge Stiefmutter und heranwachsende Töchter – besonders schwierig ist. Spannungen ergeben sich vor allem aus der Tatsache, daß für die Stiefmutter eine Diskrepanz besteht zwischen ihrer sozialen Rolle und ihrer altersgemäßen Lebensrolle; dem Alter nach ist sie nämlich der Generation der Kinder wesentlich näher als der des Ehepartners. Durch die Heirat wird aber von ihr erwartet, daß sie noch anstehende Entwicklungsphasen überspringt und ad hoc sich der Lebensphase des Partners anpaßt, d.h. Elternaufgaben eines Elternteils mit heranwachsenden Kindern übernimmt zu einem Zeitpunkt, an dem sie noch in einer anderen Entwicklungsstufe in ihrem Lebenszyklus steht. Für Frau Greiner-Haag entsteht also eine Asynchronizität zwischen ihrer aktuellen Lebenssituation und den ihrem Alter entsprechenden Bewältigungsmöglichkeiten (vgl. Kap. II.1).

Bei Greiner-Haags sehen die Töchter, vor allem die Älteste, in der Stiefmutter eine Rivalin, und zwar nicht nur in bezug auf den Vater, sondern sie fürchten, in ihr auch eine Konkurrentin bei ihren eigenen Freunden zu haben:

„Wie die sich immer aufdonnert, damit jeder sieht, wie schön sie ist. Sogar bei meiner Party, da ist sie mit einer weit ausgeschnittenen Bluse rumgelaufen. Die denkt, sie sei die Schönste."

Im Zitat kommt deutlich eine Konkurrenz zwischen Stieftochter und Stiefmutter als Rivalität unter Frauen zum Ausdruck. Die älteste Tochter spricht von ihrer Stiefmutter wie von einer Gleichaltrigen und nicht wie von einer erwachsenen Frau, die für sie eine Elternfigur sein könnte. Wie schon in unseren Ausführungen zum Stiefmuttermythos (Kap.

IV.4.1) erwähnt, wird in Stiefmutterfamilien – besonders, wenn die Stiefmutter noch sehr jung ist – Sexualität wieder präsent und kann zu Beunruhigung der Kinder führen, wenn die neue Partnerin ihres Vaters von ihnen kaum als Mutter, sondern eher als Frau wahrgenommen wird, deren Interesse nicht ihnen, sondern vor allem ihrem Vater gilt. Bei der leiblichen Mutter neigen Kinder eher dazu, die Sexualität auszublenden.

Die Familie Greiner-Haag ist sicher zusätzlich stark belastet, weil es für den Vater und die Kinder nach dem Tode der Mutter kaum eine Zeit der Verarbeitung und Trauer gab; die neue Partnerin kommt sehr schnell zur Familie hinzu, so daß der Trauer- und Ablöseprozeß bald von einem Integrationsprozeß überlagert wird. Die Präsenz der neuen Frau mag dazu beitragen, daß in der Familie kaum über die tote Mutter gesprochen wird und diese fast zu einem tabuisierten Thema wird.

Auch der Wandel in ihrer Rollendefinition von Frau Greiner-Haag, die ihr anfängliches Selbstverständnis nicht aufrechterhalten kann, bringt viele Konflikte mit sich und es gelingt der Familie nicht, übereinstimmende Erwartungen und gemeinsame Perspektiven herzustellen. Im Verlauf der Familienentwicklung hat sich der Machtkampf zwischen Stiefmutter und Stiefkindern auf die existenzielle Frage zugespitzt: Wer hat ein Recht zu bleiben, die Frau oder die Kinder? Solch eine Entweder-Oder-Haltung führt zu verhärteten Fronten und verhindert integrative Lösungswege.

4.4.3 Bilanzierung

In den beiden Familien treten einige der Konflikte auf, die wir vorne als für Stiefmutterfamilien typische Problembereiche beschrieben haben; andere dieser Problembereiche spielen in diesen Familien kaum eine Rolle. Zum Teil haben sie dagegen mit Schwierigkeiten zu kämpfen, die in der Literatur bisher nicht thematisiert wurden.

Gemeinsam ist den vorgestellten Stiefmutterfamilien, daß beide Frauen in sehr jungem Alter einen älteren Mann mit Kind/ern heiraten. Beide Frauen befinden sich während der ersten Zeit der Familiengründung in der Berufsausbildung und haben noch keine eigene berufliche Identität entwickelt. Eine berufliche Perspektive und damit die Möglichkeit einer eigenständigen zukünftigen finanziellen Absicherung ist ihnen in ihrem Lebensentwurf jedoch wichtig, zum einen, weil dies für Frauen heutzutage als unverzichtbar gilt, und zum anderen, weil sie sehr wohl die Unsicherheit in ihrem eigenen Status in der Stieffamilie sehen. Gerade diese von ihnen angestrebte Eigenständigkeit wird jedoch beeinträchtigt, wenn sie sich um Haushalt und Stiefkinder kümmern und dadurch Abstriche in ihrer beruflichen Entwicklung machen. Der Balanceakt zwischen familiärem und beruflichem Engagement gerät für

Stiefmütter leicht – noch mehr als für leibliche Mütter – zur Stigmatisierung als egoistische, vernachlässigende „Rabenmutter", wie sie im Volksmund hinlänglich beschrieben wird. Erstaunlich ist die Selbstverständlichkeit, mit der die Väter in diesen Familien – und das scheint, so die Fachliteratur, verbreitet zu sein – davon ausgehen, daß ihre Frau die Aufgaben in Haushalt und Kindererziehung mitträgt und dazu partiell ihre berufliche Kontinuität zur Disposition stellt, während die Väter selbst nicht unbedingt bereit sind, umfassende Zugeständnisse an ihre Familie zu machen und sich in ihrem beruflichen Engagement zurückzunehmen.

Das Hinzukommen einer Frau zur Teilfamilie wird als mögliche Lösung für die Schwierigkeiten gesehen, die dem Vater aus der alleinigen Versorgung der Kinder entstehen. Man stelle sich vor, eine Mutter würde von ihrem neuen Partner erwarten, um ihrer eigenen Kinder willen nur maßvoll berufstätig zu sein oder gar auf eine eigene Berufstätigkeit zu verzichten! Die Frage einer Entscheidung zwischen Familie und Beruf stellt sich kaum für Väter in unserer Gesellschaft und schon gar nicht für Stiefväter.

Die Väter in unseren Stiefmutterfamilien machen sich weniger als die von uns befragten leiblichen Mütter Gedanken um die Belastungen, die auf den Stiefelternteil zukommen und um die Schwierigkeiten, die den Kindern aus der neuen Situation erwachsen. Bei den wiederverheirateten Müttern haben wir gesehen, daß sie sich immer wieder fragen, was sie ihren Kindern zumuten und wie sie ihnen die Veränderungen erleichtern können. Für sie ist daher die Vermittlungsarbeit zwischen ihren Kindern und dem Stiefvater ein wichtiger Aspekt in der Familienreorganisation – und so nimmt dieses Thema in ihren Interviews wesentlich mehr Raum ein als in denen der Väter.

Eines der Hauptprobleme in der populären Ratgeberliteratur für Stiefmütter ist die Auseinandersetzung mit der leiblichen Mutter der Stief-/ Kinder. Die Stiefmütter leiden vor allem an der Einmischung und der Idealisierung der Mutter, an der sie sich ständig gemessen fühlen.

In den beiden untersuchten Stiefmutterfamilien scheint dieses Problem eher peripher zu sein, vielleicht, weil die Erinnerung an die erste Familie kaum gepflegt wird und die leibliche Mutter im Familienalltag kaum eine Rolle spielt, vielleicht auch, weil aktuelle brisante und bedrohliche Konflikte dieses Thema überdecken.

Das gemeinsame Kind wurde in unseren Stiefvaterfamilien als Bindeglied für die neue Familie und Symbol der Liebe gesehen. Für die beiden dargestellten Stiefmutterfamilien dagegen ist das Thema „Gemeinsames Kind" eher problematisch: In der Familie Jordan-Kirsch erleben die Partner die Geburt des gemeinsamen Kindes als Beginn einer Paar- und Familienkrise, während es bei Greiner-Haags erst gar nicht zu einem gemeinsamen Kind kommt, da sich die Ehepartner nicht in der Lage fühlen, gemeinsam die Konsequenzen einer solchen weitreichenden Entscheidung zu tragen.

Für das Gelingen einer Stieffamilienreorganisation ist das Selbstverständnis des Stiefelternteils von seiner Rolle in der Familie ein zentraler Punkt. Stiefmüttern fällt es besonders schwer, ein eindeutiges und von den anderen Familienmitgliedern mitgetragenes Selbstverständnis zu entwickeln. Dies mag — wie bereits dargestellt — begründet liegen in dem ideologisch besetzten Bild einer Mutter, aber auch in deren tatsächlicher Position in der Familie, die meistens eine enge Beziehung mit den Kindern einschließt, eine Beziehung also, die sich nicht leicht ersetzen läßt.

Die beiden Stiefmütter in den beschriebenen Familien sind sehr bemüht, ihre eigene Rolle in der Familie zu finden, sie haben die Bereitschaft, sich einzusetzen und sich den Gegebenheiten der Familie zu stellen. Beiden Frauen ist der Mythos der „bösen Stiefmutter" zu Beginn der Partnerschaft nicht sehr präsent und sie fühlen sich dadurch nicht unter Druck gesetzt. Sie bringen auch kaum die in der Literatur beschriebenen unrealistischen Erwartungen mit, daß sie den Kindern sofort eine gute Mutter sein können, sie von diesen geliebt werden und ad hoc eine glückliche harmonische Familien entsteht. Wie wir gesehen haben, gelingt es ihnen dennoch nicht, eine klare Position gegenüber den Stiefkindern einzunehmen, und beide Familien erlangen nicht in befriedigendem Maße Kontinuität und Stabilität in ihren Beziehungen.

Den beschriebenen Rollenmodellen der „Supermutter" und der „Freundin" lassen sich unsere Stiefmütter nicht zuordnen. Frau Jordan-Kirsch übernimmt anfänglich Ersatz-Mutter-Funktionen, merkt aber zusehends, daß sie diese Rolle nicht erfüllen kann und leidet an der Ambivalenz gegenüber ihrem Stiefkind.

Frau Greiner-Haag durchläuft verschiedene Stadien in ihrem Selbstbild. Zunächst versucht sie, als „Retterin" in die Familie einzugreifen und pädagogisch zu wirken, und möchte sicher auch — weil es von ihrem Alter her naheliegt — „Freundin" der heranwachsenden Töchter sein. Als diese Vorstellungen nicht gelingen, nimmt sie die extreme Position ein, alle familiären Aufgaben und die Betreuung der Stiefkinder zu verweigern und sich im Zusammenleben vorwiegend auf die Beziehung zu ihrem Mann zu beschränken. Eine solche Haltung einer ablehnenden und verweigernden Stiefmutter, die sich primär als Ehefrau und Liebespartnerin definiert, erschwert unserer Meinung nach die Organisation der Stieffamilie — oder macht sie gar unmöglich —, denn der Vater gerät, wie wir bei der Familie Greiner-Haag gesehen haben, notwendigerweise zwischen die Fronten von Kindern und Ehefrau. In einem Familiensystem, in dem eine zentrale Beziehungsebene ausgeklammert wird, ist die Tendenz zur Spaltung angelegt.

Die zentrale Rolle der Frau in der Familie hat zur Folge – so scheint uns –, daß eine uneindeutige Rollendefinition der Stiefmutter schwerwiegende Konsequenzen für die Familienbeziehungen hat. Anders als in den von uns untersuchten Stiefvaterfamilien, die mit einer gewissen Ambivalenz des Stiefvaters in seiner Rolle durchaus zurechtkommen, ist in den beiden Stiefmutterfamilien die Beziehung zwischen Stiefmutter und Stiefkindern sehr konfliktreich; aus diesen Spannungen entstehen massive Konflikte zwischen den Ehepartnern, die die Paarbeziehung und damit den Familienzusammenhalt bedrohen.

In beiden Stiefmutterfamilien ist die Diskrepanz in den Wert-, Erziehungs- und Lebensvorstellungen der Ehepartner auffallend, was unter anderem auch an dem großen Altersunterschied und an den unterschiedlichen sozialen und beruflichen Zusammenhängen liegen mag. Sicher trägt diese Diskrepanz zu den Schwierigkeiten in der Familienreorganisation bei und beeinträchtigt die Kompromißfähigkeit und das gemeinsame Handeln der Partner. Daher gelingt es letztendlich auch beiden Familien nicht, ein gemeinsam getragenes familiales Selbstverständnis aufzubauen. Zum Zeitpunkt des Interviews haben wir den Eindruck, daß in der Familie Greiner-Haag Aushandlungsbereitschaft und Ringen um Gemeinsamkeit in den Hintergrund getreten sind und eher Kampf und Trotz die Familieninteraktion dominieren. Die Familie Jordan-Kirsch ist stark von ihrem Bemühen geprägt, das Auseinanderfallen der Familie zu verhindern, wenngleich die Partner sich in den Vorstellungen über ihr Familienleben kaum näher gekommen sind und die Interaktion der Familie seit der Geburt des gemeinsamen Kindes eher schwieriger geworden ist.

Resignation, eine gewisse Gedrücktheit und auch Zorn über das Nicht-Gelingen eines befriedigenden Familienlebens sind in beiden Familien spürbar und es bleibt für uns offen, wie die weitere Entwicklung dieser Familien verlaufen wird.

V. Die Familienwelt der Kinder

Kinder werden in ihre Familie hineingeboren, sie wachsen und leben in dem Beziehungsgefüge ihrer Eltern, mit deren vorhandenen Möglichkeiten und Problemen. Sie teilen also das Schicksal ihrer Eltern, d.h. sie haben unweigerlich teil an deren Ressourcen in bezug auf Bildung, materielle Verhältnisse und soziale Kontakte; ihre Lebenswelt ist weitgehend bestimmt von der Persönlichkeit, Lebensart und den Vorstellungen ihrer Eltern. Die Familie ist der Ort, an dem man das Kind in der Regel gut aufgehoben zu wissen glaubt und der ihm Entwicklung und Schutz gewährt. Sie gilt als der Ort, der den altersgemäßen Bedürfnissen und Fähigkeiten des Kindes Rechnung trägt und Raum für vertrauensvolle Beziehungen und Erfahrungen bietet, um dem Kind den Weg zur „Individuation" zu ebnen. In der Eltern-Kind-Beziehung muß dem Kind stufenweise eine „relative Unabhängigkeit bzw. reife Abhängigkeit" erschlossen werden, die dem Heranwachsenden den Ablösungsprozeß ermöglicht (vgl. STIERLIN 1978, S. 107).

Das hohe Angewiesensein der Kinder auf den familiären Schonraum und die Fürsorge der Erwachsenen bedingen allerdings in hohem Maße eine Abhängigkeit der Kinder von den Eltern, die ihre Machtposition auch mißbrauchen können, nicht nur im Sinne von Gewalt und Bedrohung, sondern auch im Sinne von Vernachlässigung und Entzug.

Kinder sind den Wandlungen und Brüchen in der Familie, die die Erwachsenen vollziehen, ausgesetzt. Veränderungen wie Trennung, neue Partnerschaften ihrer Eltern und die Gründung einer Stieffamilie geschehen, ohne daß die Kinder darauf großen Einfluß nehmen können.

Im folgenden wollen wir kurz die Grundbedürfnisse von Kindern skizzieren, um in diesem Kontext zu verstehen, welche Einschränkungen Kinder in familialen Krisen wie Trennung und Neugründung einer Familie erfahren können.

Im Anschluß daran fassen wir die Forschungsergebnisse zur Entwicklung von Stief-/Kindern zusammen, bevor wir darauf eingehen, wie die von uns befragten Stief-/Kinder ihre Familiensituation erleben.

1. Grundbedürfnisse von Kindern und familiale Krisen

Kindheit und die reale Lebenswelt von Kindern haben sich in den letzten Jahrhunderten grundlegend verändert, und die Geschichte der Kindheit hat in die Forschung ausführlich Eingang gefunden (vgl. ARIES 1975; De MAUSE 1977). Die Betrachtung von Kindheit im historischen Wandel und kulturellen Vergleich zeigt, daß Kinder in unterschiedlichen Lebensformen und unter unterschiedlichen Bedingungen aufwachsen können. Seit dem auslaufenden 18. Jahrhundert und verstärkt im letzten Jahrhundert hat man sich mehr und mehr Gedanken gemacht um die Bedürfnisse von Kindern und die ihnen eigenen Erlebnisweisen. So entstand eine Konzentrierung auf das Kind, in deren Gefolge die erzieherische Einflußnahme von Erwachsenen auf Kinder größer wurde als je zuvor. Dieser Wandel mochte einerseits eine verstärkte Disziplinierung für Kinder mit sich bringen (vgl. vor allem ARIES 1975), bedeutete jedoch andererseits, daß mit der vermehrten Aufmerksamkeit den Kindern auch mehr Liebe und Zuneigung entgegengebracht wurde und damit für viele überhaupt die Aussicht auf Überleben entstand (vgl. De MAUSE 1977).

Die Anschauungen über die kindlichen Grundbedürfnisse und deren Eigenwelt haben sich, wie LIEGLE (1987) aufzeigt, seit FRÖBEL kaum verändert. Als grundlegende Voraussetzungen für eine gelingende Sozialisation der Kinder werden in der Pädagogik übereinstimmend Bereiche wie Schutz und Versorgung, Geborgenheit und Liebe, Ermöglichung von Erfahrungen und Lernen, Verläßlichkeit und Kontinuität in den Beziehungen hervorgehoben.

Kinder haben – wie THIERSCH (1986) pointiert – „ein Recht auf sich als Subjekt, auf ihre Entwicklungs- und Entfaltungschancen, ihre Gegenwart und ihre Zukunft, ihren eigenen Lebensplan." (S. 141)

In dieser Formulierung spürt man die Nähe zu KORCZAK (1967), der in den 20er Jahren fast philosophisch und poetisch beschreibt, was ihm für ein Kind unverzichtbar scheint, und dies zu folgenden drei Grundrechten zusammenfaßt:

„1. Das Recht des Kindes auf seinen Tod,
2. Das Recht des Kindes auf den heutigen Tag,
3. Das Recht des Kindes, so zu sein, wie es ist." (S. 40)

In der pädagogischen Literatur findet sich ein weites Spektrum von Bedürfnissen und Rechten, die Kindern für eine ungestörte Entwicklung nicht verweigert werden sollten. Z.B. werden genannt:

Das Recht auf materielle Versorgung und Schutz vor Gefahren
Das Recht auf Bildung und Ausbildung

Das Recht auf Erziehung
Das Recht auf Zugehörigkeit und Anerkennung
Das Recht auf soziale Zuverlässigkeit und auf Menschen, denen sie vertrauen können
Das Recht auf Zuneigung und Nähe
Das Recht auf einen eigenen Handlungsspielraum
Das Recht auf neue und ganzheitliche Erfahrungen
Das Recht auf eine Welt, die sie mit ihrer Phantasie erforschen und füllen können
Das Recht auf wachsende Selbstbestimmung und Autonomie
Das Recht auf Kontinuität und Stabilität
Das Recht, nicht diskriminiert zu werden
Das Recht auf Sinn

(vgl. dazu FROMMANN 1979; GIESECKE 1987; LEMPP 1985, 1986; LIEGLE 1987; STIERLIN 1975, 1978; THIERSCH 1986)

Die Forderungen, die engagierte Pädagogen an Familie und Gesellschaft stellen, sind schon in „intakten" Kernfamilien nur schwer einzulösen, da sie immens hohe Ansprüche an Reife, Kompetenz und Ressourcen von Eltern und anderen Erziehenden beinhalten. In Krisensituationen, besonders wenn Eltern sich trennen und die Familie zerbricht, sind Kinder oft die Leidtragenden. In den Auseinandersetzungen um Scheidung und dem Suchen von neuen Lebensarrangements sind Eltern manchmal so sehr mit sich selbst beschäftigt, daß es ihnen schwerfällt, den Kindern ausreichend Unterstützung und Zuwendung zu geben. Die Auflösung der Familie ist für Kinder fast immer ein Ereignis, das für sie mit hohen Belastungen und Beeinträchtigungen verbunden ist und ihre Lebenswelt erschüttert. In solchen Situationen können — zumindest zeitweilig — vor allem die Bedürfnisse des Kindes auf die Aufrechterhaltung seiner emotionalen Beziehungen und Bindungen, auf Zuverlässigkeit und Zusammengehörigkeit bedroht sein.

Auch die Gründung einer neuen Familie durch Wiederheirat ist nicht — wie oft angenommen — die Rückkehr zu Normalität und Vollständigkeit, durch die automatisch Kontinuität und Stabilität wiederhergestellt werden, sondern häufig ist mit dem Gründungsprozeß verbunden, daß alte Probleme erneut auftauchen und neue Schwierigkeiten entstehen.

In Hinsicht auf die Wandlungen der Familienstrukturen stellt LEMPP (1985) die Frage, ob die Familie weiterhin die Rechte des Kindes gewährleisten kann. Ihm scheint,

„daß die Familie und die Eltern oft nicht in der Lage sind, das Kindeswohl zu wahren und dem Kind als dem schwächsten Teil in der Familie zu seinem Recht zu verhelfen, nicht weil die Eltern insuffizient oder gestört wären, sondern, weil Elternrecht in Konflikt geraten kann mit dem Recht des Kindes und weil die Familie dann nicht über die genügende innere Stärke, Stabilität und Kontrollmöglichkeit untereinander verfügt, dem Kind auch in der Krise zum Recht zu verhelfen." (S. 47)

Gerade in konflikthaften Scheidungsauseinandersetzungen werden die Rechte der Kinder oft zu wenig berücksichtigt. In diesem Zusammenhang – vor allem, wenn Elterninteressen und Kindesinteressen in Widerspruch geraten – fordern einige Autoren (z.B. FTHENAKIS 1984; LEMPP 1983, 1985; RABAA 1983, 1985), zur Wahrung des Kindeswohls dem Kind eine eigene Interessenvertretung – vielleicht als Anwalt des Kindes – zu gewähren. Nicht ausdiskutiert ist die Frage, in welcher Form das geschehen sollte, ob diese Interessenvertretung als eine

„von jedermann zu beachtende Handlungsmaxime zu verstehen ist oder ob es gar wünschenswert erscheinen mag, den Gedanken vom Anwalt des Kindes Gestalt zu geben, zu personalisieren oder gar in die feste Form einer Institution zu gießen." (RABAA 1983, S. 7)

Wichtig scheint vor allem – unabhängig von der äußeren Form dieser öffentlichen Vertretung –, die Gesellschaft für kindliche Bedürfnisse und Interessen zu sensibilisieren, besonders, um in Krisensituationen nicht durch vorschnelle Entscheidungen, wie z.B. durch Abbruch einer Elternbeziehung, fortdauernde Belastungen für Kinder zu schaffen. Das kann allerdings nicht heißen, daß Kindeswohl und Kindesrecht von der Familie loszulösende Größen sind; es heißt vielmehr, daß sie sich aus den Wechselbeziehungen von Eltern und Kindern ergeben, also mit Rücksicht auf eine ganzheitliche Familienperspektive zu sehen sind.

2. Stief-/Kinder in der Fachliteratur [31]

2.1 Kinder in der Nachscheidungsfamilie

Vor der Stieffamiliengründung erleben Stief-/Kinder fast immer die Trennung ihrer Eltern oder einen Elternverlust durch den Tod eines Elternteils. Scheidung und Elternverlust können nicht nur als einmaliges Ereignis gesehen werden, sondern sind ein Prozeß mit einer Vorgeschichte und einer Nachgeschichte, dem eine nachhaltige Wirkung im Leben eines Kindes zugeschrieben wird. Uns erscheint es wichtig, im Zusammenhang mit der Situation von Stief-/Kindern auch die Schwierigkeiten, die Kindern im Umfeld einer Scheidung entstehen, im Blick zu haben. Mit der steigenden Zahl von Scheidungen ist auch die Zahl

---

31 Obgleich in der Forschung generell immer von ‚Stiefkind‘ die Rede ist, wollen wir bei unserer Schreibweise, nämlich ‚Stief-/Kind‘ bleiben (vgl. Kap. 0.2).

der Untersuchungen zur Nachscheidungssituation angewachsen – vor allem in den USA – und die Veröffentlichungen zu diesem Thema sind inzwischen fast unüberschaubar. Hier wollen wir nur kurz die wichtigsten Ergebnisse zusammenfassen, ausführliche Literaturübersichten finden sich z.B. bei FTHENAKIS u.a. (1982), SCHWEITZER & WEDER (1985) und SOKACIC-MARDORF (1983).

Ein Großteil der Studien wurde im klinischen Bereich durchgeführt und befaßt sich vorwiegend mit Anpassungsproblemen von Kindern an die Nachscheidungsphase. Viele Untersuchungen kommen zu dem Ergebnis, daß die Scheidung der Eltern bei den Kindern häufig zu Störungen führt, Störungen wie z.b. verdeckte Depression, Selbstwertprobleme, Angstzustände, Schulversagen und aggressive Verhaltensweisen (vgl. z.b. BECK & LEMPP 1969; BENDKOWER & OGGENFUSS 1980; BÜHLER & KÄCHELE 1978; Mc DERMOTT 1968, 1970; PARISH & TAYLOR 1979).

Wenige Studien haben die Bedeutung der Scheidung für Kinder in einer nicht-klinischen Population erhoben (FERRI 1976; HETHERINGTON, COX & COX 1982; NAPP-PETERS 1988). Als herausragend gilt die Langzeitstudie von WALLERSTEIN, die über 10 Jahre hinweg die Entwicklung von Scheidungskindern untersucht hat. Ihre Studie zeigt, daß die mit einer Scheidung verbundenen Erfahrungen – je nach Alter und Geschlecht der Kinder – qualitativ unterschiedliche Auswirkungen haben können.

Jüngere Kinder zeigten in der ersten Zeit nach der Scheidung deutlichere Auffälligkeiten, bei älteren Kindern dagegen waren die Langzeitfolgen ausgeprägter, wohl weil sie sich an dieses dramatische Ereignis besser erinnern konnten. Fast alle von ihr untersuchten Kinder erlebten die Trennung ihrer Eltern als belastend und erklärten sie auch noch 10 Jahre später als ein Erlebnis, das ihr Leben stark beeinflußte. Dennoch waren Verhaltensstörungen nicht unabdingbar die Folge einer Scheidung. In einer Differenzierung der Scheidungsfolgen nach der Reaktion von Mädchen und der von Jungen stellte WALLERSTEIN fest, daß es Jungen schwerer fällt als Mädchen, mit ihren durch die Scheidung hervorgerufenen Aggressionen umzugehen, ein normales Verhalten gegenüber den anderen Familienmitgliedern zu entwickeln und ihre schulischen Leistungen zu halten. Bei heranwachsenden Mädchen entdeckte sie Spätreaktionen. Junge Mädchen, die in der Zeit nach der Scheidung die Trennung der Eltern gut zu verarbeiten schienen, entwickelten erst Jahre später in der Auseinandersetzung mit ihren ersten Liebesbeziehungen häufig Angst und Schuldgefühle und waren hinsichtlich einer eigenen Partnerschaft sehr ambivalent. Als gesellschaftlich relevante Erkenntnis wertet die Autorin ihr Ergebnis, daß die Scheidung bei einem Großteil der befragten Kinder auch noch als Erwachsene gravierende Auswirkungen zeigte:

„Die Hälfte der Kinder aus unserer Untersuchungsgruppe waren (. . .) beim Eintritt ins Erwachsenenleben deprimierte, manchmal sogar aggressive junge Männer und Frauen, die nicht das leisteten, was sie hätten leisten können. Sie verachteten sich selbst. (. . .)

Denn in dieser Phase, in der die jungen Männer und Frauen entwicklungsmäßig vor der Aufgabe stehen, eine Liebesbeziehung und Intimität aufzubauen, spürten sie besonders deutlich, daß ihnen ein Modell für eine liebevolle dauerhafte und moralische Beziehung zwischen Mann und Frau fehlte. Die Angst, die den jungen Menschen aus dem Familienleben nach der Scheidung geblieben war, behinderte sie dabei, selbst eine intakte Familie zu gründen." (WALLERSTEIN/BLAKESLEE 1989, S. 349f.)

WALLERSTEIN fand auch, daß diese jungen Erwachsenen einen geringeren sozioökonomischen Status erreichten als ihre leiblichen Eltern, was die Autorin auf einen bildungsmäßigen Abstieg der Befragten zurückführte. Als Erklärung führt sie an, daß sich die außerhalb lebenden leiblichen Väter für die Finanzierung einer höheren Ausbildung ihrer Kinder häufig nicht mehr zuständig fühlten.

Im Zeitraum ihrer Untersuchung wurden mehr als die Hälfte der Kinder zu Stief-/Kindern; 90% von ihnen berichteten, daß sich durch die Wiederheirat ihres sorgeberechtigten Elternteils für sie nichts verbessert hätte.

Grundsätzlich hängt nach Meinung der Autorin eine gute psychologische Anpassung der Kinder an die Nachscheidungssituation mit dem globalen Faktor der familiären Beziehungen zusammen, etwa mit der Entwicklung und Handhabung der familiären Konflikte und der Verfügbarkeit des abwesenden Elternteils (vgl. WALLERSTEIN/BLAKESLEE 1989, WALLERSTEIN/KELLY 1980). Ähnliche Schlüsse zieht NAPP-PETERS (1988), die als Hauptergebnis ihrer Untersuchung von Scheidungsfamilien herausgearbeitet hat, daß für die gesunde psychosoziale und emotionale Entwicklung der Kinder eine kontinuierliche Beziehung zu beiden Elternteilen nach der Scheidung von entscheidender Bedeutung ist.

Von der Qualität der Konfliktverarbeitung nach der Scheidung hängt in entscheidendem Maße ab, wie sich ein Kind in einer neuen Familie einfügt und wie es neue Beziehungen aufnehmen kann.

2.2 Kinder in der Stieffamilie

Zur Situation von Stief-/Kindern liegt eine Vielzahl von Forschungsarbeiten vor. Die Arbeiten sind in ihrer Qualität, Reichweite und ihrem methodischen Vorgehen sehr unterschiedlich und zum Teil begrenzt. GANONG & COLEMAN (1987) weisen auf zwei Hauptströmungen in den Studien hin: Zum einen gibt es empirische Untersuchungen, in denen zumeist Stief-/Kinder mit Kindern aus „Normal"-Familien verglichen werden. Diesem Vergleichsansatz liegt oft implizit ein „deficitcomparison"-Modell zugrunde, in welches die Annahme eingeht, daß die Stieffamiliensituation sich negativ auf Kinder auswirkt. Fragestellung und Methode dieser Arbeiten sind dementsprechend oft eng gefaßt und haben sozusagen die meßbaren Auswirkungen der Stieffamilie auf die Kinder im Blick (vgl. BOWERMAN & IRISH 1962; LANGNER & MICHAEL 1963; PARISH & DOSTAL 1980; PARISH & TAYLOR 1979, PERKINS & KAHAN 1979, WILSON et al. 1975).

Zum anderen gibt es Studien aus dem klinischen Bereich, die vorwiegend auf dem systemischen Ansatz der Familienbetrachtung aufbauen. In diesen Studien werden die Ergebnisse nicht unbedingt auf der Matrix von Kernfamilien, sondern im Kontext der eigenständigen Familienstruktur und Entwicklung von Stieffamilien betrachtet. Dennoch sind auch diese Arbeiten meistens problemorientiert, was sich zwangsläufig aus der Zusammensetzung des Samples im therapeutisch-klinischen Bereich ergibt (vgl. z.b. AHRONS & PERLMUTTER 1982; SAGER et al. 1983; VISHER & VISHER 1979).

Desweiteren gibt es Arbeiten im empirischen Bereich, denen weder das Defizit-Modell noch die systemische Sichtweise zugrunde gelegt werden, sondern die rein deskriptiv vorgehen (vgl. z.b. BOHANNAN/YAHARES 1979, DUBERMAN 1973, FERRI 1984).

Untersuchungen zu Stief-/Kindern befassen sich mit der Entwicklung der Kinder in reorganisierten Familien, wobei der Schwerpunkt auf verschiedenen Aspekten kindlichen Verhaltens und ihrer emotionalen Gesundheit liegt, meistens im Vergleich mit Kindern aus anderen familialen Strukturen. Das Interesse der Studien konkretisiert sich in Fragen z.b. nach Schulerfolg, kognitiven und sozialen Fähigkeiten, Schulabschluß, Berufsausbildung und Zukunftsvorstellungen, Selbstwertgefühl, Kriminalitätsrate und Verhaltensauffälligkeiten.

Die meisten eher repräsentativen Studien (BERNARD 1956, BURCHINAL 1964, BOHANNAN/YAHARES 1979, WILSON et al. 1975) fanden im wesentlichen keine signifikanten Unterschiede zwischen Stief-/ Kindern und Kindern in vollständigen Familien. In einer retrospektiven Vergleichsuntersuchung von erwachsenen Personen aus Stieffamilien und aus Normalfamilien, die WILSON et al. (1975) vorgenommen haben, zeigten sich kaum Differenzen hinsichtlich des Ehestatus, des Alters bei der Heirat oder hinsichtlich der Delinquenz und Kriminalität. Es gab auch keine Unterschiede in bezug auf ihre Interaktion mit den Eltern, ihrem Selbstvertrauen und dem Grad ihrer Unabhängigkeit; lediglich im Bildungsstatus und Einkommen waren Stief-/Kinder geringfügig schlechter gestellt.

In einer Untersuchung von Schulkindern kamen BOWERMAN & IRISH (1962) zu dem Ergebnis, daß Kinder in einer Stieffamilie sich häufiger von ihrem leiblichen Elternteil abgelehnt fühlen als Kinder in der Kernfamilie. Stief-/Kinder zeigten auch mehr Gefühle von Unsicherheit und Stress und hatten Befürchtungen, ob sie überhaupt erwünscht und geliebt sind. Sie fühlten sich durch den Stiefelternteil, besonders durch Stiefmütter, vernachlässigt. Deutlich wurde in der genannten Studie, daß jüngere oder fast erwachsene Stiefkinder den Stiefelternteil am ehesten akzeptierten.

Daß Stief-/Kinder mehr Anstrengungen und Anpassungsleistungen erbringen müssen, um in ihrer neuen Familie zurechtzukommen und den außerhalb lebenden Elternteil in ihr Leben zu integrieren, wird auch von anderen Autoren (z.b. JACOBSON 1987) betont.

In mehreren Untersuchungen mit verschiedenen Co-Autoren hat PARISH (1979, 1980) die Selbstdarstellung von Kindern, Jugendlichen und jungen Erwachsenen, die in unterschiedlichen Familienformen lebten, untersucht. In diesen Studien zeigte sich, daß Schüler und Studenten, die einen Vaterverlust durch Scheidung erlebt und deren Mütter nicht wieder geheiratet hatten, ein signifikant geringeres Selbstbewußtsein hatten als Kinder aus Kernfamilien und rekonstituierten Familien. Innerhalb der letzten beiden Gruppen gab es nur einen geringfügigen Unterschied zugunsten der Kernfamilie. Die Autoren interpretieren, daß durch eine Wiederheirat wohl die negativen Folgen einer Scheidung, wie z.B. niedriger sozioökonomischer Status und Vaterabwesenheit, zum Teil kompensiert oder zumindest abgeschwächt werden können.

In einer britischen Langzeitstudie (FERRI 1984) mit einem repräsentativen Sample wurde eine Vielzahl von Aspekten erhoben über Kinder, die in derselben Woche eines Jahrgangs geboren waren. Eine solche Kohortenstudie ermöglicht in gewissem Maße einen Vergleich zwischen der Entwicklung von Kindern in Kernfamilien, Stieffamilien und Einelternfamilien. Die Ergebnisse dieser Studie zu Stief-/Kindern und deren jeweils spezifischer Familiensituation beziehen sich vorwiegend auf eine Befragung im Jahre 1974, als die Kinder 16 Jahre alt waren. Ein Mangel der Untersuchung ist, daß in der Erhebung nicht unterschieden wurde zwischen Eltern und Stiefeltern, sondern nur generell nach der Beziehung der Kinder zu den Eltern gefragt wurde. FERRI geht allerdings davon aus, daß die Stief-/Kinder in der Regel ihre Einschätzung auf den Stiefelternteil und nicht auf den abwesenden Elternteil bezogen haben.

Insgesamt berichteten die Stief-/Kinder von mehr Konflikten in ihrer Familie als Kinder aus Kernfamilien. Die Beziehung zum leiblichen sorgeberechtigten Elternteil — so FERRI — wurde dadurch nicht beeinträchtigt. Die Autorin differenzierte in ihrer Untersuchung nach Stiefvater- und Stiefmutterfamilien. Sie fand, daß nur 69% der Jungen und 64% der Mädchen ihr Verhältnis zum Stiefvater als gut bezeichneten; in

Normalfamilien waren es dagegen 84% bzw. 80%, die ihr Verhältnis zum Vater positiv einschätzten. In Stiefmutterfamilien wurde die Stiefbeziehung negativer beurteilt. So brachten 26% der Mädchen und 16% der Jungen explizit zum Ausdruck, daß ihr Verhältnis zur Stiefmutter schlecht ist, wohingegen nur 5% bzw. 4% der Kinder aus Kernfamilien über eine schlechte Beziehung zu ihrer leiblichen Mutter berichteten. Stief-/Kinder, die einen Elternteil durch Tod verloren hatten, schätzten die Beziehung zum Stiefelternteil in höherem Maße (85%) als gut ein als jene Kinder, deren Eltern geschieden waren. In bezug auf Zukunftsperspektive und eigene Familienvorstellungen fand FERRI, daß sich Ehe- und Kinderwünsche von Kindern aus Stieffamilien von denen der Kinder aus anderen Familienformen kaum unterschieden. Es gab allerdings geringfügige Unterschiede, nämlich Mädchen sowohl aus Stiefvater- als auch aus Stiefmutterfamilien wollten sehr früh heiraten, wohingegen ein relativ hoher Anteil der Jungen aus Stiefmutterfamilien sich zurückhaltend über eigene Ehe- und Kinderpläne äußerte. Diese Tendenzen traten nur in Stieffamilien auf, nicht aber in Ein-Elternfamilien, was die Autorin zur Annahme bringt, daß diese eher mit den schwierigen Beziehungen in Stieffamilien zusammenhängen als mit der Auflösung der ersten Familie. Den frühen Heiratswunsch der Mädchen interpretiert sie als Wunsch, so schnell wie möglich die Familie zu verlassen.

Ein weiteres auffallendes Ergebnis dieser Studie war, daß in Stiefvaterfamilien Kinder am ehesten gedrängt wurden, die Schule möglichst früh zu verlassen. Signifikante Unterschiede gab es besonders bei Jungen, – vielleicht weil für Mädchen seltener ein hoher Bildungsabschluß angestrebt wird. Die Jungen erhielten wenig Unterstützung für eine höhere Schulbildung, was wohl bedeutet, daß die Stiefväter kein Interesse an einer langjährigen Ausbildung ihrer Stiefsöhne hatten. Ähnliche Tendenzen zeigten sich nur bei alleinerziehenden Müttern, was auf den ökonomischen Druck in diesen Familien zurückzuführen ist; bei Stiefvaterfamilien – so FERRI – trifft dies nicht zu, da Wiederheirat im allgemeinen zu einer Verbesserung der finanziellen Situation von alleinerziehenden Müttern führt. Die geringeren Bildungserwartungen an Jungen in Stiefvaterfamilien begründet FERRI daher – wie auch BURGOYNE/CLARK (1981) – mit dem Wunsch des wiederverheirateten Paares, möglichst schnell ohne Kinder leben zu können. Der Wunsch der Stief-/Eltern korrespondiert häufig mit den Vorstellungen der Kinder, baldmöglichst aus dem Elternhaus zu gehen.

Die Ergebnisse ihrer Studie kommentiert die Autorin folgendermaßen:

„It remains true that the majority of children, even in stepfather families, seemed to enjoy satisfactory home relationships, to be making similar educational progress to children in other situations and to hold equally positiv aspirations for their own future. (. . .)

For the majority of children we studied, there was no discernible adverse effect and little to distinguish them from their peers living with two natural parents. Yet, there was sufficient indication for unhappiness and developmental difficulties among a minority of stepchildren to suggest that remarriage should not be seen as an instant, all-purpose ‚cure' for the many problems faced by the one-parent family, especially if those problems are viewed from the child's perspective." (S. 116f.)[32]

Kaum untersucht wurden bislang die Beziehungen von Kindern untereinander in Stieffamilien, also z.B. Beziehungen zwischen Stiefgeschwistern und/oder Halbgeschwistern. Nach der Einschätzung der Stief-/Eltern – so DUBERMAN (1973) – wird das Verhältnis der Stiefgeschwister in 24% der Familien als exzellent eingestuft, in 38% als gut und ebenfalls in 38% als schlecht. FERRI fand in ihrer Untersuchung, daß sich im Ausmaß der Konflikte unter den Geschwistern in den verschiedenen Familienformen keine Unterschiede zeigten.

In klinischen Studien entsteht ein etwas anderes Bild von Stief-/Kindern und deren Erleben der Stiefsituation. Klinische Forscher sind in ihrer Arbeit vorwiegend mit Verhaltensauffälligkeiten und Problemen von Kindern konfrontiert, denn häufig sind die Symptome der Kinder Anlaß für Eltern, therapeutische Hilfe in Anspruch zu nehmen. Möglicherweise eröffnen sich auch in einem längerfristigen intensiven therapeutischen Kontakt andere Dimensionen des Familienlebens als es in einmaligen Befragungen (mit Fragebogen) der Fall ist.

SAGER et al. (1983) fanden bei 91% der von ihnen behandelten Stief-/Kinder (Gesamtpopulation 367 Kinder in 213 Stieffamilien) Verhaltensauffälligkeiten von verschiedener Schwere, und bei nur 9% der Kinder keine internalisierten Verhaltensstörungen. Die Autoren faßten die Schwierigkeiten der Kinder folgendermaßen zusammen:

1. Dysfunktionale Beziehung zu Eltern   83%
   a) mit dem sorgeberechtigten Elternteil   37%

---

32 „Es bleibt festzuhalten, daß die Mehrzahl der Kinder, auch aus Stiefvaterfamilien, zufriedenstellende Familienbeziehungen zu genießen scheint, daß diese Kinder ähnliche schulische Fortschritte machen wie Kinder in anderen Familiensituationen und für ihre Zukunft gleichermaßen positive Wünsche formulieren (. . .).
Für die Mehrheit der untersuchten Kinder gilt, daß keine nachteiligen Auswirkungen gefunden wurden und sie sich nur wenig von gleichaltrigen Kindern unterschieden, die mit beiden leiblichen Elternteilen aufgewachsen waren. Jedoch, es gab genügend Anzeichen für Leid und Entwicklungsschwierigkeiten bei einer Minderheit von Stiefkindern, die nahelegen, daß Wiederheirat nicht als sofortiges ‚Allheilmittel' für die vielen Schwierigkeiten einer Einelternfamilie gesehen werden kann, insbesondere nicht aus der Sicht der Kinder."

b) mit dem nicht-sorgeberechtigten
Elternteil   30%
c) mit dem Stiefelternteil   34%

2. Verlust der Triebkontrolle   38%

3. Schulprobleme   36%

4. Depressionen   29%

5. Pseudo-Unabhängigkeit/-Reife   23%

6. Ausgestoßenes Kind (psychologisch und/oder
   körperlich, einschließlich Kindesmißhandlung)   23%

7. Störungen in den Beziehungen zur Peer-Group   21%

8. Psychosomatische Beschwerden   12%

(vgl. S. 224)

Aus diesen Daten können jedoch kaum allgemeine Aussagen zu Problemen von Kindern in Stieffamilien getroffen werden, da ein Vergleich weder mit Kindern in Kernfamilien, die sich ebenfalls in Therapie befanden, noch mit Stief-/Kindern aus einer nicht-klinischen Gruppe aufgestellt wurde.

Ein Verdienst der klinischen Forschung ist, daß in Fallanalysen die Komplexität in Stieffamilien herausgearbeitet und spezifische Konflikte und Problembereiche der innerfamilialen Dynamik in neuzusammengesetzten Familien sichtbar gemacht wurden. Immer wieder wird auf folgende möglicherweise belastende Faktoren für Kinder in diesen Familien hingewiesen:

— Stief-/Kinder sind Mitglieder in zwei Haushalten und müssen die zwei verschiedenen Lebens- und Erfahrungsbereiche miteinander koordinieren.

— Stief-/Kinder können in Loyalitätskonflikte geraten zwischen leiblichen Eltern und Stiefelternteil, aber auch zwischen ihren beiden leiblichen Elternteilen.

— Stief-/Kinder hegen lange den Wunsch und die Hoffnung, daß ihre leiblichen Eltern wieder zueinander kommen.

— Jugendliche in Stieffamilien können in der Pubertät Identitätsprobleme entwickeln und suchen in dieser Phase häufig die Identifikation mit dem abwesenden leiblichen Elternteil.

Insgesamt sind die Ergebnisse in der Stief-/Kinderforschung nicht einheitlich, nicht generalisierbar und ergeben oft ein widersprüchliches Bild; sie lassen kaum Schlüsse darüber zu, wie Kinder die Stieffamiliensituation einschätzen und bewältigen, welche Wege sie im Umgang mit der Mehrelternschaft finden, welche Nachteile oder Vorteile für sie damit verbunden sein können, und ob sie sich wegen ihrer besonderen Familienform benachteiligt fühlen oder darin auch Chancen sehen. Die hier genannten Aspekte werden in der folgenden Auswertung der von uns befragten Kinder aus Stieffamilien berücksichtigt.

3. Stief-/Kinder in unserer Untersuchung

In unseren Untersuchungsfamilien leben 30 Kinder; 18 davon sind für einen der Ehepartner Stiefkinder, 12 der Kinder sind in der neuen Partnerschaft geboren. Wir beziehen uns in der Auswertung vorwiegend auf die Stief-/Kinder und zwar hauptsächlich auf die Kinder, mit denen wir Interviews geführt haben, greifen aber auch auf die Gespräche mit den Stief-/Eltern zurück, die meist mit viel Empathie und Nachdenklichkeit über ihre Kinder berichteten.

Unter den interviewten Kindern, die sich im Alter zwischen 8 und 18 Jahren bewegten, waren Mädchen und Jungen gleichverteilt. Angesichts der kleinen Gruppe ließ sich allerdings eine Auswertung nach alters- und geschlechtsspezifischen Variablen nicht vornehmen.

In den Gesprächen mit den Kindern hat uns vor allem interessiert, wie es den Kindern in ihren Familien geht, ob sie sich wohlfühlen oder ob sie Probleme mit ihrer Stieffamiliensituation haben. Diese übergreifende Fragestellung hat sich in folgenden Themenbereichen konkretisiert:
— ihr Umgang mit der Mehrelternschaft
— das Verhältnis der Kinder zum Stiefelternteil und zum außerhalb lebenden Elternteil
— ihre Einschätzung der Familienbeziehungen
— die Außendarstellung ihrer Stieffamilie
— der Vergleich zwischen ihrer ersten und zweiten Familie
— die Zukunftsvorstellungen der Kinder

Diese Punkte waren in dieser Form natürlich von Kindern nicht abfragbar, sondern mußten in Fragen eingebettet werden, die dem kindlichen Erleben und Verstehen nahe sind und an ihre Alltagserfahrungen anknüpfen; gefragt haben wir z.B.:
— Hat sich etwas verändert, als Vater/Mutter wieder geheiratet haben?
— Was findet ihr gut/schlecht in eurer Familie? Welche Veränderungen wünscht ihr euch?
— Was macht ihr gerne mit wem?
— Was macht ihr in der Familie gemeinsam?
— Mit wem gibt es Streit?
— Wie nennt ihr euren Stiefvater / eure Stiefmutter?
— Was erzählt ihr über eure Familie in der Schule / vor Freunden?

- Vergleicht ihr eure/n Stiefvater/-mutter mit eurem/r „wirklichen" Vater/Mutter?
- Möchtet ihr einmal heiraten und Kinder haben?

Viele der in den Kinderinterviews angesprochenen Themenbereiche sind schon in die vorhergegangenen Auswertungskapitel zu den erwachsenen Mitgliedern der Stieffamilien eingegangen, wenn auch vereinzelt und nicht strukturiert in bezug auf die Kinder.[33] Dennoch ist es uns wichtig, auch die spezifische Sichtweise der Kinder auszubreiten, gerade weil darin die Belastungen deutlich werden, die vor allem die Kinder treffen. Kinder erleben die Trennung und Wiederheirat ihrer Eltern ganz anders als die Erwachsenen. Diese sehen die Lösung aus einer zerrütteten Ehe und den Neubeginn einer Partnerschaft oft als Chance, ihr Leben neu zu orientieren und aufzubauen, während für Kinder solche Veränderungen meist Verlust, Angst und Verwirrung mit sich bringen und ihnen gewohnte und verläßliche Beziehungen, Vertrautheit und Stabilität entzogen werden. Wir haben in den Interviews den Eindruck gewonnen, daß die Kinder in größerem Maße als die Erwachsenen durch die familiären Veränderungen belastet sind und oft unter ihrer besonderen Situation leiden, was nicht unbedingt heißt, daß sie Verhaltensauffälligkeiten oder Verzögerungen im kognitiven und sozialen Bereich zeigen.

Unser Interesse bei der Auswertung der Kinderinterviews galt vor allem der Frage, welche Anpassungs- und Bewältigungsstrategien die Kinder verwenden, um mit der Stieffamiliensituation zurechtzukommen. Aus der Vielfältigkeit der Erlebnis- und Reaktionsweisen der Kinder haben wir versucht, ihre Bewältigungsstrategien herauszuarbeiten, ihre Haltungen und Lösungen zu verstehen. Die von den Kindern eingeschlagenen Wege scheinen diese in unterschiedlichem Maße zu belasten oder anzustrengen. In der befragten Gruppe gibt es — so ergibt die Analyse des Materials — Kinder, die unbelastet erscheinen und die mit ihrer Stieffamiliensituation gut zurechtkommen; einem größeren Teil der Kinder sind Anstrengungen anzumerken, Anstrengungen, die sie auf sich nehmen, um sich mit ihrer Stieffamiliensituation zu arrangieren und sich darin wohlzufühlen. Es gibt aber auch Kinder, die unter ihrer Situation leiden und diese als fast ausweglos erleben.

Die so vorgenommene Einteilung der Kinder in einzelne Teilgruppen haben wir als Gliederung den Untersuchungsergebnissen zugrundegelegt. Sie beinhaltet keine Prognose für die weitere Entwicklung der Kinder, sondern gibt das Bild wieder, das sich uns zum Zeitpunkt der Untersuchung in den Gesprächen präsentierte.

---

33 Um weitgehende Wiederholungen zu vermeiden, verweisen wir an manchen Stellen auf vorhergehende Kapitel, in denen die entsprechenden Themen und Situationen schon angesprochen wurden.

4. Beziehungsgestaltung und Umgang mit der Mehrelternschaft

4.1 Kinder, die mit ihrer Stieffamiliensituation gut zurechtkommen

Unter den Stief-/Kindern unserer Untersuchungsgruppe gibt es drei Kinder[34], die mit der Umstrukturierung ihrer Familie wenig Schwierigkeiten haben und die sich in ihrer Familie wohlfühlen; daß es den Kindern gut geht, heißt allerdings nicht, daß sie es ihren Stief-/Eltern leicht machen und daß sie sich den Arrangements der Erwachsenen widerspruchslos und reibungslos anpassen. Es heißt vielmehr, daß es diesen Kindern gut geht, weil sie offen ihre Gefühle zeigen — sowohl positive als auch negative und ambivalente — und, sich selbst vertrauend, ihre Gedanken aussprechen.

4.1.1 Offene Äußerung von Gefühlen

Beim 8jährigen *Philipp Quant* aus der Familie Rebmann-Pohl[35] kommen im Interview seine widerstreitenden Gefühle deutlich zum Ausdruck. Wie seine Stief-/Eltern äußern, zeigt er in der Familie offen Widerstand und Unzufriedenheit, ebenso offen aber auch Zuneigung, Freude und Zustimmung. Philipp ist ein sensibler und aktiver Junge. Seit zwei Jahren lebt er in der Stieffamilie und hat seit einem halben Jahr auch einen kleinen Halbbruder; an den Wochenenden sind seine beiden Stiefgeschwister in der Familie zu Besuch. Im Gespräch mit uns wird klar, daß es ihm gut geht in seiner Familie, wenngleich er ganz widersprüchliche Einschätzungen zum besten gibt; es scheint ihn keineswegs zu belasten, situativ unterschiedliche Positionen zu beziehen und diese nebeneinander stehen zu lassen, wohl weil er merkt, daß die Erwachsenen dafür Verständnis haben und sich nicht von ihm zurückziehen.

Über seinen Stiefvater äußert er z.B.:

„Als der hier einzog, das fand ich nicht schlecht; der hat mir immer eine Gute-Nacht-Geschichte erzählt."

An anderer Stelle hingegen:

„Ich wünschte mir, daß die Petra (Mutter, d.Verf.) ganz viel hier ist, und der Ralf (Stiefvater, d.Verf.) soll ein ganzes Jahr wegbleiben. Aber so ist es leider nicht."

---

34 Dazu gehören Tina aus der Familie Schäfer-Traber, Philipp Quant aus der Familie Rebmann-Pohl und Wolfgang Vogel aus der Familie Uhlmann-Weiss, alles Kinder aus Stiefvaterfamilien.

35 Zu den Familienbeziehungen in der Familie Rebmann-Pohl siehe auch Kap. II.2.2.

Zum Ausdruck kommt hier, daß Philipp manches an seinem Stiefvater gut findet, andererseits ihn aber auch als Eindringling und Konkurrenten bei seiner Mutter empfindet, der ihm manchmal lästig ist, allerdings auf Dauer wünscht er ihn nicht weg. Er rechnet ihn an anderer Stelle ganz eindeutig zu seiner Familie und es gibt vieles, das er gerne mit ihm macht:

„Fußballspielen, das ist mein Lieblingssport. Am liebsten mache ich das mit Ralf. Und Tennisspielen tue ich auch gerne mit ihm, auch Langlaufen und Spiele machen."

Danach gefragt, in welcher Familienkonstellation er am liebsten wohnen möchte, äußert er verschiedene Möglichkeiten, die alle für ihn akzeptabel scheinen; letztendlich gibt er keiner Form eindeutig den Vorrang:

„Ich möchte lieber mit der Petra alleine wohnen, dann können wir mehr zusammen machen."

Oder:

„Am liebsten würde ich beim Klaus (leiblicher Vater, d.Verf.) bleiben, da kann ich wenigstens fernsehen."

Er sagt aber auch:

„Ich wünsche mir ein ganz großes Haus, in dem meine ganze Familie wohnen soll. Also Großmama, Großpapa, ich, Petra, Ralf und der Rainer (Halbbruder, d.Verf.)."

Für Philipp gibt es keinen Leidensdruck, nach Alternativen zu seiner jetzigen Lebenssituation zu suchen, und er geht eher spielerisch mit den verschiedenen Möglichkeiten um, die in einem solchen erweiterten Familiensystem liegen.

4.2.1 Umgang mit der Mehrelternschaft

Mit dem Faktum der Mehrelternschaft können die hier zugeordneten Kinder relativ selbstbewußt und locker umgehen. Sie sehen durchaus auch Vorteile darin, daß sie vertrauensvolle Beziehungen zu mehreren Elternfiguren haben, und es fällt ihnen nicht schwer, mehrere „Väter" oder eventuell auch mehrere „Mütter" (nach der Wiederheirat des außerhalb lebenden Vaters) in ihrem Leben anzuerkennen. In der Öffentlichkeit und unter Freunden sprechen sie freimütig über ihre besondere Familiengeschichte und Familienkonstellation und machen keinen Hehl aus der Besonderheit ihrer Familie — nicht immer ist den Eltern die Offenheit ihrer Kinder recht.

An *Tina Traber* läßt sich anschaulich zeigen, wie manche Stief-/Kinder ihre besonderen Familienverhältnisse für sich einordnen.

Tina ist ein lebhaftes und kokettes 13jähriges Mädchen, das seit acht Jahren in der Stieffamilie lebt; sie hat noch drei wesentlich jüngere

Halbgeschwister, die sie zwar mag, aber mit denen sie – typisch für die Pubertät – nicht mehr viel anfangen kann. Ihre Interessen gelten inzwischen vorwiegend ihren Freundinnen und der Musik und sie beginnt, sich für gesellschaftliche Probleme zu engagieren.

Nach ihrer Familie befragt, erzählt sie:

„Ich finde das ganz gut, daß wir so unnormal sind, nicht so alltäglich. Also, daß meine Eltern so geschieden sind und daß ich dann noch einmal drei Brüder habe von einem anderen Vater. Ja, und daß mein Vater dann wiedergeheiratet hat und daß ich eigentlich noch eine Stiefschwester habe. Bei uns ist immer etwas los und es passiert oft etwas Außergewöhnliches."

Ihren Mitschülern und Freundinnen erklärt sie offen, wie ihre Familie zustandegekommen ist, und möchte auch nicht ihrer Mutter zuliebe, der dies eher unangenehm ist, darauf verzichten, ehrlich zu sein:

„Wenn mich jemand nach meiner Familie gefragt hat, dann habe ich es schon immer erklärt. Es ist doch nichts Schlimmes dabei. Wenn ich die jetzt anlügen würde, das fände ich auch nicht gut."

Ihre Mutter sieht das Ganze etwas anders:

„Ich habe mich schon geniert, also ich wollte meine Verhältnisse in Ordnung kriegen und war gottfroh, wie ich den Siggi geheiratet hatte. Da habe ich der Tina auch den Namen ändern lassen, damit alle gleich heißen und damit irgendwo ein Punkt ist."

Von daher hat Frau Traber Schwierigkeiten mit Tinas Freimütigkeit. Sie erzählt:

„Die Tina ist da geneigt, immer diesen ganzen Kladderadatsch zu erzählen. Ich finde das nicht so toll. Gerade als die so in der Grundschule war, da habe ich ihr schon gesagt, also du mußt wirklich nicht jedem Kind unsere ganze Story erzählen. Das trägt sie mir bis heute noch irgendwie nach, daß ich sie da quasi ein Stück weit zur Unehrlichkeit gezwungen hätte."

Tina kann ihre Familienverhältnisse als außergewöhnlich betrachten und – anders als ihre Mutter – befürchtet sie nicht, wegen dieser Besonderheiten stigmatisiert zu werden.

Ein Faktor für das Wohlergehen dieser Kinder liegt darin, daß ihre leiblichen Eltern die früheren Paarprobleme soweit bewältigt haben, daß der Kontakt zwischen den Ex-Ehepartnern kaum belastet ist durch schwelende Konflikte und daß sie auf der Elternebene gut kooperieren können. Die erste Ehe der Mütter in den hier beschriebenen Stieffamilien war sehr kurz, die Kinder waren bei der Trennung alle erst ca. ein Jahr alt und haben daher kaum Erinnerungen an ein gemeinsames Familienleben mit den leiblichen Eltern. Diese Kinder haben in einer mehrjährigen Einelternphase eine enge und stabile Beziehung zu ihrer Mutter entwickelt, bevor die neue Familie gegründet wurde.

4.1.3 Die Beziehung zum Stiefelternteil

Die neuen Partner der Mütter lassen den Kindern Zeit, eine eigenständige Beziehung zu ihnen aufzunehmen und meinen in ihrer Position als Stiefvater nicht, daß die Kinder in ihnen einen Vater sehen sollten, übernehmen aber selbstverständlich viele Vaterfunktionen für die Kinder. Die Kinder betrachten den neuen Erwachsenen eher als einen Freund und Kumpel, den sie mögen und den sie nicht wieder verlieren möchten. Sie erwarten von ihm, daß er sich mit ihnen beschäftigt, daß sie sich auf ihn verlassen können und daß er sich für sie auch zuständig fühlt. Die Kinder haben an ihn also Erwartungen an Verbindlichkeit und Zuwendung, die sicher über die Wünsche an ein normales Freundschaftsverhältnis hinausgehen, aber dennoch anders sind als die an einen Vater in der Familie, von dem das Kind bedingungsloses Angenommensein und Liebe erwartet und dem es sich in anderem Maße mit seinen Stärken und Schwächen zumuten kann.

Eine gute und intensive Beziehung zum Stiefvater ist besonders für *Wolfgang Vogel* ein wichtiges Element in seiner Situation als Stief-/Kind.

Wolfgang ist $11^1/_2$ Jahre alt, ein ruhiger Junge, der aber – seinem vorpubertären Alter entsprechend – auch frech und aufbegehrend sein kann. Seit $4^1/_2$ Jahren lebt er in der Stieffamilie; zum Spielen zieht er seinen zwei kleinen Halbschwestern deutlich seine Altersgenossen vor, mit denen er einen großen Teil seiner Freizeit verbringt.

Wolfgang ist der aktive Teil, der den späteren Stiefvater Uwe Uhlmann-Weiss als erster kennenlernt und diesen in die Familie zieht. Er erinnert sich:

„Den Uwe habe ich auf 'ner Hochzeit kennengelernt und habe da auch mit ihm getanzt. Dann habe ich ihn meiner Mutter vorgestellt. Der ist echt ein netter Mensch. (...)

Ich fand das gut, als der Uwe zu uns kam. Mein anderer Vater war ja weg. Da war ich für mich froh, daß wieder einer da war."

Er freut sich also sehr, als seine Mutter und ihr neuer Freund – nach anfänglichen Beziehungsschwierigkeiten – sich endlich entschließen zu heiraten, für Wolfgang „ein schönes Zeichen, daß er wieder eine Familie hatte", wie sein Stiefvater sagt.

Von Anfang an findet Wolfgang Gefallen an Uwe und behält engen Kontakt zu ihm, auch als sich die Erwachsenen vorübergehend trennen. Beide entwickeln „eine Art Männerfreundschaft" – mit vielen gemeinsamen Unternehmungen, auch Reisen zu zweit –, die sie heute noch verbindet. Auf der Basis einer intensiven emotionalen Beziehung kann Wolfgang gut annehmen, daß sein Stiefvater die Erledigung alltäglicher Pflichten von ihm fordert und mit ihm deswegen bisweilen auch „in Clinch geht." Er sagt:

„Am blödsten finde ich, daß ich dauernd helfen muß. Immer muß ich die Spül-
maschine ausräumen. Und dann regt sich der Uwe auf, wenn ich's vergesse.
Und wenn ich laut Musik höre, ist er gleich genervt."

Da Wolfgang weiß, daß sein Stiefvater viel Verständnis für ihn hat und
sich immer wieder mit ihm auseinandersetzt, kann er situativen Unmut
offen ausdrücken.

Bei allen drei hier vorgestellten Kindern haben wir den Eindruck, daß
sie eine tragfähige Beziehung zu ihrem Stiefvater haben. Weitgehende
Erwartungen an ihn hindern sie nicht daran, diesem auch Aggression
und Ablehnung zu zeigen, wohl weil die Kinder ihre jetzige Familie als
stabil erfahren, sich dazugehörig fühlen und wissen, daß ihre Stiefväter
sich nicht ohne weiteres von ihnen zurückziehen.
Vertrauen gibt ihnen – so denken wir – auch die gute Beziehung zwischen ihrer Mutter und dem Stiefvater, eine Beziehung nämlich, in der
die Partner sich mit Zuneigung und Achtung begegnen, Konflikte offen
austragen und nach gemeinsamen Lösungen suchen (vgl. dazu Kap.
IV.3.1.3).

4.1.4 Die Beziehung zum außerhalb lebenden Elternteil

Für die Kinder in diesen Familien ist es wichtig und wohltuend, daß in
bezug auf den außerhalb lebenden leiblichen Vater klare Verhältnisse
herrschen. Es gibt bei allen eine unbestrittene, großzügige und flexibel
gehandhabte Besuchsregelung und bei Terminabsprachen nehmen die
Erwachsenen Rücksicht aufeinander.

Die Beziehung der Kinder zu ihren leiblichen Vätern ist den Stief-/El-
tern wichtig und sie lassen den Kindern ausreichend Raum, diese Beziehung zu leben und zu gestalten (vgl. dazu Kap. IV.3.2.5). Die leiblichen
Väter ihrerseits sind sehr an ihren Kindern interessiert und suchen regelmäßigen Kontakt mit ihnen. Sie haben seit der Trennung über die
Jahre und sich ändernde Umstände hinweg eine kontinuierliche und intensive Beziehung zu ihrem Kind gehalten und nehmen auch Anteil an
dessen jetzigem Familienleben. Die gegenseitige Akzeptanz und Gelassenheit der Erwachsenen innerhalb dieser Mehrelternkonstellation erlaubt es den Kindern, sich frei zwischen ihren „beiden" Familien zu bewegen, ohne sich hin- und hergerissen zu fühlen, ja sogar die Beziehungen zu mehreren Elternfiguren zu genießen; sie verstehen es, diese Beziehungen mit ihren unterschiedlichen Qualitäten in ihr Leben zu integrieren und bringen im Interview zum Ausdruck, daß sie es gut finden,
„zwei Väter" zu haben.

Diese Kinder hängen alle sehr an ihrem leiblichen Vater, besuchen ihn
gerne und für sie ist er unumstritten der „richtige" Vater, eine Empfindung, die für sie unabhängig ist von ihrer Wertschätzung und Einschätzung des Stiefvaters. Dabei stellen sie durchaus Vergleiche an zwischen

leiblichem Vater und Stiefvater und registrieren die Andersartigkeit der jeweiligen Bindung.

Tina Traber drückt das z.B. so aus:

„Ich finde es gut, daß der Siggi (Stiefvater, d.Verf.) da ist. Der ist ein Kumpel für mich, irgendwie wie mein großer Bruder.

Der Tim (leiblicher Vater, d.Verf.), der ist ganz anders. Der ist eben mein Vater. Ich sage immer, ich habe zwei Väter, das ist schon gut. Ich mag beide gleich gerne."

Und Wolfgang:

„Ich finde es gut, so mit zwei Vätern. Den einen kann ich besuchen und der andere ist immer da. Es ist zwar nicht immer so toll, daß mein richtiger Papa weg ist, aber es ist schön bei ihm, wenn ich dort bin."

Und selbst Philipp, der am meisten von diesen drei Kindern mit seinem Stiefvater hadert, meint:

„Ach, ich finde es ganz gut mit zwei Vätern. Einer, der streng ist und mir Märchen erzählt, und einen lieben, bei dem ich Fernsehgucken kann."

Die Besuche bei ihrem leiblichen Vater sind den Kindern sehr wichtig – Wolfgang z.B. ist, wie sein Stiefvater sagt, vor einem Besuch bei seinem Vater „fast unerträglich vor Freude" – und die Kinder sehen diese Besuche auch als Privileg, das ihnen gegenüber ihren Halbgeschwistern einen Sonderstatus verleiht. Sie legen Wert auf die Exklusivität der Beziehung zum Vater und möchten sich diesen Erfahrungsraum außerhalb ihrer Stieffamilie erhalten.

Tina, die ihren leiblichen Vater regelmäßig an den Wochenenden besucht, läßt dieses Zusammensein nur in Ausnahmefällen ausfallen. Bei ihrem Vater und dessen neuer Frau ist das Familienleben eher ruhig und beschaulich, sie machen Unternehmungen wie Konzert- und Theaterbesuche, Ausflüge und Spaziergänge, Unternehmungen, für die in der quirligen Familie Schäfer-Traber mit den drei kleinen Kindern kaum Gelegenheit ist. Tina fühlt sich durch diese unterschiedlichen Erfahrungswelten bereichert und sie genießt es, ihre Wochenenden in einer anderen Umgebung zu verbringen und jemanden zu haben, der in dieser Zeit fast ausschließlich für sie da ist:

„Also ich will schon regelmäßig am Wochenende dort hingehen. Nur wenn ich 'mal auf eine Party gehe, dann sag' ich halt, ich hab keine Zeit; aber selten.

Also bei Tim, da werde ich schon verwöhnt. Meine Brüder würden auch gerne viel öfter mitgehen, aber ich möchte den Tim lieber für mich haben."

Wir haben hier die Kinder vorgestellt, denen es im Großen und Ganzen in ihrer Stieffamilie gut geht; Wolfgang z.B. sagt resümierend:

„Unsere Familie ist völlig okay. Ich finde, Stiefkinder haben es genauso gut wie andere Kinder."

Obwohl diese Kinder in einer Familienkonstellation leben, – nämlich ein älteres Stiefkind in einer neuen Familie, in der das Paar ein oder mehrere gemeinsame Kinder hat –, in der – zumindest nach den Ergebnissen von CROSBIE-BURNETT/AHRONS (1985) – die Tendenz zur Isolation des Stief-/Kindes besteht, gelingt es in diesen Familien, den Stief-/Kindern eine Position einzuräumen, in der sie Zugehörigkeit und ihren eigenen Erfahrungsbereich leben können.

4.2 Kinder, die Anstrengungen auf sich nehmen, um mit ihrer Stieffamiliensituation gut zurechtzukommen

Zu dieser Gruppe von Kindern zählen wir sieben Stief-/Kinder[36]. Diese Kinder setzen sich – viel mehr als die Kinder der ersten Gruppe – mit stieffamilienspezifischen Aspekten auseinander, bemühen sich sehr, ihre besondere Situation und das Verhalten der Erwachsenen zu verstehen und mit diesen Anstrengungen gelingt es ihnen, sich in der neuen Familie einzurichten und wohlzufühlen.

In diesen Familien werden Gefühle, besonders die negativen, weniger spontan und offen ausgedrückt und es sind Anstrengungen, die Integration der Stieffamilie zu fördern, spürbar. Wir haben den Eindruck, daß alle Familienmitglieder eher vorsichtig und einfühlsam miteinander umgehen und versuchen, Kontroversen einzugrenzen und das Familienleben harmonisch zu gestalten. Den Familienmitgliedern – besonders den Kindern – liegt viel daran, gemeinsame Unternehmungen zu machen, miteinander zu spielen und Zeit füreinander zu haben.

4.2.1 Umgang mit der Mehrelternschaft

Den hier zugeordneten Kindern ist es ein großes Anliegen, einen festen Platz in ihrer zweiten Familie zu finden, die Familie eng zusammenzuhalten und den Erwachsenen möglichst wenig Anlaß zu Ärger und Konflikten zu geben. Ihnen ist wichtig, eine „richtige" und „heile" Familie zu haben, und in der Öffentlichkeit sprechen sie ungern über ihre besonderen Familienverhältnisse, wohl weil sie letztendlich die Scheidung ihrer leiblichen Eltern als Makel betrachten. Auf die Frage, ob ihre Freunde wissen, daß sie in einer Stieffamilie leben, antworten die Kinder z.B.:

„Ich sag' das nicht so gerne. Die meisten Kinder haben eben keine geschiedenen Eltern und die stellen sich dann vor, daß das ganz schlimm ist."

„Also mir ist es ein bißchen peinlich, darüber zu sprechen, vor allem weil die anderen denken könnten, daß wir aus einer total ‚fertigen' Familie kommen."

---

36 Dazu gehören: Frauke aus der Familie Eigner-Faller, Lorenz aus der Familie Matrai, Nathalie und Nina aus der Familie Nagel-Ortner und Christian, Klaus und Cornelius aus der Familie Dietz.

Diese Kinder sind weniger unbeschwert als die Kinder der ersten Gruppe und machen sich viele Gedanken über das Empfinden der anderen Familienmitglieder, über ihre spezifische Familiengeschichte und über ihren Umgang mit den verschiedenen Elternfiguren. Für sie ist es schwer, die Beziehungen zu mehreren Elternfiguren zu koordinieren und auszubalancieren. Sie möchten ein gutes Verhältnis haben zu ihrem Stiefelternteil und zu ihrem Elternteil in der Familie, wünschen sich aber auch zu ihrem außerhalb lebenden Elternteil eine Beziehung, die über flüchtige und formale Kontakte hinausgeht.

4.2.2 Die Beziehung zum außerhalb lebenden leiblichen Elternteil

Die außerhalb lebenden Väter – in einem Fall auch die Mutter – sind für die Kinder kaum greifbar; z.T. zeigen sie wenig Interesse, z.T. sind sie unzuverlässig und tauchen nur sporadisch auf. Ihre Kinder gehören nicht mehr zu ihrem engen persönlichen Lebensbereich und sie sind nicht bereit, viel Zeit in die Beziehung zu ihren Kindern zu investieren.

Die Kinder ihrerseits bedauern die Zurückhaltung ihres außerhalb lebenden Elternteils und fühlen sich von ihm im Stich gelassen. Sie reagieren darauf unterschiedlich: Die einen werten ihren abwesenden Elternteil ab und verurteilen ihn moralisch, weil er die Familie verlassen hat; die anderen versuchen, sein Verhalten zu verstehen und es zu verteidigen.

Frauke Faller hat ein zwiespältiges Verhältnis zu ihrer leiblichen Mutter. Das 12jährige lebhafte Mädchen wurde vor $2^{1}/_{2}$ Jahren von ihrer Mutter verlassen und blieb bei ihrem Vater; seit zwei Jahren lebt sie in einer Stieffamilie, ihre Stiefmutter hat eine kleine Tochter mitgebracht.[37]

Die Einladungen ihrer Mutter, sie zu besuchen, machen Frauke zu schaffen, einerseits weil sie Angst hat, zeitweilig von den Aktivitäten ihrer jetzigen Familie ausgeschlossen zu werden, andererseits wohl auch, weil sie ihrer Mutter übel nimmt, daß diese die Familie allein gelassen hat:

„Meine Mutter will immer, daß ich in den Ferien komme, aber ich mag es nicht so. Lieber möchte ich hier dabei sein, weil wir immer soviel zusammen machen.

Bei meiner Mutter finde ich es nicht so gut, weil die jetzt auch einen Freund hat; dann ist sie immer mit dem zusammen und hat keine Zeit für mich."

In Fraukes Erzählungen über ihre Mutter schwingen Wut und Rachegedanken mit, aber auch Unverständnis und Trauer über ein Verhalten, das ihrem Bild von einer Mutter nicht entspricht:

---

37 Zu den Familienbeziehungen in der Familie Eigner-Faller siehe auch Kap. II. 3.1.1.

„Ich konnte es halt nicht begreifen, wie denn meine Mutter . . ., daß sie jetzt einfach weggeht; da habe ich gedacht, die hat mich nicht lieb. Ich fand es gegenüber meinem Vater und mir saumäßig fies.
(. . .)
Es gefällt mir nicht so, zu ihr zu gehen. Sie tut dann immer so, wie wenn nichts gewesen wäre. Dabei ist sie doch gegangen und will dann noch, daß ich zu ihr komme, und das sehe ich nicht ein. Aber ich mag es ihr nicht sagen; ich will eigentlich keinem weh tun."

Das Verhalten der Mutter macht es Frauke schwer, die Beziehung für sich zu klären: einerseits weiß sie, daß ihre Mutter sie sehen will, andererseits spürt sie, daß im Leben der Mutter wenig Raum für sie ist. Da sie merkt, daß sie in dieser Situation keine für sie befriedigende Beziehung zu ihrer Mutter haben kann, reagiert sie mit Abwertung und Bestrafungsphantasien, um mit der Verletzung, von ihrer Mutter nicht genug geliebt und wichtig genommen zu werden, besser umgehen zu können. Es gibt Momente, in denen Frauke, um der Beziehungskonfusion zu entgehen, sich wünscht, ihre Mutter wäre gestorben; sie meint wohl, sich so das Bild einer liebevollen Mutter bewahren zu können, vielleicht auch, weil sie glaubt, dann eine ungetrübte Beziehung zu ihrer Stiefmutter leben zu können.

Ähnlich abwertende Strategien haben wir bei *Christian*, *Klaus* und *Cornelius* in der Familie *Dietz* gefunden.

Die Söhne im Alter von 18, 17 und 11 Jahren leben seit 10 Jahren in der Stieffamilie. Ihr Vater, ein wohlhabender Unternehmer, hatte kurz nach der Geburt des jüngsten Kindes die Familie verlassen. Die zwei Älteren sind aufgeschlossene Jugendliche mit vielfältigen Interessen, der 11Jährige ist eher schüchtern und zurückhaltend.[38]

Der Kontakt zum leiblichen Vater der Kinder hat im Laufe der Jahre immer mehr abgenommen. Wie Frauke reagieren die Söhne in der Familie Dietz mit Abwertung des Elternteils, der sie verlassen hat und der sich seitdem wenig um sie kümmert. Andererseits äußern sie im Gespräch mit uns durchaus den Wunsch, mehr von ihrem Vater zu erfahren; aus Rücksicht auf die Mutter wollen sie diese aber nicht durch Fragen nach dem leiblichen Vater mit der Vergangenheit konfrontieren oder eigenständig Kontakt zu ihrem Vater aufnehmen.

Im Interview sprechen sie sehr viel über ihren „früheren Vater" und in dichter Folge stehen Kritik, Neugier und heimliche Bewunderung nebeneinander:

„Die Besuche bei ihm (leiblichem Vater, d.Verf.) waren irgendwie sowieso nur ein Witz; über das Wochenende konnte er kurz den tollen Papa spielen und

---

38 Zu den Familienbeziehungen in der Familie Dietz siehe auch Kap. II.
    1.4.1.

dann hat er sich ewig wieder nicht um uns gekümmert. Das haben wir erst richtig gemerkt, als wir älter waren."

Der älteste Sohn kritisiert seinen Vater am schärfsten und würde sich gerne an ihm rächen, indem er das Vater-Kind-Verhältnis aufkündigt:

„Ich ziehe oft über meinen früheren Vater her, was der für Schandtaten begangen hat und wie der meine Mutter behandelt hat. Also einfach beschissen. (...)

Ich habe mir schon überlegt, ob ich mich nicht vom Dieter (Stiefvater, d.Verf.) adoptieren lassen soll, damit der (leibliche Vater, d.Verf.) merkt, was ich von ihm halte."

Neugier und Interesse am leiblichen Vater bringen mehr die beiden Jüngeren zum Ausdruck:

„Also irgendwie hat der mich schon interessiert, z.B. wenn er im Auto vorfährt, so mit Sonnenbrille und Handschuhen. Ich bin ja kein Autofreak, aber irgendwie sah der bewundernswert aus, wie eine hohe Persönlichkeit und selbstsicher, so ist es mir vorgekommen. Vielleicht hab' ich ihn ein bißchen bewundert."

Die Kinder beschreiben mehrfach ihren Vater als jemanden, der mit Sonnenbrille und Handschuhen auftritt; wir vermuten, dieses Bild bringt zum Ausdruck, daß der Vater den Söhnen wenig von sich zeigt und daß diese nur eine vage Vorstellung von der Person ihres Vaters haben.

Die Wünsche an den Vater werden nur vorsichtig geäußert und wir spüren, daß sie bisher kaum darüber gesprochen haben und unsicher sind, ob sie solche Gedanken ihren Stief-/Eltern zumuten können:

„Ich glaube, meine Mutter wollte auch nicht, daß wir zu dem gehen. Also es war ihr arg wichtig, daß wir wenig mit dem zu tun hatten, das glaub' ich schon.

Ich glaube auch, daß es (...) ich weiß nicht, ob das stimmt (...), daß es ein bißchen Eifersucht vielleicht war. Ich hoffe auch nicht, daß sie das hier (gemeint ist das Interviewgespräch, d.Verf.) irgendwie mitkriegt."

Ihrem Alter entsprechend werden für die heranwachsenden Söhne Fragen nach ihrer Herkunft zunehmend wichtig. Gerade für die Jugendlichen wäre es in der Phase der Identitätsbildung wesentlich, die Auseinandersetzung mit beiden leiblichen Elternteilen führen zu können, denn für die Definition der individuellen Identität ist die eigene Herkunft konstitutiv und daher der konkrete Kontakt zu beiden leiblichen Eltern wichtig. Dieser Prozeß wird den Kindern in der Familie Dietz schwer gemacht, weil der leibliche Vater sich entzieht und die Mutter Gespräche über ihn abblockt:

„Meine Mutter sagt manchmal, daß ich ihm (leiblicher Vater, d.Verf.) ziemlich ähnlich bin, z.B. wenn ich so zur Tür reinkomme oder wenn ich so gucke. Also, ich interessiere mich schon ein Stück dafür, was ich von diesem Menschen ha-

be. Dann frage ich immer nach oder so oder versuche, da irgendwas rauszu-
kriegen. Aber das geht schlecht, grad weil meine Mutter nicht mehr darüber
sprechen will."

Im Zitat wird deutlich, daß die Söhne über ihren leiblichen Vater wenig
erfahren können und daher bei ihren eigenen Phantasien und Spekula-
tionen stehen bleiben und eine reale Auseinandersetzung nicht stattfindet.

Die geschiedenen Eltern der hier zugeordneten Kinder haben ihre Beziehung zueinander nicht vollständig geklärt; es gibt auch noch nach
Jahren latente Spannungen, die das Verhältnis der gesamten Stieffamilie zu dem außerhalb lebenden Elternteil beeinflussen. Solche unterschwelligen Animositäten belasten besonders die Kinder, die dadurch
in Loyalitätskonflikte geraten, weil sie nicht wissen, wie sie Zugehörigkeit und Zuneigung verteilen dürfen und wie sie ihre Beziehungen gestalten sollen.

Nathalie und *Nina Nagel* begegnen diesem Dilemma, indem sie sich bemühen, ihre Mutter, ihren Stiefvater und ihren leiblichen Vater zu verstehen und jedem gerecht zu werden.

Die Mädchen im Alter von 8 und 9 Jahren leben seit vier Jahren in der
zweiten Familie. Beide sind ruhige, nette und freundliche Kinder, die
gerne zu Hause spielen, musizieren und basteln; sie wirken ernst und
nachdenklich.[39]

Die Töchter vollbringen einen schwierigen Balanceakt, um das richtige
Maß an Liebe und Zuwendung zu finden, das sie jedem einzelnen Erwachsenen entgegenbringen dürfen, ohne einem anderen weh zu tun.
Manchmal haben sie die Befürchtung, ihrer Mutter nicht zumuten zu
können, daß sie ihren eigenen Vater liebhaben, einen Mann also, von
dem die Mutter sich abgewandt hat, und trauen sich nicht, ihren
Wunsch, den Vater öfter zu sehen, offen zu äußern.

Der leibliche Vater kommt dem Bedürfnis seiner Kinder nach einer intensiveren Beziehung kaum entgegen; er verspricht ihnen zwar hin und
wieder gemeinsame Unternehmungen, hält sich aber oft nicht an seine
Versprechungen. Wie die Mutter erzählt, sind die Kinder dann sehr enttäuscht. Die Töchter selbst sprechen nicht über ihre Enttäuschung und
stellen den Kontakt zum leiblichen Vater positiver dar, als es die Stief-/
Eltern tun. Sie suchen eher nach Entschuldigungen und verteidigen das
Verhalten des Vaters:

„Also ich würde meinen richtigen Papa schon gerne öfter sehen. Ich freue mich
immer ganz arg, wenn ich zu ihm gehe. Ich finde es schade, daß sie (die Stief-/
Eltern d. Verf.) ihn nicht mehr ranholen. Aber der hat auch so viel zu tun, da
kommen immer so viele Leute und da hat er einfach keine Zeit."

---

39 Zu den Familienbeziehungen in der Familie Nagel-Ortner siehe auch Kap.
    IV.3.1.2.2.

Das starke berufliche Engagement des Vaters ist für die Kinder eine Erklärung dafür, daß er ihnen nur sehr wenig Zeit widmet. Die Kinder halten innerlich stark an ihrer Beziehung zum Vater fest und bemühen sich, ihm ihre Verbundenheit zu zeigen, so z.b. indem sie auf ihren eigenen Wunsch hin seinen Namen beibehalten und nicht den neuen Familiennamen übernehmen.

„Wir durften uns den Namen aussuchen und dann haben wir gesagt, daß wir lieber den Namen vom Papa behalten wollen, weil wir jetzt ja schon mit dem Oliver (Stiefvater, d.Verf.) zusammen wohnen, mit ihm leben. Da hat der Papa sich auch ganz arg gefreut, weil der sieht uns ja so selten."

Vielleicht weil die Kinder befürchten, daß ihr Vater sich mehr zurückziehen könnte und daß ihre Stief-/Eltern den Rückzug begrüßen würden, betonen sie ihre Zugehörigkeit zum Vater:

„Eins weiß ich ganz sicher, der Norbert (leiblicher Vater, d. Verf.) gehört auf jeden Fall zu uns. Vielleicht gehört er zur Mama nicht mehr so richtig, weil die sich ja geschieden haben, aber ich finde, zu uns gehört er noch."

Bei den Stief-/Eltern gibt es durchaus Vorbehalte gegen den außerhalb lebenden Vater – das spüren auch die Kinder – und sie selbst unternehmen wenig, um den Kontakt zwischen Vater und Kindern zu fördern. Obgleich die Beziehung zum Vater bei weitem nicht den Wünschen der Kinder entspricht, hat sie einen hohen Stellenwert und die Kinder machen sich Gedanken, ob sie ihren Vater kränken, wenn sie eine enge emotionale Beziehung zu ihrem Stiefvater haben.

4.2.3 Die Beziehung zum Stiefelternteil

Wie die meisten Kinder, die eine Trennung ihrer Eltern erlebt haben, wünschen sich auch die beiden Töchter in der Familie Nagel-Ortner „normale Familienverhältnisse", was für Kinder bedeutet, daß sie mit einem Vater und einer Mutter zusammenleben. Kinder haben in der Regel ganz feste Vorstellungen, wie eine Familie auszusehen hat und sie möchten sich in ihrer Familienkonstellation nicht von ihren Freunden unterscheiden. So begrüßen es auch fast alle hier beschriebenen Kinder, daß ihre Teilfamilie durch einen Stiefelternteil wieder vollständig wird und freuen sich, wieder eine „richtige Familie" zu haben. Gerade die Kinder, denen ihr außerhalb lebender Elternteil keine konstante und zuverlässige Beziehung bietet, sind froh, daß ein neuer Erwachsener innerhalb der Familie die Stelle des abwesenden Elternteils besetzt und ihnen im Alltag wieder ein „Elternpaar" zur Verfügung steht. Je weniger die Kinder von ihrem außerhalb lebenden Elternteil haben, desto mehr wollen sie, daß der Stiefelternteil die Funktion eines(r) Alltagsvaters bzw. -mutter in der Familie übernimmt. Herr Ortner z.B. spricht im Interview die Wünsche seiner Stiefkinder nach Vollständigkeit der Familie an und beschreibt die Rolle, die er für sie einnehmen soll:

„Ich glaube schon, daß sie möglichst viel Papahaftes von mir mitkriegen wollen. Papahaftes heißt Zeit haben, auch mal schimpfen, mit ihnen was machen, was zeigen, spielen, wenn etwas kaputt geht, es dann wieder reparieren. Und Nähe natürlich. Und wahrscheinlich auch so jemanden, der einfach da ist, ein Statist, was zeigt, der Papa ist da, bei uns ist alles in Ordnung. Da kommt, glaube ich, auch die Funktion raus.“

Die Töchter in der Familie Nagel-Ortner — wie auch die Kinder in den Familien Dietz und Eigner-Faller — bemühen sich sehr, den Stiefelternteil fest in ihre Familie einzubinden, sie werben geradezu um ihn, sind sehr aufmerksam und freundlich und trauen sich kaum, auch einmal Unmut zu zeigen.

Frau Nagel-Ortner erzählt über ihre Töchter:

„Also, dem Oliver (Stiefvater, d. Verf.) gegenüber haben die Kinder lange die Haltung gehabt, ihm nicht weh tun zu wollen, ihm möglichst zu gefallen, damit er dann von selbst etwas mit ihnen macht. Und daß sie etwas von ihm fordern, auch 'mal mit ihm streiten, das gibt es kaum.

Ich glaube, daß die Kinder Angst davor haben, daß er wieder gehen könnte. Das ist schlimm, das ist also eine Scheidungsfolge, die ich jetzt erst kennenlerne. Sozusagen ein Dauerzustand, eine erhöhte Sensibilität und eine erhöhte Angst vor wiederholter Trennung.“

Alle diese werbenden Kinder erzählen fast ausschließlich Positives über ihren Stiefelternteil und einige überhöhen ihn sogar im Vergleich zum leiblichen Elternteil, was eine Reaktion auf ihre Enttäuschung über das mangelnde Interesse ihres leiblichen Vaters / ihrer leiblichen Mutter sein mag.

Frauke z.B. sagt ziemlich deutlich, daß sie sich mit ihrer „neuen Mutter“ wohler fühlt:

„Manchmal überlege ich mir schon, wer eigentlich besser wäre. Also ich finde die Eva (Stiefmutter, d. Verf.) besser. Meine Mutter erlaubt mir fast gar nichts, wenn ich da bin. Ich habe festgestellt, daß die Eva viel mehr mit Kindern macht und so. Das hat mich ganz arg gefreut, daß sie soviel mit uns unternimmt. Ich darf auch viel mehr als früher. Und die ist halt auch richtig lieb zu mir, die Eva.“[40]

Auch die Söhne in der Familie Dietz vergleichen ihre „beiden Väter“ miteinander, einerseits — typisch für Jugendliche — auf der Ebene mate-

---

40 Es ist erstaunlich, daß dieses hohe Lob einer Stiefmutter gilt, angesichts der Tatsache, daß sich die von uns befragten Stiefmutterfamilien als sehr belastet gezeigt haben und auch in der Literatur die Situation der Stiefmutter — ob mit oder ohne eigene Kinder aus früherer Ehe — als sehr problematisch beschrieben wird. Wir können nur vermuten, daß durch die Konstellation in der Familie Eigner-Faller, die ja eine komplexe Stieffamilie ist, die Stiefmutterproblematik durch die symmetrische Stiefelternschaft abgefedert wird (vgl. Kap. II.3.1.1).

rieller Zuwendungen, andererseits aber auch auf der Ebene des Engagements und des Interesses für sie. Dabei schneidet ihr Stiefvater eindeutig besser ab:

„Also ich meine, was der Dieter (Stiefvater, d. Verf.) für uns tut oder was der uns gibt, jetzt mal materiell gesehen, das ist viel mehr. Was ich so von meinem früheren Vater erhalte und was ich vom jetzigen kriege, das ist doch ein riesengroßer Unterschied.

Also, wir haben festgestellt, daß der Dieter sich viel mehr um uns kümmert und für uns da ist als der frühere Vater. Wir haben ihn sofort akzeptiert und kamen immer gut mit ihm aus."

Bisher sind wir noch nicht auf *Lorenz Matrai*, den wir auch dieser Gruppe von Kindern zugeordnet haben, eingegangen, da bei ihm der Umgang mit der Mehrelternschaft anders aussieht als bei den oben beschriebenen Kindern.

Der 10jährige Lorenz, ein sehr zurückhaltender und ruhiger, fast ängstlich wirkender Junge, lebt seit 6 Jahren in der Stieffamilie. Seit 6 Monaten hat er einen Halbbruder. Oft beschäftigt er sich allein und hört Musik.

Lorenz hat seinen leiblichen Vater nur kurz erlebt – er war bei der Trennung der Eltern erst $1/2$ Jahr alt – und hat ihn seitdem fast nie gesehen. Sein Vater zeigt keinerlei Interesse an Kontakten mit seinem Sohn. Daher hat dieser nur ein vages Bild von seinem Vater und weiß kaum, was für ein Mensch er ist.

Obwohl der Junge schon seit seinem 5. Lebensjahr mit seinem Stiefvater zusammen lebt, ist die Beziehung zwischen Stiefvater und Stiefsohn – so berichten die Stief-/Eltern – eher reserviert und distanziert. Von Anfang an begegnet Lorenz seinem Stiefvater mit Zurückhaltung und reagiert mit Eifersucht. Noch heute bezieht er sich vorwiegend auf seine Mutter und tut sich mit seinem Stiefvater eher schwer. Im Familiengespräch mit uns wirkt Lorenz verschlossen und etwas bedrückt – ein Einzelinterview hat er als einziges Kind abgelehnt. Er äußert sich nur vorsichtig und mag seine Gedanken zu seiner Familiensituation – im Gegensatz zu anderen gleichaltrigen Kindern im Untersuchungssample – nicht formulieren. Wir vermuten, daß er nicht wagt, negative Gefühle bezüglich seiner Familienkonstellation zu zeigen.

Die Distanz zum Stiefvater hängt sicher damit zusammen, daß Herr Matrai seinerseits wenig auf Lorenz zugeht und kaum bereit ist, ihm viel Zeit zu widmen. So macht auch er es dem Stiefsohn schwer, sich auf ihn einzulassen – ganz anders als die Stiefväter (und die Stiefmutter) der vorher beschriebenen Kinder, die sich sehr bemühen, eine gute Beziehung zu ihren Stiefkindern aufzubauen.

Inwieweit die Tatsache, daß Lorenz nur undeutliche Vorstellungen von seinem leiblichen Vater hat, eine Rolle in seinem Verhältnis zum Stiefvater spielt, bleibt für uns offen. Es ist vorstellbar, daß die Verweigerung des leiblichen Vaters Lorenz daran hindert, eine Beziehung zu einer anderen Vaterfigur aufzunehmen.

In den hier beschriebenen Familien war für uns auffallend, daß die Kinder relativ viel Energie einsetzen, um mit der Stieffamiliensituation klar zu kommen. Sie tun das z.B., indem sie Empathie und Rücksicht für die Erwachsenen aufbringen, indem sie nur vorsichtig ihre Gefühle äußern und ihre Zuneigung gerecht aufzuteilen versuchen, indem sie den Stiefelternteil umwerben und an die Familie binden wollen. Die Koordination der verschiedenen Elternfiguren ist für diese Kinder ein Balanceakt und mit Anstrengungen und gedanklicher Auseinandersetzung verbunden, manchmal sogar – wie wir gesehen haben – mit dem Verzicht auf eigene Wünsche und Gefühle.

Wir haben den Eindruck, daß die Kinder bei der Bewältigung ihrer Situation zu wenig Unterstützung von ihren leiblichen Eltern und dem Stiefelternteil erhalten, nicht, weil diese sich nicht um ihre Kinder sorgen und ihnen helfen wollen, sondern weil es ihnen schwer fällt, den Kindern eindeutige Informationen über ihren eigenen emotionalen Standort und ihre Erwartungen zu geben. Die Erwachsenen haben zum Teil selbst noch zu wenig innere Klarheit über ihre Beziehung zum Ex-Ehepartner, über die Gestaltung der Stiefbeziehung und über den Umgang mit dem außerhalb lebenden Elternteil.

Den neuen Partnern ist es wichtig, die jetzige Familie zu fördern und sie möchten möglichst wenig mit der Vergangenheit belastet werden. Dabei vergessen sie manchmal, daß ihre Kinder die Beziehung und Auseinandersetzung mit dem abwesenden Elternteil wünschen und die klare Information brauchen, daß sie ein eigenständiges Verhältnis zum anderen Elternteil haben dürfen. Die Erwachsenen sehen z.B. nicht, daß sie – wenn sie sich negativ über den ehemaligen Partner äußern – ihre Kinder kränken, denn diese haben das Gefühl, daß dadurch ihr eigener Vater/eigene Mutter abgewertet wird und das können sie nur schwer ertragen. Dem außerhalb lebenden Elternteil scheint es oft nicht bewußt zu sein, daß sein Rückzug den Kindern Probleme bereiten und von diesen als Ablehnung interpretiert werden kann; eine Diskussion über die Gründe der Zurückhaltung, die den Kindern eventuell das Verständnis erleichtern würde, findet nicht statt.

Für die Kinder, die wir hier vorgestellt haben, hat die Mehrelternschaft nicht das spielerische Moment, wie wir das bei der ersten Gruppe beschrieben haben; die Konstellation mit mehreren Elternfiguren ist für sie zunächst nicht Chance und Bereicherung an Erfahrungen, sondern birgt eher die Gefahr von Verunsicherung und Belastung. Die Kinder haben für sich jedoch Bewältigungsstrategien gefunden, die sie zwar Anstrengungen kosten, mit denen es ihnen aber in ihrer aktuellen Lebenssituation relativ gut geht.

4.3 Kinder, die an ihrer Stieffamiliensituation leiden

Die vier Kinder[41], die sich mit ihrer Stieffamiliensituation schwer tun, leben in den beiden Stiefmutterfamilien unserer Untersuchungsgruppe. Ob die Kinder in Stiefmutterfamilien grundsätzlich besonders belastet sind, können wir anhand unseres kleinen Samples nicht feststellen. Wie weiter vorne beschrieben, haben die beiden Stiefmutterfamilien mit großen Schwierigkeiten zu kämpfen, was ganz sicher Auswirkungen auf die Kinder hat. Obwohl wir bereits ausführlich die Situation dieser beiden Familien geschildert haben, wollen wir dennoch an dieser Stelle auf das Erleben der Kinder eingehen, denn diese stellen ihre Schwierigkeiten wesentlich eindringlicher und dramatischer dar, als es die Stief-/Eltern tun.

Die Kinder leiden an ihrer Stieffamiliensituation, sie fühlen sich abgeschoben, mit ihren Problemen alleingelassen und oft verzweifelt. Sie haben das Gefühl, daß es in der Familie für sie zu wenig Zeit und Aufmerksamkeit gibt und sind sich der Liebe ihrer Stief-/Eltern nicht gewiß.

4.3.1 Die leibliche Mutter

Mehrelternschaft stellt sich für diese Kinder anders dar als für die vorher beschriebenen Kinder: In der Familie Greiner-Haag ist die leibliche Mutter gestorben, existiert aber in der Erinnerung der Töchter als Idealbild einer Mutter weiter. Über ihre leibliche Mutter sprechen die Töchter fast gar nicht, äußern aber deutlich, wie sie sich eine neue Mutter wünschen. Diese Vorstellungen sind sicher vorwiegend von ihren Erinnerungen an die leibliche Mutter geprägt, aber auch von dem, was sie bei ihrer Stiefmutter vermissen. Die 15jährige Helga sagt z.B.:

„Am liebsten möchte ich meine richtige Mutter haben und nicht so eine, die gar nichts für einen tut. Ich wünsche mir jemanden, die sich echt um einen kümmert, eine Frau, mit der man sich verstehen kann, die einem zuhört, die für uns kocht und für uns da ist."

Die ältere Schwester fügt hinzu:

„Für mich ist auch wichtig, daß ich ihr vertrauen kann, daß ich mich mit ihr echt unterhalten kann, daß ich zu ihr hingehen kann, wenn es mir schlecht geht, das ist eine Vertrauenssache. Nicht so jemand, die sich immer nur selbst in den Vordergrund stellt und nur nach sich selbst guckt."

In der Familie Jordan-Kirsch kümmert sich die leibliche Mutter seit der Scheidung kaum um ihren Sohn. Dieser idealisiert sie jedoch in seiner Phantasie als liebevolle Mutter, die nur durch widrige Umstände daran

---

41 Das sind Hanna, Helga und Julia in der Familie Greiner-Haag und Peter in der Familie Jordan-Kirsch.

gehindert ist, sich ihm zuzuwenden. Peter glaubt fest, daß seine Mutter
– genauso wie er – sich wünscht, mit ihm zusammen zu sein:

„Mein sehnlichster Wunsch ist, mit der Kathrin (leibliche Mutter, d. Verf.) zusammenzuwohnen. Ich und die Kathrin, das wäre toll. Aber man kann halt
nichts machen, wenn sie so weit weg wohnt. Ich finde es gut, daß sie auf jeden
Fall hier runter kommen möchte, der ist jeder Preis egal. Die geht jeden Morgen hin und kauft sich die . . .zeitung (regionale Tageszeitung, d. Verf.), aber
hier findet sie keine Stelle in ihrem Beruf."

Wie Peters Stief-/Eltern erzählen, hat seine leibliche Mutter keinerlei Interesse am Zusammenleben mit ihrem Sohn und sucht auch
kaum den Kontakt mit ihm. So sind Peters Vorstellungen reine Phantasieprodukte und Idealisierungen, mit denen er seine Mutter entschuldigt und in Schutz nimmt; sicher fließen in seine Darstellungen
auch Rechtfertigungen und Erklärungen der Mutter ein, mit denen sie
ihren Sohn zu trösten versucht. Peter findet sogar Entschuldigungen
dafür, daß er seine Mutter auch in den Ferien nur äußerst selten sehen kann:

„Die Kathrin müßte dann halt auch Ferien haben, wenn ich zu ihr komme.
Und das ist eben schwierig, weil die arbeitet in einem Heim und mit denen dort
muß sie sich eben die ganze Zeit beschäftigen und nicht bloß manchmal. Das
Doofe ist eben, daß die Kranken den Wechsel (der Betreuungspersonen, d.
Verf.) nicht vertragen."

Solche Wünsche und Idealisierungen des abwesenden leiblichen Elternteils kommen bei Stief-/Kindern häufig vor, besonders wenn dieser
Elternteil gestorben oder wenn der Kontakt zu diesem sehr selten ist
und so eine Auseinandersetzung mit ihm oder eine Realisierung der eigenen Vorstellungen nicht möglich ist.

4.3.2 Die Beziehung zum Vater

Das Festhalten an dem Bild einer liebevollen Mutter ist für diese Kinder umso wichtiger, als sie sich in ihrer jetzigen Familie nicht bedingungslos angenommen und geborgen fühlen. Sie hegen Zweifel,
ob sie sich auf ihren Vater unbedingt verlassen können und sind
sich letztendlich nicht sicher, ob er immer für sie da ist, zu ihnen
steht und sie nicht vielleicht eines Tages wegen seiner neuen Partnerin
verläßt – Unsicherheiten, die die Kinder nur indirekt zum Ausdruck
bringen. In den Stiefvaterfamilien haben wir bei den Kindern solche
Zweifel in bezug auf ihre Mütter nicht gefunden; dies mag mit der unterschiedlichen Rollenzuschreibung von Vätern und Müttern zusammenhängen.

Deutlich bringt *Peter Kirsch* zum Ausdruck, daß er sich von seinem Vater zu wenig verstanden und unterstützt fühlt.

Der 12jährige Peter lebt seit acht Jahren in der Stieffamilie. Er ist ein Kind, das zwar lebhaft und eindrucksvoll erzählt, dennoch ist für uns der Eindruck eines traurigen und grüblerischen Kindes überwiegend.[42]

Peter vermißt besonders die Hilfestellung seines Vaters, wenn er Streit mit seiner Stiefmutter hat:

„Also, wenn die Iris (Stiefmutter, d. Verf.) und ich uns streiten, dann geht mein Vater dazwischen und sagt, ich soll in mein Zimmer hochgehen, er kommt gleich. Und dann heißt es immer, so kann das nicht weitergehen, ich soll mich mehr beherrschen. Aber immer nur ich. Das ist mir zu wenig, das hilft mir auch nicht, wenn ich dann von ihm grad so ein Läberle dahingekleckst kriege. (. . .)
Mir kann niemand helfen aus unserer Familie, also hier in diesem Haus, das müßte für mich irgendwie ein Fremder sein, der überhaupt nichts weiß von dem, was hier abgeht. Der soll eben bei mir sein und mir helfen, daß ich auch durchkomme."

Alleingelassensein und Hoffnungslosigkeit kommen hier in eindringlicher Weise zum Ausdruck. Für Peter ist es besonders schwer zu ertragen, wenn ihm gesagt wird, daß er für den Unfrieden in der Familie verantwortlich ist. In solchen Momenten fühlt er sich ungeliebt und abgewiesen und es kommt zu Selbstmordphantasien:

„Da bin ich schon 'mal oben am Fenster gestanden und habe mir gedacht, soll ich oder soll ich nicht. . . Und dann habe ich gesagt, ich mach' es eben nicht. Am Abend denke ich manchmal, heute war es Scheiße und wenn es so weitergeht, dann kannst du das vergessen. Wenn es morgens Krach gibt, dann denkst du, so heute abend passiert's. Und dann verlierst du eben den Mut, das ist immer so."

Peter ist es ein zentrales Anliegen zu wissen, ob er in der Familie angenommen und geliebt wird. Er macht sich Sorgen, daß sein Vater mit seiner neuen Partnerin vielleicht glücklicher wäre, wenn es die Auseinandersetzungen mit ihm nicht gäbe. Im Familieninterview stellt er seinen Stief-/Eltern direkt die Frage, ob sie ihn vermissen würden, wenn er nicht mehr da wäre:

„Mich würde ganz arg interessieren, wie es euch geht, wenn ich weg bin. Ob ich es immer bin, der Streit verursacht? Und wenn ich mit euch Streit habe, denkt ihr dann, der kann ja auch gerade abhauen oder ob ihr mich auch lieb habt?"

Das Gefühl der Unsicherheit und des Nicht-Geborgenseins in der Familie sprechen auch *Hanna*, *Helga* und *Julia Haag* an. Bei ihnen steht im Vordergrund, daß ihr Vater kaum Zeit und Energie für sie aufbringt und sehr in seiner neuen Partnerschaft absorbiert ist.

Die Töchter — 16, 15 und 12 Jahre alt — leben seit viereinhalb Jahren in dieser Stieffamilie. Hanna, die Älteste, ist ein temperamentvoller, auf-

---

42 Zu den Familienbeziehungen in der Familie Jordan-Kirsch siehe auch Kap. IV.4.4.1.

müpfiger Teenager, Helga ist eher abwägend und ausgleichend, und Julia, die Jüngste, ist zurückhaltend und wirkt noch ziemlich kindlich.[43]

Alle drei Töchter fühlen sich zu kurz gekommen, sie würden gerne mehr mit ihrem Vater unternehmen, möchten auch mehr von ihm beachtet und ernst genommen werden. Helga z.B. beklagt sich:

„Mein Vater ist zur Zeit viel zu sehr mit sich und Gisela (Stiefmutter, d. Verf.) beschäftigt. Den darf man gar nicht ansprechen, der ist gleich auf 180. Der ist so fertig, daß er einen einfach anschreit. Das macht mich ganz kaputt; also gehe ich ihm lieber aus dem Weg und traue mich gar nicht, ihn anzusprechen. Dabei meint er, er hätte so wenig Zeit für Gisela, obgleich er eigentlich oft bei ihr ist und mit uns macht er eigentlich gar nichts mehr. Ich wünsch' mir nur, daß die Frau so schnell wie möglich aus dem Haus draußen ist."

Die Kinder sehen, daß ihr Vater von den Auseinandersetzungen mit seiner Frau in Anspruch genommen ist, so sehr, daß er zum Teil von den Kindern Unterstützung und Rücksichtnahme erwartet. Besonders Hanna spürt diesen Appell:

„Also mit mir spricht er nur noch über seine Beziehung, vielleicht erwartet er Hilfe von mir. Aber warum von mir? Ich bin doch erst 16 und habe noch keine Ahnung in solchen Sachen. Ich fühle mich da echt überfordert, das kann ich nicht."

Die Bedrücktheit und Gereiztheit des Vaters und die Schwierigkeiten in der Familie belasten die Kinder sehr und sie fühlen sich mit ihren eigenen Problemen allein gelassen:

„Nach mir guckt eigentlich keiner, ich kann machen, was ich will. Manchmal bin ich brutal aggressiv und geladen. Ich glaub', daß das mit den Spannungen hier im Haus zusammenhängt, damit werde ich allein nicht fertig, die kann ich nirgendwo ablassen. Dann saufe ich mir die Hucke voll und mache irgendeinen Scheiß. Weil ich das einfach nicht mehr ausgehalten habe."

Die beiden älteren Kinder leiden besonders an dem Fehlen einer vertrauten Person und dem angespannten Familienklima, das ihnen kaum Rückhalt bei ihren in der Pubertät anstehenden Problemen gewährt. Sie berichten von z.T. massiven Schwierigkeiten, z.B. in der Schule und im Umgang mit Alkohol, und wissen manchmal für sich keinen Ausweg. Wir haben den Eindruck, daß die Töchter zeitweilig gefährdet sind und in ihrer Wut und Hilflosigkeit deutliche Signale setzen.

In den Elterngesprächen erfahren wir, daß beide Töchter bereits Suizidversuche unternommen haben. Die Stief-/Eltern schätzen diese Versuche allerdings nicht als wirklich ernsthaft ein, sondern betrachten sie eher als Anklagen und Druckmittel. Sie unterschätzen die psychischen Probleme der Kinder und reagieren kaum auf die Hilferufe, wohl auch, weil sie stark mit sich selbst befaßt sind.

---

43 Zu den Familienbeziehungen in der Familie Greiner-Haag siehe auch Kap. IV.4.4.2.

In dieser Familie — wie auch in der Familie Jordan-Kirsch — ist die Partnerschaft der Stief-/Eltern konfliktreich und so gibt es wenig entspannte Zeiten, die die Erwachsenen und Kinder gemeinsam verbringen können. Zu den Krisen in Paarbeziehung und Familie tragen die Probleme zwischen Stiefmutter und Stiefkindern in erheblichem Maße bei.

4.3.3 Die Beziehung zur Stiefmutter

Die hier beschriebenen Kinder fühlen sich unglücklich in ihrer Familie und sind letztendlich enttäuscht vom Verhalten der Stiefmutter. Ihre Hoffnungen und Wünsche an eine neue Mutter sind nicht in Erfüllung gegangen. Man kann sicher davon ausgehen, daß die Erwartungen der Kinder überhöht und wohl auch unrealistisch sind, das ganz besonders, weil die Kinder solche Wünsche an ihre leibliche Mutter nicht mehr richten können. Dazu kommt, daß beide Stiefmütter nicht dem traditionellen Mutter- und Frauenbild entsprechen und auch eigenen Entwicklungsspielraum beanspruchen, was von den Kindern bisweilen als egoistische Haltung interpretiert, z.T. sogar als Ablehnung erlebt wird.

Sicher tun sich Kinder fast immer schwer mit einer Stiefmutter. Für Peter, der sich sehr eine vollständige Familie mit einer Mutter wünscht, ist die Beziehung zu seiner Stiefmutter ambivalent: einerseits wirbt er um sie und fürchtet, er könnte sie verlieren, andererseits leidet er an den Konflikten mit ihr und möchte diesen entfliehen. Vehemente Konflikte gibt es vor allem wegen seiner Schulleistungen, bei der Erledigung von Hausaufgaben und bei Streitigkeiten mit seiner Halbschwester, in die seine Stiefmutter immer zugunsten von Kora — ungerecht, wie er findet — eingreift. Im Gespräch mit Peter kommt seine zwiespältige Haltung gegenüber seiner Stiefmutter zum Ausdruck:

„Am liebsten möchte ich, daß wir alle vier zusammenleben. Aber hier gibt's unheimlich viel Stunk, zwischen Iris (Stiefmutter, d. Verf.) und mir hauptsächlich, und das kann ich nicht leiden. Iris ist ja meine Stiefmutter; aber besser eine Stiefmutter als überhaupt gar keine Mutter, finde ich, weil . . . Mutter ist Mutter."

Gleich darauf — sozusagen im gleichen Atemzug — setzt er dem entgegen:

„Also lieber gar keine Mutter als bloß Streit zu haben, aber das ist auch wieder doof, keine Mutter zu haben, dann wäre ich den ganzen Tag alleine. Aber eigentlich bin ich das jetzt auch, weil die Iris ja arbeitet."

Die uns gegenüber geäußerte Kritik und Verzweiflung bringt Peter in der Familie nur verhalten zum Ausdruck und er traut sich kaum, offen sein Leiden, seine Wut oder gar Ablehnung zu zeigen aus Angst, daß seine Stiefmutter ihn fallen lassen könnte. Vorwürfe gegen sie schwächt er sofort wieder ab, indem er Entschuldigungen findet, ihr Verhalten verteidigt und die Schuld eher bei sich selbst sucht.

Die Kinder in der Familie Greiner-Haag dagegen schonen ihre Stiefmutter nicht und konfrontieren sie unverhohlen mit ihrer Ablehnung und Enttäuschung. Ihre Stiefmutter ist für sie eine Frau, die sich zu wenig um sie kümmert, sich im Haushalt kaum einsetzt und vorwiegend Interesse an ihrem Vater zeigt. Sie rebellieren gegen die Stiefmutter und am liebsten wäre es ihnen, wenn diese die Familie verlassen würde. Die Kampfstimmung der Kinder mag auch mit den in der Pubertät anstehenden Prozessen von Ablösung und Abgrenzung zusammenhängen. Die Töchter sind altersmäßig in einer Phase, in der sie eher nach Unabhängigkeit als nach einer engen neuen Bindung zu einer Elternfigur streben und am Aufbau und der Konsolidierung von Familienbeziehungen interessiert sind; dennoch brauchen sie noch die Sicherheit und den Rückhalt einer Familie. Gerade diese verläßliche Basis, von der aus die Kinder ihre Erfahrungen machen können, gewährleisten weder der Vater noch die Stiefmutter in ausreichendem Maße.

Die Kinder lassen in dem Interview ihren negativen Gefühlen gegenüber der Stiefmutter freien Lauf und nehmen die Gelegenheit zum Anlaß, ihre Wut und Frustration zum Ausdruck zu bringen. Dabei geraten sie regelrecht in die bekannten Stiefmutterklischees und schieben allzu bereitwillig alle Schuld an den familiären Spannungen der Stiefmutter zu. Z.B. machen sie sich vehemente Sorgen, daß ihre Stiefmutter ihnen Geld, Essen und Zuwendung des Vaters wegnehmen könnte:

„Die (Stiefmutter, d. Verf.) war doch nur scharf auf das Geld von unserem Vater. Sie hat gleich gemerkt, daß sie es ihm leicht aus der Tasche ziehen kann. Wenn mein Vater ein armer Arbeiter wär', dann hätte sie den nie geheiratet, nicht mal angeguckt. Da schwätzt sie immer von finanzieller Unabhängigkeit, aber wer zahlt ihr ihre ganzen Reisen, ihre schicken Klamotten? Je länger sie hier war, desto mehr hat sie zugegriffen."

Julia, die Jüngste fügt hinzu:

„Die stellt sich immer in den Vordergrund und guckt, daß sie die meisten Rechte hat, daß sie das meiste Essen kriegt; das ist wirklich der Hammer, die ißt einem manchmal alles weg. Die setzt sich hin und spachtelt und spachtelt; ißt den ganzen Salat auf, bis alles weg ist. Dann kriegst du manchmal grad' noch ein Blatt, einen Löffel Reis und keine Soße mehr."

Und Hanna macht sich vor allem Sorgen, daß ihr Vater den Belastungen nicht standhält; dahinter steht wohl die Angst, auch noch ihren Vater zu verlieren:

„Die (Stiefmutter, d. Verf.) kriegt es sicher auch noch fertig, unseren Vater fertig zu machen. Der hat echt sein ganzes Selbstbewußtsein verloren durch die, der traut sich nichts mehr zu und ist total geknickt. Ich habe nur noch Angst um ihn, so fertig wie der ist."

Die Töchter in der Familie Greiner-Haag glauben nicht mehr an eine Lösung der Probleme oder an eine mögliche Versöhnung mit der Stiefmutter. Ihre Hoffnung ist, daß ihr Vater sich von dieser Frau trennt, oder daß sie selbst — und das betont besonders die Älteste — das Haus so schnell wie möglich verlassen können. Ein gemeinsames Leben in dieser Konstellation scheint ihnen nicht mehr wünschenswert.

Das Leiden der hier beschriebenen Kinder ist wohl vor allem darauf zurückzuführen, daß sie an der Zuverlässigkeit der Erwachsenen in ihrer Familie zweifeln und kein Vertrauen haben in die Kontinuität ihrer Lebensverhältnisse. Die Erwachsenen ihrerseits sehen unseres Erachtens nicht ausreichend die Schwierigkeiten ihrer Kinder und zeigen nicht genügend Verständnis für deren Bedürfnisse, Widersprüche und Probleme. Unter solchen Umständen ist es für Kinder schwer, ein stabiles emotionales Gleichgewicht aufzubauen und in der Familie ihren Platz zu finden.

4.4 Bilanzierung

Zum Schluß stellt sich die Frage: Was erleichtert oder was erschwert diesen Kindern das Leben in der Stieffamilie? Sicher können wir dazu keine allgemeingültigen Aussagen machen, sondern müssen uns darauf beziehen, was wir an unterschiedlichen Haltungen und Ressourcen in den untersuchten Stieffamilien gesehen haben. Eventuelle Regelungen und Formen, die diese Familien in ihrem Reorganisationsprozeß für sich gefunden haben, können zudem nicht losgelöst betrachtet werden von den jeweiligen Persönlichkeiten der Familienmitglieder und deren individuellen Möglichkeiten.

In weitem Maße bestimmend für die Zufriedenheit der Kinder scheint uns die Kooperation im Mehrelternsystem zu sein — und zwar, ob diese freundschaftlich, distanziert oder unerwünscht ist. Der Umgang der verschiedenen Elternfiguren miteinander ist sicher ein schwieriger Balanceakt, der von den Erwachsenen Weitsicht und Reife, Empathie fürs Kind und Zurückstellen eigener Interessen und Verletztheiten, auch Aushandlungs- und Diskussionsbereitschaft fordert.

Für Kinder entlastend wirkt sich eine klare und akzeptierende Haltung der Stief-/Eltern gegenüber dem außerhalb lebenden Elternteil aus, insbesondere dann, wenn die Stief-/Eltern diesen als für sie entlastend und als positive Bezugsperson für die Kinder integrieren können. Die gegenseitige Achtung der Erwachsenen und die Akzeptanz der vergangenen — bisweilen schmerzhaften — Ehegeschichte und deren Auswirkungen auf die Stieffamilie sind Voraussetzung für eine gelingende Kooperation innerhalb des Mehrelternsystems. Verläßlicher und ungehinderter Zugang zum außerhalb lebenden Elternteil scheint es den Kindern zu erleichtern, die Möglichkeiten und Chancen des erweiterten Familiensystems, und damit ihrer Erfahrungswelt, zu nutzen. Neben den Beziehungen zu ihren Eltern können die Kinder auch eine Beziehung zum Stiefelternteil aufnehmen, die ihnen Anerkennung, Auseinandersetzung, Anregung und Zuwendung bietet.

Mehr Schwierigkeiten haben die Kinder unserer Untersuchungsgruppe, die merken, daß ihr außerhalb lebender Elternteil als störend im Familienleben betrachtet oder in seiner Person abgewertet wird. Schwer zu ertragen ist für sie auch, wenn dieser wenig Interesse und Verbundenheit mit ihnen zeigt; Selbstzweifel und Unsicherheit mögen die Folge sein. Eine enge vertrauensvolle Beziehung zum leiblichen Elternteil in der Familie kann solche negativen Gefühle zum Teil kompensieren; unterstützend wirkt auch ein Stiefelternteil, der sich um sein Stiefkind kümmert und ihm zugewandt ist. Trotzdem kostet es diese Kinder psychische Anstrengungen, die nicht zufriedenstellende Zugänglichkeit des außerhalb lebenden Elternteils mit intensiven und zuverlässigen Beziehungen zu den Stief-/Eltern auszubalancieren.

Am meisten leiden die Kinder, die kaum oder keinen Kontakt mehr haben zu ihrem anderen leiblichen Elternteil und sich auch nicht der Zuverlässigkeit ihrer Stief-/Eltern sicher sind. Diese Kinder neigen dazu, in Gedanken ihre Familie zu verlassen und sich in eine Phantasiewelt hineinzuträumen. Das mag auch damit zusammenhängen, daß die Stief-/Eltern dieser Kinder eine sehr konfliktreiche Paarbeziehung haben, anders als die Stief-/Eltern der vorher beschriebenen Kinder, die in einer guten und stabilen Partnerschaft leben.

Ein zentraler Punkt für das Wohlergehen der Stief-/Kinder ist ganz sicher die Verläßlichkeit der Erwachsenen und die Möglichkeit, die Beziehungen kontinuierlich zu gestalten. Besonders für Kinder in einer Stieffamilie ist es wichtig, sich in ihrer Familie aufgehoben zu fühlen. Dazu gehört die verbindliche und liebevolle Beziehung zu zumindest einem Erwachsenen in der Familie; für die Beziehung zum Stiefelternteil kann Liebe keine Bedingung sein, wichtig ist vor allem dessen Engagement und Interesse am Zusammenleben mit Kindern. In beiden Stiefmutterfamilien ist die Herstellung von Zuverlässigkeit und Geborgenheit am schwierigsten, wie wir gezeigt haben; dementsprechend fühlen sich die Kinder in diesen Familien verunsichert und belastet. Die Ausgestaltung der Stiefvaterrolle, die wir vorne (siehe Kap. III.4) nach „Freund-Stiefvätern", „ambivalenten Stiefvätern" und „besseren Vätern" differenziert haben, scheint das Wohlergehen der Kinder nicht in dem Maße zu beeinflussen, wie es die Qualität der Beziehung zum außerhalb lebenden Vater tut. Zwar gehören z.B. die Stiefkinder der „Freund-Stiefväter" zu denen, die sich in ihrer Stieffamilie wohlfühlen, aber in diesen Familien sind auch die leiblichen Väter sehr beteiligt und an ihren Kindern interessiert. Deswegen können wir nicht entscheiden, ob das Wohlergehen der Kinder begründet liegt in der offenen Rollendefinition des Stiefvaters, in der

Präsenz des leiblichen Vaters oder in einem gelungenen Zusammenspiel beider Faktoren.

Ähnliches gilt für die „angestrengten Kinder", bei denen ebenfalls offen bleibt, ob ihre Probleme aus der jeweiligen Rollendefinition des Stiefelternteils – sei es als „besserer Vater" oder als „ambivalenter Stiefvater" –, aus dem geringen Interesse des außerhalb lebenden Elternteils oder aus dem Zusammenwirken von beidem resultieren.

Anders als oft angenommen, nämlich daß wenig Kontakt mit dem außerhalb lebenden leiblichen Elternteil die Stieffamilie zur Ruhe kommen läßt und eine gute Beziehung zwischen Stiefkind und Stiefelternteil ermöglicht, zeigt die Auswertung unserer Untersuchungsfamilien, daß ein befriedigender Umgang mit dem außerhalb lebenden Elternteil die Beziehung zum Stiefelternteil einfacher macht.

Die Kinder scheinen durchaus in der Lage zu sein, mehrere Elternfiguren nebeneinander anzuerkennen, wenn nicht die Erwachsenen die Kinder in ihre Konflikte hineinziehen und sie mit Ausschließlichkeitswünschen konfrontieren.

Unabhängig von ihrem Erleben der Stieffamilie sind die Zukunftsvorstellungen, die die Kinder – besonders die Mädchen – in bezug auf eine eigene Familie entwickeln, zum Teil geprägt von ihren Erfahrungen nach der Trennung der leiblichen Eltern. Fast alle weisen darauf hin, daß sie eine Scheidung auf jeden Fall vermeiden möchten, auch weil ihre zukünftigen Kinder darunter leiden würden. Tina z.B. möchte den „Fehler" ihrer Mutter nicht wiederholen:

„Also wenn ich heirate, dann erst relativ spät, also nicht so früh wie meine Mutter, weil ich glaube, daß sowas zu einer Scheidung führen kann. So früh weiß man ja noch nichts vom Leben. Ich denke schon, wenn man so jung heiratet, daß das dann schiefgehen kann. Ich glaube schon, daß so eine Trennung nicht leicht ist; als ich klein war, war's für mich auch schwer."

Die 16jährige Hanna stellt sich vor, daß sie vor einer Heirat zunächst viele Jahre mit einem Mann zusammenleben würde, um möglichst sicher zu gehen, daß die Partnerschaft nicht in einer Scheidung endet:

„So lange ich nicht fünf bis zehn Jahre mit einem Mann zusammengelebt habe, läuft bei mir nichts. Ich bin echt mißtrauisch, die meisten lassen sich doch scheiden oder leben bloß noch nebeneinander her. Eine richtig gute Ehe habe ich noch nie gesehen."

Die einzige, die ausdrücklich heiraten möchte und sich Kinder wünscht, ist Nina; aber auch für sie ist die Scheidung eine Erfahrung, die sie ihren Kinder ersparen möchte:

„Ich habe mir überlegt, daß ich gerne heiraten und viele Kinder haben will. Aber ich möchte mich auf keinen Fall scheiden lassen, weil das für Kinder schlimm ist. Wenn ich dann heirate, hoffe ich, daß wir dann nicht soviel streiten wie meine Eltern."

VI. Schlussbetrachtung

Stieffamilien sind eine eigenständige Familienform; wegen ihrer Besonderheiten müssen sie oft langwierige und zum Teil krisenhafte Entwicklungen durchlaufen, um zu einer befriedigenden Form des Zusammenlebens zu gelangen. Die vorliegende Analyse zeigt, daß die Reorganisation von Stieffamilien ein komplexer Prozeß ist, der vielfältige Möglichkeiten und Wege einschließt, dieses Zusammenleben zu gestalten.

Nachdem wir die verschiedenen Dimensionen wie die des Zeitaspekts, des Beziehungsgefüges, der Alltagsorganisation und der individuellen Sichtweisen der Männer, Frauen und Kinder betrachtet haben, liegt eine Verknüpfung der einzelnen Aspekte zu einem Gesamtbild der Familie nahe.

Die zehn von uns vorgestellten Familien sind – wie überhaupt jede Familie – zwar einzigartig in der Weise, wie die Familienmitglieder miteinander interagieren, welche Lösungen sie entwickeln und wie sie mit den Aufgaben und Problemen des Familienlebens umgehen. Dennoch lassen sich familiale Muster der Neuorganisation herauskristallisieren, also typische Formen der Bewältigung erkennen, die die Familien als Ganzes erfassen.

Wir wollen abschließend – sozusagen als Querbetrachtung – skizzieren, welche Reorganisationsformen wir in den untersuchten Familien gefunden haben. In die familialen Muster gehen vor allem folgende Aspekte ein: die Außendarstellung der Stieffamilie, der Umgang mit faktischer Elternschaft und die Integration des Stiefelternteils, die Stellung des außerhalb lebenden Elternteils und der Bezug auf die vergangene Familiengeschichte. In den Mustern geht es letztendlich um die Frage nach dem familialen Selbstverständnis, das die Stieffamilie – als ein an sich offenes Familiensystem – entwickelt und wie sie die Grenzen um ihre neue Familie zieht. Darin zeigt sich auch, wie die Stieffamilien versuchen, die Stabilität ihrer Familie herzustellen.

In unserer Untersuchungsgruppe lassen sich drei familiale Muster der Reorganisation erkennen:

– „Als-ob-Normalfamilien"
– „Ambivalente Stieffamilien" und
– „Aushandlungsfamilien".

Die Muster beinhalten unterschiedliche familiale Wirklichkeiten, die sich im Selbstverständnis der Familie ausdrücken und Interaktion und Beziehungen der Familienmitglieder strukturieren, d.h. die innere Organisation der Stieffamilie beeinflussen. Deutlich wird darin auch, wie die Stieffamilien ihre Andersartigkeit im Vergleich zu Kernfamilien verarbeiten und welche Normalitätsvorstellungen ihr Familienbild und die Darstellung ihrer Familie bestimmen. Die Muster offenbaren also die Orientierung am „Normalfall von Familie" und deuten verschiedene Grade des Abarbeitens an diesem Normalbild an (vgl. HOFF-MANN-RIEM 1985, S. 301).

Bei den von uns untersuchten Familien gibt es Übergangsformen, und daher können wir die Familien nicht alle eindeutig den verschiedenen Mustern zurechnen: Es fällt uns besonders schwer, die beiden Stiefmutterfamilien einzuordnen, denn ihr Familienleben wird so sehr von Konflikten dominiert, daß ein gemeinsames Selbstverständnis und Bild von Familie dahinter zurücktritt. Offen bleibt, ob die hier vorgestellten Formen der Reorganisation verschiedene Stadien im Entwicklungsprozeß einer Stieffamilie sind oder ob sie jeweils eigenständige Muster unterschiedlicher Stieffamiliengestaltung darstellen.

„Als-ob-Normalfamilien"

Die so charakterisierten Stieffamilien haben die Tendenz, sich als „Normalfamilien" nach innen und außen darzustellen und zu begreifen. Den dazugehörigen Stieffamilien ist es wichtig, ihre Besonderheit in der Familienzusammensetzung und -geschichte so wenig wie möglich zu thematisieren.[44] Die familiären Vergangenheiten scheinen keine große Rolle mehr zu spielen und die Erinnerungen an die Erstfamilien werden in starkem Maße ausgeblendet und zurückgedrängt. In diesen Stieffamilien fragen die Kinder kaum nach ihrer Herkunft und der früheren Familiengeschichte, wohl aus Loyalität zu ihren jetzigen Stief-/Eltern; sie möchten diese schonen und eventuell unangenehme Konfrontationen vermeiden.

Die außerhalb lebenden Väter der Kinder haben wenig oder überhaupt keinen Anteil am Familiengeschehen und werden selten erwähnt; die Kinder tragen diesen weitgehenden Ausschluß des anderen leiblichen Elternteils mit und äußern den Stief-/Eltern gegenüber keine Wünsche nach verstärkten Kontakten.

Die leiblichen Väter ihrerseits zeigen wenig Interesse an den Kindern und verfolgen nur sporadisch deren Entwicklung. Die fehlende Aufmerksamkeit von seiten ihrer Väter ist für die Kinder kränkend und ver-

---

44 In unserem Sample entsprechen zwei Stiefvaterfamilien weitgehend diesem Typus.

unsichernd, zumal sie mit ihren Gefühlen und Zweifeln in diesen Situationen weitgehend allein zurechtkommen müssen und sie diesbezüglich kaum Unterstützung von den Erwachsenen erhalten. Diese Kinder erfahren von ihren Stief-/Eltern dennoch ein hohes Maß an Zuwendung und Stabilität und sie fühlen sich in ihrer zweiten Familie gut aufgehoben. Das Familienleben wird als harmonisch, intensiv und frei von größeren Konflikten beschrieben; die Stief-/Eltern fühlen sich eng mit den Kindern verbunden und legen Wert auf viel Gemeinsamkeit und Übereinstimmung in der Familie. Eventuell auftauchende Probleme werden von ihnen nicht in Verbindung gebracht mit ihrer Besonderheit als Stieffamilie, sondern im Kontext einer „Normalfamilie" betrachtet.

Für die faktische Elternschaft gibt es in diesen Stieffamilien keine Begriffe; der Stiefvater wird als Vater betrachtet und auch so genannt, was seiner eigenen Orientierung am Vorbild der leiblichen Elternschaft entspricht. Er wird darin von den anderen Familienmitgliedern gestützt. Diese Stiefväter zählen zu den von uns beschriebenen „besseren Vätern", die sich nach eigener Darstellung mehr als es die leiblichen Väter je taten um die Kinder kümmern, für sie da sind und die Erziehungsverantwortung mittragen. Der Aspekt einer Mehrelternschaft, also eine Differenzierung in biologische und soziale Elternschaft, wird in diesen Stieffamilien nicht in das Familienleben einbezogen. In den beiden Stieffamilien, die diesen Familientyp repräsentieren, wird von den Stief-/Eltern darauf hingewiesen, daß die Kinder in der Öffentlichkeit für die leiblichen Kinder ihres Stiefvaters gehalten und mit dessen Namen angesprochen werden. Diese von anderen vorgenommene Zuordnung und „biologische Verknüpfung" der Kinder mit dem Stiefvater werden freudig registriert und weder von den Kindern noch von den Stief-/Eltern richtiggestellt; sie scheinen ihrer Konzeption von familialer Zusammengehörigkeit entgegenzukommen und ihrem Bedürfnis nach Annäherung an die „Normalfamilie" zu entsprechen. So deutet das Nicht-Zurückweisen dieser Zuschreibungen auf das eigene Wunschbild familialer Identität hin, das in diesen Stieffamilien vorherrscht.

Eine solche „biologische Verknüpfung" von nicht-leiblichen Eltern und Kindern erinnert an die von HOFFMANN-RIEM (1985) für Adoptiveltern beschriebene „Konstruktion von Ähnlichkeit" (S. 285f.); damit meint sie das Aufzeigen einer Ähnlichkeit zwischen einem nicht-leiblichen Elternteil und dem Kind, die in der Erscheinung, im Verhalten, im Wesen oder im Charakter ausgemacht wird. Von Adoptiveltern wird diese Ähnlichkeitskonstruktion genutzt zum „Aufweis von Gemeinsamkeiten zwischen sich und dem Kind" (ebenda, S. 286). In den hier beschriebenen Stieffamilien mögen ähnliche Mechanismen ablaufen, um familiale Verbundenheit herzustellen und zu signalisieren.

Die beiden diesem Typus zugeordneten Familien leben zum Zeitpunkt des Interviews schon sehr lange – nämlich über 10 Jahre – zusammen. Die Dauer der jetzigen Familie überschreitet bei weitem die der ersten und zwischen erster und zweiter Familie lag nur eine ganz kurze Einelternphase, so daß das Leben in einer „vollständigen" Familie fast ohne Unterbrechung fortgesetzt werden konnte. Offen bleibt in unserer Untersuchung, ob durch diese lange Stieffamiliengeschichte eine Integration des Stiefelternteils und eine Normalisierung der Familienbeziehungen stattgefunden hat und die Aufarbeitung der ersten Ehe und Familie abgeschlossen ist, oder ob diese Stieffamilien die „Brüche" und Besonderheiten ihrer Biographie zurückgedrängt haben. Möglicherweise ist diese Art von Normalisierung und Integration des Stiefvaters als neuer Vater das Ergebnis einer langen gemeinsamen Familiengeschichte, sozusagen das Endstadium einer Stieffamilienreorganisation. Zum andern verführt vielleicht die in diesen Familien gehandhabte traditionelle Aufgaben- und Rollenteilung zwischen Frau und Mann zu einer Orientierung am Bild der „Normalfamilie" mit klaren Funktionszuordnungen von Mutter und Vater. Auch die Erwartungen und Reaktionen der Umwelt, der Verwandtschaft, Nachbarschaft und öffentlicher Institutionen wie z.B. Schule und Kindergarten mögen die Angleichungsprozesse an die „normale" Familie fördern.

„Ambivalente Stieffamilien"

Den zweiten Typus bezeichnen wir als ambivalente Stieffamilien; ihre Ambivalenzen beruhen auf unterschiedlichen Faktoren. Innerhalb unseres Samples ist dieser Familientypus der am häufigsten vertretene.

Das Hineinreichen der Vergangenheit in die Gegenwart, die Erfahrungen aus der ersten Partnerschaft, die Rollenunsicherheiten und unterschiedlichen Erwartungen an den Stiefelternteil und die zweite Familie sind Aspekte, die diese Stieffamilien zeitweilig intensiv beschäftigen.

Die Auseinandersetzung mit der Vergangenheit, also der Erstfamiliengeschichte und der häufig mehrjährigen Einelternphase, macht es ihnen zum Teil schwer, die Gegenwart unbelastet zu akzeptieren und zu leben. In einigen Familien ist durch das Scheitern der ersten Ehe und Familie die Angst vor dem Nichtgelingen der zweiten Ehe oft präsent und führt zu einem besonderen Bemühen, in der neuen Partnerschaft alte Fehler nicht zu wiederholen, auftauchende Konflikte frühzeitig zu erkennen und anzugehen. Dazu gehört für sie einerseits, daß Meinungsverschiedenheiten erlaubt sind und offen ausgetragen werden, damit sie nicht unterschwellig zu einem erneuten Scheitern beitragen. Andererseits gibt es auch Situationen, in denen Streitigkeiten vermieden und Konflikte nicht angesprochen werden, nicht weil Konflikte als solche tabu sind, sondern weil ein Streitgespräch assoziiert wird mit früheren Erfahrungen aus der ersten Ehe, in der das Streiten nicht mehr als konstruktiv, sondern als Bedrohung erlebt wurde. Die Familienmitglieder in diesen Familien nehmen große Anstrengungen auf sich, um immer wieder gegenseitiges Verständnis herzustellen und das „Geworden-sein" der anderen zu begreifen.

Die Präsenz der Vergangenheit spiegelt sich in den Unsicherheiten, die im alltäglichen Umgang der Familienmitglieder miteinander auftreten, besonders im Umgang des Stiefelternteils mit den Stiefkindern. Um zu einem „adäquaten" Verhalten diesen gegenüber zu gelangen, werden vergangene Entwicklungen immer wieder diskutiert, um so den Zugang zu heutigen Verhaltensweisen und Reaktionen zu erleichtern. Unsicherheiten erschweren es den Stiefelternteilen, eine klare Selbstdefinition ihrer Rolle in der Stieffamilie zu finden. Die Rollenunsicherheit des Stiefelternteils ist besonders ausgeprägt in den Stieffamilien, in denen die Ehepartner divergierende Erwartungen und Vorstellungen von der Familiengestaltung haben oder der Vergleich mit der ersten Familie die Akzeptanz und Entwicklung von neuen Familienformen behindert. Der in der Familie lebende leibliche Elternteil wünscht sich meist von seinem neuen Partner eine intensivere Hinwendung zu den Kindern, hat also Wünsche, die dieser so nicht erfüllen kann. Gerade die Stiefväter – und hierzu gehören die von uns als „ambivalent" beschriebenen Stiefväter –, die enge Beziehungen zu eigenen Kindern aus erster Ehe haben, merken, daß sie zu ihren Stiefkindern nicht eine in gleichem Maße authentische und intensive Beziehung herstellen können, bemühen sich aber sehr um diese und übernehmen selbstverständlich einen Teil der Elternaufgaben in der Erziehung und Versorgung der Kinder.

Auseinandersetzungen mit der geschlechtsspezifischen Rollen- und Aufgabenteilung in der Familie und der Wunsch, traditionelle Zuordnungen aufzulösen, mögen weitere Verunsicherungen in die Familien hineintragen und Aushandlungsprozesse in Gang setzen. Gerade in den Stiefmutterfamilien ist die Aufgabenteilung ein problematisches Thema und die Stiefmütter sind in einer Ambivalenz zwischen eigenen Lebens- und Familienvorstellungen und den Erwartungen, die alltägliche Versorgung der Kinder zu übernehmen, gefangen.

Der Umgang mit dem außerhalb lebenden leiblichen Elternteil wird in den meisten Fällen eher als Belastung erlebt, wird aber zum Teil aus Verantwortung und Verpflichtung gegenüber den Kindern aufrechterhalten. Das neue Paar neigt dazu, den Kontakt zwischen Kindern und abwesendem Elternteil gering zu halten.

Die außerhalb lebenden leiblichen Elternteile selbst richten ihr Leben kaum nach den Bedürfnissen ihrer Kinder und sie nehmen zu ihnen nur Kontakt auf, wenn es zu ihren eigenen Planungen und Interessen paßt, und manche lassen die Verbindung fast ganz abreißen. Die Kinder leiden an dem geringen Interesse und der Unzuverlässigkeit ihres abwesenden Elternteils und arrangieren sich in unterschiedlicher Weise mit dieser Situation. Für einen Teil der Kinder wird die unzulängliche Beziehung zum außerhalb lebenden Elternteil durch ein positives Familienklima und das Engagement des Stiefelternteils ausgeglichen und den Kindern geht es relativ gut. In den konflikthaften Stiefmutterfamilien gelingt es jedoch nicht, ausreichend Geborgenheit und Stabilität herzustellen und die Kinder fühlen sich ungenügend beachtet und verlassen, nicht zuletzt auch, weil ihr Vater ihnen nur wenig Zeit und Aufmerksamkeit widmet.

In allen diesen Familien gilt, daß die Rollendefinition des Stiefelternteils nicht eindeutig ist. Mit sozialer Elternschaft werden u.a. Beeinträchtigungen assoziiert wie Diskrepanzen in den Gefühlen und das Fehlen von Unmittelbarkeit in den Beziehungen zwischen Stiefelternteil und Stiefkind, Beeinträchtigungen, die sie mit vermehrten Anstrengungen auszugleichen versuchen, auch, um einem Vergleich mit der „Normalfamilie" und leiblicher Elternschaft standzuhalten. Solche Anstrengungen in der „familialen Arbeit" lassen den Alltag manchmal mühselig erscheinen und erschweren Spontaneität und Authentizität in den Beziehungen, nicht nur in den Anfängen der Stieffamilienreorganisation, sondern zum Teil auch noch nach Jahren des Zusammenlebens.[45]

In diesen Stieffamilien zeigt sich das Bemühen um Stabilität in einem hohen Problematisierungsgrad und einem kontinuierlichen Reflexionsprozeß über das Familiengeschehen. Für diese Familien — abgesehen von den beiden Stiefmutterfamilien — bedeutet das aber nicht, daß sie sich in der Gestaltung ihres Familienalltags massiv beeinträchtigt fühlen oder ständig mit gravierenden Problemen zu kämpfen haben. Sie sehen sich durchaus als funktionierende Familien, die offen ihre Schwierigkeiten angehen und Lösungen finden können.

In den beiden Stiefmutterfamilien, die wir auch diesem Familienmuster zuordnen, ist die Ambivalenz allerdings in so hohem Maße ausgeprägt, daß ein weiteres gemeinsames Familienleben von ihnen in Frage gestellt wird und offen bleibt, ob es ihnen gelingt, Stabilität in ihren Familien zu erreichen.

Aushandlungsfamilien

Stieffamilien dieses Typus suchen neue Konzepte für die Gestaltung ihrer Stieffamilie, insbesondere für die Stief-/ Eltern-Kind-Beziehung und für das Verhältnis der Partner untereinander.[46] Der hinzukommen-

---

45 Die hier zugehörigen Stieffamilien haben zum Zeitpunkt des Interviews bereits eine $2^1/_2$ bis 6jährige gemeinsame Familiengeschichte.
46 Drei Stiefvaterfamilien aus unserem Sample rechnen wir zu diesem familialen Muster.

de Stiefelternteil sieht seine Position in der Familie nicht primär aus der Elternperspektive, sondern sucht sich einen eigenständigen Platz neben den beiden leiblichen Eltern und gestaltet seine Rolle eher als Freund und „Alltagsvater" des Stiefkindes und als Partner der Mutter. In dieser Position wird er von den anderen Familienmitgliedern akzeptiert und unterstützt, da sie das Ergebnis eines gemeinsamen Aushandlungsprozesses ist. Die Stief-/ Kinder genießen einen zusätzlichen Erwachsenen als Freund und können ohne größere Loyalitätskonflikte mit den positiven Aspekten einer Mehrelternschaft umgehen. Sie fühlen sich gut aufgehoben in diesem Netz von verläßlichen und liebevollen Beziehungen, erhalten für sich Anregungen und machen vielfältige Erfahrungen in den zum Teil unterschiedlichen Familienwelten.

Zum außerhalb lebenden leiblichen Vater besteht in diesen Stieffamilien ein freundschaftlicher und unkomplizierter Kontakt, er wird in die Erziehungsverantwortung miteinbezogen und die Kinder können offen ihr intensives, emotionales Verhältnis zu ihm leben. Der Umgang mit dem außerhalb lebenden Vater wird flexibel nach den Bedürfnissen aller Beteiligten gehandhabt und kann auch im Rahmen der Stieffamilie stattfinden. Die leiblichen Väter wollen ihre Kinder häufig und regelmäßig sehen und planen sie in ihren eigenen Lebensrhythmus ein. Sie haben den Wunsch, möglichst viel an deren Leben teilzuhaben und sind auch an einem Austausch mit den Stief-/ Eltern über Erziehungsfragen und die Entwicklung der Kinder interessiert.

Die Erstfamiliengeschichte macht den Stieffamilienmitgliedern wenig Probleme; die erste Partnerschaft wird meist als wenig intensiv dargestellt und eine mehrjährige Einelternphase ließ Abstand zur ersten Ehe entstehen.

In dieser langen Phase der Teilfamilie haben die Frauen für sich andere Vorstellungen von Partnerschaft und geschlechtsspezifischer Aufgabenteilung entwickelt und können diese weitgehend in der Beziehung mit dem neuen Lebensgefährten verwirklichen. In die Aufgabenverteilung zwischen den Partnern werden die Alltagsorganisation und Versorgung der Stief-/Kinder mit einbezogen und je nach den Gegebenheiten und der Beanspruchung der einzelnen Partner wird immer wieder neu ausgehandelt, wer welche Aufgaben übernimmt. Eine solche prinzipielle Gleichstellung der beiden Partner läßt eine große Offenheit mit wenig fest geregelten Zuständigkeiten in der Alltagsorganisation zu. Die Umsetzung neuer Konzepte von Familienleben, die sich nicht unbedingt am Bild einer „Normalfamilie" orientieren, sondern eine „Normalisierung eigener Art" (vgl. HOFFMANN-RIEM 1985, S. 302) beinhalten, ist ein langwieriger Prozeß, den die Partner mit Kreativität, Experimentierfreude und Lust am Gestalten neuer Umgangsformen angehen und der von ihnen immer wieder erneute Auseinandersetzungen und Diskussionen fordert. Diese Form der Stieffamilienreorganisation verlangt von den Familienmitgliedern durchaus ein hohes Maß an Konfliktfähigkeit und Toleranz und ihre besondere Familienstruktur scheinen sie als eine Herausforderung anzunehmen. Diese Stieffamilien wirken offen und lebensfreudig und man spürt noch nach mehrjährigem Zusammenleben die Lebendigkeit in der Rollengestaltung und in den Beziehungen.

Unser Untersuchungsansatz, nämlich nach den Reorganisationsmodalitäten von nicht „auffälligen" Stieffamilien zu schauen, hat zur Folge, daß die meisten der von uns befragten Stieffamilien – unabhängig von ihrem jeweiligen familialen Muster – mehr oder minder gelingende Reorganisationsverläufe aufweisen, d.h. sich im Ausmaß des Gelingens nur graduell voneinander unterscheiden.

Allerdings erreichten wir mit unserem Auswahlmodus nicht, problematische Familien aus dem Untersuchungssample auszuschließen. Das Konzept, Familien zu befragen, die noch keine psychologische Beratung in Anspruch genommen hatten, beinhaltet nicht notwendigerweise, daß damit nur gelingende Formen der Stieffamilienreorganisation erfaßt werden. Zumindest bei den beiden Stiefmutterfamilien scheint uns der Begriff des Gelingens nicht angebracht, da sie wegen ihrer anhaltenden Konflikte in ihrer Einheit als Familie bedroht sind.

Zusammenfassend läßt sich sagen, daß die drei familialen Muster unterschiedliche Bewältigungsformen der Stieffamiliensituation aufzeigen. Die „Als-ob-Normalfamilien" präsentieren sich als gut funktionierende Familien. Dieser Reorganisationstypus gibt den Familien relativ viel Sicherheit und ermöglicht eine hohe emotionale Dichte in den Familienbeziehungen, birgt aber auch die Risiken der Überharmonisierung und Pseudogemeinsamkeit. In diesen Familien mag es eine geringe Flexibilität gegenüber unerwarteten Problemen geben, da ihre Stabilität eventuell auch auf der Verdrängung früherer Familienbeziehungen beruht.

Die „ambivalenten Stieffamilien" meistern ihren Familienalltag relativ gut, räumen aber durchaus Schwierigkeiten in ihrer Reorganisation ein. Ihr hohes Problembewußtsein und die ständige Thematisierung der familiären Besonderheiten führen in großem Maße zur Reflexion des eigenen Handelns und damit eventuell zur Fähigkeit, Probleme zu lösen, gehen aber möglicherweise zu Lasten von Authentizität, Emotionalität und Spontaneität in den Familienbeziehungen.

Bei den „Aushandlungsfamilien" beruht Funktionalität und Gelingen auf ihrer Fähigkeit, unabhängig von traditionellen Familienleitbildern eigenständige familiale Lebensformen zu entwickeln. Dieser Familientypus ist gekennzeichnet von hoher Flexibilität und Autonomie jedes einzelnen und mag so eine geringere Dichte in den Familienbeziehungen beinhalten.

Die Ausgangsfrage nach den Formen des Gelingens von Stieffamilien verführt dazu, nach den Bedingungen des Gelingens zu schauen. Das Suchen nach solchen Bedingungen ist sicher eine Gratwanderung, weil – wie wir dargelegt haben – vielfältige Aspekte und deren Wechselwirkungen die Anpassungs- und Integrationsprozesse in Stieffamilien beeinflussen. Eindeutig ist, daß sich keine allgemeingültigen Empfehlungen für das Gelingen einer Stieffamilienreorganisation aussprechen lassen, denn die Gestaltungs- und Handlungsmöglichkeiten einer zweiten Familie werden unter anderem beeinflußt von den Ressourcen und Persönlichkeiten der einzelnen Familienmitglieder und sicher auch von ihrer sozio-ökonomischen Situation; normative Vorstellungen für ein mögliches Gelingen brechen sich somit an den jeweiligen Gegebenheiten und Potentialen der Stieffamilien.

Allenfalls lassen sich einige günstige Voraussetzungen nennen, die aber nur globale Orientierungspunkte sein können und an Differenziertheit hinter unserer detaillierten Analyse weit zurückstehen:

– eine stabile und gute Paarbeziehung der neuen Partner, in der Konflikte offen angegangen und Unterschiede in den Persönlichkeiten und Vorstellungen toleriert werden können
– eine starke Familienorientierung der Ehepartner, d.h. daß beide viel Toleranz und Engagement für den Aufbau der Familienbeziehungen aufbringen und die als Familie gemeinsam verbrachte Zeit einen hohen Stellenwert hat
– das Interesse des Stiefelternteils an seinem Stiefkind und seine Bereitschaft, sich auf das Kind einzulassen
– ein außerhalb lebender leiblicher Elternteil, der entweder kooperativ ist oder zumindest nicht störend in den Gestaltungsprozeß der Stieffamilie eingreift

Nimmt man das Wohlergehen der Kinder zum Maßstab des Gelingens, so zeigt sich, daß für sie vor allem zuverlässige und vertrauensvolle Beziehungen zu den verschiedenen Elternfiguren wichtig sind, das heißt:

– eine kontinuierliche Beziehung zum sorgeberechtigten Elternteil, die durch die zweite Partnerschaft nicht in Frage gestellt wird
– die Möglichkeit des Kindes, eine eigenständige Beziehung zu seinem Stiefelternteil aufzubauen
– eine uneingeschränkte und gute Beziehung zwischen dem Kind und seinem außerhalb lebenden leiblichen Elternteil
– die Anbindung dieses außerhalb lebenden Elternteils an das Familiensystem und seine Integration in das Familienbild, die sicher nur möglich ist, wenn die ehemaligen Ehepartner ihre Beziehung geklärt haben und Stiefelternteil und außerhalb lebender Elternteil sich gegenseitig akzeptieren.

In den drei familialen Mustern sind diese Bedingungen für die Kinder in unterschiedlichem Maße erfüllt. In den „Aushandlungsfamilien" finden die Kinder diese Gegebenheiten weitgehend vor und unter den von uns befragten Kindern fühlen sich die in diesen Familien lebenden am wohlsten. Für die Kinder in den „Als-ob-Normalfamilien" und in einem Teil der „Ambivalenten Stieffamilien" ergeben sich Beeinträchtigungen, weil Kontinuität und Verläßlichkeit in der Beziehung zu ihrem außerhalb lebenden leiblichen Elternteil fehlen; sie müssen Strategien finden, die ihnen helfen, sich mit ihrer zweiten Familie zu arrangieren. In den beiden Stiefmutterfamilien ist die Verbindlichkeit der Beziehung zu allen Elternfiguren in Frage gestellt, was zu einer großen Verunsicherung der Kinder beiträgt und wohl ihr Leiden an der Familiensituation ausmacht. Ob solche belastenden Bedingungen eher mit der Konstellation als Stiefmutterfamilie zusammenhängen oder auf eine konflikthafte und verstrickte Paarbeziehung innerhalb einer Stieffamilie – unabhängig davon, ob es sich um eine Stiefvater- oder Stiefmutterfamilie handelt – zurückzuführen sind, bleibt für uns offen.

In unserer vorliegenden Arbeit haben wir versucht, Erkenntnisse zur Elternschaft in Stieffamilien, zur Komplexität der Familienbeziehungen, zu Bewältigungsstrategien der Stief-/ Kinder und zu den alltäglichen Problemen, die diese Familien beschäftigen, zu gewinnen. Viele Fragen bleiben jedoch offen und die Ergebnisse sind sicher vorläufige, die einer empirischen Überprüfung auf breiterer Grundlage bedürfen. In weiteren Forschungsarbeiten könnten sich Differenzierungen und weiterführende Aspekte ergeben, wie z.B., ob Stadt-Land-Unterschiede oder unterschiedliche sozio-ökonomische Lebenslagen eine modifizierende Rolle für die Familiengestaltung, für das Selbstverständnis des Stiefelternteils und für die Innen- und Außendarstellung der Stieffamilie spielen. Möglicherweise ließen sich unter Einbeziehung solcher und anderer Variablen weitere Bewältigungsstrategien und Formen des Zugangs zu Stiefelternschaft herauskristallisieren.

Die Studie ist ein Versuch, zu einem vertieften Wissen und Verständnis der familialen Wirklichkeiten von Stieffamilien beizutragen und wir hoffen, daß sie auch Denkanstöße bieten kann für die Entwicklung situationsgerechter Hilfestellungen und Interventionen in verschiedenen Bereichen der sozialen Arbeit und in der psychologischen Beratung von Stieffamilien.

Anhang

Tabelle 1: Soziale Merkmale der untersuchten Stieffamilien

Familie	Familienstand vor der 2. Ehe Strukturtyp	Alter der Eltern	Zahl der Kinder in der Familie	Geschlecht, Alter und Zugehörigkeit der Kinder	Ausbildung der Frau/des Mannes	Aktuelle Berufstätigkeit der Frau/des Mannes	Berufl. Beanspruchung	Wohnsituation	Soziotop
Bader	F: geschieden M: geschieden Stiefvaterfam.	F: 42 J. M: 51 J.	4	F: S 22 J.; T 21 J.; S 20 J. M: -- GT 12 J.	F: kaufm. Lehre M: kaufm. Lehre	F: kaufmännische Angestellte M: kaufmännischer Angestellter	F: Vollzeit M: Vollzeit	Eigenheim jedes Kind hat eigenes Zimmer	Kleinstadt
Dietz frand	F: geschieden M: geschieden Stiefvaterfam.	F. 41 J. M: 53 J.	4	F: S 18 J.; 17 J.; S 11 J. M: (S 31 J.) GT 5 J.	F: Sozialpfleger. Ausb. M: Hochschulstudium	F: Mitarbeit im Betrieb des Mannes M: Ingenieur	F: stundenweise M: vollzeit	Eigenheim jedes Kind hat eigenes Zimmer	Neubausiedlung am Dorf
Nagel-Ortner	F: geschieden M: geschieden Stiefvaterfam.	F: 35 J. M: 33 J.	3	F: T 9 J., T 8 J.; M: (T 8½ J.) GS 8 Mon.	F: Hochschulstudium M: Hochschulstudium	F: Lektorin M: Wissenschaftler	F: nicht berufstätig M: Vollzeit	gemietetes Haus jedes Kind hat eigenes Zimmer	Dorf
Matrai	F: geschieden M: geschieden Stiefvaterfam.	F: 33 J. M: 41 J.	2	F: S 10 J. M: (T 12½ J.) GS 8 Mon.	F: Hochschulstudium M: Hochschulstudium	F: Juristin M: Arzt	F: halbtags M: halbtags	Eigenheim jedes Kind hat eigenes Zimmer	Dorf
Rebmann-Pohl	F: geschieden M: geschieden Stiefvaterfam.	F: 35 J. M: 33 J.	2	F: S 8 J. M: (T 10 J.; S 6 J.) GS 6 Mon.	F: Hochschulstudium M: Hochschulstudium	F: Lehrerin M: Psychologe	F: stundenweise M: halbtags	Mietwohnung jedes Kind hat eigenes Zimmer	Mittlere Stadt

Familie	Familienstand vor der 2. Ehe Strukturtyp	Alter der Eltern	Zahl der Kinder in der Familie	Geschlecht, Alter und Zugehörigkeit der Kinder	Ausbildung der Frau/des Mannes	Aktuelle Berufstätigkeit der Frau/des Mannes	Berufl. Beanspruchung	Wohnsituation	Soziotop
Schäfer-Traber	F: geschieden M: ledig Stiefvaterfam.	F: 31 J. M: 27 J.	4	F: T 13 J. M: -- GS 6 J.; 6 J.; 2 Mon.	F: pfleger. Ausbildung M: Fachschule	F: Altenpflegerin M: Programmierer	F: nicht berufstätig M: stundenweise	Mietwohnung beengte Verhältnisse	Peripherie einer Großstadt
Uhlmann-Weiss	F: geschieden M: ledig Stiefvaterfam.	F: 35 J. M: 27 J.	3	F: S 11 J. M: -- GT 3½ J.; 1½ J.	F: ohne Ausbildung M: handwerkl. Ausbildung	F: -- M: KFZ-Mech. im Berufsförderungsprojekt	F: nicht berufstätig M: Vollzeit	Mietwohnung Altbau, 2 Kinderzimmer	Mittlere Stadt Zentrumsnähe
Eigner-Faller	F: geschieden M: geschieden komplexe Stieffamilie	F: 30 J. M: 39 J.	3	F: T 4 J. M: T 12 J. GS 4 Mon.	F: Fachhochschule M: Hochschulstudium	F: Sonderpädagogin M: Lehrer	F: nicht berufstätig M: Vollzeit	Mietwohnung wenig Raum für Kinder	Neubau im Dorf
Jordan-Kirsch	F: ledig M: geschieden Stiefmutterfam.	F: 26 J. M: 35 J.	2	F: -- M: S 12 J. GT 3½ J.	F: pfleger. Ausbildung M: handwerkl. Lehre	F: Krankengymnastin M: Schreiner im Jugendprojekt	F: zeitweilig berufstätig M: 30 Std.	gemietetes Haus jedes Kind hat eigenes Zimmer	Vorort einer Kleinstadt
Greiner-Haag	F: ledig M: verwitwet Stiefmutterfam.	F: 25 J. M: 44 J.	4	F: -- M: T 16 J.; 15 J.; T 12 J.;	F: Hochschulstudium M: Hochschulstudium	F: Psychologin M: Rechtsanwalt	F: stundenweise M: Vollzeit	Eigenheim jedes Kind hat eigenes Zimmer	Mittlere Stadt

F: Ehefrau   T: Tochter   GT: Gemeinsame Tochter
M: Ehemann   S: Sohn   GS: Gemeinsamer Sohn
                              ( ) Besuchskinder

273

Tabelle 2: Zeitliche Entwicklung der untersuchten Stieffamilien

Familien	Alter der Partner bei 1. Heirat	2. Heirat	Dauer der 1. Ehe	Alter der Kinder bei der Trennung (in Jahren)	Dauer der Einelternschaft	Alter der Kinder zu Beginn der neuen Partnerschaft (in Jahren)	Dauer des Zusammenseins bis zur 2. Ehe	Dauer der Partnerschaft bis GK	Dauer des Zusammenlebens bis Interview	Lebensalter der Partner beim Interview	Alter der Kinder zum Zeitpunkt des Interviews (in Jahren)
Bader	F: 20 J. M: 32 J.	27 J. 36 J.	F: 7 J. M: 4 J.	F: S 6; T 5; S 4 M: --	F: 1 J. M: --	F: S 7; T 6; S 5 M: --	--	3 J.	15 J.	F: 42 J. M: 51 J.	F: S 22; T 21; S 20 GT 12
Dietz	F: 21 J. M: 23 J.	35 J. 47 J.	F: 9 J. M: 20 J.	F: S 8; S 7; S 5 1/2 M: T 25; 23; S 21	F: 1/2 J. M: --	F: S 8 1/2; 7 1/2; 1 M: T 25; 23; S 21	4 1/2 J.	5 J.	10 J.	F: 41 J. M: 53 J.	F: S 18; 17; 11 M: (S 31) GT 5
Nagel-Ortner	F: 22 J. M: 24 J.	34 J. 32 J.	F: 5 J. M: 4 J.	F: T 1 1/2; 1/2 M: T 3 1/2	F: 3 1/2 J. M: 1 J.	F: T 4; 5 M: T 4 1/2	3 J.	3 1/2 J.	4 J.	F: 35 J. M: 33 J.	F: T 8; 9; GS 3 Mon. M: (T 8 1/2)
Matrai	F: 22 J. M: 27 J.	30 J. 38 J.	F: 1 1/2 J. M: 7 J.	F: S 1/2 M: T 6	F: 3 1/2 J. M: 1/2 J.	F: S 4 M: T 6 1/2	3 J.	5 1/4 J.	6 J.	F: 33 J. M: 41 J.	F: S 10; GS 8 Mon. M: (T 12 1/2)
Rebmann-Pohl	F: 26 J. M: 22 J.	34 J. 32 J.	F: 2 J. M: 8 J.	F: S 1 M: T 8; S 4	F: 5 J. M: 3 Mon.	F: S 6 M: T 8; S 4	1 1/2 J.	1 1/2 J.	2 J.	F: 35 J. M: 33 J.	F: S 8; GS 6 Mon. M: (T 10; S 6)
Schäfer-Traber	F: 18 J. M: 31 J.	27 J. --	F: 1 1/2 J. M: --	F: T 1 M: --	F: 4 J. M: --	F: T 5 M: --	4 J.	2 J.	8 J.	F: 31 J. M: 35 J.	F: T 13 M: --GS 6; 6; 2 Mon.
Uhlmann-Weiss	F: 23 J. M: 24 J.	32 J. --	F: 2 J. M: --	F: S 1 M: --	F: 6 J. M: --	F: S 7 M: --	1 J.	1 J.	4 1/2 J.	F: 35 J. M: 27 J.	F: S 11 1/2 M: --GT 3 1/2; 1 1/2

Familien	Alter der Partner bei 1. Heirat	2. Heirat	Dauer der 1. Ehe	Alter der Kinder bei der Trennung (in Jahren)	Dauer der Einelternschaft	Alter der Kinder zu Beginn der neuen Partnerschaft (in Jahren)	Dauer des Zusammenseins bis zur 2. Ehe	Dauer der Partnerschaft bis GK	Dauer des Zusammenlebens bis Interview	Lebensalter der Partner beim Interview	Alter der Kinder zum Zeitpunkt des Interviews (in Jahren)
Eigner-Faller	F: 24 J. M: 24 J.	28 J. 37 J.	F: 3 J. M: 13 J.	F: T 2 M: T 9½	F: ½ J. M: 4 Mon.	F: T 2½ M: S 10	½ J.	1½ J.	2 J.	F: 30 J. M: 39 J.	F: T 4½ M: T 12; GS 4 Mon.
Jordan-Kirsch	F: 22 J. M: 22 J.	– – 31 J.	F: – – M: 3 J.	F: – – M: S 2	F: – – M: 2 J.	F: – – M: S 4	4 J.	4½ J.	8 J.	F: 26 J. M: 35 J.	F: – – M: S 12; GT 3½
Greiner-Haag	F: 23 J. M: 26 J.	– – 42 J.	F: – – M: 13 J.	F: – – M: T 11; 10; 7	F: – – M: – –	F: – – M: T 11; 10; 7	3 J.	– –	5 J.	F: 25 J. M: 44 J.	F: – – M: T 16; 15; 12

F: Ehefrau
M: Ehemann

T: Tochter
S: Sohn

GK: Gemeinsames Kind
GT: Gemeinsame Tochter
GS: Gemeinsamer Sohn

( ): Besuchskinder

Tabelle 3: Besuchs- und Unterhaltsregelungen für die Kinder aus erster Ehe

Familie	Wie ist BesR. zustande gekommen?	Wie sah BesR. am Anfang aus?	Wie sieht BesR. konkret aus?	Wie wird BesR beurteilt von: a = Kindern, b = außerhalb lebendem Elternteil c = Erwachsenen	Unterhaltszahlungen für die Kinder aus erster Ehe
Bader	F: einvernehmlich	selten und unregelmäßig	Kontakt abgebrochen	F: von keinem wird eine Veränderung gewünscht	F: bekommt keinen Unterhalt
Dietz	F: Jugendamt	ein Wochenende im Monat	fast keinen Kontakt mehr	F: a: ambivalent b: gut c: akzeptiert	F: bekommt Unterhalt
Nagel-Ortner	F: einvernehmlich M: einvernehmlich	häufig, aber unregelmäßig jedes 2. Wochenende	selten und unregelmäßig in den Ferien	F: a: zu wenig b: notwendig aber lästig c: gut M: a: zu wenig b: zu wenig c: akzeptiert	F: bekommt Unterhalt M: muß Unterhalt bezahlen
Matrai	F: Jugendamt M: einvernehmlich	selten in den Ferien und an langen Wochenenden	fast gar nicht in den Ferien	F: a: zu wenig b: gut c: gut M: a: zu wenig b: ambivalent c: gut	F: bekommt keinen Unterhalt M: muß Unterhalt bezahlen
Rebmann-Pohl	F: einvernehmlich M: gerichtl. Regelung steht noch aus	samstags (jede Woche) nur unregelmäßig	donnerstags und am Wochenende häufig, aber unregelmäßig	F: a: gut b: gut c: gut M: a: gut b: zu unregelmäßig c: zu oft	F: bekommt Unterhalt M: muß Unterhalt bezahlen

Familie	Wie ist BesR. zustande gekommen?	Wie sah BesR. am Anfang aus?	Wie sieht BesR. konkret aus?	Wie wird BesR beurteilt von: a = Kindern, b = Erwachsenen c = außerhalb lebendem Elternteil	Unterhaltszahlungen für die Kinder aus erster Ehe
Schäfer-Traber	F: einvernehmlich	fast kein Kontakt in den ersten zwei Jahren	jedes Wochenende (flexible Handhabung)	F: a: gut b: gut c: gut	F: bekommt Unterhalt
Uhlmann-Weiss	F: einvernehmlich	häufig, aber unregelmäßig	regelmäßig in den Ferien u. manchmal am Wochenende	F: a: zu wenig b: gut c: gut	F: bekommt Unterhalt
Eigner-Faller	F: einvernehmlich M: Jugendamt	F: jedes 2. Wochenende M: jedes 2. Wochenende	F: jedes 2. Wochenende M: sporadisch in den Ferien	F: a: gut b: störend c: kämpft um Erweiterung M: a: lästig b: störend c: zu wenig	F: bekommt Unterhalt M: bekommt unregelmäßig geringe Zuwendung
Jordan-Kirsch	M: einvernehmlich	regelmäßig 1x pro Woche	nur sporadisch in den Ferien	M: a: zu wenig b: zu wenig c: akzeptiert	M: bekommt unregelmäßig Unterhalt
Greiner-Haag	–	–	–	–	–

Abbildung 1:

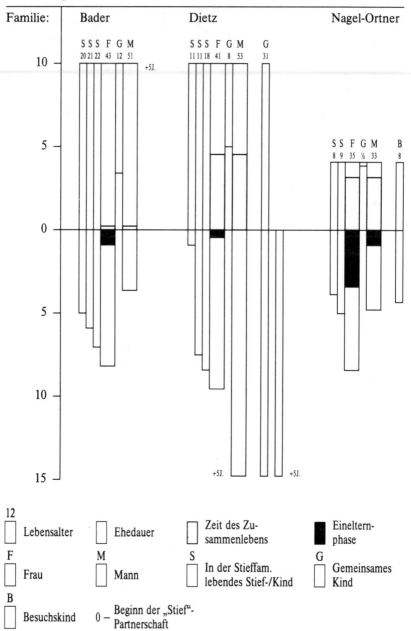

Abbildung 1 (Fortsetzung):

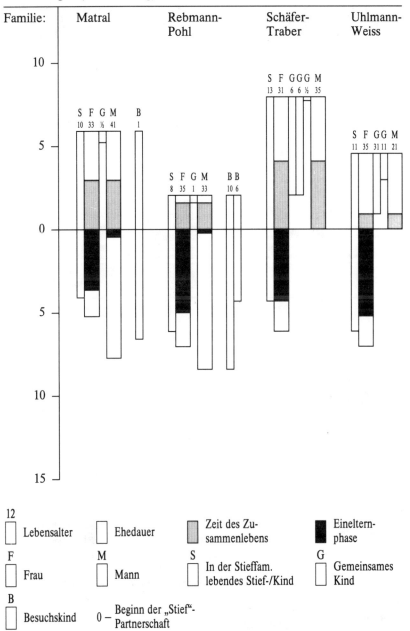

Abbildung 1 (Fortsetzung):

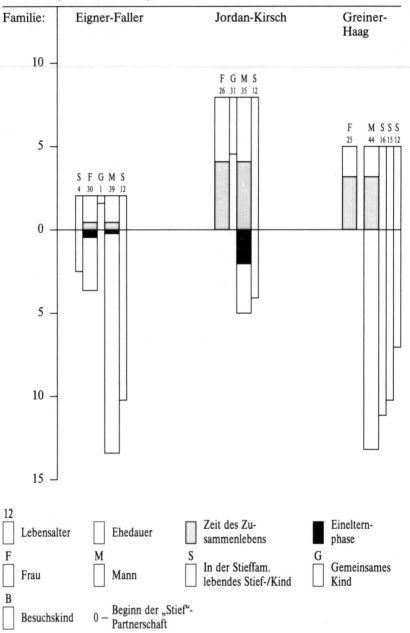

12 ⬜ Lebensalter	⬜ Ehedauer	▨ Zeit des Zu- sammenlebens	⬛ Eineltern- phase
F ⬜ Frau	M ⬜ Mann	S ⬜ In der Stieffam. lebendes Stief-/Kind	G ⬜ Gemeinsames Kind
B ⬜ Besuchskind	0 – Beginn der „Stief"- Partnerschaft		

280

Abbildung 2: Das Familiennetz des Philipp Quant

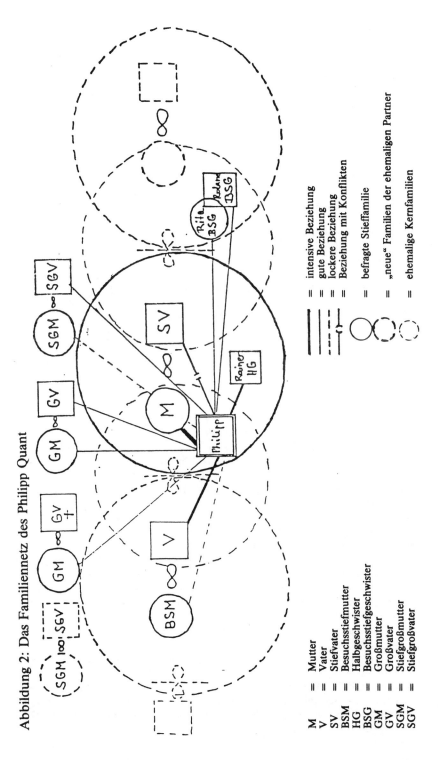

M   = Mutter
V   = Vater
SV = Stiefvater
BSM = Besuchsstiefmutter
HG = Halbgeschwister
BSG = Besuchsstiefgeschwister
GM = Großmutter
GV = Großvater
SGM = Stiefgroßmutter
SGV = Stiefgroßvater

    = intensive Beziehung
    = gute Beziehung
    = lockere Beziehung
    = Beziehung mit Konflikten

    = befragte Stieffamilie

    = „neue" Familien der ehemaligen Partner

    = ehemalige Kernfamilien

Literatur

Ahrons, C./Perlmutter, M.: The relationship between former spouses. In: Hansen, J.C. & Messinger, L. (Eds.): Therapy with remarried families. Rockville MD: Aspen 1982, S. 31-46

Allerbeck, K./ Hoag, W.: Jugend ohne Zukunft. München 1984

Aries, P.: Geschichte der Kindheit. München/Wien 1975

Badinter, E.: Die Mutterliebe. München 1981

Baier, L.: Wer unsere Köpfe kolonialisiert. Zur Frage, ob die Emanzipation von der ratio fällig ist. In: Literaturmagazin 9 (1978), S. 74-88

Baulant, M.: La famille en Miettes. Sur un aspect de la démographie du XVIIᵉ siècle. In: Annales E.C.S. 27 (1972), S. 959-968

Beck, U.: Risikogesellschaft. Auf dem Weg in eine andere Moderne. Frankfurt/M. 1986

Beck, U.: Die Zukunft der Familie. In: Psychologie Heute, 14. Jg. 11 (1987), S. 44-49

Beck-Gernsheim, E.: Das halbierte Leben. Männerwelt Beruf, Frauenwelt Familie. Frankfurt/M. 1980

Beck-Gernsheim, E.: Vom Geburtenrückgang zur Neuen Mütterlichkeit. Über private und politische Interessen am Kind. Frankfurt/M. 1984

Beck, D./Lempp, R.: Die Bedeutung nichtnormaler Familienverhältnisse für die Entstehung und Art psychoreaktiver Störungen. In: Zeitschrift für Psychotherapie und medizinische Psychologie 19 (1969), S. 1-11

Bendkower, J. & Oggenfuss, F.: Scheidungskinder und Schule. In: Familiendynamik 5. Jg. (1980), S. 242-271

Bernard, J.: Remarriage: A Study of Marriage. New York: Holt, Rinehard & Winston 1956 (2 nd Ed. 1971)

Bettelheim, B.: Kinder brauchen Märchen. Stuttgart 1977

Böhnisch, L./Thiersch, H.: Lebensschwierigkeiten und sozialpädagogische Hilfen in ländlichen Regionen. Zum Verhältnis von alltäglicher Problembewältigung und institutioneller Problembearbeitung am Beispiel von Familienpflege und Jugendberatung.Unveröffentl. Projektantrag Universität Tübingen 1988

Bösel, M.: Lebenswelt Familie. Ein Beitrag zur interpretativen Familiensoziologie. Frankfurt/M. 1980

Bohannan, P. (Ed.): Divorce and After: Analysis of the Emotional and Social Problems of Divorce. New York: Double Day 1970.

Bohannan, P.: Stepfathers and the Mental Health of Their Children. Final Report, Western Behavioural Sciences Institute, La Jolla, California 1975

Bohannan, P./Erickson, R.: Stiefväter. In: Psychologie Heute, 5. Jg. 5 (1978), S. 52-57

Bohannan, P./Yahares, H.: Stepfathers as Parents. In: Corfman, E. (Ed.): Family Today. A Research Sampler in Families and Children. NIMH Science Monographs. Washington, D.C.: Government Printing Office 1979, S. 347-362

Bowerman, C.E./Irish, D.P.: Some Relationships of Stepchildren to Their Parents. In: Marriage and Family Living, Vol. 24 (1962), S. 113-121

Buchholz, W./Straus, F.: Lebensweltliche Strukturen familialer Probleme. In: Keupp, H. & Rerrich, D.: Psychosoziale Arbeit in Schlüsselbegriffen. München 1982

Bühler, C.: Der menschliche Lebenslauf als psychologisches Problem. Göttingen 1959

Bühler, P./Kächele, St.: Die Ehescheidung als pathogener Faktor. Eine kinder- und jugendpsychiatrische Untersuchung. In: Praxis der Kinderpsychologie und Kinderpsychiatrie 27 (1978), S. 296-300

Bundesministerium für Jugend, Familie und Gesundheit (Hrsg.): Nicht-eheliche Lebensgemeinschaften in der Bundesrepublik Deutschland. Stuttgart 1985

Bundesministerium für Jugend, Familie, Frauen und Gesundheit (Hrsg.): Vierter Familienbericht, Bonn 1986

Burchinal, L.G.: Characteristics of Adolescents from Broken, Unbroken and Reconstituted Families. In: Journal of Marriage and the Family, Vol. 24 (1964), S. 44-50

Burgoyne, J./Clark, D.: Why Get Married Again? In: New Society, 51 No. 9/3 (1980), S. 12-14

Burgoyne, J./Clark, D.: Parenting in Stepfamilies. In: Proc. Annu. Symp. Eugen Soc., Vol. 17 (1981), S. 133-147

Burgoyne, J./Clark, D.: From Father to Stepfather. In: Mc Kee, C./ O'Brien, M. (Eds.): a.a.O. 1982, S. 196-207

Burns, Ch.: Liebe Stiefmutter. Erfahrungen in einer schwierigen Rolle. Ratschläge und Hilfen. Reinbek bei Hamburg 1988

Carter, E.: Einfluß von Mann-Sein und Frau-Sein auf das therapeutische System. Vortrag gehalten auf dem 2. Weinheimer Symposion für Familientherapie 1989

Carter, H./Glick, P.C.: Marriage and Divorce Cambridge: Harvard University Press 1976 (1st ed. 1970)

Carter, E.A./McGoldrick, M. (Eds.): The Family Life Cycle. A Framework for Family Therapy. New York 1980

Cherlin, A.: Remarriage as an Incomplete Institution. In: American Journal of Sociology, 84 (1978), S. 634-650

Chodorow, N.: Das Erbe der Mütter. Psychoanalyse und Soziologie der Geschlechter. München 1985

Crosbie-Burnett, M.: Impact of Joint versus Maternal Legal Custody, Sex and Age of Adolescents, and Family Structure Complexity on Adolescents in Remarried Families. Paper presented at the American Psychological Association Annual Meeting, New York, August 1987

Crosbie-Burnett, M./Ahrons, C.R.: From Divorce to Remarriage: Amplications for Therapy with Families in Transition. In: Journal of Psychotherapy and the Family, 1/3 (1985), S. 121-137

Davidis, H.: Die Hausfrau. Praktische Anleitung zur selbständigen und sparsamen Führung des Haushalts. Leipzig 1884

Deutsch, H.: The Psychology of Women: A Psychoanalytic Interpretation, Vol. 2: Motherhood New York 1973

Deutsches Jugendinstitut: Projekt Erweiterte Familiensysteme und Soziale Arbeit. Zwischenbericht. München 1988

Diakonisches Werk der Evangelischen Kirche in Deutschland (Hrsg.): Lebenszyklus und Familie. Die Bedeutung von Beziehungen für den einzelnen und die Familie im Lebenslauf. Stuttgart 1985

Diezinger, A. u.a.: Zukunft mit beschränkten Möglichkeiten. Entwicklungsprozesse arbeitsloser Mädchen, Bd. 1 u. Bd. 2, München 1983

Draughon, M.: Stepmother's Model of Identification in Relation to Mourning in the Child. In: Psychological Reports, Vol. 36 (1975), S. 183-189

Duberman, L.: Step-Kin Relationships. In: Journal of Marriage and the Family, Vol. 35/2 (1973), S. 283-292

Dupâquier, J./Hélin, E./Laslett, P./Livi-Bacci, M./Sogner, S. (Hrsg): Marriage and Remarriage in Populations of the Past. London: Academic Press 1981

Duss-von-Werdt, J./Welter-Enderlin, R.: Der Familienmensch. Systemisches Denken und Handeln in der Therapie. Stuttgart 1980

von Ebner-Eschenbach, M.: Gesammelte Werke Band 8. Meine Kinderjahre. Meine Erinnerungen an Grillparzer. München 1959

Erikson, E.: Identität und Lebenszyklus. Frankfurt/Main 1966

Fast, J./Cain, A.C.: The Stepparent Role: Potential for Disturbances in Family Functioning. In: American Journal of Orthopsychiatry 36 (1966), S. 485-491

Ferri, E.: Growing Up in an One-parent Family. Windsor: NFER-NELSON 1976

Ferri, E.: Stepchildren: A National Study. Windsor: NFER-NELSON 1984

Filipp, S.H. (Hg.): Kritische Lebensereignisse. München 1981

Fishman, B./Hamel, B.: From Nuclear to Stepfamily Ideology: A Stressful Change. In: Alternative Lifestyles, Vol. 4/2 (1981), S. 181-204

Flandrin, J.-L.: Familien. Soziologie – Ökonomie – Sexualität. Frankfurt/M. / Berlin / Wien 1978

Frank, R.: Grenzen der Adoption. Eine rechtsvergleichende Untersuchung zur Schutzbedürftigkeit faktischer Eltern-Kind-Verhältnisse. Frankfurt/M. 1978

Fritsch, J./Sanders, H.: Hau ab, du bist nicht meine Mutter. Augsburg 1987

Friedl, I.: Stieffamilien. Ein Literaturbericht zu Eigenart, Problemen und Beratungsansätzen. Weinheim/München 1988

Frommann, A.: Die Rechte von Kindern innerhalb ihrer Familien. In: Neue Praxis 9. Jg. (1979), S. 352-363

Fthenakis, W.E.: Die Entwicklung des Kleinkindes in einer sich wandelnden Familienstruktur. In: EVANGELISCHE AKADEMIE BAD BOLL (Hrsg.): Elternschaft trotz Partnertrennung. Protokolldienst der Evangelischen Akademie Bad Boll 1984

Fthenakis, W.E.: Elternverantwortung und Kindeswohl – Neue Chancen zu ihrer Verwirklichung? – Anmerkungen aus sozialwissenschaftlicher Sicht. In: EVANGELISCHE AKADEMIE BAD BOLL (Hrsg.): Elterliche Verantwortung und Kindeswohl. Protokolldienst der Evangelischen Akademie Bad Boll 1984 (d)

Fthenakis, W.E.: Väter Bd. 1: Zur Psychologie der Vater-Kind Beziehung Bd. 2: Zur Vater-Kind-Beziehung in verschiedenen Familienstrukturen. München 1985

Fthenakis, W.E.: Interventionsansätze aus der Sicht eines Sozialwissenschaftlers. In: EVANGELISCHE AKADEMIE BAD BOLL (Hrsg.): Recht und

Realität im Familienalltag und in der Familienkrise – Zur Funktion des Rechts für die Familie – Tagung vom 20. bis 23. Febr. 1986. Protokolldienst der Evangelischen Akademie Bad Boll 30/86, S. 36-67

Fthenakis, W.E.: Einleitung zur deutschen Ausgabe. In: Visher, E.B./Visher, J.S.: a.a.O. (1987), S. 11-23

Fthenakis, W.E./Griebel, W.: Zweitfamilien. In: Psychologie heute 7 (1985), S. 20-26

Fthenakis, W.E./Griebel, W.: Zur Adoption von Kindern durch ihre Stiefeltern. Vortrag, gehalten im Rahmen der Informationsveranstaltung der zentralen Adoptionsstelle des Landesjugendamtes Baden in der Fortbildungsakademie des Deutschen Caritasverbandes in Freiburg, 6.10.1986

Fthenakis, W.E./Niesel, R & Kunze, H.-R.: Ehescheidung. Konsequenzen für Eltern. München 1982

Furstenberg, F.F. jr.: Fortsetzungsehen. Ein neues Lebensmuster und seine Folgen. In: Soziale Welt 1 (1987) S. 29-39

Furstenberg, F.F./Spanier, G.B.: Recycling the Family. Remarriage after Divorce. London: Sage 1984

Ganong, L.H./Coleman, M.: Effects of Parental Remarriage on Children: An Updated Comparison of Theories, Methods, and Findings from Clinical and Empirical Research. In: Pasley, K./Ihinger-Tallmann, M. (Eds.): a.a.O. 1987, S. 94-140

Garfield, R.: The Decision to Remarry. In: Journal of Divorce 4 (1980), S. 1-10

Gaunt, D./Löfgren, O.: Remarriage in the Nordic Countries: the Cultural and Socio-economic Background. In: Dupâquier, J. u.a.: a.a.O. 1981, S. 49-59

Giesecke, H.: Die Zweitfamilie. Leben mit Stiefkindern und Stiefvätern. Stuttgart 1987

Giles-Sims, J./Finkelhor, D.: Child Abuse in Stepfamilies. In: Family Relations 33 (1984), S. 407-413

Gilligan, C.: Die andere Stimme. Lebenskonflikte und Moral der Frau. München / Zürich 1984

Gillis, J.R.: Geschichte der Jugend. Tradition und Wandel im Verhältnis der Altersgruppen und Generationen in Europa von der zweiten Hälfte des 18. Jahrhunderts bis zur Gegenwart. Weinheim/Basel 1980

Glenn, N.D./Weaver, C.W.: The Marital Happiness of Remarried Divorced Persons. In: Journal of Marriage and the Family, Vol. 39/2 (1977), S. 331-337

Glick, P.C.: Marriage, Divorce and Living Arrangements. Prospective Changes. In: Journal of Family Issues, Vol. 5 (1984), S. 7-26

Gloger-Tippelt, G.: Der Übergang zur Elternschaft. Eine entwicklungspsychologische Analyse. In: Zeitschrift für Entwicklungspsychologie und Pädagogische Psychologie, Band XVII, 1 (1985), S. 53-92

Goetting, A.: The Six Stations of Remarriage: Developmental Tasks of Remarriage After Divorce. Family Relations 31 (1982), S. 213-222

Goffmann, E.: Stigma. Frankfurt/M. 1967

Goldmaier, J.: Intervention in the Continuum from Divorce to Family Reconstitution. In: Social Casework, Vol 61/1 (1980), S. 39-47

Goldstein, H.S.: Reconstituted Families: The Second Marriage and Its Children. In: Psychiatric Quartely, Vol. 48/3 (1974), S. 433-440

Gravenhorst, L./Schablow, M./Cramon-Daiber, B.: Lebensort: Familie Bd. 2 Alltag und Biographie von Mädchen. Hrsg. von der Sachverständigenkommission Sechster Jugendbericht, Opladen 1984

Greif, J.B.: Fathers, Children and Joint Custody. In: American Journal of Orthopsychiatry 49/2 (1979), S. 311-319

Greif, J.B.: Therapy with Remarriage Families: IV. The Father-Child Relationship Subsequent to Divorce. In: Family Therapy Collections 2 (1982), S. 47-57

Günther, A.: Die Heilige und ihr Narr. Stuttgart, 18. Auflage, 1916

Haffter, C.: Kinder aus geschiedenen Ehen. Eine Untersuchung über den Einfluß der Ehescheidung auf Schicksal und Entwicklung der Kinder nach ärztlichen, juristischen und fürsorgerischen Fragestellungen. Bern 1948 (1979)

Havighurst, R.J.: Human Development and Education. New York 1953

Heekerens, H.-P.: Nach der Scheidung: Wiederheirat. In: Zeitschrift für personenzentrierte Psychologie und Psychotherapie, Jg. 4 (1985), S. 155-191

Heekerens, H.-P.: Wiederheirat Verwitweter. In: Zeitschrift für Bevölkerungswissenschaft 13 (1987), S. 243-264

Heekerens, H.-P.: Die zweite Ehe. Wiederheirat nach Scheidung und Verwitwung. Weinheim 1988

Hess, R.D./Handel, G.: Familienwelten. Düsseldorf 1975

Hetherington, E.M.: Family Relations Six Years After Divorce. In: Pasley, K./Ihinger-Tallmann, M. (Eds.): a.a.O. 1987, S. 185-205

Hetherington, M./Cox, M. /Cox, R.: „The aftermath of divorce". In: Stevens, J./Matthews, M. (Eds.): Mother-Child, Father-Child Relations. National Association for Education of Young Children, 1978, S. 149-176

Hetherington, E.M./Cox, M./Cox, R.: Effects of Divorce on Parents and Children. In: Lamb, M.E. (Ed.), a.a.O. 1982, S. 233-288

Höhn, C.: Der Familienzyklus: Zur Notwendigkeit einer Konzepterweiterung. Boppard am Rhein 1982

Hoffmann-Riem, C.: Die Sozialforschung einer interpretativen Soziologie. – Der Datengewinn. In: Kölner Zeitschrift für Soziologie und Sozialpsychologie Jg. 32/2 (1980), S. 339-372

Hoffmann-Riem, C.: Das adoptierte Kind. Familienleben mit doppelter Elternschaft. München 1985

Honegger, C./Heintz, B.: Listen der Ohnmacht. Zur Sozialgeschichte weiblicher Widerstandsformen. Frankfurt/M. 1981

Hubbard, W.H.: Familiengeschichte. Materialien zur deutschen Familie seit dem Ende des 18. Jahrhunderts. München 1983

Ibsen, H.: Die Frau vom Meer. Stuttgart 1967

Jacobson, D.S.: Family Type, Visiting Patterns, and Children's Behavior in the Stepfamily: A Linked Family System. In: Pasley, K./Ihinger-Tallmann, M.: (Eds.): a.a.O. 1987, S. 257-272

Kleinmann, J./Rosenberg, E. & Whiteside, M.: Common Developmental Tasks in Forming Reconstituted Families. In: Journal of Marital and Family Therapy 5 (1979), S. 79-86

Kloke, I.E.: Das Kind in der Leichenpredigt. In: Lenz, R.: (Hrsg): a.a.O. 1984, S. 97-120

Kluge, F.: Etymologisches Wörterbuch der deutschen Sprache. 21. Aufl. Berlin/New York 1975

Knodel, J./Lynch, A.: The Decline of Remarriage: Evidence From German Village Populations in The Eightheenth And Ninetheenth Centuries. In: Journal of Family History Vol. 10/1 (1985), S. 34-59

Köhler, U.: Du bist gar nicht meine Mutter. Stiefmütter erzählen. München 1987
König, R.: Materialien zur Soziologie der Familie. Bern 1946
Kohli, M. (Hrsg.): Soziologie des Lebenslaufs. Köln 1978
Kohli, M.: Die Institutionalisierung des Lebenslaufs. Historische Befunde und theoretische Argumente. In: Kölner Zeitschrift für Soziologie und Sozialpsychologie, Jg. 37/1 (1985), S. 1-29
Korczak, J.: Wie man ein Kind lieben soll. Göttingen 1967
Krähenbühl, V./Jellouschek, H./Kohaus-Jellouschek, M./Weber, R.: Stieffamilien: Struktur, Entwicklung, Therapie. In: Familiendynamik 9. Jg. 1 (1984), S. 2-18
Krähenbühl, V./Jellouschek, H./Kohaus-Jellouschek, M./Weber, R.: Stieffamilien. Struktur — Entwicklung — Therapie. Freiburg 1986
Kühn, H.: Psychologische Untersuchungen über das Stiefmutterproblem: Die Konfliktmöglichkeiten in der Stiefmutterfamilie und ihre Bedeutung für die Verwahrlosung des Stiefkindes. In: Beihefte zur Zeitschrift für angewandte Psychologie, 45, Hamburger Untersuchungen zur Jugend- und Sozialpsychologie, Nr. 1, Leipzig 1929, S. 1-162
Laing, R.D.: Das Selbst und die Anderen. Köln 1973
Laing, R.D.: Die Politik der Familie. Köln 1974
Lamb, M.E. (Ed.): The Role of the Father in Child Development. London / New York: Wiley & Sons 2 nd Ed. 1981
Lamb, M.E. (Ed.): Nontraditional Families. Parenting and Child Development. Hillsdale, N.J.: Erlbaum 1982
Langner, T.S./Michael, S.T.: Life Stress and Mental Health. New York: Free Press 1963
Laslett, P. (Ed.): Household and Family in Past Time. Comparative Studies in the Size and Structure of the Domestic Group over the Last Three Centuries in England, France. . . London, Cambridge University Press 1974
Lazarus, R.S.: Streß- und Streßbewältigung — ein Paradigma. In: Filipp, S. H. (Hg.): Kritische Lebensereignisse. München 1981, S. 198-229
Lempp, R.: Gerichtliche Kinder- und Jugendpsychiatrie. Ein Lehrbuch für Ärzte, Psychologen und Juristen. Bern: Huber 1983
Lempp, R.: Der Anwalt des Kindes aus kinderpsychiatrischer Sicht. In: Der Anwalt des Kindes als Konsequenz heutigen Verständnisses von Kindeswohl. Denkanstöße zu einer Neuorientierung. Tagung vom 15. bis 17. April 1983 in der Evangelischen Akademie Bad Boll, Protokolldienst 14/83, S. 24-29
Lempp, R.: Kann die Familie weiterhin das Recht des Kindes gewährleisten? In: Zeitschrift für Kinder- und Jugendpsychiatrie Vol. 13 (1985), S. 43-55
Lempp, R.: Familie im Umbruch. München 1986
Lenz, R. (Hrsg.): Leichenpredigten als Quelle historischer Wissenschaften. Bd. 3, Marburg a.d. Lahn 1984
Levy, R.: Der Lebenslauf als Statusbiographie. Stuttgart 1977
Liegle, L.: Familie/Familienerziehung. In: Eyferth, H./Otto, H.-U./Thiersch, H. (Hrsg.): Handbuch Sozialarbeit/Sozialpädagogik. Neuwied 1984
Liegle, L.: Welten der Kindheit und Familie. Beiträge zu einer pädagogischen und kulturvergleichenden Sozialisationsforschung. Weinheim/München 1987
Lincke, W.: Das Stiefmuttermotiv in Märchen der germanischen Völker. Berlin 1933
Lowe, N.v.: The legal status of fathers: Past and present. In: Mc Kee, L./O'-Brien, M. (Eds.): a.a.O. 1982, S. 26-42

Lüscher, K./Schultheis, F./Wehrspaun, M. (Hrsg.): Die „postmoderne" Familie. Konstanz 1988

Lutz, E.P.: Stepfamilies: A Descriptive Study From the Adolescent Perspective. Dissertation Abstracts International, Vol. 41 (3-A), September 1980, S. 992

de Mause, L.: Hört ihr die Kinder weinen. Frankfurt 1977

Mc Dermott, J.F.: Parental divorce in early childhood. In: American Journal of Psychiatry 124 (1968), S. 1424-1432

Mc Dermott, J.F.: Divorce and its Psychiatric Sequelae in Children. In: Archives of General Psychology 23 (1970), S. 421-427

Mc Kee, L./O'Brien, M. (Eds.): The Father Figure. London / New York: Tavistock Publications 1982

Mc Kee, L./O'Brien, M.: The father figure: Some current orientations and historical perspecitves. In: Mc Kee, L./O'Brien, M. (Eds.): a.a.O. 1982, S. 1-25

Messinger, L.: Remarriage between Divorced People with Children from Previous Marriages: A Proposal for Preparation for Remarriage." In: Journal of Marriage and Family Counselling 2 (1976), S. 193-200

Messinger, L./Walker, K.N.: From Marriage Breakdown to Remarriage: Parental Tasks and Therapeutic Guidelines. In: American Journal of Orthopsychiatry, Vol. 51/3 (1981), S. 429-438

Minuchin, S.: Familie und Familientherapie. Theorie und Praxis struktureller Familientherapie. Freiburg 1977

Mitterauer, M.: Der Mythos von der vorindustriellen Großfamilie. In: Rosenbaum, H. (Hg.): a.a.O. Frankfurt/M. 1978

Mitterauer, M./Sieder, R.: Vom Patriarchat zur Partnerschaft. Zum Strukturwandel der Familie. München 1977

Mitteraucher, M./Sieder, R. (Hg.): Historische Familienforschung. Frankfurt/M. 1982

Moinet, S.: Meine Kinder, deine Kinder, unsere Kinder. Familienleben nach der Trennung. Düsseldorf-Wien-New York 1987

Mollenhauer, K. u.a.: Die Familienerziehung. München 1975

Mowatt, M.: Group Psychotherapy for Stepfathers and Their Wives. In: Psychotherapy: Theory, Research and Practice, Vol. 9/4 (1972), S. 328-331

Napp-Peters, A.: Ein-Elternteil-Familien: Soziale Randgruppe oder neues familales Selbstverständnis. Weinheim/München 1985

Napp-Peters, A.: Scheidungsfamilien. Interaktionsmuster und kindliche Entwicklung. Aus Tagebüchern und Interviews mit Vätern und Müttern nach der Scheidung. Frankfurt/M. 1988

Nave-Herz, R. (Hrsg.): Wandel und Kontinuität der Familie in der Bundesrepublik Deutschland. Stuttgart 1988

Nave-Herz, R.: Kontinuität und Wandel in der Bedeutung, in der Struktur und Stabilität von Ehe und Familie in der Bundesrepublik Deutschland. In: Nave-Herz, R. (Hg.): a.a.O. 1988, S. 61-94

Neufeldt, I.: Einelternfamilien und „Neufamilien". Ihre besondere Belastungs- und Konfliktsituation und Konsequenzen für die sozialpädagogische Praxis. Unveröffentlichte Diplomarbeit. München 1985

Neumann, G.: Untersuchungen über das Verhältnis zwischen Stiefmutter und Stiefkind. In: Zeitschrift für Pädagogische Psychologie und Jugendkunde, Jg. 34 (1933), S. 358-367

Oerter, R.: Moderne Entwicklungspsychologie. Donauwörth 1967

Oerter, R./Montada, L.: Entwicklungspsychologie. Ein Lehrbuch. Wien, München, Baltimore 1982

Ostner, I.: Individualisierung der Familie? In: Karsten, M.-E./Otto, H.-U. (Hrsg.): a.a.O. 1987, S. 69-86

Ostner, I./Pieper, B.: Problemstruktur Familie oder: Über die Schwierigkeit in und mit Familie leben. In: Dies.: Arbeitsbereich Familie. Umrisse einer Theorie der Privatheit. Frankfurt/M. 1980, S. 96-170

Papernow, P.L.: A Phenomenological Study of the Developmental Stages of Becoming a Stepparent: A Gestalt and Family System Approach. Ph.D., Dissertation, Boston University 1980

Parish, T.S./Dostal, J.W.: Evaluations of Self and Parent Figures by Children from Intact, Divorced and Reconstituted Families. In: Journal of Youth and Adolescence, Vol. 9/4 (1980), S. 347-353

Parish, T.S./Dostal, J.W.: Relationships Between Evaluation of Self and Parents by Children from Intact and Divorced Families. In: Journal of Psychology, Vol. 104 (1980), S. 35-38

Parish, T.S./Taylor, J.C.: The Impact of Divorce and Subsequent Father Absence on Children's and Adolescent's Self Esteem. In: Journal of Youth and Adolescence, Vol. 8/4 (1979), S. 427-432

Parsons, T.: The Social Structure of the Family. In: Anshen, R.N. (Ed.): The Family: Its Function and Destiny. New York: Harper & Row 1949

Parsons, T.: Age and Sex in the Social Structure of the United States. In: American Sociological Review 7 (1942)

Pasley, K./Ihinger-Tallmann, M. (Eds.): Remarriage And Stepparenting. Current Research and Theory. New York / London Guilford Press 1987

Perkins, T.F./Kahan, J.P.: An Empirical Comparison of Natural-Father and Stepfather Family System. In: Family Process, Vol. 18 (1979), S. 175-183

Perkins, T.F./Kahan, J.P.: Ein empirischer Vergleich der Familiensysteme mit leiblichen Vätern und mit Stiefvätern. In: Familiendynamik 7 (1982), S. 354-367

Pettinger, R.: Theorien zum Familienzyklus – ein neuer Zugang zur Familienanalyse? In: Diakonisches Werk der Evangelischen Kirche in Deutschland (Hrsg.): a.a.O. 1985, S. 21-32

Piaget, J.: Theorien und Methoden der modernen Erziehung. Frankfurt 1974

Piaget, J.: Probleme der Entwicklungspsychologie. Kleine Schriften. Frankfurt 1976

Piaget, J.: Das Weltbild des Kindes. Frankfurt/Berlin/Wien 1980

Pieper, B.: Familie im Urteil ihrer Therapeuten. Bausteine einer Theorie familialer Arbeit. New York, Frankfurt/M. 1986

Prokop, U.: Weiblicher Lebenszusammenhang. Von der Beschränktheit der Strategien und der Unangemessenheit der Wünsche. Frankfurt/M. 1976

Prosen, S.S./Farmer, J.H.: Understanding Stepfamilies: Issues and Implications for Counselors, in: Personal & Guidance Journal, Vol. 60/7 (1982), S. 393-397

Rabaa, V.: Einführende Bemerkungen zur Tagungsthematik. In: Der Anwalt der Kinder als Konsequenz heutigen Verständnisses von Kindeswohl. Denkanstöße zu einer Neuorientierung. Tagung vom 15. bis 17. April 1983 in der Evangelischen Akademie Bad Boll, Protokolldienst 14/83, S. 7-8

Rabaa, V.: Kindeswohl im Elternkonflikt. Wege zur Konfliktlösung in der Familienkrise. Dissertation Universität Berlin 1985

Radomisli, M.: Stereotypes, Stepmothers and Splitting. In: American Journal of Psychoanalysis, Vol. 41/2 (1981), S. 121ff.

Reischies, A./Rudnitzki, E.: Und plötzlich habe ich Kinder. Probleme und Konfliktlösungen in Stieffamilien. Düsseldorf 1987

Rerrich, M.S.: Veränderte Elternschaft. Entwicklungen in der familialen Arbeit mit Kindern seit 1950. In: Soziale Welt / Heft 4 (1983), S. 420-449

Rétif de la Bretonne, N.E.: La vie de mon père. Editions Garrier Frères. Paris 1970

Richter, H.E.: Eltern, Kind, Neurose. Hamburg 1969

Richter, H.E.: Patient Familie. Hamburg 1972

Rollin, M.: So stief sind Stiefmütter gar nicht. In: Psychologie Heute, 15. Jg (1988), S. 54-61

Rosenbaum, H. (Hrsg.): Familie und Gesellschaftsstruktur. Materialien zu den sozioökonomischen Bedingungen von Familienformen. Frankfurt/M. 1974/1978

Rosenbaum, H.: Formen der Familie. Untersuchungen zum Zusammenhang von Familienverhältnissen, Sozialstruktur und sozialem Wandel in der deutschen Gesellschaft des 19. Jahrhunderts. Frankfurt/M. 1982

Rutschky, K. (Hrsg.): Schwarze Pädagogik. Quellen zur Naturgeschichte der bürgerlichen Erziehung. Frankfurt / Berlin / Wien 1977

Rutschky, K.: Deutsche Kinderchronik. Köln 1983

Sager, C.J. et al.: Treating the Remarried Family. New York: Brunner/Mazel 1983

Sandhop, A.: Stiefeltern: Eine soziologische Analyse der „rekonstitutierten Familie". In: Bundesinstitut für Bevölkerungsforschung (Hg.), Materialien zur Bevölkerungswissenschaft, H. 21, 1982

Santrock, J.W. & Warshak, R.A.: Impact of divorce, father-custody and mother-custody homes: The child's perspective. In: Kurdek, L.A. (Ed.): Children and Divorce. San Francisco, CA: Jossey-Bass, 1983

Santrock, J.W. & Warshak, R.A.: Developmental relationships and legal/clinical considerations in father-custody families. In: Lamb, M.E. (Ed.): The father's role: Applied perspectives. New York: Wiley 1986, S. 135-163

Scheib, A.: Der zweite Anlauf zum Glück. Risiko und Chance der Stief-Familie. München 1987

Schleiffer, R.: Zur Psychodynamik von Stieffamilien mit einem psychisch gestörten Kind. In: Praxis der Kinderpsychologie und Kinderpsychiatrie, Vol. 31/4 (1982), S. 155-160

Schleiffer, R.: Elternverluste. Ein klinisch-empirischer und klinisch-theoretischer Beitrag zur Bedeutung von Elternverlusten für eine kinder- und jugendpsychiatrische Inanspruchnahmepopulation. Ulmer Habilitationsschrift. Zentrum der Psychiatrie der Johann-Wolfgang-Goethe-Universität Frankfurt 1986

Schleiffer, R.: Das Kind als kollusives Partnersubstitut. In: Zeitschrift für systemische Therapie, 6/1 (1988), S. 13-22

Schönauer, R.: Eheliche Qualität und Stabilität. Wiesbaden: Bundesinstitut für Bevölkerungsforschung 1983

Schütze, F.: Die Technik des narrativen Interviews. Manuskript Bielefeld 1977

Schütze, Y.: Die gute Mutter. Zur Geschichte des normativen Musters Mutterliebe. Bielefeld 1986

Schütze, Y.: Zur Veränderung im Eltern-Kind-Verhältnis seit der Nachkriegszeit. In: Nave-Herz, R.: (Hrsg.): a.a.O. 1988, S. 95-114

Schulman, G.L.: Divorce, Single Parenthood and Stepfamilies: Structural Implications of These Transactions. In: International Journal of Family Therapy, Vol. 3/2 (1981), S. 87-112

Schulze, H.-J.: Eigenartige Familien. Aspekte der Familienkultur. In: Karsten, M.-E/Otto, H.-U.: a.a.O., Weinheim / München 1987

Schwarz, K.: Bericht 1982 über die demographische Lage in der Bundesrepublik Deutschland. In: Zeitschrift für Bevölkerungswissenschaft 8 (1982), S. 121-223

Schwarz, K.: Eltern und Kinder in unvollständigen Familien. In: Zeitschrift für Bevölkerungswissenschaft, 10 (1984), S. 3-36

Schweitzer, J./Weber, G.: Scheidung als Familienkrise und klinisches Problem – Ein Überblick über die neuere nordamerikanische Literatur. In: Praxis der Kinderpsychologie und Kinderpsychiatrie 34 (1985), S. 44-49

Schwertl, W.: Erste Thesen zu einer systemischen Theorie der Krise. In: Zeitschrift für systemische Therapie, 6. Jg./1 (1988), S. 5-12

Schwertl, W.: „Lebenszyklische Krisen von Familien – eine Pilotstudie zu methodischen und inhaltlichen Aspekten von familiären Entwicklungsverläufen. Frankfurt/M. Selbstverlag Institut für Familientherapie 1987

Segalen, M.: Mentalité populaire et remariage en Europe Occidentale. In: Dupâquier u.a.: a.a.O. 1981, S. 67-77

Shorter, E.: Die Geburt der modernen Familie. Reinbek 1983

Simon, A.W.: The Stepchild in the Family: A View of Children in Remarriage, New York: Odyssey Press 1964

Smith, W.S.: The Stepchild. Chicago 1953

Sokacic-Mardorf, E.: Scheidung und Scheidungsberatung. Theorien, Modelle, Praxisprobleme. Ein Beitrag zur Entwicklung eines integrativen Modells der Scheidungsberatung. Unveröff. Dissertation, Tübingen 1983

Sogner, S./Dupâquier, J.: Introduction. In: Dupâquier u.a.: a.a.O. 1981, S. 1-11

Sommerkorn, I.N.: Die erwerbstätige Mutter in der Bundesrepublik: Einstellungs- und Problemveränderungen. In: Nave-Herz, R. (Hrsg.): a.a.O. 1988, S. 115-144

Spanier, G.B./Furstenberg, F.F.: Remarriage After Divorce: A Longitudinal Analysis of Well-Being. In: Journal of Marriage and the Family, Vol. 43 (1982)

Spanier, G.B./Glick, P.C.: Paths to Remarriage. In: Journal of Divorce, Vol. 3/39 (1980), S. 283-298

Statistisches Bundesamt (Hrsg.): Datenreport 1987. Zahlen und Fakten über die Bundesrepublik Deutschland. Schriftenreihe Arbeitshilfen für die politische Bildung der Bundeszentrale für politische Bildung, Bd. 257, Bonn 1987

Stierlin, H.: Eltern und Kinder im Prozeß der Ablösung. Frankfurt/M. 1975

Stierlin, H.: Eltern und Kinder. Das Drama von Trennung und Versöhnung im Jugendalter. Frankfurt/M. 1975

Stierlin, H.: Delegation und Familie. Beiträge zum Heidelberger familiendynamischen Konzept. Frankfurt/M. 1978

Stone, L.: The Family, Sex and Marriage in England 1500-1800. London: Wiedenfeld and Nicholson 1978

Storm, Th.: Viola Tricolor. Stuttgart 1952

Swientek, C.: Alleinerziehende – Familien wie andere auch? Zur Lebenssituation von Ein-Eltern-Familien. Bielefeld 1984

291

Thiersch, H.: Alltagshandeln und Sozialpädagogik. In: Neue Praxis 1 (1978), S. 6-25

Thiersch, H.: Verstehen oder Kolonialisieren? Verstehen als Widerstand. In: Müller, S./Otto, H.-U. (Hrsg.): Verstehen oder Kolonialisieren? Bielefeld 1984, S. 15-41

Thiersch, H.: Elternschaft im Wandel der Lebens- und Familiengeschichte. In: Diakonisches Werk der Evangelischen Kriche in Deutschland (Hrsg.): a.a.O. 1985, S. 33-47

Thiersch, H.: Die Erfahrung der Wirklichkeit. Perspektiven einer alltagsorientierten Sozialpädagogik. Weinheim/München 1986

Thiersch, R.: Frauen. In: Eyferth, H./Otto, H.-U./Thiersch, H. (Hrsg.): Handbuch Sozialarbeit/Sozialpädagogik. Neuwied 1984

Visher, E.B./Visher, J.S.: Common Problems of Step-Parents and their Spouses. In: American Journal of Orthopsychiatry, Vol. 48/2 (1978), S. 252-262

Visher, E.B./Visher, J.S.: Stepfamilies. A Guide to working with Stepparents and Stepchildren. New York, Brunner/Mazel 1979

Visher, E.B./Visher, J.S.: Therapy with Remarriage Families: VIII. Stepfamilies in the 1980s. In: Family Therapy Collections, Vol. 2 (1982), S. 105-119

Visher, E.B./Visher, J.S.: Stiefkinder und ihre Familien. Probleme und Chancen. Weinheim 1987

Wahl, K. u.a.: Familien sind anders! Wie sie sich selbst sehen. Anstöße für eine neue Familienpolitik. Reinbek 1980.

Wald, E.: The Remarried Family: Challenge and Promise. New York: Family Service Association of America. 1981

Wallerstein, J.S.: Children of Divorce: Preliminary Report of a Ten Year Follow-Up of Young Children. In: American Journal of Orthopsychiatry, Vol. 54 (1984), S. 444-455

Wallerstein, J.S.: Women after Divorce: Preliminary Report from a ten-year follow-up. In: American Journal of Orthopsychiatry 56/1 (1986), S. 65-67

Wallerstein, J./Blakeslee, S.: Gewinner und Verlierer. Frauen, Männer, Kinder nach der Scheidung. Eine Langzeitstudie. München 1989

Wallerstein, J.S./Kelly, J.B.: Surviving the Break Up. New York: Basic Books 1980

Weber-Kellermann, I.: Die deutsche Familie. Versuch einer Sozialgeschichte. Frankfurt/M. 1974

Weber-Kellermann, I.: Die Familie. Frankfurt/M. 1976

Weber-Kellermann, I.: Frauenleben im 19. Jahrhundert: Empire und Romantik, Biedermeier, Gründerzeit. München 1983 (1988)

Weingarten, H.: Remarriage and Well-Being: National Survey Evidence of Social and Psychological Effects. In: Journal of Family Issues, Vol. 1/4 (1980), S. 533-559

White, L.K. & Booth, A.: The Quality and Stability of Remarriages: The Role of Stepchildren. In: American Sociological Review 50 (1985), S. 689-698

Wiesendanger, H.: Stolperstein Stiefkind. In: Psychologie Heute 9 (1987), S. 9-10

Wilson, K.L./Zurcher, L./Mc Adams, D.C./Curtis, R.L.: Stepfathers and Stepchildren: An Exploratory Analysis from Two National Surveys. In: Journal of Marriage and the Family, Vol. 37 (1975), S. 526-536

Winnicott, D.W.: Primäre Mütterlichkeit. In: Psyche 14 (1960/61), S. 393-399

Wittels, F.: Die Befreiung des Kindes. Stuttgart / Berlin / Zürich 1927